DATE DUE			

PETER CHRISTIAN LUDZ

Die DDR zwischen
Ost und West

Politische Analysen 1961 bis 1976

VERLAG C.H.BECK MÜNCHEN

CIP-Kurztitelaufnahme der Deutschen Bibliothek

Ludz, Peter Christian
[Sammlung]
Die DDR zwischen Ost und West: polit. Analysen
1969–1976. – 3., unv. Aufl. – München: Beck, 1977.
  (Beck'sche Schwarze Reihe; Bd. 154)
  ISBN 3 406 06754 9

ISBN 3 406 06754 9

3., unveränderte Auflage 1977
Einbandentwurf von Rudolf Huber-Wilkoff, München
© C. H. Beck'sche Verlagsbuchhandlung (Oscar Beck), München 1977
Gesamtherstellung: C. H. Beck'sche Buchdruckerei, Nördlingen
Printed in Germany

Meinen Freunden, Mitarbeitern
und Schülern in der DDR- und vergleichenden
Deutschlandforschung gewidmet

Inhaltsverzeichnis

Abkürzungsverzeichnis

KPdSU	Kommunistische Partei der Sowjetunion
KPF	Kommunistische Partei Frankreichs
KPI	Kommunistische Partei Italiens
KSZE	Konferenz über Sicherheit und Zusammenarbeit in Europa
LDPD	Liberal-Demokratische Partei Deutschlands
LPG	Landwirtschaftliche Produktionsgenossenschaft
MBFR	Mutual Balanced Force Reduction
NATO	North Atlantic Treaty Organization
NÖS(PL)	Neues Ökonomisches System (der Planung und Leitung der Volkswirtschaft)
NVA	Nationale Volksarmee
OECD	Organization for Economic Cooperation and Development
ÖSS	Ökonomisches System des Sozialismus
PGH	Produktionsgenossenschaft des Handwerks
RGW	Rat für Gegenseitige Wirtschaftshilfe (s. COMECON)
SBZ	Sowjetische Besatzungszone
SED	Sozialistische Einheitspartei Deutschlands
SPD	Sozialdemokratische Partei Deutschlands
SSD	Staatssicherheitsdienst
UdSSR	Union der Sozialistischen Sowjetrepubliken
UNCTAD	United Nations Conference on Trade and Development
UNESCO	United Nations Educational, Scientific, and Cultural Organization
UNIDO	United Nations Industrial Development Organization
UNO	United Nations Organization
USA	United States of America
VEB	Volkseigener Betrieb
VVB	Vereinigung Volkseigener Betriebe
VVN	Vereinigung der Verfolgten des Nazi-Regimes
WAO	Wissenschaftliche Arbeitsorganisation
WHO	World Health Organization
WTZ	Wissenschaftlich-Technisches Zentrum
ZK	Zentralkomitee
ZPKK	Zentrale Parteikontrollkommission

Bei russischen Namen und Zeitschriftentiteln wurde die in der DDR übliche Transkription übernommen.

Zur Einführung

Die politische Situation der DDR und die DDR-Forschung

Der vorliegende Band versteht sich als ein Beitrag zu den in der Bundesrepublik Deutschland lebhaft geführten Diskussionen über das politische System der DDR. Die in ihm versammelten Analysen sollen die Wechselbeziehungen zwischen innerer und auswärtiger Politik des anderen deutschen Staates deutlich werden lassen; sie wollen weiterhin auf die vielfältigen Verzahnungen von Ideologie und Politik aufmerksam machen. Sie geben darüber hinaus eine Interpretation der innen- und außenpolitischen Konzepte, Aktionen und Verhaltensweisen der SED-Führung im Zeitablauf und versuchen eine Ortsbestimmung der DDR-Politik, eine Nachzeichnung ihres Profils – fünf Jahre, nachdem Erich Honecker die Macht übernommen hat.

Die Ausgangsthese dieser Arbeit kann mit wenigen Strichen gezeichnet werden: Die SED-Führung steuerte im Spätherbst 1976, angesichts einer Reihe von komplizierten politisch-psychologischen und wirtschaftspolitischen Problemen, einen Kurs, der zwischen neuen Zwängen und mehr Zugeständnissen hindurchführen sollte, der vorsichtige Öffnungen nach innen und außen ebenso erlaubte wie Abschreckungsmaßnahmen wirkungsvoll werden ließ. Die SED-Führung warb, ihren seit 1971 angesammelten Kredit realistisch beurteilend, bei der Bevölkerung der DDR und im Ausland um Vertrauen: Sie wollte den Lebensstandard weiter anheben, der DDR weiter Profil verleihen. Sie schreckte jedoch auch vor harten Maßnahmen, etwa im kulturpolitischen Bereich, nicht zurück, wenn sie glaubte, daß ihre nach wie vor fragile Autorität in Frage gestellt wurde – und wird.

a) Zur politischen Situation der DDR

Die folgenden Analysen beziehen sich auf jene Periode der neueren DDR-Geschichte, die – Mitte 1961 mit dem Bau der Mauer eingeleitet – nach dem VI. Parteitag der SED (Januar 1963) und dem „Vertrag über Freundschaft, gegenseitigen Beistand und Zusammenarbeit" mit der UdSSR (Juni 1964) begonnen hat. Die Jahre 1963/64 scheinen in der Tat für die Geschichte der DDR eine bedeutende Zäsur darzustellen. Von nun an sollten die stalinistischen Relikte der Nachkriegsjahre mehr und mehr in den Hintergrund treten.

In den frühen sechziger Jahren konnte die SED-Führung, nachdem sie ihre innere Herrschaft mit Zwang, Täuschung und terroristischen Maßnahmen gefestigt und die Partei durch mehrere Säuberungsaktionen unter ihre Kontrolle gebracht hatte, eine Phase der Entwicklung ins Auge fassen, die die DDR aus der Profillosigkeit eines sowjetischen Satelliten hinausführen sollte. Die auf dem VI. Parteitag nach sowjetischen Denkanstößen und den politisch-organisatorischen Postulaten Chruschtschows eingeleiteten Umstellungen im Partei- und Wirtschaftsapparat machen dies ebenso deutlich wie der „Freundschaftsvertrag" mit der UdSSR. Einen – freilich überzogenen und deshalb schnell korrigierten – Höhepunkt dieser Entwicklung ließen die politischen Visionen des späten Ulbricht von der Sonderrolle der DDR im Ostblock aufleuchten – von jenem DDR-Sozialismus, der offenbar als ein „Modell" für sozialistische Gesellschaftssysteme unter industriestaatlichen Bedingungen überhaupt konzipiert war.

In den hier behandelten Ausschnitt der DDR-Geschichte (1961 bis 1976) fallen eine Reihe parteipolitischer, wirtschafts-, gesellschafts- und sozialpolitischer sowie außenpolitischer Ereignisse von weitreichender Bedeutung. Blickt man zunächst auf die SED, treten jene spektakulären Reformansätze des Jahres 1963 aus der Erinnerung hervor – und dann die plötzliche Entmachtung Walter Ulbrichts im Mai 1971. Der Parteichef mit den weitaus meisten Dienstjahren im Ostblock hatte über ein Jahrzehnt lang eine enorme Machtfülle auf sich vereinigt: Als Erster Sekretär der SED, als

Vorsitzender des Staatsrates der DDR und als Vorsitzender des Nationalen Verteidigungsrates hatte er seinerzeit die politisch wichtigsten Ämter in der DDR inne. Erich Honecker, schon lange vor 1971 als einer der „Kronprinzen" in der SED angesehen, übernahm zunächst den Parteivorsitz, wenig später die Leitung des Nationalen Verteidigungsrates und, schließlich, seit Oktober 1976 auch das Amt des Staatsratsvorsitzenden. Er ist damit Ulbrichts Vorbild gefolgt. Die „Arbeitsteilung", die Aufteilung politischer Schlüsselpositionen auf verschiedene Spitzenfunktionäre, wie sie 1971 zu beobachten war, ist erwartungsgemäß Episode geblieben. Und dann der neue, der geräuschlose Stil: Die Machtablösung des langjährigen Ersten Sekretärs des ZK der SED ging, was in Anbetracht von Ulbrichts über 26jähriger autokratischer Herrschaft durchaus erstaunlich ist, reibungslos vor sich. In der Entwicklung weder der SED noch der DDR ist ein Bruch entstanden. Honecker setzte zwar andere Akzente als Ulbricht. Er tat dies jedoch so geschickt, daß seine Position als Erster Sekretär bzw. seit 1976 als „Generalsekretär" der SED von Anfang an weder von seiten der Sowjets noch der eigenen Partei ernsthaft gefährdet war.

Daß nach dem Abgang Ulbrichts nicht unbedingt eine völlig neue Periode der DDR-Geschichte einsetzte, wurde in der jüngsten Vergangenheit, im Oktober 1976, nur allzu deutlich. Honecker hatte zu diesem Zeitpunkt nicht nur seine eigene Macht arrondiert, sondern personelle Umbesetzungen vornehmen lassen, die wieder einmal das Jahr 1963 und den Beginn des „neuen ökonomischen Systems" in Erinnerung rufen: Günter Mittag kehrte in das ZK-Sekretariat zurück und übernahm erneut den Posten des Sekretärs für Wirtschaft; Willi Stoph wurde – wie damals – Vorsitzender des Ministerrates.

Die innenpolitische Szenerie der hier behandelten Periode der DDR-Geschichte ist durch ein Bündel von Erscheinungen, die häufig unter dem Stichwort „neues ökonomisches System" zusammengefaßt werden, nachhaltig bestimmt worden. Das „neue ökonomische System", das auf dem VI. Parteitag der SED im Januar 1963 mit parteiorganisatorischen Umstrukturierungen eingeleitet worden war und in der „Richtlinie für das neue ökonomische

System der Planung und Leitung der Volkswirtschaft" vom Juli 1963 seine für den Wirtschafts- und Staatsapparat verbindliche Gestalt erhielt, ist mehr gewesen als eine Reihe breit angelegter Reformen in Partei und Wirtschaft. Es erstreckte sich, wenn man zusätzlich das Jugendgesetz (1964) und das Bildungsgesetz (1965) im Blick behält, auf so gut wie alle vitalen Bereiche der Gesamtgesellschaft.

Die Politik des „neuen ökonomischen Systems" war Ausdruck und Antriebskraft für eine die ganze Gesellschaft in der DDR erfassende Dynamik. Durch die Proklamierung des Leistungsprinzips – und die damit einhergehende Abwertung bisher gültiger parteibürokratischer Praktiken bei Auswahl, Förderung und Prämiierung in Schule, Fachschule, Hochschule und Beruf – hat das „neue ökonomische System" weite Teile der Bevölkerung erreicht. Unter seinen Zeichen spielte sich zwischen Partei und Bevölkerung in der DDR jenes Teil-Arrangement ein, das auch heute noch typisch zu sein scheint. Beide, die Partei wie die Masse der arbeitenden Menschen, erstrebten und erstreben eine ständige Verbesserung des Lebensstandards. Solche partielle Interessenidentität führte und führt zu Kompromissen auf beiden Seiten – unabhängig von einer in der Bevölkerung heute wie einst offensichtlich immer noch stark verbreiteten politischen Passivität gegenüber Partei und Staat; unabhängig auch von der für die SED traditionell gegebenen, aus ihrer fehlenden Legitimität erwachsenden sozialen Marginalität, ihrem ideologisch-dogmatisch untermauerten Führungsanspruch, ihrer konstitutiven Unfähigkeit, wirklich als „Partei des Volkes" agieren zu können.

Mit dem Stichwort „neues ökonomisches System" ist schließlich die Entwicklung der DDR zu einer modernen Industriegesellschaft sozialistischen Typs angesprochen – eine Entwicklung, die sowohl die SED in ihrer Herrschaft gefestigt wie die internationale Stellung der DDR als nach der UdSSR auch politisch bedeutendster Staat im Ostblock gestärkt hat. Allerdings ist hier zu berücksichtigen, daß die SED gelegentlich auch solche Erfolge für sich in Anspruch nimmt, welche die DDR gar nicht selbst erbracht hat.

Blockpolitisch sind die Jahre der DDR-Geschichte seit 1961 bzw. 1963 in erster Linie durch eine zunehmende Einbindung in das militärische und wirtschaftliche Bündnissystem des Ostens gekennzeichnet. Damit ist automatisch eine noch engere Verflechtung der DDR mit der UdSSR gegeben. Allerdings hat sich diese Beziehung in den letzten Jahren als zunehmend differenzierter und als eher ambivalent erwiesen. Dafür sind eine Reihe von Beispielen anzuführen: Einerseits ist der SED-Staat weiterhin auf Schutz und Schirmherrschaft der Sowjetunion angewiesen; andererseits gab es offensichtlich wiederholt Meinungsverschiedenheiten in der Berlin-Frage. Daneben treten wirtschaftliche Zwänge mehr und mehr in den Vordergrund: Einerseits muß die DDR rund ein Drittel ihrer Außenwirtschaft mit der UdSSR allein bzw. über zwei Drittel mit den RGW-Staaten abwickeln und hat damit für den Handel mit den „kapitalistischen Industrieländern" und den Entwicklungsländern ein relativ kleines Kontingent – im Jahre 1975 nur knapp 30 Prozent ihres gesamten Außenhandelsumsatzes – zur Verfügung. Andererseits hat Honecker darauf bedacht zu sein, den zivilisatorisch-technologischen Vorsprung *vor* der östlichen Weltmacht (und den übrigen Ostblockstaaten) zu halten oder sogar zu steigern, um in den Augen der arbeitenden Bevölkerung, die sich am westlichen Lebensstandard und -stil orientiert, nicht jenen Kredit zu verlieren, den die SED-Führung in den letzten Jahren mühsam angesammelt hat. Hierzu ist die Ausweitung des Handels mit dem Westen unumgänglich. Im weiteren Raum der internationalen Politik haben die völkerrechtliche Anerkennung der DDR durch nunmehr 121 Staaten, darunter alle NATO-Staaten mit Ausnahme der Bundesrepublik, sowie ihre Aufnahme in die Vereinten Nationen die Szene verändert. Damit hat die DDR die Entspannung sicherlich seit 1972 für sich insofern in Anspruch genommen, als sie die internationale Isolierung der fünfziger und auch noch der sechziger Jahre überwinden konnte.

Mit dem Auftreten von DDR-Repräsentanten auf der internationalen Bühne ergaben sich freilich auch neue Probleme: Ausbruch aus der Isolierung heißt auch Einüben neuer Verhaltensweisen, Erlernen eines Verhaltens, das für die internationale Öffentlichkeit des Westens selbstverständlich ist und das auch mehr und mehr Menschen in der DDR von ihren politischen Repräsentanten erwarten. Ausbruch aus der Isolierung heißt ferner – und dies ist sicherlich politisch weit wesentlicher: die praktische Unmöglichkeit der völligen Abgrenzung. Je mehr die DDR international beachtet werden möchte, desto häufiger wird sie Gegenstand der Neugier und des Interesses, jedoch auch des Mißtrauens der nationalen und vor allem der westeuropäischen Öffentlichkeit – einer Öffentlichkeit, die gegenüber den Entwicklungen in der DDR stets sensibel reagiert.

Die Rolle, welche die Bundesrepublik Deutschland im Prozeß der Profilierung der DDR in den Jahren seit 1963 gespielt hat, ist nicht hoch genug zu veranschlagen. Einmal hat die neue Ostpolitik im Zeichen der Détente seit Ende 1969 die internationale Aufwertung der DDR beschleunigt; zum anderen besaß die nach 1969 besonders intensiv einsetzende ständige Konfrontation Bundesrepublik : DDR eine spürbare Auswirkung auf die innenpolitische und innergesellschaftliche Situation der DDR. So wurde die deutsch-deutsche Auseinandersetzung – eine in den Augen der DDR-Führung primär *außenpolitische* Angelegenheit – zu einem Schlüssel für das Verständnis der SED-Gesellschaftspolitik; und dies gerade nach der völligen territorialen Abgrenzung durch den Mauerbau in Berlin und die Befestigungsanlagen entlang der Grenze zur Bundesrepublik Deutschland.

In den Jahren seit 1969 wurde die DDR von der Dynamik der neuen Ostpolitik Willy Brandts zunächst in die deutschland- und weltpolitische Defensive gedrängt, um dann ihrerseits vorsichtig wieder politisch aktiv zu werden. Die SED-Führung hat seit Mitte 1974 ihre Position im Innern und nach außen weiter zu festigen gesucht; sie hat sich bemüht, einige ihr in den Jahren 1972/73 überraschend zugefallenen internationalen Erfolge zu nutzen, um Einfluß und Prestige der DDR als ,,sozialistischer deutscher Staat" zu stärken.

Honecker hat dabei für sich als Erfolg verbucht, was ihm andererseits neue Probleme bescherte: die Öffnung der DDR für die Besuchermassen aus der Bundesrepublik und aus West-Berlin. In den Jahren seit 1973 hat die SED-Führung der Dynamik der Begegnungen von Millionen und Abermillionen Menschen aus dem Westen und dem Osten Deutschlands, die aufgrund der innerdeutschen

Verträge möglich wurden, entgegenzuwirken versucht – wenn auch zum Teil noch immer mit Mitteln und Methoden, die die nach wie vor bestehende politische Instabilität des Herrschaftssystems der DDR und die fehlende Legitimation der SED nun vor aller Welt deutlich machten.

Seit 1971 scheint die SED-Führung, darauf weisen zahlreiche Indizien hin, begonnen zu haben, ihre Gesellschaftspolitik zu überdenken. Besonders in den letzten fünf Jahren hat sie – unter immer stärkerer Verwendung des Terminus ,,Sozialpolitik" – *erhebliche* materielle Verbesserungen für die Bevölkerung eingeführt. Auch im kulturpolitischen Bereich zeigen sich neue Tendenzen, die allerdings durch die Ende 1976 zu erkennenden harten Maßnahmen gegen einzelne mißliebige Künstler mehr als ausgeglichen werden.

Inwieweit die Bundesrepublik Deutschland die eigentliche kultur- und sozialpolitische Herausforderung für die DDR darstellt, auf die geantwortet werden *muß* – darüber können heute nur Mutmaßungen angestellt werden. Noch weniger beantwortbar ist gegenwärtig die Frage, inwieweit die SED die sozialpolitischen Verbesserungen in der DDR mit ausdrücklicher oder lediglich stillschweigender Billigung der sowjetischen Führung oder aber gar gegen sie durchgesetzt hat. Wäre eine Antwort auf solche Fragen möglich, könnte das politische Profil der DDR erheblich klarer gezeichnet werden.

Diese skizzenhaften Bemerkungen zur politischen Situation der DDR in den Jahren seit 1961 geben genügend Hinweise auf die Wechselbeziehungen von innerer und äußerer Politik. Dabei mag auch schon deutlich geworden sein, daß sich das Verhältnis von Innen- und Außenpolitik in der hier behandelten Periode der DDR-Geschichte gewandelt hat. Außenpolitik war, sicherlich bis zum Abschluß des Grundlagenvertrages mit der Bundesrepublik Deutschland (1972), im wesentlichen eine Funktion der Innenpolitik. Sie diente der Festigung eines politisch instabilen Herrschaftssystems. Außenpolitik der DDR war deshalb wesentlich Deutschlandpolitik. Erst in den letzten Jahren hat die DDR zögernd und tastend begonnen, sich von einer fast ausschließlichen Fixierung an die Bundesrepublik Deutschland zu lösen und sich, wenn auch stets unter sowjetischer Obhut, europa- und weltpolitisch zu engagieren. Die Außenpolitik hat damit ein breiter angelegtes Aktionsmuster erhalten, in das auch die Deutschlandpolitik eingeordnet wird – ohne daß allerdings die innerdeutschen Auseinandersetzungen ihre Rückwirkungen auf die innenpolitische Situation eingebüßt hätten.

b) Zum vorliegenden Band

Acht der vierzehn Teilstücke dieses Bandes sind im Laufe der Jahre in verschiedenen Publikationen zu unterschiedlichen, in der Regel markanten Ereignissen der DDR-Geschichte (Parteitage der SED, politisch bedeutsame Plenartagungen des Zentralkomitees, Abschluß von Verträgen mit der UdSSR und der Bundesrepublik Deutschland usw.) erschienen. Sie wurden für dieses Buch sämtlich stark überarbeitet und durch sechs bisher nicht veröffentlichte Arbeiten ergänzt. Insbesondere ist ein sachlicher und zeitlicher Zusammenhang herzustellen versucht worden. Dem Verfasser lag daran, die einzelnen Abhandlungen so miteinander zu verzahnen, daß die üblichen Schwächen einer Aufsatzsammlung: Widersprüche und Wiederholungen, soweit wie möglich vermieden werden konnten. Bisweilen sind Wiederholungen jedoch absichtlich nicht gestrichen worden – und zwar dann nicht, wenn dieselben oder einander verwandte Probleme von unterschiedlichen Fragestellungen her untersucht wurden. Der Autor hat ferner bewußt zahlreiche aus der jeweiligen aktuellen Situation gegebene Details nicht sozusagen „wegkorrigiert". Die Unmittelbarkeit der Texte, die Erinnerung an die Situationen, die sie beschreiben, sollte nicht zerstört werden. Gleichzeitig jedoch sind an zahlreichen Stellen nicht nur erst inzwischen bekannt gewordene Fakten, sondern auch neue Hypothesen, Interpretationen, Deutungen eingefügt worden. Sie lassen die gegenwärtige Sicht des Verfassers erkennbar werden.

Das vorliegende Buch soll damit nicht nur in die seit 1961 ständig größer gewordene Komplexität der DDR und die Verbindungen innen-, gesellschafts- und außenpolitischer Prozesse einführen. Vielmehr wird es darüber hinaus die wechselnden Perspektiven eines ebenso langjährigen wie engagierten westlichen Beobachters deutlich werden lassen.

Dieses Buch will nicht nur die aktuelle Situation der DDR zwischen Ost und West beleuchten, sondern auch genuine Möglichkeiten der zeitgeschichtlichen, der politischen und der sozialwissenschaftlichen Analyse konkretisieren – jene Möglichkeiten, die dem Verfasser seit zwanzig Jahren bewußt sind und die es doch immer wieder neu auszuloten gilt. Das Durchdenken, das Überarbeiten und Revidieren früher verfaßter Arbeiten hat sich immer wieder den folgenden Fragen zu stellen: Wo haben wir uns geirrt? Wo saßen wir Modeströmungen der Deutung auf? Wo waren wir von zu euphemistischen oder zu pessimistischen politischen Haltungen gegenüber der DDR beeinflußt? Wo können wir, in der ex-post-Analyse, bereits geäußerte Thesen und Positionen eher als bestätigt oder nicht bestätigt ansehen? Schließlich und vor allem: Wo und wie erkennen wir, aus der Distanz heraus, die gleichsam rhythmischen Phasen des Anziehens und Nachlassens der Parteikontrolle, des Nachgebens – gegenüber Pressionen von innen und außen – und Verengens des Horizonts, dem wiederum eine Öffnung folgt? Dieser kleine Fragenkatalog ließe sich schnell erweitern. Die Fragen selbst weisen auf bestimmte, sich in Variationen wiederholende und damit auf im Zeitverlauf *vergleichbare* Verhaltensmuster und Strukturen in Partei, Staat und Gesellschaft der DDR hin. Solche vergleichbaren Verhaltensmuster und Strukturen sollen in den folgenden Analysen dem Leser anschaulich gemacht werden.

Dieses Buch wendet sich nicht nur an die Fachwelt im engeren Sinne. Vielmehr will es auch den interessierten und – mehr oder weniger – orientierten Leser ansprechen. Auf der Grundlage seiner langjährigen Beschäftigung mit Problemen der DDR- und vergleichenden Deutschlandforschung, in der Beobachtung der andauernden, ja sich vertiefenden ideologisch-politischen und gesellschaftspolitischen Auseinandersetzungen zwischen der DDR und der Bundesrepublik Deutschland sowie in der Erkenntnis der gleichermaßen zu- wie abnehmenden Bedeutung ideologischer Auseinandersetzungen hat der Verfasser aus seiner Sicht mit dazu beizutragen versucht, dem Leser zu zeigen, was war und was ist, warum Politik und Gesellschaft des anderen deutschen Staates sich so und nicht anders entwickelt haben.

In den folgenden Kapiteln werden gewisse Fragestellungen die Analysen leiten: Wer entscheidet? Wer handelt und wie? Welches sozialstrukturelle Profil weist die Führungselite auf? Wie sind die – wechselnden – programmatisch formulierten Schwerpunkte der Politik im Inneren und Äußeren zu bestimmen? Wie werden sie in der DDR gedeutet und interpretiert? Wie sind solche Deutungen und Interpretationen einzuordnen? Wie lassen sich politische Kursschwankungen erklären? Was sind die permanenten oder auch sich wandelnden Schwachpunkte des Herrschaftssystems der DDR? Wie werden sie von der SED-Führung durch Wort und Tat aufgefangen? Wo zeigen sich organisatorische Änderungen in den bürokratischen Strukturen, die politisch bedeutsam sind? Wie ist das Verhalten der Repräsentanten des Systems im In- und Ausland, aber auch der eigenen Bevölkerung gegenüber einzuschätzen? – Dies sind ebenso genuin politische wie analytisch formulierte Fragen. Sie werden in dieser Arbeit wieder und wieder aufgenommen. Nicht zuletzt deshalb ist dem Buch der Untertitel „Politische Analysen" gegeben worden.

Damit sind jedoch auch die Grenzen dieser Abhandlungen markiert: Es handelt sich nicht um eine möglichst vollständige und systematische Darstellung der Entwicklung der DDR im Verlauf der Jahre 1961 bis 1976. Hierauf konnte um so eher verzichtet werden, als heute Informationen über die DDR sowohl in Publikationen aus der DDR, mehr jedoch in zahlreichen Monographien und Nachschlagewerken aus der Bundesrepublik zugänglich sind. Der Leser findet entsprechende Hinweise in den Anmerkungen und vor allem im kommentierten Verzeichnis weiterführender Literatur am Ende dieses Buches.

c) Einige methodische Bemerkungen

Der Untertitel dieses Buches „Politische Analysen" deutet bereits darauf hin, daß theoretische Erörterungen und methodologische Reflexionen hier nicht im Vordergrund stehen.

Angesichts der gegenwärtigen Diskussionslage in der politik- und sozialwissenschaftlichen DDR-Forschung können jedoch politische – und politologische – Analysen guten Gewissens nicht vorgelegt werden, ohne wenigstens ihren Ort im Rahmen dieser Diskussion anzugeben. Eine methodologische Standortbestimmung – oder doch zumindest deren Skizzierung – scheint um so mehr geboten, als nach wie vor für weite Kreise von Wissenschaft, Publizistik und Politik in der Bundesrepublik eine gewisse Unsicherheit im Zugang zur DDR-Wirklichkeit kennzeichnend ist. Die Gründe für Unsicherheiten in der Beurteilung sind sicherlich komplex: Sie liegen einmal in der Geschichte der SBZ/DDR-Forschung, die zunächst von DDR-Flüchtlingen etabliert worden war; sie liegen in dem bisweilen schwer zu erfassenden Auf und Ab von Kontinuität und Wandel der Deutschlandpolitik der Bundesregierungen seit den sechziger Jahren; sie liegen schließlich in der marginalen Position, die die DDR- und die vergleichende Deutschlandforschung im sozialwissenschaftlichen Universitätsbetrieb der Bundesrepublik immer noch einnimmt, in der oft unzureichenden fachlichen Ausbildung der DDR-Forscher, ihrer häufig konfusen Ausdrucksweise und ihrer mangelnden Bewußtheit hinsichtlich des eigenen politischen, wissenschaftlichen und publizistischen Standorts. In Anbetracht dieser Lage scheint eine kurze methodologische Besinnung unumgänglich.

Die in diesem Band versammelten Arbeiten sind sämtlich aus dem Bemühen heraus geschrieben, die DDR in erster Linie systemimmanent zu begreifen. Da die sich hinter diesem Wort verbergende Forschungsperspektive in den folgenden Beiträgen so gut wie gar nicht im einzelnen entfaltet wird, sei hier kurz auf den sog. immanenten Ansatz eingegangen.

Zugriff, Deutung und Perspektive dieser politischen Analysen der DDR bauen auf einem genauer als „immanent-kritisch" oder „positiv-kritisch" zu bezeichnenden Ansatz auf, den wir an anderen Stellen im Laufe der Jahre ausführlich diskutiert haben.[1] Die Worte „immanent" und „positiv" weisen auf das Material hin, das es so präzise und umfassend wie möglich zu beschreiben, darzustellen und zu analysieren gilt. Das Wort „kritisch" bezeichnet u. a. jene

Distanz, die wahrscheinlich nur aus der Verbindung von langjähriger Forschungserfahrung und ebenso langjähriger engagierter Auseinandersetzung zu gewinnen ist.

Im vorliegenden Zusammenhang mag die folgende knappe Skizze der methodologischen und methodischen Absichten genügen. Die Forderung, die immanenten Zusammenhänge und Probleme einer politisch-sozialen Situation, einer Gesellschaft, eines Staates zu berücksichtigen, läßt sich dahingehend zusammenfassen, Staat und Gesellschaft, das Verhalten von Führungsgruppen u. ä. m. aus ihren eigenen Bedingungen und Wirkungsweisen, aus ihren strukturellen und funktionalen Zusammenhängen heraus zu begreifen, d. h. mit der gebotenen Nähe und kritischen Distanz anzugehen. Eine immanent-kritische Analyse macht es sich zur Aufgabe, Ziele, Aktionen und Verhaltensweisen auf ihren Entstehungsgrund, auf ihre historischen Zusammenhänge zurückzuführen und sie bestimmten politisch-zeitgeschichtlichen wie sozio-ökonomischen Konstellationen zuzuordnen. Dabei kann es sich nicht um eine dogmatische Zuordnung im Sinne des marxistischen Determinismus oder auch der älteren Wissenssoziologie handeln. Vielmehr meint „Zuordnung" das – im einzelnen stets wechselnde – funktionale In-Bezug-Setzen zu politischen und sozio-ökonomischen Sachzusammenhängen. Eine immanente Analyse hat damit stets *historisch-kritisch* vorzugehen.

Somit kann die immanent-kritisch verfahrende Analyse systematischer wie folgt umrissen werden: Jede Betrachung, die diesen Namen verdient, verlangt zunächst, wie viele andere Forschungsansätze auch, ein *deskriptives* Erfassen des Materials; sie verlangt zweitens die Berücksichtigung der für den analysierten Gegenstand relevanten historischen Entwicklung und der historischen Zusammenhänge. Sie fordert, schließlich, das Sammeln und Aufarbeiten des jeweiligen *Kontextes* der gemeinten Sachverhalte. „Kritik" wird dabei sozusagen im Verfahren selbst wirksam. Kritik heißt ständiges Infragestellen, ständiges Prüfen der erarbeiteten Thesen sowie die immer wieder neu vorzunehmende Konfrontation mit dem empirischen Material.

Damit wird bereits deutlich, daß *sinnvolle* Gesichtspunkte an das

Material herangetragen werden müssen. Sinnvoll meint im Zusammenhang der vorliegenden Arbeit zweierlei: einmal, daß aus der Kenntnis der politisch relevanten *Zusammenhänge* heraus argumentiert wird; zum anderen, daß die politische Phantasie, die für jede politische Analyse konstitutiv ist, sich immer wieder am *Material* neu zu bewähren hat. Für politisch-konkrete – im Unterschied zu wissenschaftlichen – Analysen ist es dabei nicht erforderlich, daß Fragestellungen und Gesichtspunkte stets systematisch und in allen Einzelheiten entwickelt werden. Unabdingbar ist dagegen, daß die Aspekte, die an das Material herangetragen werden, nicht abstrakt, nicht willkürlich sind, sondern den Untersuchungsgegenstand in seiner genuinen Komplexität zu erfassen suchen.

Auf die Praxis der DDR-Forschung bezogen, bedeutet die Forderung nach Berücksichtigung der methodologischen Prinzipien der immanent-kritischen Analyse zunächst, daß eine naiv-unhistorische, unreflektierte „westliche Sicht" als Maßstab für die Beurteilung der DDR-Wirklichkeit ebenso abzulehnen ist, wie etwa das Herantragen ordnungspolitischer Gesichtspunkte. Natürlich kann bei der Erforschung der DDR wie der Sowjetunion und Osteuropas nicht davon abstrahiert werden, daß sie vom Westen her untersucht werden. Fragestellungen, Konzepte, Kategorien und Begriffe, die die Analysen leiten, sind deshalb keineswegs identisch mit dem Selbstverständnis der SED-Führung, den Parolen und Programmen der Partei, dem Jargon der Staats- und Wirtschaftsbürokraten. Vielmehr gehen aus vergleichenden Analysen (Bundesrepublik: DDR, DDR : Ungarn, ČSSR usw., DDR : UdSSR) herrührende Einsichten in die Integrations-, Konflikt- und Wandlungstendenzen differenzierter Industriegesellschaften mit in die Analyse ein. Solche Einsichten führen zur Bildung von Hypothesen, zum Gebrauch von Kategorien und Begriffen, die sich nicht immer und nicht einmal notwendig aus der immanenten Entwicklung lediglich einer, also der DDR-Gesellschaft herleiten. Doch müssen sie so gewählt sein, daß ein direkter Bezug zur jeweils spezifischen Entwicklung – damit jedoch auch zum Selbstverständnis und den Deutungsmustern der SED gegeben ist.

Diese selbst gestellte Aufgabe wird dadurch erleichtert, daß auch die SED heute bemüht ist, gewisse Erscheinungen der DDR-Gesellschaft mit Kategorien, die denen der westlichen Sozialwissenschaften verwandt bzw. aus ihnen entlehnt sind, zu erfassen. Insofern scheint es also legitim zu sein, den immanent-kritischen Ansatz hinsichtlich der DDR von einem grundlegenden Verständnis, von grundlegenden Kenntnissen über die politisch-sozialen Prozesse in modernen Industriegesellschaften *mit*bestimmen sein zu lassen. Mit anderen Worten: Gewisse Vergleichsmöglichkeiten, teilweise auch strukturelle Ähnlichkeiten müssen dem Analytiker bewußt sein – gerade wenn er sich einem anders gearteten politisch-sozialen System zuwendet. Erst der vergleichend arbeitende Sozialwissenschaftler – im Unterschied zum Länderspezialisten, der meist nur einen begrenzten Ausschnitt des betreffenden Landes überblickt – ist möglicherweise in der Lage, einen solchen Ansatz erfolgreich durchzuführen.

Die diesen Arbeiten zugrundeliegende Forschungsperspektive versucht, ein Verständnis der DDR aus ihren eigenen Bedingungen heraus mit der Analyse politisch-sozialer Prozesse in hochentwickelten Industriegesellschaften der Gegenwart zusammenzuführen. Dabei stehen ganz bestimmte Fragen im Vordergrund. Besonders interessieren im vorliegenden Zusammenhang die vielschichtigen Verbindungen zwischen gesellschaftspolitischem Wandel einschließlich sozialpolitischer Maßnahmen einerseits und dem außenpolitischen Verhalten andererseits.

Die unter den Zeichen der Immanenz stehende Perspektive versucht, wie bereits erwähnt, eine naive Übertragung westlicher Vorstellungen von Staat und Gesellschaft auf politisch und sozio-ökonomisch anders strukturierte Systeme zu vermeiden. Als ,,naiv" wäre es etwa anzusehen, wenn aufgrund eines schlichten Vergleichs der Wahlen in der Bundesrepublik und der DDR die DDR als ,,totalitäres" System gegenüber dem ,,demokratischen" in der Bundesrepublik idealtypisch bestimmt und entsprechend gebrandmarkt würde. Ebenso naiv wäre es, das Wirtschaftssystem der DDR unter Zugrundelegung eines ordnungspolitischen Konzepts, das die soziale Marktwirtschaft als Maßstab setzt, als ,,Entartung" zu bestimmen. Die DDR ist sicherlich kein politisches System im

Sinne der parlamentarischen Demokratie. Wer dieses Herrschaftssystem ohne eingehende Begründung jedoch als „totalitär" charakterisiert, schränkt seine eigenen Möglichkeiten, das Ganze zu sehen, Relationen herzustellen, Gewichtungen vorzunehmen *a priori* erheblich ein. Die widersprüchliche Realität von Gesellschaft, Staat und Partei im anderen Deutschland gerät aus dem Blickfeld; denn die Beurteilung aller wahrgenommenen Erscheinungen wird sich, · *nolens volens,* an der Frage: Wann und in welcher Form wird sich die DDR „liberalisieren"?, orientieren. Diese und ähnliche Fragen entspringen zwar der berechtigten Hoffnung auf politische Erosion in der DDR; sie führen die politische *Analyse* im hier skizzierten Sinne jedoch nicht weiter. Vielmehr beruhen solche Fragestellungen auf mehr oder minder verkappten Wunschvorstellungen und leisten wenig zur *Erklärung* der tatsächlich gegebenen politisch-soziologischen und -wirtschaftlichen Zusammenhänge. Die Analyse der DDR unterliegt möglichen Mißverständnissen, wenn sie als „aus westlicher Sicht kritisch-analytisches" Vorgehen stilisiert und dem immanent-kritischen Vorgehen schroff konfrontiert wird. Die ebenso explizite wie in ihrem inneren Zusammenhang nicht aufgedeckte Verbindung von westlichen Normen und Wertvorstellungen mit dem kritisch-analytischen Forschungsansatz führt uns zu jenem blinden Normativismus zurück, der durch die Auseinandersetzung mit dem Totalitarismuskonzept bereits Anfang der sechziger Jahre überwunden gewesen zu sein schien. Der Wille zur Erklärung von politisch-soziologischen Sachzusammenhängen sollte, mehr als ein halbes Jahrhundert nach Max Webers Tod, nicht mit dem Wunsch, zu bekunden und zu werten, naiv und *unkritisch vermischt* werden. Vielmehr sollten – dies ist eine Minimalforderung – Tatsachenaussagen und Werturteile für den Leser erkennbar streng voneinander abgehoben werden.

Sicherlich stellt eine solche Forderung eine nicht immer leicht zu erfüllende Aufgabe dar: Tatsachenaussagen und Werturteile sind im Falle der DDR (wie anderer osteuropäischer Gesellschaften) besonders schwer zu trennen, da Ideologie, Agitation und Propaganda nicht nur die gesamte Semantik durchziehen, sondern auch politische Entscheidungen und das Verhalten des einzelnen, wenigstens partiell, beeinflussen. Immerhin kann u. E. jedoch bereits im Vorverständnis vermieden werden, diese heute in den empirisch orientierten Sozial- und Wirtschaftswissenschaften allgemein übliche Unterscheidung völlig unbeachtet zu lassen.

Was für konkrete Fragen können nach solchen Überlegungen und im Anschluß an die oben bereits angedeuteten Orientierungsfragen sinnvollerweise an die DDR-Realität herangetragen werden? Einmal erscheinen Beurteilungskriterien angemessen, die die Entwicklung der DDR-Gesellschaft, das historische und aktuelle Verhalten der SED-Führung den von dieser Führung selbst jeweils verkündeten „Programmen" konfrontieren. Falls die Parteiprogramme wechseln (1976 gegenüber 1963), können etwa ältere programmatische Bekundungen auf eine bereits historisch gewordene politische Realität bezogen und mit den neu sich herausbildenden, den aktuellen politischen Verhaltensweisen der Akteure verglichen werden. Darüber hinaus erscheint es sinnvoll, Stil und Duktus von Programmen der SED, ihre Semantik im Zeitverlauf, d. h. in Relation zu einer sich verändernden Situation, zu analysieren und zu deuten. In diesem Zusammenhang kann etwa gefragt werden: Hat sich das Programm der SED von 1963 an die Mitglieder und Kandidaten der SED selbst und vorzugsweise an diese gerichtet, weist dagegen das (2.) Programm der SED von 1976 Züge auf, die gleichzeitig auf die Bevölkerung der DDR abzielen? Solche und ähnliche Überlegungen erlauben vom Material her abgestützte Antworten und Hinweise auf die Intentionen der SED-Führung sowie auf die Machtlage in der DDR. Fragen dieser Art, die hier nur der Veranschaulichung dienen, demonstrieren u. E. ein sinnvolles Herangehen an den Gegenstand; sie tragen zu einer, wie wir meinen, realistischen Erklärung und Deutung der innenpolitischen und innergesellschaftlichen Situation der DDR bei.

Neben den Forschern, die die DDR naiv und unkritisch am eigenen, westlichen System messen, sind – aus der Perspektive eines immanent-kritischen Forschungsansatzes – die utopisch orientierten Spezialisten zu kritisieren. Das Spektrum der utopisch im Sinne eines wie auch immer im einzelnen zu bestimmenden Marxismus ausgerichteten DDR-Forschung in der Bundesrepublik ist heute breit. Fast überall jedoch ist die visionäre Verengung des Blicks auf eine – möglicherweise nur wissenschaftssoziologisch erklärbare – Isolierung der Betreffenden zurückzuführen. Sie stehen häufig am Rande des Forschungsprozesses, sind nicht in die theoretischen und methodischen Diskussionen der jeweiligen „Mutterwissenschaften" eingebunden und fristen so ein (häufig bundesstaatlich gefördertes) Sonderdasein, das niemanden stört und von niemandem gestört wird.

Es wäre gewiß reizvoll, die wissenschaftlichen Beiträge dieser Gruppe, ihre Funktion für die Gesellschaft der Bundesrepublik einmal mit den Fragestellungen der Wissenschaftssoziologie zu untersuchen. Einige Hypothesen für eine solche Untersuchung drängen sich geradezu auf: Die utopisch orientierten Spezialisten ähneln einander sicherlich in drei Punkten: *einmal* hinsichtlich des esoterisch und/oder eklektisch anmutenden Rückgriffs auf einen recht unterschiedlich gedeuteten Marx bzw. auf marxistische und sozialistische „Klassiker" und die Projizierung der Aussagen dieser „Klassiker" auf die Gegenwart; *zum anderen* hinsichtlich der Tatsache, daß sie den in der DDR propagierten „Sozialismus" in der einen oder anderen Weise ernst nehmen; *schließlich* hinsichtlich der kruden Anhäufung von (überwiegend nicht vergleichbaren) statistischen und anderen Unterlagen.

Die Fixierung an den DDR-Sozialismus und die aus der Exegese der „Klassiker" entspringende Interpretation der DDR-Wirklichkeit, die durch die Anhäufung undurchschaubarer Materialmengen in der Form von Zahlen, Namen und Ereignissen auf einer vermeintlich empirischen Basis aufruht, lassen eine ebenso behutsame wie sinnvolle, eine ausgewogene Erklärung und Deutung der politisch-sozialen Realität nicht zu.

Neben denen, die unkritisch und naiv westliche Maßstäbe an die DDR anlegen, und jenen, die aus utopischen Wunschvorstellungen heraus ein phantasievolles, scheinwissenschaftliches Bild von der DDR ausmalen, ein „Modell DDR" konstruieren (und damit ungewollt beispielsweise Ulbrichts Vorstellungen weitergeben), ist schließlich eine dritte Gruppe von DDR-Forschern kritisch zu erwähnen: die bloßen Materialsammler. Sie häufen riesige Massen von sich immer weiter verfeinernden Einzelkenntnissen und Unterlagen an, die, wenn überhaupt, nur noch für einen kleinen Kreis von Eingeweihten aufbereitet werden. Eine Sondergruppe unter ihnen bilden diejenigen, die „Dokumente" sammeln – leider oft ohne zu berücksichtigen, daß in der DDR feierlich verkündete Verfassungen, Parteiprogramme und -statuten oder Gesetze relativ kurzlebig sind, müssen sie doch stets der sich ständig wandelnden politischen Situation neu angepaßt und entsprechend umgeschrieben werden. Einige dieser – vermeintlich objektiv vorgehenden – Materialsammler, die weder über eine übergreifende Perspektive noch ein auf das *ganze* System gerichtetes und schließlich auch über ein möglichst realistisches Interpretationsangebot verfügen, meinen fälschlicherweise, aufgrund des Nachdrucks von Dokumenten sei der Bürger in der Bundesrepublik in der Lage, sich selbst ein zutreffendes Bild von der DDR zu machen. Der abgedruckte DDR-Text sei unmittelbar zu verstehen, aus sich selbst heraus deutbar und liefere „objektive" Erklärungen. Um nicht mißverstanden zu werden: Angesichts der Tatsache, daß sich trotz Helsinki die Bundesbürger immer noch nur unter großen Schwierigkeiten anhand von Originalquellen über die DDR informieren können, sind Dokumentensammlungen grundsätzlich von Nutzen. Allerdings sind – schon deshalb, weil die Sprache von DDR-Texten vielfach fremdartig anmutet und häufig erst „übersetzt" werden muß – ausführliche zusätzliche Interpretationen unerläßlich.

Auch wenn die genannten drei Gruppen in dieser stilisierten Form nicht unbedingt in der Realität anzutreffen sind und schon gar nicht ausschließlich die Situation der gegenwärtigen sozialwissenschaftlichen DDR-Forschung in der Bundesrepublik bestimmen, dient doch ihre typologische Fixierung u. E. der Selbstklärung und fördert die Identifizierung von konzeptionellen und methodischen Gefahren, die vermieden werden können.

Zum Zweck der weiteren Klärung des hier vertretenen methodogischen Ansatzes empfiehlt es sich, abschließend einen kurzen Blick auf die Geschichte der DDR-Forschung zu werfen. Wir unterscheiden, auch hier stark vereinfachend, drei Phasen:

– Die DDR-Forschung als aggressive Auseinandersetzung mit

dem gegnerischen System unter der Herrschaft des Totalitarismuskonzepts, wie sie für zahlreiche Arbeiten aus den fünfziger Jahren typisch war. – Manche der damals erarbeiteten Studien sind so angelegt, daß sie wissenschaftlichen Maßstäben, jedenfalls aus heutiger Sicht, nicht mehr genügen.

– Die DDR-Forschung im Sinne der immanenten Erfassung, Beschreibung, Darstellung, Analyse und Bewertung des politischen und gesellschaftlichen Systems der DDR, wie sie vor allem in den sechziger Jahren betrieben worden ist. – Hier handelt es sich im wesentlichen um materialreiche Studien, die beabsichtigen, möglichst objektive, d. h. in diesem Fall: empirisch nachprüfbare, Informationen über Institutionen und Organisationen, strukturelle und funktionale Zusammenhänge, rechtliche Regelungen, wirtschafts- und sozialpolitische Entwicklungen sowie über die Führungskader zu erarbeiten.

– Die DDR-Forschung als Analyse im Rahmen der vergleichenden Deutschlandforschung, die mit den ersten ,,Materialien zum Bericht zur Lage der Nation" eingeleitet worden ist. – Das Neue in den dieser Phase zuzurechnenden Arbeiten liegt einmal in der interdisziplinären Ausrichtung, zum anderen in der Berücksichtigung von Gesichtspunkten, die aus den empirischen Vergleichen weiter Lebensbereiche der Bundesrepublik Deutschland und der DDR gewonnen wurden. Die immanente Betrachtung wird damit auf eine höhere Stufe gehoben. Ziel ist nicht mehr allein, Politik, Fachöffentlichkeit und ein breites Publikum möglichst objektiv und umfassend über die DDR zu informieren, sondern auch *wissenschaftlich* begründete Gesichtspunkte aufzuzeigen, die eine *politische* Orientierung im Rahmen der innerdeutschen Auseinandersetzung ermöglichen. Dabei waren, als ein erster Schritt, jene Bereiche und Einzelphänomene auszumachen, die überhaupt als vergleichbar angesehen und mit denselben methodischen Instrumenten analysiert werden konnten.

Die gegenwärtige Lage der DDR-Forschung scheint dadurch gekennzeichnet zu sein, daß Untersuchungen im Sinne der zweiten hier unterschiedenen Phase das Feld beherrschen. Einhergehend mit einer gewissen, wenn auch unzulänglichen Institutionalisierung der

DDR-Forschung in der Bundesrepublik ist die Spezialisierung immer weiter getrieben, sind immer mehr Informationen angesammelt worden. Mit der Verbesserung der Materiallage und der Spezialisierung gingen die übergreifenden Fragestellungen vielfach verloren, wurden die für den Westen relevanten politischen Gesichtspunkte mehr und mehr vernachlässigt. Wie so oft in der Geschichte der Wissenschaften vergaß man auch in der DDR-Forschung nicht selten die leitenden Gesichtspunkte über der ständig vervollständigten Archivierung und überließ deshalb das Feld der Interpretation den beiden eingangs gekennzeichneten Gruppen von DDR-,,Wissenschaftlern", den unkritischen ,,Realisten" und den ,,Utopisten".

Interpretationslücken ergeben sich jedoch auch dadurch, daß die dritte Phase der DDR-Forschung erst am Anfang steht. Noch ist der Vergleich Bundesrepublik : DDR nicht so ausgereift, daß alle grundlegenden Unterschiede und Ähnlichkeiten der Herrschaftssysteme in wissenschaftlich befriedigender Weise interpretiert werden könnten. Dasselbe gilt für den Vergleich bestimmter Strukturen in der DDR und anderen Staaten des Ostblocks. In diesem Falle verhält es sich also gleichsam umgekehrt: Übergreifende Fragestellungen sind zwar vorhanden, das methodische Instrumentarium und die Materiallage genügen jedoch der durchaus möglichen Konzeptualisierung noch nicht.

Der vorliegende Band muß in diesem Zusammenhang als ein Kompromiß angesehen werden. Er ist methodologisch in der zweiten Phase der DDR-Forschung verwurzelt, während das Verständnis für die Notwendigkeit der Erklärung und Deutung des vorgelegten Materials eher aus der dritten Phase hervorgegangen ist.

Wesentlich für die folgenden Analysen ist eine – schon durch die Überarbeitung von Texten, die ursprünglich zu aktuellen Anlässen verfaßt wurden, bedingte – Distanz zum Material und die daraus im Zeitverlauf erwachsene Einsicht in das politische Profil der DDR sowie das Verhalten der SED-Führung im innergesellschaftlichen, im nationalen wie im internationalen Raum. Einsicht meint dabei ein Verständnis für organisatorisch-strukturelle und für funktionale Zusammenhänge – ein Verständnis, das der Erklärung solcher Zusammenhänge dient. Einsicht meint jedoch auch sinnvolle Deutung, die sowohl die historische Entwicklung der DDR wie die internationalen Zusammenhänge, in die die DDR seit 1972/73 mehr und mehr hineingewachsen ist, berücksichtigt. Dabei können Beschreibung, Erklärung und Deutung im Einzelfall ineinander übergehen; für den Leser sollten sie jedoch stets unterscheidbar bleiben.

Für die vorliegenden Analysen war es wesentlich, sich von einer Perspektive zu lösen, die sich auf bestimmte, eingegrenzte Untersuchungsfelder in der DDR und gegebenenfalls noch der Bundesrepublik beschränkt; denn die politische Entwicklung der Nachkriegszeit hat die DDR – ebenso wie die Bundesrepublik – in eine Sonderposition zwischen Ost und West hineingestellt. Diese Tatsache durchdringt das *gesamte* politische und sozio-ökonomische System der DDR. Sie sollte deshalb in ihren Grundaspekten bei jeder Teilanalyse der DDR im Blick behalten werden.

Die SED-Führung schaut heute sowohl nach Osten wie nach Westen, um sich immer wieder neu zu orientieren und ihr Verhalten ständig ausbalancieren zu können. Eine sich auf diese Weise herausbildende „Sowohl-als-auch-Haltung" zeitigt mitunter eigenartige politische Aktionen und Reaktionen. Konsistenz von der SED-Führung unter diesen Bedingungen zu verlangen, wäre eine Überforderung; nur Dogmatiker oder Stubengelehrte können solche Maßstäbe setzen. Festzuhalten ist jedoch, daß der Blick nach draußen, nach Ost und West, im einzelnen ganz unterschiedliche Konsequenzen für das Verhalten der Partei im Innern hat. Äußere Ereignisse bleiben ebensowenig folgenlos für die innere Situation der DDR wie Entscheidungen in der Gesellschafts- und Sozialpolitik das Profil, das sich dieser Staat nach außen gibt, unbeeinflußt lassen.

A. Politische Zielsetzungen und soziale Entwicklungen in der DDR seit 1961: Ein Rückblick*

1. Einleitung

Erst in der Analyse der wichtigsten außen- und innenpolitischen Ziele, ihrem Verhältnis zueinander und ihrer Konfrontation mit der sozio-ökonomischen Entwicklung über einen längeren Zeitraum, schälen sich gewisse Strukturmerkmale eines Herrschaftssystems heraus, können die Techniken der Machtausübung und die Arten der Elitenrekrutierung aufgezeigt werden.

Außen- und innenpolitische Ziele stehen in der DDR in einem gewissen Spannungsverhältnis zueinander. Denn die Geltungsansprüche von Partei und Staat nach außen fanden häufig keine Entsprechung in der Förderung des Bewußtseins der Menschen, in Maßnahmen, die die Bevölkerung stolz auf diesen Staat sein, sich zu ihm bekennen ließen.

In der DDR hat sich der Wandel der Sozialstruktur seit dem Mauerbau (1961) vor allem durch den Einsatz gesellschafts- und sozialpolitischer Mittel beschleunigt. Der fortschreitenden außenpolitischen Profilierung wie der sozialen Differenzierung, dem steigenden Lebensstandard und den wachsenden Ansprüchen der Menschen entsprach jedoch keine Lockerung der Parteikontrolle. Im Gegenteil: Auch wenn die SED-Führung offenbar eingesehen hatte, daß ohne materielle Anreize Arbeits- und Leistungsmotivation absinken würden, hat sie ihre Kontrolle doch verstärken müssen, weil sie fürchtete, andernfalls die soziale Differenzierung nicht in die jeweils gewünschte Richtung steuern zu können. Um Kontrolle und Steuerung erfolgreich durchsetzen zu können, hat die Parteiführung gewisse soziale Gruppen innerhalb der DDR-Gesellschaft privilegiert: Hunderttausende von Funktionären der großen Bürokratien und unter ihnen vor allem die Repräsentanten der „Arbeiterklasse" waren die Nutznießer dieser Politik. Die einseitige Begünstigung dieser Elite vergrößerte die soziale Ungleichheit in der DDR-Gesellschaft, wenn das Wohlstandsniveau auch insgesamt nicht nur gruppenspezifisch gestiegen ist. Vor dem Hintergrund solcher Einsichten verblassen die seit 1971 von der SED propagierten und z. T. verwirklichten sozialpolitischen Maßnahmen; sie stellen keine Korrektur im Sinne der Einebnung sozialer Unterschiede dar, sondern gewähren mehr oder minder das Minimum an Verbesserungen, das zur Aufrechterhaltung des status quo jeweils erforderlich ist.

Im übrigen weisen manche Erscheinungen vor allem in der Arbeits- und Berufswelt sowie bei der Jugend darauf hin, daß gewisse Begleiterscheinungen industriestaatlicher Wohlstandsgesellschaften in den letzten Jahren zunehmend auch vor der DDR nicht Halt gemacht haben.

2. Einige außenpolitische Perspektiven

In dem Maße, in dem die DDR seit 1972 die internationale Szene betreten hat, konnte sie auch ihr außenpolitisches Aktionsfeld erweitern. Diese Entwicklung wurde vor allem dadurch möglich, daß sich die SED-Führung von ihrer jahrzehntelangen Fixierung an die Anerkennungsfrage gelöst hat. Gegenwärtig werden von Ost-Berlin – in einem allerdings durch die enge Bindung der DDR an die UdSSR bestimmten Rahmen – die außenpolitischen Aktivitäten einer europäischen Mittelmacht zu entfalten versucht. Der zweite deutsche Staat unterhielt im Jahre 1976 diplomatische Beziehungen zu 121 Staaten, darunter alle NATO-Staaten (mit Ausnahme der Bundesrepublik, mit der sie keine Botschafter, sondern lediglich Ständige Vertreter ausgetauscht hat), darunter ferner Japan, Indien, nahezu alle Staaten des Nahen Ostens und Schwarzafrikas sowie Mittel- und Südamerikas und schließlich Ostasiens. DDR-Vertreter arbeiten seit 1972 und besonders seit 1973/74 aktiv in den Vereinten Nationen und ihren Unterorganisationen mit.

Als Konsequenz des somit erweiterten Aktionsfeldes spielt die

Rivalität zur Bundesrepublik – wenn auch in differenzierterer Weise als in den sechziger Jahren – in der Gegenwart dennoch eine durchaus wahrnehmbare Rolle in der Außenpolitik der DDR. Die SED-Führung hat erkannt, daß es, langfristig gesehen, auch europa- und weltpolitisch von Bedeutung ist, welches Sozialsystem sich in der wirtschafts- und gesellschaftspolitischen Auseinandersetzung in Deutschland als das anpassungsfähigere, das innovativere, das sozial gerechtere und fortschrittlichere – und damit als das politisch vitalere erweist.

Diese Rivalität äußert sich zunächst in der *Form* der von der DDR betriebenen Außenpolitik. Auswärtige Politik hat gegenwärtig taktisch flexibel zu sein – ohne sich damit allerdings in ihrem strategischen Kern ändern zu müssen. Die politisch-strategische Grundlinie ist ohnehin durch das enge Bündnis mit der UdSSR und den anderen Staaten des Ostblocks festgelegt.

Die seit einigen Jahren zu beobachtende Elastizität und Flexibilität kommt auch im Selbstverständnis der DDR zum Ausdruck. So heißt es in einer in der Akademie für Staats- und Rechtswissenschaft der DDR erarbeiteten Broschüre: ,,(Es) bestand Klarheit darüber, daß die praktische Verwirklichung der außenpolitischen Zielsetzungen ein hohes Maß an Elastizität und die Fähigkeit erfordert, den beständigen Veränderungen der Bedingungen in der internationalen Klassenauseinandersetzung gerecht zu werden.''[1]

a) Blockpolitische Zielsetzungen

Nach dem VIII. Parteitag der SED im Juni 1971 und dem Machtantritt Erich Honeckers schälten sich zwei primäre, langfristig angelegte blockpolitische Ziele Ost-Berlins heraus, die von der SED-Führung auch nach dem IX. Parteitag im Mai 1976 unverändert als Grundlagen ihrer gesamten Außenpolitik bezeichnet werden.

Einmal handelt es sich um den zusammen mit der Sowjetunion aktiv voranzutreibenden Ausbau der in der Praxis bisher offensichtlich immer noch nicht übermäßig effektiven ,,sozialistischen ökonomischen Integration''. Dabei ist die DDR prinzipiell an das sogenannte Komplexprogramm des Rats für Gegenseitige Wirtschaftshilfe (RGW) von 1971[2] gebunden. Das Komplexprogramm fordert die Koordinierung der Wirtschaftspläne der Ostblockländer als „Hauptmethode" der Zusammenarbeit sowie, darüber hinausgehend, die gemeinsame Planung der Produktion in einzelnen Industriezweigen.[3] Ferner werden strukturelle Elastizitäten, d. h. die Möglichkeiten *kurzfristiger* Plankorrekturen angestrebt, um die multinationalen Handelsbeziehungen innerhalb der RGW-Staaten schneller entwickeln zu können. Schließlich sind monetäre Maßnahmen vorgesehen. Auch wenn der westliche Beobachter hier besonders skeptisch bleibt: Von 1980 an soll eine „kollektive Währung" geschaffen werden, d. h. der Rubel soll „tatsächliche Transferierbarkeit" – jedoch keine freie Konvertierbarkeit mit westlichen Währungen – erhalten.[4]

Einer zügig vorangetriebenen wirtschaftlichen Integration mißt die SED-Führung auch eine erhebliche politische Bedeutung zu. „Das Komplexprogramm der sozialistischen ökonomischen Integration", formulieren die Autoren der bereits zitierten Broschüre, „wird in schnellem Tempo verwirklicht. Es führt zur Stärkung des ökonomischen Potentials, orientiert auf Tempogewinn, fördert die allseitige Überlegenheit des Sozialismus über den Kapitalismus und verleiht der Friedens- und Sicherheitspolitik der sozialistischen Staatengemeinschaft ein festes Fundament. Mit dem Komplexprogramm haben die RGW-Staaten eine langfristige Strategie der wirtschaftlichen Zusammenarbeit entwickelt, die keineswegs nur ökonomische Bedeutung besitzt."[5] In anderen Worten, neben der wirtschaftlichen Integration wird eine – bisher nur bilateral vorangetriebene, mit der Sowjetunion vereinbarte – ideologische sowie gesellschafts- und sozialpolitische Integration im Ostblock jedenfalls programmatisch angestrebt. Diese Zusammenarbeit steht sowohl unter der Formel vom „sozialistischen" (Regierungsebene) wie „proletarischen" (Parteiebene) Internationalismus.

Unter ideologischer und gesellschaftspolitischer Integration ist gegenwärtig in erster Linie die weitere Koordination der Arbeit der in jedem Ostblockstaat bestehenden großen ZK-Institute zu verstehen. Analysefelder, Analysemethoden, Methoden der Indoktrination, von Agitation und Propaganda sollen genauer und effektiver als bisher aufeinander abgestimmt werden. Revisionistische und reformistische Strömungen *innerhalb* der sozialistischen Länder sollen ebenso gemeinsam bekämpft werden wie etwa der Einfluß des „Sozialdemokratismus" und des „Maoismus". Wie eine 1971 erfolgte Umstrukturierung des Instituts für Internationale Politik und Wirtschaft (IPW) in Ost-Berlin demonstriert, geht es hier um eine ständig abgestimmte Anpassung an aktuelle weltpolitische und vor allem deutschlandpolitische Problemfelder und Konfliktlagen. Nicht uninteressant ist, daß diese Umstrukturierung zu jenem Zeitpunkt erfolgte, als sich die Staaten des RGW mit dem Komplexprogramm für die Forcierung der wirtschaftlichen Integration entschieden hatten.

Die blockpolitische Integration der DDR, die bei Ulbricht wie bei Honecker ergänzt wird durch die immer wieder herausgestellte Anerkennung des politischen und ideologischen Führungsanspruchs der Sowjetunion, bedeutet die aus den Äußerungen der Parteiführung ablesbare, wenn auch vielleicht nicht vollständige Aufgabe eines wesentlichen Ziels der DDR-Politik unter Ulbricht. Seinerzeit war der Ausbau der DDR zur sozialistischen Leistungsgesellschaft mit dem Ziel betrieben worden, daß das sozialtechnologische „Modell DDR" eines Tages beispielhaft für Industriegesellschaften sozialistisch-kommunistischen Typs sein könnte. Dieser Anspruch ist von Honecker nicht weiterverfolgt worden. Ob er unausgesprochen noch heute besteht, ist schwer zu beurteilen. Jedenfalls werden einige Grundzüge des sozialtechnologischen Modells, so die Betonung des Leistungsgedankens, der Leistungsanreize in Gestalt der zahlreichen „materiellen" und „immateriellen" Stimuli", weiter propagiert.

Der politische Kern der Bemühungen um „Integration" ist gegenwärtig offensichtlich die Vertiefung der wirtschaftlichen und der wissenschaftlich-technologischen Kooperation mit der Sowjetunion. Hinsichtlich der politischen und ideologischen Zusammenarbeit befindet sich die SED dagegen in einer delikaten Situation: Einmal darf sie das sowjetische Mißtrauen hinsichtlich einer zu starken Annäherung der beiden deutschen Staaten gar nicht erst aufkommen lassen.[6] Andererseits hat die SED auf die Stimmung in

der Bevölkerung Rücksicht zu nehmen, deren wachsendes Selbstbewußtsein häufig mit Herablassung und Abneigung gegenüber
der Sowjetunion gepaart ist.

Festzuhalten bleibt: Die DDR ist seit 1964 mehr und mehr zum
zuverlässigen Juniorpartner der UdSSR herangereift. Auf die Frage
nach den Motiven für eine solche enge Anlehnung an die Sowjetunion ist vor allem das nach wie vor vorhandene Sicherheitsmotiv
der SED-Führung zu betonen. Dabei ist Sicherheit nicht nur im
militärisch-strategischen, sondern auch im ideologisch-gesell-
schaftspolitischen Sinn zu begreifen. Auf der anderen Seite ist nur
durch die kompromißlose Bindung der DDR an die UdSSR der
politische Einfluß des ostdeutschen Staates in Ost- und Südosteuro-
pa aufrechtzuerhalten.

Eine zweite blockpolitische Zielsetzung Ost-Berlins liegt in dem
Bestreben, Modernisierungsspitze im Ostblock zu bleiben – und
zwar hinsichtlich des wirtschaftlichen, des technisch-wissenschaftlichen und des Niveaus im Lebensstandard. ,,Modernisierung''
heißt in diesem Zusammenhang: ständige Steigerung der wirtschaftlichen Effizienz; Lösung der Informations- und Kommunikationsprobleme im Organisationsbereich von Partei, Staat, Wirtschaft und Gesellschaft.

b) Schwerpunkte der Westpolitik und der Politik gegenüber Drittländern

Nach dem internationalen Durchbruch der DDR in den Jahren 1972
bis 1975 – einem Durchbruch, als dessen wichtigste Symbole in der
DDR die Mitgliedschaft in den Vereinten Nationen und die Aufnahme diplomatischer Beziehungen zu den Vereinigten Staaten von
Amerika angesehen werden – scheint die SED ihre langfristigen
Zielsetzungen gegenüber dem Westen und den Drittländern gegenwärtig auf vier Schwerpunkte zu konzentrieren.[7] Es handelt sich,
einmal, um den Auf- und Ausbau bilateraler politischer und wirtschaftlicher Beziehungen. Gegenüber den westlichen Industriestaaten, einschließlich Japans, will sich die DDR vor allem als handelspolitisch attraktiver Partner profilieren – und damit nicht zuletzt als
künftiger Markt vorstellen. Der weitere Ausbau der politischen wie

der wirtschaftspolitischen Beziehungen zu einer Reihe von Dritt- und Entwicklungsländern ist nach wie vor als mit Nachdruck zu verfolgendes politisches Ziel Ost-Berlins anzusehen.[8]

Zweitens kommt es für die Außenpolitik der DDR darauf an, wichtige internationale Konferenzen wie etwa die Konferenz für Sicherheit und Zusammenarbeit in Europa (KSZE) politisch für sich zu nutzen. Es geht ihr in der Auswertung der Konferenzergebnisse gegenwärtig vor allem darum, den ersten sechs Prinzipien des Dekalogs von Helsinki (d. s. souveräne Gleichheit, Gewaltverzicht, Unverletzlichkeit der Grenzen, territoriale Integrität der Staaten, friedliche Regelung von Streitigkeiten, Nichteinmischung in die inneren Angelegenheiten) den Charakter von völkerrechtlichen Normen zu geben – und das besonders, um ihr Sicherheitsbedürfnis zu befriedigen. Dabei stehen die ,,Unverletzlichkeit der Grenzen'' und die ,,Nichteinmischung in die inneren Angelegenheiten'' im Vordergrund. In solchen Zielen mitenthalten ist das Bestreben der SED, die deutsche Frage, besonders im europäischen Raum, zu multilateralisieren. Nur indem die DDR-Führung die Abgrenzung von der Bundesrepublik Deutschland zum europäischen Problem ausweitet, kann sie auf eine *politische,* wenn auch schwerlich auf eine völkerrechtliche Anerkennung der Grenze in Deutschland hoffen.

Eine dritte westpolitische Zielsetzung Ost-Berlins manifestiert sich in der intensiven Mitarbeit in bestimmten Unterorganisationen der Vereinten Nationen. Die DDR ist bestrebt, vor allem ihre gesellschafts- und kulturpolitischen Vorstellungen auch auf der Ebene der Vereinten Nationen vorzutragen – mit dem Ziel, besondere Beziehungen in Deutschland zu leugnen und den eigenen, unverwechselbaren Charakter der ,,sozialistischen deutschen Nation'' herauszustellen. Weiterhin ist es ihr Anliegen, als leistungsfähiger Industriestaat vor allem gegenüber außereuropäischen Dritt- und Entwicklungsländern in Erscheinung zu treten. Schließlich ist ihr an der Übernahme von westlichem technologischem ,,know-how'', wo und in welcher Form auch immer dieses zu erwerben ist, gelegen. Deshalb werden u. a. die Kontakte sowohl zur UNESCO und Europäischen Wirtschaftskommission (ECE) wie, ganz besonders, zur Welthandelskonferenz (UNCTAD) und zur UN-Organisation für industrielle Entwicklung (UNIDO) zu vertiefen gesucht.

Den vierten Schwerpunkt stellt die Deutschlandpolitik dar. Hier beharrt die DDR seit 1971 auf einer strikt gehandhabten ideologisch-politischen „Abgrenzung" von der Bundesrepublik Deutschland sowie einer seit Jahren im Kern unveränderten Berlin-Politik – einer Politik, deren Hauptziel es ist, die Einbindung der Teilstadt in die Ost-West-Zusammenarbeit zu behindern.[9] Gleichzeitig muß Ost-Berlin sowohl wegen der eigenen wirtschaftspolitischen Ambitionen wie der strukturellen Schwierigkeiten in diesem Bereich unverkennbar die Wirtschaftsbeziehungen zur Bundesrepublik weiter auszubauen suchen. Das Drängen der DDR, den „Swing", den von der Bundesrepublik gewährten zinslosen Überziehungskredit, erheblich zu erhöhen,[10] stellt lediglich *ein* deutlich erkennbares Anzeichen für dieses vitale Interesse dar. Hinsichtlich der wirtschaftlich-technischen Kooperation – jedoch nur und ausschließlich der Kooperation auf diesem Gebiet – wird deshalb selbst in der SED auch bisweilen von „besonderen" Beziehungen zwischen den beiden deutschen Staaten gesprochen. Im wirtschaftspolitischen Bereich ist die Haltung der DDR der Bundesrepublik gegenüber also durchaus flexibel. Teilzugeständnisse sind dadurch zu erklären, daß die DDR nicht nur an einer außerordentlichen Knappheit an Arbeitskräften leidet, sondern auch arm an Rohstoffen wie an Devisen ist. Deshalb machen ihr die gegenwärtigen Verteuerungen der Rohstoffe auf dem Weltmarkt zu schaffen. Ihre strukturellen Schwächen können ihre wirtschaftlich starke und damit auch politisch einflußreiche Position im Ostblock auf die Dauer gefährden. Damit wird die DDR jedoch prinzipiell auch zu einem Instabilitätsfaktor für die Sowjetunion. Dies ist die andere Seite der Juniorpartnerschaft, die im Westen nur allzu häufig übersehen wird.

Die Politik der „Abgrenzung" schließt damit eine – bereits mittelfristig zu erzielende, allerdings zunächst nur wissenschaftlich-technische, noch nicht industrielle – Kooperation mit der Bundesrepublik nicht aus. Sie rückt sie vielmehr in den Bereich des Möglichen, wie die Folgeverhandlungen im Rahmen des Grundlagenvertrages über den Abschluß eines wissenschaftlich-technischen Abkommens demonstrieren.

c) Die Ausbalancierung von „Kooperation" und „Klassenkampf"

Angesichts dieses Zielkataloges zeigt sich, daß die Außenpolitik der DDR nach wie vor in den relativ engen Rahmen, der durch die Prinzipien der „sozialistischen Integration" und der „friedlichen Koexistenz" definiert wird, eingespannt ist. „Friedliche Koexistenz" meint bekanntlich den Verzicht auf die kriegerische Auseinandersetzung mit dem „Klassenfeind". Sie wird weiterhin sowohl als „Kooperation" wie als „Klassenkampf" mit dem Westen bestimmt. Die Suche nach Kooperation auf wirtschaftlichem und auf wissenschaftlich-technologischem Gebiet *und* der ideologische und gesellschaftspolitische Klassenkampf treten in der internationalen politischen Wirklichkeit von heute – als Ausdruck der beiden Hauptelemente der „friedlichen Koexistenz" – vor allem in Erscheinung.

Für die Staaten des Warschauer Paktes ergibt sich die schwierige Aufgabe, beide Elemente der „friedlichen Koexistenz" immer wieder aufeinander abzustimmen, um ihre Politik glaubwürdig erscheinen zu lassen. In Anbetracht der Aufrüstung in der UdSSR und der expansiven sowjetischen Politik vor allem in der Dritten Welt muß der Westen seit 1974 vom Willen zur Détente immer wieder neu überzeugt werden. Diese globale Lage beeinflußt auch das Verhältnis der DDR zur Bundesrepublik.

Solche Feststellungen machen deutlich, daß Außenpolitik für die DDR heute nicht mehr nur Deutschlandpolitik und nicht allein mehr – wie so lange Jahre hindurch – eine Funktion der Innen- bzw. Gesellschaftspolitik sein kann. Die internationale Entwicklung, in der sich die DDR unter Anleitung der Sowjetunion neuerlich engagieren konnte, besitzt andere Gesetze als zu den Zeiten, in denen die DDR hauptsächlich darum bemüht war, ihre diplomatische Anerkennung zu erreichen. Hieraus folgt jedoch nicht, daß die SED-Führung in ihren außenpolitischen Aktionen und in ihrem Verhalten selbstsicherer geworden ist. Von Ausnahmen abgesehen,[11] scheint eher das Gegenteil zuzutreffen. Dem genuinen Sicherheitsbedürfnis einer nicht durch das Volk legitimierten Führungselite gesellt sich nun die Multidimensionalität und Unübersichtlichkeit eines internationalen Kommunikationssystems hinzu, das es politisch, in seinem Kräftespiel, angemessen einzuschätzen gilt.

3. Gesellschaftspolitische Entwicklung seit 1961

Das gesellschaftspolitische Geschehen seit dem VIII. Parteitag der SED und die Entwicklung in den siebziger Jahren lassen den Beobachter zurückblicken auf jenes Jahr 1961, das nach wie vor als entscheidende *politische,* wenn auch noch nicht gesellschaftspolitische Zäsur in der Geschichte der DDR anzusehen ist.

Das Ziel der Zerschlagung der überkommenen Sozialstruktur hatte die SED bis zum Bau der Mauer im Sommer 1961 mit ihren harten, massenterroristischen Maßnahmen weitgehend erreicht. Millionen waren abgewandert, andere hatten sich allmählich angepaßt und schwiegen. Neue Generationen, für die allein die DDR den Erlebnis- und Erfahrungshorizont abgab, waren nachgewachsen. Die Mauer von 1961, die schockartigen Reaktionen auf die völlige Abtrennung der DDR von der Bundesrepublik in den Jahren 1961 und 1962 und die Konturen, die Ulbricht mit der Verkündigung des „neuen ökonomischen Systems" im Januar 1963 andeutete, setzten neue Zeichen. Diese Ereignisse schufen auch die Voraussetzungen für einen allmählich weniger schmerzhaften, für einen eher stetigen und evolutionären Prozeß des Wandels in der DDR.[12] Sie leiteten eine Entwicklung ein, die die spontanen Prozesse der Lebensbewältigung der arbeitenden Menschen nicht von vornherein verschüttete. Sie legten den Grundstein für eine weitere sozioökonomische Stabilisierung der DDR-Gesellschaft seit 1964. Diese Entwicklung hat sich nach 1971, nach dem Machtantritt Erich Honeckers, langsam, jedoch kontinuierlich fortgesetzt. Honecker versuchte tatkräftig, ein gewisses *Vertrauen* bei den arbeitenden Menschen in der DDR zu erwerben. Dabei kam ihm u. a. zugute, daß die Jahre nach dem Bau der Mauer Partei wie Bevölkerung bereits zu einem gewissen Arrangement gezwungen hatten. Nachdem die Fluchtwege für die Masse der Bevölkerung abgeschnitten waren, mußten sowohl Partei wie zumindest erhebliche Teile der im Arbeitsprozeß stehenden Bevölkerung einlenken. Millionen Menschen waren zu einer partiellen Anpassung gezwungen – besonders im beruflichen Bereich. Über Leistung, berufliche und soziale Aufstiegsmöglichkeiten sollten sie sich in das politische und gesellschaftliche System, das von der SED errichtet worden war, einfügen. Eine solche Einpassung ließ sich sogar vielfach auch dann durchführen, wenn man die politische Linie der SED ablehnte, ja sie, so gut es ging, unterlief und bekämpfte. Demnach bestand und besteht ein doppeltes Bewußtsein bei vielen Menschen in der DDR.

Die SED nahm ihrerseits Rücksicht auf die Bevölkerung, indem sie – insbesondere in der NÖS- und ÖSS-Periode (1963 bis 1970) – berufliche Leistungen aufmerksam honorierte, ohne stets nach dem „richtigen" politischen Bewußtsein zu fragen.

Das gegenseitige Sich-Arrangieren gewann erst dann eine große Dynamik, als teilweise gleichgerichtete Interessen deutlicher hervortraten: Allmählich, schon lange vor dem VIII. Parteitag der SED, zeigten sich Züge einer partiellen Interessenidentität von Partei und Bevölkerung: Beide strebten, wenn auch aus unterschiedlichen Motiven, nach einer Erhöhung des Lebensstandards. Diese tendenziell sich annähernde Ausrichtung der Wünsche von Partei und Bevölkerung beruhte auf dem relativ stetigen wirtschaftlichen Wachstum der sechziger Jahre.

Schließlich wuchs, ebenfalls bereits in den sechziger Jahren, in der Zeit der Erfolge des „neuen ökonomischen Systems" das Selbstbewußtsein, der Stolz auf die eigene Leistung. Die Leistung wollte vorgezeigt und belohnt werden. Die SED reagierte auf solche Wünsche sensibler als in den vierziger und fünfziger Jahren. Die Tüchtigen wurden, wenn auch in recht unterschiedlicher Weise, für ihre Leistungen, wie bereits erwähnt, *belohnt*. Entsprechend gab die SED einer immanenten, das System nicht völlig ablehnenden Kritik langsam, sehr langsam etwas mehr Spielraum; dieser wurde von den Bürgern allmählich und insbesondere seit der Schlußkonferenz von Helsinki (1975) mit größerer Unbefangenheit genutzt.

4. Soziale Umschichtungen in der SED

In kaum einer anderen Gesellschaft Mittel-, Ost- und Südosteuropas mit Ausnahme der Sowjetunion dürften die führenden Eliten heute eine derart anspruchsvolle Rolle – anspruchsvoll was die Erwartung von Belohnungen für erbrachte Leistungen anbetrifft – im Gesamtsystem spielen wie in der DDR. Deshalb scheint die Analyse einiger Entwicklungstrends innerhalb der politisch führenden Partei, der SED, unerläßlich zu sein. Zunächst ist dabei von einem generell zu beobachtenden Wandel der Sozialstruktur auch der SED-Mitglieder auszugehen. Dieser Wandel hat zweifellos etwas mit dem Generationenschub zu tun; er wurde jedoch auch von der SED-Führung unter Ulbricht seit 1963 stark forciert.[13]

Eine historisch-soziologisch orientierte Analyse wäre in der Lage zu zeigen, daß der von den Nationalsozialisten in Deutschland in Gang gesetzte Prozeß einer umfassenden Mobilisierung der Massen von der KPD/SED nach 1945 mit massiven Mitteln in der SBZ/DDR fortgesetzt worden ist. Die Dynamik dieser Mobilisierung erfaßte in den sechziger Jahren, besonders seit 1963/64, große Teile der DDR-Bevölkerung. Da die SED als Teil der Gesamtgesellschaft von den Prozessen des sozialen Wandels und der sozialen Mobilität nicht nur nicht ausgeschlossen, sondern häufig geradezu Spiegelbild dieser Veränderungen gewesen ist, enthalten Aussagen über die SED bis zu einem gewissen Grad immer auch schon Aussagen über die DDR-Gesellschaft als Ganze.

Die SED wurde seit 1963 tendenziell gleichermaßen zu einer Kader- wie zu einer Massenpartei mit einer oligarchischen Führungsspitze ausgebaut. Die beiden wichtigsten Aspekte des Wandels in der SED waren in den sechziger Jahren die Verjüngung der Partei und die stärkere Einbeziehung von Fachleuten. Die Mitgliedschaft in der SED insgesamt hatte sich seit einigen Jahren fast sprunghaft verjüngt. Der Anteil der Mitglieder, die 1966 30 Jahre alt oder jünger waren, ergab 20,3 Prozent, der Anteil der 31- bis 40Jährigen weitere 25,1 Prozent. Damit war nicht viel weniger als die Hälfte aller Parteimitglieder 40 Jahre alt oder jünger. Die gleiche Gruppe hatte 1950 noch einen Anteil von lediglich 38,5 Prozent an der Gesamtmitgliedschaft gehabt.[14] Der Anteil der SED-Mitglieder mit abgeschlossenem Hochschul-, Fachhochschul- oder Fachschulstudium ist seit 1963 erheblich angestiegen. Er betrug im Jahre 1963 rd. 11 Prozent; bei einer Gesamtzahl von damals knapp 1,7 Millionen Parteimitgliedern sind das immerhin etwa 180000 Personen. Für 1976 gibt die SED-offizielle Statistik einen Prozentsatz von 27,4 Hoch- und Fachschulabsolventen an.[15] Nach ihrer sozialen Zusammensetzung hat sich die Partei ebenfalls verändert. Tendenziell ist in den Jahren 1961 bis 1976 sowohl der Anteil der Arbeiter wie der der Angehörigen der Intelligenz in der SED gestiegen.[16] Die mit diesen Zahlen nur angedeuteten Wandlungstendenzen innerhalb der Gesamtpartei waren Anfang der sechziger Jahre in den Führungsgremien der SED – dem Politbüro, dem ZK-Sekretariat und dem Zentralkomitee – noch erheblich stärker ausgeprägt.[17]

Die Repräsentanten der ,,Intelligenz", heute keineswegs nur mehr die Technokraten, sehen in der Parteimitgliedschaft um so eher eine berufliche und allgemein soziale Aufstiegschance, als seit Anfang der sechziger Jahre in der DDR tendenziell jede kontrollierbare Leistung prämiiert wird. Diese ,,Belohnung" – etwa durch Übertragung von Führungsaufgaben – steigert sich, wenn die Mitgliedschaft in der SED gegeben ist. Zwar haben sich die Aufstiegswege weiter differenziert. Der soziale Aufstieg der neuen Eliten geht dennoch schon seit Jahren, bereits seit dem Abbruch des ,,neuen ökonomischen Systems" im Jahre 1967, fast ausschließlich über die Mitgliedschaft in der SED vor sich. Dies gilt auch für die verschiedenen staatlichen und wirtschaftlichen Bürokratien sowie für die Apparate der Massenorganisationen. Auch in diesen Organisationen ist seit Jahren die Verbindung zur SED der letztlich entscheidende Maßstab für den beruflichen Erfolg.

Solche Tatsachen ändern nichts daran, daß beruflicher und politischer Abstieg auch heute nicht eindeutig zu parallelisieren sind. Hervorzuheben ist, daß der – möglicherweise nur vorübergehende – Verlust einer politischen Funktion nicht mehr automatisch zum Verlust der gesamten beruflichen Existenz führt wie noch in den vierziger und fünfziger Jahren.

Mit der Qualifizierung und der Verjüngung der Führungskader

ging in den sechziger Jahren eine Umorganisation des Parteiapparates Hand in Hand. Die Parteiführung versuchte – wenn auch mit
wechselndem Erfolg – das Organisationssystem von Partei, Staat
und Wirtschaft zu modernisieren und den Erfordernissen einer leistungsorientierten Industriegesellschaft anzupassen. Wirksam erwies sich 1963/64 vor allem die Einführung eines als Stab-Linie-Sy-
stem zu bezeichnenden Organisationsprinzips, weiterhin die – flexibler gehandhabte – Bildung von als ad hoc-Kommissionen („task
groups") organisierten Arbeitsgruppen für operativ zu lösende
Aufgaben im wirtschaftlichen Bereich. Der Linienorganisation der
Partei wurden seit 1963 in wachsendem Maße „Stabsabteilungen"
angegliedert, die mit den in sozialistisch-kommunistischen Parteien
traditionell bestehenden „Kommissionen" kaum noch verglichen
werden konnten. Bei den „Stäben", den „task groups", handelte es
sich vielmehr um Arbeitsgruppen, die direkt, unbürokratisch und
effektiv die Beschlüsse der Parteispitze in die Praxis weiterleiten
sollten.[18] Allerdings ist die organisatorische Aufsplitterung der Partei in „Stab" und „Linie", jedenfalls in der Weise, wie sie in den
sechziger Jahren praktiziert wurde, heute Geschichte. Vielmehr läßt
sich, seit Jahren, eine erneute Straffung des Parteiapparates beobachten, ohne daß auf die Bildung von Stäben verzichtet worden ist.
Die heute bestehenden Stäbe verfügen jedoch über weit weniger
Macht als die in den Jahren 1963/64.

Bereits diese Bemerkungen verdeutlichen, daß die SED-Führung
bemüht war, sich an die Spitze des von ihr proklamierten und
initiierten umfassenden Mobilisierungs- und Modernisierungspro-
zesses zu stellen. Das heißt aber, daß die vielfältigen neuen Konflikte
– Konflikte zwischen jüngeren und älteren Funktionären, zwischen
tradierten und neu sich herausbildenden Parteinormen, zwischen
verschiedenen Ausbildungswegen und Karrieren – die SED zunächst eher gestärkt und gefestigt hatten, da die Führung der Partei
diese Konflikte in den frühen sechziger Jahren zwar zu kontrollieren, nicht aber von vornherein zu unterdrücken suchte. Bereits seit
Ende der sechziger Jahre, besonders seit dem Beginn der neuen
Ostpolitik, hat sich diese Haltung der SED-Spitze – im Sinne stärkerer Restriktionen – verändert.

Unter anderem wegen solch flexibler Politik der SED haben und hatten die noch immer in den Vorschlägen eines „dritten Weges" befangenen Dissidenten (etwa Robert Havemann) keine Chance, die etablierte Parteiführung in ihrer Position zu erschüttern. Nicht liberale, moralisierende Marxisten, die im Gesamtsystem der SED stets eine Outsider-Rolle spielten, konnten das Bild in den siebziger Jahren bestimmen, sondern die dynamischen, neu-konservativen, ebenso flexiblen wie selbstbewußten Pragmatiker der jüngeren und mittleren Generation. Sie hatten sich, oft mühsam genug, gegen die ältere, häufig in engen, dogmatischen Vorstellungen befangene Generation der gleichermaßen unsicheren wie engstirnigen Apparatschiki hochgekämpft. Funktionäre aus der (damals) jüngeren Generation wie Günter Mittag, Werner Jarowinsky, Günther Kleiber u. a. verfügten, in unterschiedlichem Maße und in wechselnder Zusammensetzung, über die drei vielleicht wichtigsten Qualifikationsmerkmale der SED-Führungsgruppen der sechziger und siebziger Jahre: das Vertrauen der Sowjets (oder doch jeweils einer Gruppe einflußreicher sowjetischer Funktionäre), eine langjährige Kenntnis des SED-Apparates sowie, schließlich, eine Vertrautheit mit Grundproblemen der technisch-wissenschaftlichen und der wirtschaftlichen Entwicklung.

Zu den genannten, noch heute zur Spitzengarde zählenden Funktionären traten Zehntausende jüngerer Wirtschaftsfachleute, Ingenieure und Techniker, die die Grundsatzentscheidungen des Politbüros in die tägliche Praxis umsetzten. Das Ausbildungsniveau dieser Funktionäre, die unter anderem an der Hochschule für Ökonomie, Berlin-Karlshorst, am Zentralinstitut für Sozialistische Wirtschaftsführung beim ZK der SED in Berlin-Rahnsdorf oder an der Akademie für Staats- und Rechtswissenschaft „Walter Ulbricht" in Potsdam-Babelsberg[19] sowie an der Universität Dresden studiert hatten, ist in den letzten Jahren durchaus verbessert worden. Jedoch auch die Nachwuchsfunktionäre im Parteiapparat mußten sich seit Mitte/Ende der sechziger Jahre einem verbesserten Training, etwa am ZK-Institut für Gesellschaftswissenschaften, unterziehen. Grundkenntnisse der technischen Hilfsmittel der Planung (Informationstheorie, Netzwerktechnik, Operations Research, elektronische Datenverarbeitung) sind seit Anfang der siebziger Jahre ebenso systematisch gelehrt worden wie empirische Methoden der Sozialwissenschaften, der Pädagogik und der Psychologie.[20]

5. Wandel der Gesellschaftspolitik der SED

Während die SED in den vierziger und fünfziger Jahren die Umformung der DDR-Gesellschaft vor allem mit Terror und Zwang durchzusetzen gesucht und in den sechziger Jahren Strategien der Leistungssteigerung und der Leistungsanreize entwickelt hatte, arbeitet sie gegenwärtig vornehmlich mit einer Reihe von sozial- und steuerpolitischen Maßnahmen, die auf soziale Differenzierung und Nivellierung gleichermaßen abzielen.

Besonders seit dem VIII. Parteitag (1971) setzt die Parteiführung die Sozialpolitik als gesellschaftspolitisches Steuerungselement ein. In der sozialpolitischen Praxis handelt es sich dabei im wesentlichen um: Lohnerhöhungen, Erhöhungen der Mindestrenten und des Krankengeldes.[21]

Den sozialpolitischen Verbesserungen waren im Sommer 1971 die Proklamierung eines höheren Lebensstandards und im Frühjahr 1972 gravierende gesellschaftspolitische Maßnahmen vorausgegangen: Fast alle zu jener Zeit noch bestehenden privaten und halbstaatlichen Industriebetriebe waren seinerzeit verstaatlicht worden. Als Motiv können dabei schwerlich allein wirtschaftliche Gründe angenommen werden. Vielmehr standen offenbar gesellschaftspolitische Gesichtspunkte im Vordergrund. Die SED-Führung zielte unter geschickter Ausnutzung von Ressentiments bei Teilen der Arbeiter und Angestellten darauf ab, tradierte wie neu entstandene Privilegienstrukturen zu zerschlagen oder doch abzubauen und damit ihre Kontrolle im ganzen weiter auszuweiten und zu festigen. Hinzu kam ein gewisser Zwang, der sich aus der RGW-Integration ergab. Die DDR war im Rahmen des RGW der Staat mit der unübersichtlichsten Eigentumsstruktur und – neben Polen – einem relativ hohen Anteil von Privateigentum an den Produktionsmitteln. Dies zu korrigieren, erwies sich offenbar als notwendig.[22]

Neben solchen gesellschafts- und sozialpolitischen Maßnahmen setzte die SED bereits auf dem VIII. Parteitag und noch stärker nach dem IX. Parteitag neue ideologische Kampagnen in Gang. Diese standen zunächst im Rahmen der herrschenden Doktrin von der „entwickelten sozialistischen Gesellschaft". In den Jahren 1974–1976 traten stattdessen der „proletarische" bzw. der „sozialistische Internationalismus" und die „Solidarität" mit den Völkern des Ostblocks in den Vordergrund. In beiden Fällen ist die *Funktion* dieser Kampagnen unschwer zu erkennen: Es sollte die Festigung des Führungsanspruchs und der Kontrolle der SED über eine Bevölkerung, deren Erwartungen und Ansprüche schneller gestiegen waren als die Leistungsfähigkeit des Systems, erreicht werden.

Rückblickend können – für die Geschichte der SBZ/DDR – drei Phasen der Gesellschaftspolitik der SED unterschieden werden: die Phase des Massenterrors und des Zwanges, mit dem in den Jahren 1945 bis 1960 die tradierte Sozialstruktur zerschlagen werden sollte. Wesentlich mitbedingt durch die Flucht von mehr als zweieinhalb Millionen Menschen bis zum August 1961 ist dieses Ziel von der SED bis zum Jahre 1961 erreicht worden. Die zweite Phase umfaßt die Jahre 1962/63 bis 1970. Sie war durch das „neue ökonomische System" und das „Ökonomische System des Sozialismus" geprägt. Sozialpolitische Verbesserungen traten ebenso hervor wie eine Lokkerung von Zwang und Gewalt. Seit Mitte 1971 kann eine dritte Phase der Gesellschaftspolitik ausgemacht werden: Sozialpolitische Erleichterungen und der neue Planrealismus ersetzen jetzt zusehends die Zwänge der vierziger und fünfziger Jahre. Mit guten Gründen kann angenommen werden, daß besonders diese dritte Phase der Gesellschaftspolitik der SED durch die Tatsache und die Folgen des Grundlagenvertrages von 1972 mit verursacht worden ist. Unter den Augen der Weltöffentlichkeit und in zunehmender Konkurrenz mit der Bundesrepublik Deutschland hat die SED ihr gesellschaftspolitisches Instrumentarium verfeinern müssen.

6. Trends der gesamtgesellschaftlichen Entwicklung

Die Prozesse des sozialstrukturellen Wandels, die für die SED festgestellt werden konnten, spiegeln zwar gesamtgesellschaftliche Erscheinungen in der DDR wider; die vielschichtige Situation der
Gesamtgesellschaft ist jedoch damit nicht ausreichend beschrieben.
Vielmehr sind eine Reihe zusätzlicher und im einzelnen aufzuschlüs-
selnder Faktoren zu berücksichtigen.

a) Bevölkerungsstruktur

In diesem Zusammenhang ist zunächst auf die Massenflucht bis
zum Jahre 1961 und ihre Auswirkungen auf die Bevölkerungsstruktur zu verweisen. Durch die Abwanderung von mehr als zweieinhalb Millionen zumeist arbeitsfähigen Menschen in den Jahren 1949
bis 1961 hatte sich die Bevölkerungsstruktur der DDR erheblich
verändert. Diese demographische Grundtatsache ist in alle Analysen der gesamtgesellschaftlichen Entwicklung der DDR auch heute
noch mit einzubeziehen. Eine unmittelbare Konsequenz der Flucht
war und ist die – im europäischen Maßstab – weit überdurchschnitt-
liche Überalterung der DDR-Bevölkerung sowie die angespannte
Arbeitskräftelage in der DDR-Wirtschaft; waren doch die Jahrgänge zwischen dem 16. und 65. (bzw. bei Frauen dem 60.) Lebensjahr
unter denjenigen, die die DDR verließen, besonders stark vertreten.
Im Jahre 1974 befand sich in der DDR etwa jeder fünfte Einwohner
im Rentenalter. Mit einem solchen Rentneranteil steht die DDR
– international gesehen – an der Spitze der Altersstatistiken.

b) Erwerbsstruktur

Damit gestaltet sich auch seit Jahren das Verhältnis von Erwerbs-
personen und Personen im nichtarbeitsfähigen Alter äußerst ungün-
stig. Nach DDR-offiziellen Angaben kamen im Jahre 1960 auf 100
Personen im arbeitsfähigen Alter 63,0 Nichtarbeitsfähige, d. h. Kinder (34,3) und Rentner (28,7). Bis 1972 hatte sich dieses Verhältnis
auf 100 : 72 erhöht. Seitdem nimmt – entgegen früheren Prognosen

auch von Wissenschaftlern aus der DDR – der Anteil der nichtarbeitsfähigen Bevölkerung wieder ab und wird sich auch in Zukunft rückläufig entwickeln.[23]

Zur Überalterung tritt als demographisches Charakteristikum der DDR ein – etwa im Vergleich zur Bundesrepublik – relativ hoher Frauenüberschuß hinzu. Ende 1960 standen rund 9,4 Millionen Frauen rund 7,7 Millionen Männern gegenüber – eine Relation, die sich allerdings im Laufe der Jahre abschwächte.[24] Jedoch ist nicht nur der Anteil der Frauen an der Wohnbevölkerung in der DDR höher als in der Bundesrepublik; vielmehr sind die Frauen in der DDR auch in unverhältnismäßig größerer Zahl in das Erwerbsleben eingespannt. Von den 1960 insgesamt rund 7,7 Millionen Berufstätigen waren rund 3,6 Millionen weiblich, d. h., daß bereits in diesem Jahr etwa 47 Prozent der Beschäftigten Frauen gewesen sind. Die Entwicklung zeigt eindeutig eine weitere Erhöhung des Anteils weiblicher Arbeitskräfte an der Gesamtzahl der Beschäftigten: Für 1974 wird im ,,Statistischen Jahrbuch der DDR'' der Anteil der weiblichen Berufstätigen mit 49,4 Prozent angegeben. Die Zahlen lagen 1975 bei 49,6 Prozent. Die Zahl der weiblichen Berufstätigen erreichte damit erstmals ganz knapp die 50-Prozent-Grenze. Nach anderen Berechnungen wurde diese Grenze 1975 bereits leicht überschritten.

c) Berufsstruktur

Die Gesellschaftspolitik der SED im weiteren und die Berufspolitik im engeren Sinne hatten einige weitere sozialstrukturelle Änderungen bewirkt. So ist der Anteil derjenigen DDR-Bewohner, die – überwiegend als Arbeiter oder Angestellte in Industrie und Landwirtschaft – tatsächlich im Arbeitsprozeß stehen, seit Jahren recht hoch. Die sogenannte Erwerbsquote (Erwerbstätige, einschließlich Lehrlinge, in Prozent der Wohnbevölkerung) betrug 49,1 im Jahre 1964, 50,9 im Jahre 1969 und 52 im Jahre 1975. Der Ausschöpfungsgrad der Arbeitskräfte in der DDR liegt damit erheblich über dem der Bundesrepublik.[25] Weiterhin haben gesellschaftspolitische Maßnahmen der SED bewirkt, daß der Anteil der Arbeiter und

Angestellten an den Berufstätigen kontinuierlich gestiegen ist und 1973 bereits bei 87,5 Prozent lag. Gesunken ist demgegenüber der Anteil der statistisch als „übrige Berufstätige" ausgewiesenen Gruppen, d. h. unter anderem der privaten Handwerker und der freiberuflich Tätigen (vgl. Tabelle 1).

Tabelle 1:
Sozialökonomische Struktur der Berufstätigen
(Angaben in Prozent)

	1955	1960	1965	1970	1973	1975
Arbeiter und Angestellte	78,4	81,0	82,5	84,5	87,5	88,3
Mitglieder von Produktions- genossenschaften;	2,4	13,8	13,3	12,3	9,9	9,3
darunter: Mitglieder von LPGs	2,3	12,0	10,6	8,7	7,8	7,3
Komplementäre und Kommis- sionshändler	–,–	0,5	0,5	0,5	0,4	0,3
Übrige Berufstätige;	19,3	4,8	3,7	2,8	2,3	2,0
darunter: Private Handwerker	3,9	2,8	2,5	1,7	1,6	1,4
Freiberuflich Tätige	0,4	0,3	0,2	0,2	0,1	0,1

Quelle: Statistisches Jahrbuch 1976 der DDR, S. 48.

Diese Tabelle ist aussagekräftiger als zahlreiche andere sozialstatistische Daten, spiegelt sie doch die Zerschlagung der Restbestände der tradierten Sozialstruktur („übrige Berufstätige") in den Jahren 1955 bis 1975 eindrucksvoll wider. Der sinkende Anteil der zweiten „Grundklasse", der Bauern („Mitglieder von LPGs"), dürfte im wesentlichen auf die Abwanderung vom Lande und die zunehmende Mechanisierung in der Landwirtschaft zurückzuführen sein.

Trotz solcher Tendenzen, die im wesentlichen auf sich über die Jahre hinziehende gesellschaftspolitische Maßnahmen der SED zurückzuführen sind und damit in der DDR eine sozialstrukturelle Situation geschaffen haben, die sich auf den ersten Blick von der der Bundesrepublik abhebt, sind andere Erscheinungen auf dem Berufssektor durchaus mit Entwicklungen in der Bundesrepublik zu

parallelisieren – wenn auch oft mit erheblicher zeitlicher Verzögerung. In der DDR setzt sich seit etwa fünfzehn Jahren immer stärker
die Tendenz durch, daß aus universalen Berufen (Schlosser) Spezial-
berufe (Maschinenmontierer) werden. Traditionelle Berufe (Dre-
her) verlieren an Gewicht. Durch die technische Entwicklung bedingte neue Berufe (Chemiefacharbeiter) bestimmen mehr und
mehr das Bild. Schließlich sind, entsprechend den ehrgeizigen Ent-
wicklungsplänen der SED-Führung, für das Gebiet, das heute die
DDR ist, gänzlich neue Industriezweige (Schiffbauindustrie) und
damit neue Arbeitsplätze und Ausbildungsberufe geschaffen
worden.

d) Familie

Nach solchen generellen Strukturmerkmalen der Bevölkerungs-,
Erwerbs- und Berufsstruktur seien einige weitere Trends der gesamtgesellschaftlichen Entwicklung herausgehoben. Zunächst soll
die Situation der Familie berücksichtigt werden. Sie läßt sich dahingehend charakterisieren, daß tendenziell von einem allgemeinen
Funktionsabbau der Familie gesprochen werden kann, der einerseits
– wie in der Bundesrepublik – auf industriegesellschaftliche Tendenzen, andererseits auf DDR-spezifische Faktoren zurückzuführen
ist. Bereits 1966 waren in über 70 Prozent aller Ehen in der DDR
beide Ehepartner berufstätig. Ein Jahr später, 1967, arbeiteten 70
Prozent aller Mütter aus Familien mit einem Kind, 64 Prozent aus
Familien mit zwei Kindern und immer noch 55 Prozent aller Mütter
mit drei Kindern.[26] Dieser Tatsache entspricht, daß die Erziehungs-
funktion der Familie schon in der zweiten Hälfte der sechziger Jahre
mehr und mehr auf gesellschaftliche Institutionen und Organisationen (Kinderkrippen, Kindergarten, Schule), sowie auf die Massenorganisationen, also auf die Jungen Pioniere, die Freie Deutsche
Jugend (FDJ) und die Gesellschaft für Sport und Technik (GST),
verlagert worden war.[27] Dadurch sind zwei der wichtigsten Funktionen der Familie in der Industriegesellschaft, nämlich die Status-
zuweisung des Kindes und die soziale Kontrolle der Mitglieder der
Familie untereinander, in der DDR tendenziell bereits aus der Fami-

lie ausgelagert. Andererseits zeigte das im April 1966 in Kraft getretene Familiengesetz, daß die SED eine in der sozialistisch-kommunistischen Tradition der frühen Bolschewiki verwurzelte grundsätzlich feindliche Haltung gegenüber der Familie – eine Haltung, die sich aus der Hypostasierung und Verdammung der „bürgerlichen Familie" ergab – zwanzig Jahre nach dem Ende des Zweiten Weltkrieges weitgehend abgebaut hatte. So heißt es in der Präambel zum Familiengesetzbuch ausdrücklich: „Die Familie ist die kleinste Zelle der Gesellschaft. Sie beruht auf der für das Leben geschlossenen Ehe und auf den besonders engen Bindungen, die sich aus den Gefühlsbeziehungen zwischen Mann und Frau und den Beziehungen gegenseitiger Liebe, Achtung und gegenseitigen Vertrauens zwischen allen Familienmitgliedern ergeben." Die Familie ist damit von der SED als Grundeinheit der Gesellschaft anerkannt worden. Dies bedeutet jedoch nicht, daß die Familie in der DDR – wie das Zitat suggerieren mag – einen westlichen Systemen vergleichbaren Freiheitsraum zur Verfügung hat. Im Gegenteil: Seit Jahren ist der politisch-gesellschaftliche Druck auf die Familie und ihre einzelnen Mitglieder gewachsen. Die im Familiengesetzbuch enthaltenen Regelungen zur beruflichen Fortbildung der Ehegatten sowie zur Erziehung und Ausbildung der Kinder wurden dabei von der SED politisch wirksam eingesetzt. Die spontan ablaufende Erziehung der Mitglieder einer Kleingruppe, der Familie, ist durch das „Erziehungssystem DDR" – manche nennen es eine „Erziehungs- und Lerndiktatur" – überlagert worden.

Zahlreiche Maßnahmen der staatlichen Familienpolitik haben, auch wenn sie nicht im strengen Sinne als familienfeindlich angesehen werden können, die Familienstruktur weiter beeinflußt. So waren seinerzeit die Herabsetzung der Volljährigkeit auf 18 Jahre[28] und das relativ hohe Einkommen der Jugendlichen auch in der DDR sicherlich z.T. mit dafür verantwortlich, daß etwa das Eheschließungsalter für beide Geschlechter in der DDR durchschnittlich niedriger lag als in der Bundesrepublik. Sicherlich haben, darüber hinaus, die im Familiengesetzbuch verankerten Scheidungsregelungen sowie die berufliche und soziale Förderung der Frauen mit dazu beigetragen, daß die Zahl der Ehescheidungen in der DDR seit den fünfziger Jahren mehr oder minder kontinuierlich gestiegen ist.[29]

Welche Auswirkungen die Familienpolitik der SED auf die tatsächliche Struktur der Familie in der DDR hat, ist gegenwärtig nicht feststellbar. Ob die Familie – trotz Funktionsabbau – etwa als Folgeerscheinung des gesellschaftlichen Drucks, der auf sie ausgeübt wird, eher privatistische Züge, Züge einer „staatsfreien" Intimgruppe entwickelt oder ob sie zur reinen Schlaf- und gegebenenfalls noch Urlaubsgemeinschaft tendiert – solche und ähnliche Fragen sind aufgrund fehlender empirischer Daten nicht beantwortbar,[30] obwohl sie sich angesichts der beobachtbaren Realität in der DDR immer wieder stellen.

e) Jugend

Als ein weiterer Indikator für die gesamtgesellschaftliche Entwicklung in der DDR sei die Situation der Jugend kurz beleuchtet. Der Jugend hat die SED seit jeher ein ausgesprochenes Interesse entgegengebracht. Förderung und Inpflichtnahme der jungen Menschen gingen dabei stets Hand in Hand.

Die gegenwärtige junge Generation in der DDR, die Jugendlichen zwischen 14 und 25 Jahren, ist dort aufgewachsen. Es ist plausibel anzunehmen, daß sie ganz wesentlich durch die Erziehungs- und Jugendpolitik der SED geprägt worden ist. Der überwiegende Teil dieser Jugendlichen bejaht den Sozialismus in irgendeiner Form. Eine nicht zu knappe Mehrheit dürfte die DDR als „ihren" Staat, ihre „Republik" betrachten. Ob diese jungen Menschen allerdings tatsächlich zu „sozialistischen Persönlichkeiten" entsprechend dem Ideal der SED herangereift sein werden, wenn sie das Jugendalter verlassen, kann heute bereits mit einigem Recht bezweifelt werden. Denn zahlreiche von Jugendforschern für westliche Industriegesellschaften festgestellte Entwicklungstendenzen sind offenbar auch in der DDR-Gesellschaft zu finden. Die Herausbildung einer Konsumentenhaltung wie die wachsende Bedeutung, die der Freizeit zukommt, sind hier ebenso anzuführen wie Erscheinungen der Arbeitsunzufriedenheit und der Jugendkriminalität.[31]

Die Situation der Jugend war und ist naturgemäß komplex. Nur einige Merkmale können im folgenden herausgegriffen werden. Wesentliche Anreize für die heute feststellbare Berufsorientiertheit der Jugendlichen gingen von der SED-Führung bzw. vom Staat aus. Hier kann das Jugendgesetz von 1964 als ein erster Meilenstein angesehen werden. Auch die Jugendlichen wurden auf das Leistungsprinzip verpflichtet, wobei sich dessen Auslegung allerdings im Laufe der Jahre gewandelt hat.[32] Ein Zug zur Einübung einer grundsätzlich positiven Haltung gegenüber der Funktionsfähigkeit, der Effizienz, wie sie das „neue ökonomische System" bestimmt hatte, war nicht zu verkennen.

Die Durchsetzung des Leistungsprinzips erforderte von der SED-Führung u. a. eine neue Zulassungspolitik an den Hoch- und Fachschulen. Daß diese Anfang der sechziger Jahre tatsächlich geändert worden war, mag durch den statistischen Vergleich der sozialen Zusammensetzung von Studenten an Universitäten sowie an Fachschulen in den Jahren 1960 und 1967 deutlich werden (vgl. Tabelle 2 und 3).

Tabelle 2:
Soziale Herkunft (1960 und 1967) der Studierenden im Hochschulstudium

Soziale Herkunft	Direktstudium 1960	Direktstudium 1967	Fern- u. Abendstudium 1960	Fern- u. Abendstudium 1967
Arbeiter	50,3	38,2	7,3	11,9
Angestellte	19,2	23,5	61,8	30,8
Mitglieder von Produktionsgenossenschaften	4,2	7,8	0,8	1,8
Intelligenz	15,6	20,4	27,9	53,8
Selbständig Erwerbstätige	8,0	7,1	2,0	1,4
Sonstige	2,7	3,0	0,2	0,3

Quelle: Zusammengestellt aus dem Statistischen Jahrbuch 1968 der Deutschen Demokratischen Republik, S. 473.

Tabelle 3:

Soziale Herkunft (1960 und 1967) der Studierenden im Fachschulstudium

Soziale Herkunft	Direktstudium		Fern- u. Abendstudium	
	1960	1967	1960	1967
Arbeiter	58,4	52,0	43,5	31,0
Angestellte	18,6	20,5	41,6	61,2
Mitglieder von Produktions-genossenschaften	9,3	11,7	8,7	5,1
Intelligenz	5,9	8,9	3,1	1,9
Selbständig Erwerbstätige	6,8	4,9	2,0	0,3
Sonstige	1,0	2,0	1,1	0,5

Quelle: Zusammengestellt aus dem Statistischen Jahrbuch 1968 der Deutschen Demokratischen Republik, S. 470.

Bereits auf den ersten Blick ist aus diesen Tabellen, die in den Statistischen Jahrbüchern der DDR seit 1969 fehlen, abzulesen, daß der Anteil der Arbeiterkinder am Direktstudium an den Hoch- und Fachschulen 1967 erheblich zurückgegangen war. Lediglich im Fern- und Abendstudium an den Universitäten und Hochschulen war noch eine leichte Zunahme von Arbeiterkindern zu verzeichnen. Der Anteil von Kindern aus Familien von Angestellten, der „Intelligenz" und von Mitgliedern der Produktionsgenossenschaften, die ein Direktstudium absolvierten, war im Hoch- und Fachschulbereich dagegen kräftig gestiegen. Dieser Anstieg spiegelte eine gewisse soziale Konsolidierung dieser Schichten wider.

In diesem Zusammenhang sollten auch die Vergleichszahlen unter der Spalte „Fern- und Abendstudium" der Tabellen beachtet werden. Die hier zu erkennende Differenzierung der Entwicklung scheint die These von der sozialen Konsolidierung gerade der Angestellten und der „Intelligenz" zu bestätigen. Für die Angestellten waren zu jener Zeit erheblich höhere Zuwachszahlen im Fach- als im Hochschulbereich auszuweisen. Der Tradition der Sozialstatistik in der DDR entsprechend sind die Angestellten nicht weiter differenziert. Die Kenntnis der sozialen Mobilität erlaubt jedoch den Schluß, daß Kinder von höheren Angestellten und der „Intelligenz" damals ein Direktstudium an einer Universität oder Hochschule im allgemeinen ohne größere Schwierigkeiten absolvieren konnten. Die Kinder von Angestellten der mittleren und niederen Ränge waren dagegen noch stark auf ein Fern- und Abendstudium meist an einer Abendfachschule angewiesen. Auffallend ist ferner die starke Zunahme von Studierenden der „Intelligenz" besonders im Fern- und Abendstudium an Universitäten und Hochschulen. Die langjährige Diskriminierung von Kindern aus dieser sozialen Schicht war damit in jenen Jahren, wahrscheinlich wegen des Mangels an qualifiziertem Personal, sichtlich im Abbau begriffen. Ähnliches läßt sich für das Kleinbürgertum und den Mittelstand sagen.[33].

Die Normalisierung der Zulassungspolitik und ein Abbau des „Klassenkampfes" an den Hoch- und Fachschulen – eine Entwicklung, die Anfang der siebziger Jahre ihr frühes Ende fand – spiegelte sich auch in Studienplanung und -lenkung wider. Obwohl es sich bei der Studienlenkung heute nicht um Zwang im strengen Sinne des Wortes handelt, tragen die Methoden des Drucks und der Überredung doch Zwangscharakter. Die indirekte Beeinflussung der Studienwahl, vor allem in der Schule und durch die FDJ, ging auch in den sechziger Jahren planmäßig vor sich. Die Berufsplaner waren seinerzeit vor allem an gut und schnell ausgebildetem Nachwuchs in bestimmten Bereichen der Natur- und Ingenieurwissenschaften, im technischen und medizinischen Bereich interessiert. Zusätzlich wurden, im Zuge der wachsenden Differenzierung des Wirtschafts- und Rechtssystems, auch Juristen und Wirtschaftswissenschaftler bestimmter Ausbildungsrichtungen in verstärktem Maße zugelassen. Schließlich war der Lehrermangel in der DDR 1969/70 besonders akut: Ein Drittel aller Neuzulassungen findet sich denn auch in der Spalte Pädagogik. Dagegen fallen die Neuzugänge auf den Gebieten Philosophie, Altertumskunde, Sprach-, Geschichts- und Musikwissenschaften, Kunstwissenschaften und Theologie kaum ins Gewicht (vgl. Tabelle 4).

Tabelle 4:

Studierende (Neuzulassungen) im Direkt- und Fernstudium an Hochschulen nach Fachrichtungen 1967

Mathematik und Naturwissenschaften	9061	(1976)
Technische Wissenschaften	27238	(5198)
Land- und Forstwissenschaften, Veterinär- medizin und Lebensmittelkunde	7346	(1688)
Medizin	11461	(1395)
Wirtschaftswissenschaften, Rechtswissenschaften und Journalistik	16158	(4367)
Philosophie, Sprach-, Geschichts-, Kunst- und Musikwissenschaften	2771	(660)
Kunst	1611	(373)
Sport	1131	(243)
Theologie	580	(104)
Pädagogik	29177	(7856)

Quelle: Zusammengestellt aus dem Statistischen Jahrbuch 1968 der Deutschen Demokratischen Republik, S. 471 ff.

Wie bereits erwähnt, hat die SED Anfang der siebziger Jahre ihre Zulassungspolitik erneut geändert. Neben der fachlichen Qualifikation (Leistungsprinzip) wurden, entsprechend der Zulassungsverordnung von 1971,[34] folgende zusätzliche Nachweise für die Zulassung zum Studium an Universitäten und Hochschulen verlangt: die aktive Mitwirkung an der sozialistischen Gesellschaft und Bereitschaft zur Verteidigung des Sozialismus, die Bereitschaft zur vorbildlichen Erfüllung aller Forderungen der sozialistischen Gesellschaft und die Verpflichtung, nach dem Studium ein Arbeitsrechtsverhältnis abzuschließen. Angesichts solcher Veränderungen in der Zulassungspolitik nimmt es nicht wunder, daß im neuen (3.) Jugendgesetz von 1974 der Freien Deutschen Jugend weitreichende Mitspracherechte im Hochschulbereich eingeräumt wurden.[35]

Diese Erscheinungen lassen sich ohne weiteres in die allgemeinpolitischen Tendenzen einer Verschärfung der Parteikontrolle nach

den mit dem „neuen ökonomischen System" verbundenen Lockerungen der Jahre 1963–1967 einreihen. Die Veränderung der Zulassungspolitik mag jedoch noch einen weiteren Grund haben: Offensichtlich ist die Zulassung zu den Universitäten zu großzügig gehandhabt worden. Die DDR sah sich – ebenso wie die Bundesrepublik – vor dem Problem einer Akademikerschwemme, einer zu
hohen Zahl von Hochschulabsolventen, für die nicht genügend
Arbeitsplätze zur Verfügung gestellt werden konnten. Bis zum
Jahre 1973 waren die Studentenzahlen ständig gestiegen. 1973 befanden sich an den Hochschulen und Universitäten der DDR
145.717 Studierende (Vergleichszahl für 1960: 101.773). Diese Zahl
konnte inzwischen wieder auf 136.854 Studierende im Jahre 1975
heruntergedrückt werden.

f) Zusammenfassung

Wie lassen sich solche, nur als exemplarisch zu bezeichnende Einzel-
tendenzen zusammenfassend deuten? Alle hier herangezogenen
Einzeltrends weisen sowohl auf eine gewisse Stabilisierung der
DDR-Gesellschaft wie auf eine dem Leistungs- wie dem Erzie-
hungsdenken unterworfene Dynamisierung des gesamten Sozialsy-
stems hin. Mit „Stabilisierung" ist in erster Linie der Zwang zum
beiderseitigen Arrangement oder Teil-Arrangement zwischen der
SED und den den Arbeitsprozeß tragenden Gruppen der Bevölkerung nach dem Bau der Mauer gemeint. Mit dem Wegfall der
Abwanderungsmöglichkeiten für die Masse der Bevölkerung setzte
sich eine bis in die Gegenwart anhaltende, partielle, wenn auch nach
wie vor durchaus labile Interessenidentität von Partei und Bevölkerung durch: Die SED-Führung wie die arbeitenden Menschen in der
DDR, vor allem die Jugend, erkannten das Leistungsprinzip als
Voraussetzung für die Modernisierung der DDR-Gesellschaft an;
beide erstrebten eine fortschreitende Erhöhung des Lebensstandards. Allerdings forderten und fordern die arbeitenden Massen
auch die entsprechende Anerkennung ihrer Leistungen.

Die an Leistung orientierte DDR-Gesellschaft fand ihr Pendant in
der umfassend angelegten *Pädagogisierung,* die Partei, Staat und

Massenorganisationen in so gut wie allen Bereichen der Gesellschaft durchzusetzen suchten. Mit der Entwicklung zur Leistungs- und Laufbahngesellschaft läßt die DDR auch Tendenzen einer Erziehungsgesellschaft erkennen.

In diesem Zusammenhang ist noch einmal auf das Generationenproblem zu verweisen, das in der DDR nicht weniger – in Zukunft vielleicht sogar eher mehr – Schwierigkeiten aufwerfen wird als in der Bundesrepublik. Zunächst waren zwar durch die Massenflucht berufliche Positionen geräumt worden, in welche die Jugend nachrücken konnte. Die damit gegebenen Möglichkeiten des sozialen Aufstiegs wurden von der Wirtschaftsplanung häufig jedoch nicht adäquat genutzt, da sie nicht immer angemessene Arbeitsplätze zur Verfügung stellte. Erst seit Mitte der sechziger Jahre operierte die Parteiführung geschickter: Wer die staatlich gesetzten Leistungsanforderungen erfüllte, konnte Laufbahnen ergreifen, die sozialen Aufstieg mit allen seinen direkten und indirekten Konsequenzen relativ rasch ermöglichten. Das Aufstiegsbewußtsein wurde auch ideologisch gestützt. Mit allerdings kaum erkennbarem Erfolg versuchten und versuchen die Propagandisten der Partei und der Massenorganisationen in immer neuen Variationen eine Mischung aus bestimmten Elementen der preussisch-deutschen Tradition, der heroischen Phasen des Kommunismus in der Sowjetunion, der langjährigen Aufbauleistung in der DDR sowie der Absetzung vom „amerikanisierten", „dekadenten" Lebensstil in der Bundesrepublik der Bevölkerung als ein spezifisches „DDR-Bewußtsein" anzubieten.

Entsprechend waren schon Ende der sechziger Jahre Anzeichen von Selbstbewußtsein, Stolz auf die eigene Leistung, eine gewisse, bei manchen eine eher wachsende Skepsis gegenüber dem Westen, besonders gegenüber der Bundesrepublik, in Teilen der Bevölkerung und vor allem in der Jugend zu erkennen. Zwar wurde die von der SED beharrlich vertretene These, daß das „eigentliche" Wirtschaftswunder im Deutschland des Nachkriegs nur in der DDR zu finden wäre, wohl nur von wenigen voll akzeptiert. Eine wachsende Zahl der Bürger dieses Staates wurde sich jedoch der eigenen, von der Bundesrepublik unabhängigen Existenz in Kategorien eines sowohl kritischen wie auch in Ansätzen bejahenden Gefühls bewußt.

Wenn nicht alle Anzeichen trügen, könnte es der SED in weiteren 15 bis 20 Jahren gelingen, Millionen von aktiv im Wirtschaftsleben stehenden jungen Menschen mehr oder minder so in das staatlich-gesellschaftliche System einzubinden, daß sie glauben werden, „man" könne „auch in der DDR leben". Gewisse Vorstellungen von einer historischen Gemeinsamkeit mit einem demokratischen Deutschland und dessen Überlegenheit mögen bei den jetzt 25- bis 35jährigen durch solche Entwicklungen unberührt bleiben. Ihr waches Bewußtsein dürfte sich zu einem zwar latenten, jedoch möglicherweise wachsenden kritischen Potential auch und vor allem gegenüber dem eigenen Staat entwickeln, das die SED genau einzuschätzen haben wird. Über die weitere Zukunft können deshalb nur Hypothesen formuliert werden: Ein Bewußtsein der Zusammengehörigkeit mit den Menschen in der Bundesrepublik wird – eine weitere stete wirtschaftliche Aufwärtsbewegung der DDR vorausgesetzt – nicht allein dominant werden. Daneben dürfte eine andere Einstellung an Boden gewinnen: daß zwei selbständige deutsche Staaten und Gesellschaftssysteme als Folge des Zweiten Weltkrieges existieren und als solche durchaus nebeneinander, möglicherweise auch in einem gewissen „Miteinander" bestehen können. Wie eng sich dieses „Miteinander" im einzelnen gestalten wird – darüber sind gegenwärtig kaum sinnvolle Aussagen zu machen. Eine gewisse Vorsicht hinsichtlich Prognosen über die künftige Entwicklung scheint geboten. Sie läßt es auch als vorschnell erscheinen, die häufig in Ost und West zu hörenden Reden vom „Auseinanderleben" oder dem vermeintlich eigenen „Nationalbewußtsein" in der DDR-Bevölkerung erneut zu wiederholen.[36]

7. Wirtschaftspolitische Entwicklung und wirtschaftliche Lage

a) Zur wirtschaftspolitischen Entwicklung

Grundlage der Wirtschaftspolitik in der DDR ist die von der SED seit 1945 in verschiedenen Etappen zwangsweise durchgeführte Veränderung der Eigentumsordnung. Einige markante Punkte dieser Entwicklung seien stichwortartig zusammengefaßt: die Bodenreform (1945–1949), die Beschlagnahme und Enteignung der wichtigsten Industrie- und Gewerbebetriebe (seit 1945) und deren Überführung in staatliches (Volks-)Eigentum, die Kollektivierung (seit 1952) und schließlich Vollkollektivierung (1960) in der Landwirtschaft, die Vergenossenschaftlichung bzw. Sozialisierung des Handwerks (seit 1952), die im Frühjahr 1972 mit der Überführung von mehr als 1 500 industriell produzierenden Produktionsgenossenschaften des Handwerks (PGH) und kleinen Privatbetrieben mit über 120 000 Beschäftigten in Volkseigene Betriebe (VEB) zu einem vorläufigen Ende geführt wurde.[37]

Im Laufe der Geschichte der DDR-Wirtschaft wuchs somit der Anteil der ,,sozialistischen Eigentumsformen" rasch. Nach offiziellen statistischen Angaben waren im Jahre 1975 die sozialistischen Betriebe mit 95,8 Prozent am Nettoprodukt der Wirtschaft beteiligt; auf die Betriebe mit staatlicher Beteiligung entfielen 0,8, auf die privaten Betriebe noch 3,4 Prozent.[38]

Seit 1974 kann die Umwandlung der Eigentumsordnung in der DDR als vorerst abgeschlossen gelten. Dies geht aus der von Honecker am 7. Oktober 1974 verkündeten und von der Volkskammer der DDR beschlossenen Änderung des Artikels 14 der DDR-Verfassung von 1968 hervor. Der Abschnitt 1 des Artikels 14, in dem indirekt die Möglichkeit des Privateigentums an Produktionsmitteln als Übergangserscheinung geregelt wurde, ist gestrichen worden. An seine Stelle rückte der ehemalige Abschnitt 3: ,,Privatwirtschaftliche Vereinigungen zur Begründung wirtschaftlicher Macht sind nicht gestattet." Außerdem wurde Abschnitt 2 in einer Weise umformuliert, daß nur noch ,,auf überwiegend persönlicher Arbeit beruhende Handwerks- und andere Gewerbebetriebe" als zulässig erklärt werden. Die Anzahl der noch existierenden privaten, vor allem Handwerks-Betriebe wird im ,,Statistischen Jahrbuch der DDR" nicht angegeben. Eine gewisse Orientierung vermittelt jedoch – neben den bereits genannten Zahlen – die Angabe, daß von den rd. 7,95 Millionen Beschäftigten (Berufstätige ohne Lehrlinge) in der DDR im Jahre 1975 rd. 436 000 in privaten Betrieben tätig waren.[39]

Während sich die DDR in den vierziger und fünfziger Jahren wirtschaftspolitisch mehr oder minder am traditionellen Modell der Zentralverwaltungswirtschaft sowjetischen Typs (mit der Ausnahme der Zulassung von Privatbetrieben) orientiert hatte, wagte die SED-Führung seit Mitte 1963 eigene Schritte. Der damaligen Umstrukturierung war allerdings in der UdSSR die sog. Liberman-Diskussion vorausgegangen – eine Diskussion über grundlegende Reformen des wirtschaftlichen Planungssystems, die 1962 durch einen Artikel des Wirtschaftswissenschaftlers J. Liberman in der „Prawda" unter dem Titel „Plan, Gewinn, Prämie" eingeleitet worden war. In der DDR fielen die Vorschläge von Liberman auf fruchtbaren Boden, da ähnliche Reformideen schon in den Jahren 1956 bis 1958 von den damals allerdings noch als „Revisionisten" gebrandmarkten Wirtschaftswissenschaftlern Fritz Behrens und Arne Benary veröffentlicht worden waren.[40]

Im Jahre 1963, auf dem VI. Parteitag der SED, erläuterte der Erste Sekretär des ZK der SED, Walter Ulbricht, die Grundsätze des „neuen ökonomischen Systems der Planung und Leitung der Volkswirtschaft" (NÖSPL), das seit Mitte 1963 in die wirtschaftspolitische Praxis umgesetzt worden ist. Das „neue ökonomische System" und die es begleitenden SED-internen Umorganisationen und gesamtgesellschaftlichen Umorientierungen – Maßnahmen, wie sie in keinem anderen Saat im sowjetischen Einflußbereich zu beobachten waren – stellen die einschneidendste Zäsur dar, die in der Geschichte der DDR bisher zu verzeichnen ist. Auch wenn die anfänglich hochfliegenden Träume an den politischen Realitäten bald zerschellen sollten, ist das „neue ökonomische System" doch in seinen Grundzügen für die neuere Entwicklung von Wirtschaft und Gesellschaft in der DDR prägend geblieben. Seit seiner Einführung datiert die offizielle Anerkennung und Aufwertung des Leistungsprinzips in allen Bereichen der DDR-Gesellschaft. Vor allem jedoch hat das „neue ökonomische System" die Erweiterung planwirtschaftlicher Konzepte durch bestimmte marktwirtschaftliche Prinzipien mit sich gebracht: den Ausbau des betriebswirtschaftlichen Rechnungswesens und die Berücksichtigung sowohl des Gewinns wie eines Kapitalzinses („Produktionsfondsabgabe") als betriebswirtschaftliche Größen. Mit dem „neuen ökonomischen System" verbinden sich weiterhin Tendenzen, die zu einer gewissen Dezentralisierung wirtschaftlicher Entscheidungen führten: Die Vereinigungen Volkseigener Betriebe (VVB) wurden zu relativ selbständigen Wirtschaftseinheiten, ihre Generaldirektoren erhielten erweiterte Entscheidungsspielräume. Allerdings ist ihre überragende gesamtwirtschaftliche Bedeutung durch die nach 1967 erfolgte Gründung zahlreicher großer Industriekombinate wieder beträchtlich reduziert worden.

Im ganzen gesehen ist das „neue ökonomische System" zum Symbol für den Beginn einer neuen, wie es scheint, irreversiblen Phase der Entwicklung in der DDR-Wirtschaft geworden. Wesentlich durch das „neue ökonomische System" und das „Ökonomische System des Sozialismus" (ÖSS) bedingt, hat die DDR seit 1963 ein beachtliches, wenn auch keineswegs stetiges wirtschaftliches Wachstum und vielfache Modernisierungsprozesse in Wissenschaft und Technik zu verzeichnen gehabt.

Die 1963 mit dem „neuen ökonomischen System" eingeleitete Entwicklung der DDR-Wirtschaft ist Ende 1967 durch die des „Ökonomischen Systems des Sozialismus" abgelöst worden. Auch in dieser Phase, die ursprünglich bis 1975 programmiert worden war, jedoch bereits 1971 grundlegende Änderungen erfahren hatte, sollte an strukturbestimmenden Merkmalen des „neuen ökonomischen Systems" – wenn auch mit unterschiedlicher Intensität – festgehalten werden.[41] So ist beispielsweise das „Prinzip der Eigenerwirtschaftung der Mittel" beibehalten worden.

Rückschauend zeigt sich, daß in verstärktem Maße seit 1970 die zentral gesteuerte Kontrolle im gesamten Wirtschaftssystem wieder verstärkt worden ist. Man versuchte allerdings, eine Rückkehr zu dem ineffektiven Bürokratismus der fünfziger Jahre zu vermeiden – wenn sich auch ein solcher Bürokratismus in Partei, Staat und Wirtschaft immer wieder von selbst reproduzierte. Verbunden mit der Rezentralisierung ist eine Umformulierung der wirtschaftspolitischen Grundkonzeption. Sie läßt sich durch die Forcierung des intensiven Wachstums sowie durch eine zunehmende Förderung des Konsums mit Hilfe verbesserter und vermehrter

Warenbereitstellungen, aber auch durch eine aktive Sozialpolitik kennzeichnen.[42]

b) Zur wirtschaftlichen Lage

Die wirtschaftliche Lage der DDR ist in den Jahren seit 1971 einmal durch veränderte Akzentsetzungen – und damit veränderte Planvorgaben gekennzeichnet. Zum anderen haben strukturelle Schwächen sowie Witterungsbedingungen die Situation bestimmt. Im ganzen hat die DDR-Wirtschaft die im Fünfjahrplan 1971 bis 1975 gestellten Aufgaben erfüllt oder sogar übererfüllt.

Im Jahre 1975 wurde das im Volkswirtschaftsplan vorgegebene Wachstum allerdings nicht erreicht. Dies lag offenbar einmal an der für 1975 vorgenommenen erneuten Kurskorrektur, die Exporte bestimmter Produkte der Investitionsgüterindustrie – auf Kosten des Wachstums der inländischen Versorgung – zu steigern. Die DDR-Wirtschaft konnte sich den erneut vorgenommenen Änderungen nicht schnell genug anpassen. Überdurchschnittliches Wachstum erzielten die chemische Industrie, die Elektrotechnik und Elektronik sowie die Baumaterialindustrie. Dagegen hat sich das Wachstum der für den privaten Konsum produzierenden Leicht- und Lebensmittelindustrie verringert. Der private Verbrauch stieg um rd. 25 Prozent weniger, als der Plan es vorgesehen hatte. Die pflanzliche Produktion sank, durch Witterungseinflüsse bedingt, um 15 Prozent gegenüber dem Jahr 1974.

Auf den Erfahrungen des Jahres 1975 beruhen wohl auch die Planvorgaben in der „Direktive zum Fünfjahrplan 1976–1980". Ein insgesamt geringeres wirtschaftliches Wachstum ist bereits eingeplant worden; der Export genießt ebenso weiterhin Priorität wie die breite Expansion der Bruttoanlageinvestitionen. Es fällt auf, daß die Exporte in die RGW-Länder 1975 gegenüber 1974 um rd. 25 Prozent, die in die westlichen Industriestaaten dagegen nur um rd. 5 Prozent gestiegen sind. Das jährliche Wachstum des privaten Konsums wird in der neuen Planperiode noch stärker als 1975 zurückgehen. Gegenüber einem durchschnittlichen Wachstum von rd. 5 Prozent in den Jahren 1971 bis 1975 (gemessen am Einzelhandelsumsatz) war der private Verbrauch in der zweiten Hälfte des Jahres 1975 nur noch um rd. 3,6 Prozent angewachsen.[43]

c) Entwicklungsmöglichkeiten

Das Hauptproblem der DDR-Wirtschaft ist seit vielen Jahren die Sicherung eines ebenso ausreichenden wie ausbalancierten Wachstums. Für ein extensives Wachstum sind die Grenzen bemessen; denn bei den grundlegenden Wachstumsfaktoren: Arbeitskräfte, Kapital und Kapazität der Industrie, verfügt die DDR kaum noch über Reserven. Deshalb sind die Expansionsmöglichkeiten heute wesentlich durch Rationalisierung, Erhöhung der Arbeitsproduktivität sowie durch Steigerung des wissenschaftlich-technischen Fortschritts zu erzielen.

Die imponierenden Erfolge der DDR-Wirtschaft aus den späten fünfziger Jahren werden sich wohl kaum wiederholen. Hatte, nach Berechnungen des Deutschen Instituts für Wirtschaftsforschung (DIW) in West-Berlin, die gesamtwirtschaftliche Zuwachsrate 1959 gegenüber 1958 noch 11 Prozent betragen, so war sie 1960 auf 6 Prozent, 1961 auf 4 Prozent gesunken. Von 1960 bis 1973 belief sich die jahresdurchschnittliche reale Zuwachsrate des Nationaleinkommens der DDR auf 4,5 Prozent.[44] Höhere Steigerungsraten für die Zukunft scheinen nur noch unter bestimmten Voraussetzungen realistisch zu sein: Einmal müßten die gegenwärtig auch in der DDR zu verzeichnenden verkappten Preissteigerungen gebremst werden; zweitens müßte die Versorgung mit Rohstoffen (vor allem mit Rohöl) zu angemessenen Preisen gesichert sein; drittens müßten die schnell wachsenden Kreditwünsche der DDR-Wirtschaft (Swing, Eurodollarmarkt) erfüllt werden; schließlich müßten die SED-Führung, die Staatliche Plankommission und die Industrieministerien die vielfältigen Informations- und Kommunikationsprobleme in Wirtschaft und Gesellschaft lösen.[45] In diesem Zusammenhang sind in erster Linie der weitere Ausbau der Infrastruktur, vor allem des teilweise stark veralteten Post-, Fernmelde- und Verkehrswesens zu nennen.

8. Wissenschaft und Technik

Da eine extensive Expansion der Wirtschaft aus den erwähnten Gründen auch für die absehbare Zukunft kaum möglich sein dürfte, hängt das wirtschaftliche Wachstum der DDR von der Möglichkeit einer ,,intensiven Expansion'' ab. Seit Ende 1971 werden die Aspekte der Rationalisierung, der Erhöhung der Effektivität der ,,gesellschaftlichen'' Produktion und, vor allem, der Erhöhung der Arbeitsproduktivität, nicht zuletzt im Rahmen des ,,Komplexprogramms'', favorisiert.

Eine wesentliche Voraussetzung für die geplante Intensivierung der Produktion war die rasche und effiziente Umgestaltung der bestehenden Forschungs- und Ausbildungskapazitäten.[46] In diesem Zusammenhang sind die verschiedenen Institute der Akademie der Wissenschaften der DDR hervorzuheben; sie sind seit Anfang der siebziger Jahre mehr und mehr auch zu postgradualen *Ausbildungs-* zentren geworden.[47]

Eine zweite Voraussetzung lag in der Notwendigkeit, den wissenschaftlichen Gerätebau qualitativ auszubauen. Dies gilt u. a. auch für die Computer-Industrie.[48] Deshalb sind – bereits seit 1967 und besonders seit 1971 – die Probleme der technologischen Entwicklung, der Automatisierung und Standardisierung der Produktion konzentrierter als noch Mitte der sechziger Jahre angegangen worden.

In den gleichen Zeitraum, also ebenfalls in die Jahre ab 1967, fiel auch die erneute Umorganisation der wissenschaftlichen Akademien, der Universitäten, Hochschulen und Fachhochschulen.[49] Die Veränderungen im gesamten Hochschul- und Wissenschaftsbereich sollten, gemäß den bereits 1969 gefaßten Beschlüssen zur Fortsetzung der 3. Hochschulreform und den Ergebnissen der 16. Tagung des Staatsrates der DDR vom April 1969, wissenschaftliche Forschung und Ausbildung an den Akademien, Universitäten und Hochschulen noch enger mit der produzierenden Industrie verbinden. Die schon seit Jahren bestehenden vertraglichen Beziehungen der Universitäten sowie einer Reihe von Fachhochschulen insbesondere zur chemischen, elektrotechnischen sowie zur Werkzeug-

und Verarbeitungsmaschinenindustrie sollten nun auf so gut wie alle Wissenschaftsbereiche ausgedehnt werden. Diesem Programm ist inzwischen weitgehend entsprochen worden.

Eine organisatorische ebenso wie eine wissenschaftspolitische Konsequenz solcher Maßnahmen war nicht nur die weitgehende Auflösung der trotz aller bereits durchgeführten Eingriffe damals noch bestehenden traditionellen Strukturen („Fakultäten") und die Neugliederung der Universitäten und Hochschulen nach „Sektionen", sondern auch deren immer weitergehende Eingliederung in bzw. Angliederung an die Vereinigungen Volkseigener Betriebe, die Wissenschaftlich-Technischen Zentren, die Industrieinstitute u. ä. m. Das forschungs- und organisationspolitische Ziel lief – ausgehend von den nach dem „Department"-Prinzip aufgebauten Sektionen – auf die Bildung von „Großforschungsverbänden" bzw. wissenschaftlichen Kombinaten hinaus.[50] An der Universität Jena sind Anfang 1969 die Sektionen Physik sowie Mathematik, Chemie und ökonomische Kybernetik mit den Forschungsabteilungen des VEB Carl Zeiss Jena zu einem solchen Großforschungsverband zusammengeschlossen worden.

Auch die Tätigkeiten der beiden wichtigsten Massenorganisationen auf dem Gebiet von Wissenschaft und Technik, der URANIA und der Kammer der Technik (KdT), sind inzwischen stärker mit der Arbeit und den Anforderungen solcher Kombinate abgestimmt worden. Diese Großverbände sollen im wissenschaftlich-technologischen Bereich künftig eine ebenso dominierende Rolle spielen wie die sozialistischen Konzerne im industriellen Raum. Elektronische Datenverarbeitung, moderne Rechnungsführung und Kontrolle, Arbeitsplatzbewertung u. ä. m. sollen künftig wesentlich mehr als bisher auch auf wissenschaftliche Institutionen angewandt werden. Ein durchschlagender Erfolg dieser Bemühungen ist freilich noch nicht zu erkennen.

Als politisch primäre Ziele wurden und werden die beschleunigte Umsetzung wissenschaftlicher Erkenntnisse in die Produktion und der Ausbau von Großserien („Großproduktion"), die in erster Linie für die Märkte in Osteuropa bestimmt sind, immer wieder formuliert.[51] Diesen Zielen entsprechend wurde und wird wissenschaftliche Forschung zu einem erheblichen Teil als Auftragsforschung der Industrie durchgeführt. Nicht so sehr neue Forschungsergebnisse sollten – nach der in den sechziger Jahren gefaßten Konzeption – erzielt als vielmehr die bisher vorhandenen möglichst wirksam und schnell in die Produktion umgesetzt werden. Eindeutig standen und stehen dabei diejenigen Forschungsergebnisse im Vordergrund des Interesses, deren Umsetzung in die industrielle Produktion in kurzer Zeit wirtschaftlichen Erfolg durch Großserien verheißt. Die notwendige Folge war, daß die Grundlagenforschung zurücktrat, da die Kapazitäten begrenzt waren. Zudem wurde eine den Aufgabenstellungen der exportorientierten Industrie entsprechende Schwerpunktbildung und neue Spezialisierung der wissenschaftlichen Forschung notwendig.

Der größere Praxisbezug wurde mit der Einengung der Forschungsbasis erkauft. Wäre diese Politik aufrechterhalten worden, so hätte sie – angesichts des sich heute etwa in den Vereinigten Staaten abzeichnenden Trends der Forschungsentwicklung *sowohl* zur Spezialisierung *wie* zur massenhaften Grundlagenforschung – schon in naher Zukunft ernsthafte wirtschaftliche Konsequenzen für die DDR mit sich gebracht. Die Orientierung an den Bedürfnissen und an den Märkten von heute wäre mit einem Verzicht auf die Märkte von morgen und übermorgen erkauft worden. Einer möglicherweise kurzfristig zu erzielenden wirtschaftlichen Expansion durch Intensivierung der wissenschaftlichen Forschung wäre, bei Beibehaltung des Programms der sechziger Jahre, eine langfristige wirtschaftliche Schrumpfung schon in den Jahren ab 1975 gefolgt. Vor dieser Entwicklung wurde denn auch frühzeitig von prominenten Wissenschaftlern in der DDR (z. B. von Max Steenbeck) gewarnt.[52]

Wie so oft in der Geschichte der Wissenschaftspolitik der DDR wurde diese – einseitige – wissenschafts- und forschungspolitische Ausrichtung wieder rückgängig gemacht. Ein Ausdruck der seit 1971 verfolgten Politik ist die ,,Konzeption der langfristigen Entwicklung der naturwissenschaftlichen und mathematischen Grundlagenforschung sowie der Grundlagenforschung ausgewählter technischer Richtungen bis zum Jahre 1990". Sie wurde von der

Akademie der Wissenschaften der DDR und dem Ministerium für das Hoch- und Fachschulwesen gemeinsam erarbeitet und vom Politbüro der SED im April 1974 bestätigt. In sieben Bereichen soll danach die Grundlagenforschung wieder intensiviert werden.[53] Die Bildung von Forschungsschwerpunkten soll, im Zuge des Auftritts der DDR auf der internationalen politischen Bühne, nicht zuletzt der Ausprägung eines ,,nationalen Profils'' der DDR (Kurt Hager) auch auf forschungs- und wissenschaftspolitischem Gebiet dienen. Nach wie vor ist allerdings vorgesehen, die naturwissenschaftlichen Forschungsresultate möglichst schnell in die ,,materielle Produktionspraxis'' umzusetzen.

Schließlich ist auf den ,,Integrations''-Aspekt der neuen ,,Konzeption'' hinzuweisen. Die Zusammenbindung bestimmter sozial- und naturwissenschaftlicher sowie mathematischer Subdisziplinen liegt sozusagen in der Entwicklung der Sache; sie trägt einem weltweit zu erkennenden Trend Rechnung. Durch ein solches Zusammenrücken können neue Forschungshypothesen, neue Suchstrategien leichter formuliert und getestet werden. Andererseits bedeutet ,,Integration'' für die SED-Führung stets auch Kontrolle. Dabei ist Kontrolle nicht nur im Wortsinn zu begreifen, sondern auch als Bedingung der Möglichkeit der Erzielung eines höheren Effizienzgrades der Wissenschaften.

9. Schlußbetrachtung

a) Ist die DDR noch eine Klassengesellschaft?

Im Selbstverständnis der SED-Ideologen ist die DDR-Gesellschaft auch heute noch eine Klassengesellschaft. Mit der Klasse der Arbeiter ist die der Bauern eng verbündet; beiden gesellen sich, ,,in freundschaftlichem Bündnis'', die Zwischenschichten der Intelligenz, der Handwerker, Einzelhändler und Gewerbetreibenden hinzu. So steht es in den Lehrbüchern. Dabei wird im offiziellen Sprachgebrauch dieses Verständnis immer noch aus der Klassendefinition Lenins abgeleitet: ,,Es ist offensichtlich notwendig, konsequent von der Leninschen Klassendefinition auszugehen, das heißt von der Stellung der Klasse oder Schicht in der sozialistischen Produktion und dem darauf beruhenden Niveau der Vergesellschaftung und Organisation."[54]

Andererseits zeigt sich, daß die Leninsche Klassendoktrin nicht mehr unkommentiert beibehalten wird. Vielmehr müssen die ideologischen Strategen der SED das Leninsche Klassenkonzept modifizieren: ,,Die Arbeiterklasse ist . . . die am höchsten organisierte, am engsten mit dem Volkseigentum verbundene Klasse, die durch ihre körperliche und geistige Arbeit in Industrie, Bauwirtschaft, Verkehrs-, Post- und Fernmeldewesen, in der Landwirtschaft und sonstigen Bereichen den größten Teil der materiellen Werte schafft. Zugleich zeigt sich, daß die Intelligenz in ihrer Struktur selbst heterogen ist. Sie reicht von Werktätigen mit Hoch- und Fachschulabschluß, die unmittelbar in der sozialistischen Produktion tätig sind, bis zu Angehörigen der Intelligenz, die in von der Großproduktion relativ weit entfernten Bereichen arbeiten. Außerdem sollte stärker in die Betrachtung mit einbezogen werden, daß es sich hier um ein Problem der richtigen Darstellung der Klassenstruktur unserer Gesellschaft handelt, das mit irgendwelcher terminologischer Qualifizierung oder sogar politischer Abwertung nicht das geringste zu tun hat. Auch jene Teile der Intelligenz – um bei diesem Beispiel zu bleiben –, die aus objektiven Gründen nicht im entferntesten mit der Arbeiterklasse identifiziert werden können, haben selbstverständlich als sozialistische Werktätige einen festen und geachteten Platz in unserer Gesellschaft."[55]

Die Klassengesellschaft der DDR unterscheidet sich – gemäß diesem Selbstverständnis – grundsätzlich von der Klassengesellschaft der Bundesrepublik oder des ehemaligen Deutschen Reiches. Klassen im feindlichen, antagonistischen Sinne wie in der bürgerlichen Gesellschaft gibt es angeblich in der DDR nicht mehr. Aber die SED-Ideologen nehmen, wie das Zitat belegt, soziale Differenzierungen wahr, und sie haben offensichtlich auch erkannt, daß die Klassentheorie bestimmten sozialen Hierarchisierungen (Arbeiterklasse ist weiter entwickelt als Intelligenzschicht; körperliche Arbeit ist wertvoller als geistige Arbeit) Vorschub leistet. Solche Hierarchisierungen werden jedoch in der öffentlichen Diskussion heruntergespielt.

Zielt schon das eigene Selbstverständnis auf erhebliche soziale Differenzierungen (Ulbrichts harmonistische Formel von der „sozialistischen Menschengemeinschaft" gehört der Vergangenheit an), so weicht die Wirklichkeit der DDR-Gesellschaft vom orthodoxen wie vom modifizierten Klassenmodell der SED-Ideologen vollends ab. Sie ist gleichermaßen von wachsender sozialer Ungleichheit wie von Prozessen der Einebnung der sozialen Distanz geprägt. Die DDR-Gesellschaft kann als „Dienstklassengesellschaft" im Sinne des Austromarxisten Karl Renner sowie Ralf Dahrendorfs interpretiert werden. Innerhalb der vorherrschenden „Dienstklasse" bestehen jedoch recht erhebliche materielle Unterschiede. Die Spitze der neuen Klasse bilden nicht die Arbeiter, sondern die Funktionsträger der SED, der Massenorganisationen, der Intelligenz in Technik, Wissenschaft, Gesundheitswesen, Kultur und Kunst sowie der anderen Parteien – eine sicherlich die Millionengrenze übersteigende Zahl. Die Spitzenpositionen werden durch Parteizugehörigkeit, ein parteikonformes Verhalten und durch nachweisbare und ständig kontrollierte berufliche Leistung sowie durch in sich gestaffelte soziale Privilegien definiert. Die Klassengesellschaft der DDR, wie immer die SED diese auch im einzelnen bestimmen mag, trägt damit Züge einer jeden Klassengesellschaft: Auch hier wird durch ein System abgestufter Privilegien soziale Ungleichheit am Leben erhalten bzw. immer wieder neu geschaffen.

b) Künftige Entwicklungen in der Innen- und Gesellschaftspolitik

Eine gewisse Eigendynamik der DDR-Gesellschaft ist gegenwärtig nicht mehr zu übersehen. Sie hat seit dem Machtantritt Honeckers eher zu- als abgenommen. Diese Eigendynamik dürfte auch von den Versuchen der SED-Führung, erneut eine stärkere politisch-ideologische Kontrolle auszuüben, vorerst noch nicht ernsthaft gefährdet sein. Zu genau weiß die Parteispitze, daß sie die Leistungsmotivation des einzelnen, die unter Honecker erkennbar zugenommen hat, durch zu starke ideologische Repressionen nicht wieder gefährden darf; zu genau erkennt die Partei auch den Legitimationszuwachs, der – wenn auch nur indirekt – in den Möglichkeiten selbständiger und spontaner Lebensbewältigung liegt. Ob nun im nationalen oder im gesellschaftspolitischen Bereich: Ohne irgendeine Form von Legitimation kommt heute keine Führungsgruppe in einer hochentwickelten Gesellschaft aus.

Trotz solcher Einsichten hat die SED den ideologisch-politischen Druck auf den einzelnen wie auf die DDR-Gesellschaft nach der Konferenz von Helsinki wieder verstärkt. Diese Haltung mag durch das gestiegene, auch für den Beobachter aus dem Westen erkennbare Selbstbewußtsein zahlreicher DDR-Bürger mitbedingt sein. Vor allem die zahlreich gestellten Ausreiseanträge, die offiziell beantragten ,,Entlassungen aus der Staatsbürgerschaft der DDR'', machen der Parteiführung, dem Vernehmen nach, Sorgen. Im Unterschied zu den fünfziger und sechziger Jahren, in denen auf Phasen stärkeren Drucks jeweils solche der Lockerung zu folgen pflegten, hat sich die Gesellschaftspolitik der SED jetzt auf ein gleichsam mittleres Niveau eingependelt: Im Jahre 1976 standen das Werben der SED um das Vertrauen der Bevölkerung und entsprechende sozialpolitische Maßnahmen mehr oder minder unvermittelt neben einer deutlich wahrnehmbaren Verhärtung des Kurses nach innen.

B. Ereignisse und Tendenzen der jüngeren politischen Geschichte der DDR

I. Die DDR nach dem VI. Parteitag der SED (1963)*

1. Die Ausgangslage

Die Kubakrise, Ende Oktober 1962, hatte einen Einschnitt in der internationalen Politik mit sich gebracht, der sich auch auf die DDR auswirken mußte. Sie signalisierte den Höhepunkt einer Reihe von internationalen Niederlagen des Weltkommunismus. Die Spannungen zwischen Moskau und Peking, das damals noch vorhandene militärische Übergewicht des Westens, die permanenten internen wirtschaftlichen Schwierigkeiten in der Sowjetunion sind nur einige der wichtigsten Merkmale dieser Gesamtlage.

In der DDR spiegelte sich diese Wendung in der internationalen Politik bereits vor dem VI. Parteitag der SED, Anfang Januar 1963, deutlich wider. Die damit zusammenhängende politische Umorientierung – eine bemerkenswerte strategische Wendung – war bereits in der Rede, die SED-Chef Walter Ulbricht am 2. Dezember 1962 in Cottbus gehalten hatte, erkennbar geworden. Die konzilianteren Töne fallen besonders auf, wenn die Ausführungen des Ersten Sekretärs des ZK der SED vor dem 15. Plenum am 21. März 1962 und vor dem 17. Plenum am 30. Oktober 1962 zum Vergleich herangezogen werden. Vor allem die Akzente in der deutschen und der Berlin-Frage waren verschoben. Zwar hatte Ulbricht bereits vor dem 15. Plenum des ZK der SED erneut die Notwendigkeit von ,,vertraglichen Vereinbarungen zwischen beiden deutschen Staaten gemäß dem Völkerrecht" hervorgehoben und damit die Vorstellung von der ,,Konföderation" der Bundesrepublik und der DDR erneut thematisiert. Andererseits betonte er noch vor dem 17. Plenum den ,,historischen Anspruch der Arbeiterklasse unter der Führung ihrer marxistischen Partei in Deutschland" und verhehlte nicht das – wenn auch noch in weiter Ferne liegende – Ziel einer Übertragung des Kommunismus auf die Bundesrepublik Deutschland.

Ulbrichts Cottbuser Rede stellt demgegenüber eine wichtige Akzentverschiebung dar: ,,Die Politik der friedlichen Koexistenz erfordert manche Kompromisse. Auch in den Beziehungen zwischen uns und der Adenauer-Regierung gibt es eine ganze Menge Kompromisse."[1] Zwar blieb das strategische Fernziel der Revolutionierung auch der Bundesrepublik für Ulbricht bestehen, denn friedliche Koexistenz ist nur ,,eine Form des Klassenkampfes zwischen Kapitalismus und Sozialismus". Jedoch war es schon damals, im Jahre 1962, ebensowenig wie heute aktuell, dieses strategische Fernziel allzu stark zu betonen und realpolitisch anzustreben.

Ulbricht hat in Cottbus Chruschtschows Parole von der ,,friedlichen Koexistenz" – sechs Jahre nach dem XX. Parteitag der KPdSU – nicht nur formal, sondern weitgehend auch inhaltlich übernommen, wenn unter ,,inhaltlich" die taktische Anpassung an Chruschtschows damalige Interpretation des Begriffs der ,,Koexistenz" begriffen wird. Noch im Spätsommer 1960 war eine solche Anpassung nicht zu erkennen. Ausdrücklich hatte die SED-Führung damals betont, daß Konföderation beider deutscher Staaten niemals ,,Koexistenz" bedeuten könne. Nach der Moskauer Konferenz im Herbst 1960 hatte Ulbricht sich dann den Kooperationsaspekt des Prinzips der friedlichen Koexistenz schrittweise zu eigen gemacht. Diese Umorientierung hing mit seinem endgültigen Einschwenken auf Chruschtschows Linie innerhalb des Weltkommunismus zusammen, nachdem sich die Risse zwischen der UdSSR und der Volksrepublik China weiter verstärkt hatten.

Bemerkenswert ist – auch aus der Sicht des Jahres 1976 – nicht so sehr die verbale Betonung des Kooperationsaspekts im Rahmen der Koexistenzthese durch Ulbricht. Bemerkenswert scheint vielmehr, daß Chruschtschow damals in erster Linie die politische und wirtschaftliche Stabilisierung des Ostblocks anstrebte. Insofern bereitete er Breshnews Konzept des Ausbaus und der Festigung einmal errungener Positionen vor. Die erfolgreiche Durchsetzung dieses

Ziels erforderte allerdings eine längere kontinuierliche Periode politischer Windstille in Europa – wie sie mit den Konferenzen von Helsinki in den Jahren 1973 und 1975 offenbar gleichsam offiziell eingeleitet werden sollte.

Als Relikt des Stalinismus war Ulbricht unter den Zeichen dieser Politik in die Enge gedrängt. Wollte er nicht selbst von der Entwicklung überrollt werden, mußte er eine Kurskorrektur vornehmen. Deshalb ist zu verstehen, daß Ulbricht – wenn auch spät – auf Chruschtschows Linie einschwenkte.

Die Situation ist dadurch noch komplexer geworden, daß gerade Ulbricht als Wortführer jeder wirklichen Entspannung in der deutschen und Berlin-Frage historisch zu sehr kompromittiert war. Dennoch gab es in der SED-Führung für Chruschtschow damals offensichtlich keine Alternative. Im Gegenteil: Ulbrichts Kursänderung, seine taktische Nachgiebigkeit in der Berlin-Frage (1. Passierscheinabkommen im Jahre 1963) sowie die Verlagerung seines Ehrgeizes auf den wirtschaftlichen Ausbau der DDR mögen sowohl seine Anpassungsfähigkeit überzeugend demonstriert, wie seinen Kritikern den Wind aus den Segeln genommen haben. Mehr noch: Nach Chruschtschows Reorganisation des Parteiapparates der KPdSU, die deutlich einen Machtzuwachs für die Parteispitze bedeutete und in deren Verlauf die Vollmachten des Ersten Sekretärs der KPdSU zunahmen, schien Ulbrichts Position in einem fast überraschend günstigen Licht. Der Ablauf des VI. Parteitages der SED hat seine starke Stellung im Ostblock erneut bestätigt. Dieser Eindruck der politisch-persönlich stabilen Position Ulbrichts in den sechziger Jahren läßt sich auch aus gegenwärtiger Perspektive noch aufrechterhalten; denn Ulbricht versuchte einerseits Chruschtschows seinerzeit verfolgte Politik zu kopieren und mehrere, an sich divergierende Ziele miteinander zu verbinden; er versuchte andererseits, die zum Teil besseren zivilisatorisch-technologischen Voraussetzungen der DDR gegenüber der Sowjetunion für seine ehrgeizigen wirtschaftspolitischen Pläne auszunutzen. Chruschtschows Plan, Schwerindustrie, Rüstungs- und Konsumgüterindustrie sowie die Landwirtschaft *gleichzeitig* auszubauen, hatte zu einer Strukturkrise der Sowjetwirtschaft geführt, der u. a. die Reorganisation des Parteiapparates vom November 1962 abhelfen sollte. Diese Probleme bestanden für die DDR, die nicht die internationalen Verpflichtungen einer Großmacht hat und deren Lebensstandard von jeher höher ist als in der Sowjetunion, nicht im gleichen Maße.

Auch aus der Perspektive der siebziger Jahre ist nicht vollständig klar, wieweit das Konzept der Konföderation beider deutscher Staaten als erster Schritt zu einer (Wieder-)Vereinigung überhaupt als politisch beachtenswert angesehen werden konnte. Das diesem Konzept zugrundeliegende Hauptziel der SED, die völkerrechtliche Anerkennung der DDR durch die Bundesrepublik und den Westen voranzutreiben, war damals nicht zu erkennen. Auf jeden Fall jedoch wurden Wünsche hinsichtlich einer stufenweisen Erhöhung des Warenaustausches mit der Bundesrepublik sowie das Interesse an Krediten von der SED-Führung in eindeutiger Form vorgebracht. Anläßlich der Leipziger Messe hatte Otto Winzer, der damalige Erste Stellvertreter des Ministers für Auswärtige Angelegenheiten und spätere Außenminister der DDR, in einer Rede am 6. März 1963 diese Wünsche der DDR erneut bekräftigt und wiederum den Abschluß eines Handelsvertrages zwischen der Bundesrepublik und der DDR gefordert. Andere von Ulbricht auf dem VI. Parteitag geäußerte Vorschläge der allgemeinen Abrüstung beider deutscher Staaten, der militärischen Neutralität, der Regelung der Paßgesetze usw. traten demgemäß in den Hintergrund.

Der Konföderationsgedanke, der in Ulbrichts Rede auf dem VI. Parteitag eine gewisse Entspannung der deutschen Frage in sich schloß, ist von Chruschtschow wie Ulbricht ausdrücklich auch auf West-Berlin ausgedehnt worden. Chruschtschow hatte im Dezember 1962 vor dem Obersten Sowjet wie im Januar 1963 auf dem VI. Parteitag der SED UNO-Truppen für West-Berlin gefordert. In seiner Ost-Berliner Rede sprach er ferner ausführlich von einem „deutschen Friedensvertrag", der die „Überreste des zweiten Weltkrieges" beseitigen solle, und stellte fest: „Die sozialistischen Länder sind damit einverstanden, daß der Friedensvertrag mit den beiden deutschen Staaten oder mit einem von ihnen unterzeichnet wird."[2] Einen konkreten Zeitpunkt für den Friedensvertrag mit der

DDR, der von der SED-Spitze so ersehnt wurde, gab Chruschtschow allerdings bei dieser Gelegenheit nicht mehr an.

Auf die gesellschafts- und innenpolitischen Probleme eingehend, hatte Ulbricht bereits vor dem 17. Plenum des ZK der SED (Oktober 1962) vom „Sieg der Produktionsverhältnisse", nicht jedoch vom „Sieg des Sozialismus" in der DDR gesprochen. Diese zurückhaltende Formulierung kann als Indiz für seine relativ realistische Einschätzung der damaligen innergesellschaftlichen Situation in der DDR angesehen werden. Der Widerstand gegen das SED-Regime unter der Bevölkerung, vor allem in den industriellen Ballungsgebieten, dauerte unvermindert an. Die wirtschaftliche Situation war, durch den strengen Winter 1962/63 noch verstärkt, auf vielen Gebieten nahezu katastrophal.[3]

2. Organisatorische und personelle Umstrukturierungen in der SED[4]

Auf dem VI. Parteitag der SED hatte Ulbricht die Umorganisationen des Parteiapparates, wie sie Chruschtschow am 19. November 1962 vor dem ZK-Plenum der KPdSU für die Sowjetunion vorgetragen hatte, weitgehend übernommen. Gut einen Monat nach dem Ende des VI. Parteitages, am 27. Februar 1963, veröffentlichte das „Neue Deutschland" eine entsprechende Erklärung des Politbüros des ZK der SED. Beim Politbüro, bei den Bezirks- und Kreisleitungen der SED wurden verschiedene „Büros" gebildet. Es handelte sich um das Büro für Industrie und Bauwesen, das Büro für Landwirtschaft, das Büro für Agitation und das für Ideologie. Die Büros beim Politbüro arbeiteten selbständig, waren dem Politbüro voll verantwortlich und hatten besonders die Funktion der Kontrolle und Anleitung von Staats- und Parteiorganen sowie der Massenorganisationen zu erfüllen. Das Büro für Industrie und Bauwesen beim Politbüro leitete Günter Mittag, seit Januar 1963 Kandidat des Politbüros, seit 1958 zunächst Sekretär der Wirtschaftskommission beim Politbüro, dann (1961 bis 1962) Stellvertreter des Vorsitzenden des Volkswirtschaftsrates und dessen Sekretär und seit 1962 ZK-Sekretär für Wirtschaft.[5] Mit Günter Mittag trat ein junger

Parteifachmann – er war damals 36 Jahre alt – mit wirtschaftlichen, vor allem verkehrswirtschaftlichen Kenntnissen in die erste Reihe der politischen Garde in der DDR. Mit seiner Ernennung setzte sich der von Ulbricht eingeleitete Trend, ökonomisch-technisch ausgebildete Funktionäre in die oberste Parteiführung aufzunehmen, immer stärker durch.

Nicht nur im Politbüro, sondern auch bei den Mitgliedern und Kandidaten des ZK der SED waren in der Folge Experten – damals besonders aus der chemischen Industrie – anzutreffen. Wenn auch der Begriff des „Experten" im Laufe des folgenden Jahrzehnts einen weiteren Begriffsinhalt erhielt – so betraten unter Honecker seit 1971 mehr und mehr auch Fachleute für Ideologie, Agitation und Propaganda sowie Parteiorganisation die Szene –, bleibt die historische Tatsache bestehen, daß Ulbricht diese Entwicklung eingeleitet hat.

Auf dem VI. Parteitag der SED sind folgende führende Wirtschaftsfunktionäre zu Mitgliedern bzw. Kandidaten des Zentralkomitees ernannt worden: zu Mitgliedern des ZK: Renate Credo (Diplomchemiker, Werkleiter des VEB Kali-Chemie, Berlin), Kurt Rödiger (Diplomwirtschaftler, Hauptdirektor der VVB Kali); zu Kandidaten: Dr. Werner Hager (Diplomchemiker, Leiter der Gruppe Forschung und Entwicklung der VVB Mineralöle und Organische Grundstoffe, Halle), Dr.-Ing. Siegbert Löschau (Diplomchemiker, Werkleiter des VEB Leuna-Werke „Walter Ulbricht"), Günter Prey (Diplomingenieurökonom, Direktor des Chemiefaserkombinates Guben), Günther Wyschofsky (Diplomchemiker, Stellvertreter des Vorsitzenden der Staatlichen Plankommission).

Das Büro für Landwirtschaft leitete Gerhard Grüneberg, damals Kandidat, heute Mitglied des Politbüros. Das Büro für Agitation übernahm Albert Norden, damals wie heute Mitglied des Politbüros. Politbüromitglied Kurt Hager wurde zum Leiter des Büros für Ideologie ernannt. Die Ideologie-Kommission hatte u. a. die Aufgabe, „die Grundfragen der wissenschaftlich-theoretischen und ideologischen Arbeit der Partei, einschließlich der Kulturpolitik, auszuarbeiten und zu behandeln".[6] Diese Formulierung weist darauf hin, daß Kurt Hager zum Teil Arbeitsgebiete zu leiten hatte, die lange Zeit zum Aufgabenbereich des ehemaligen Kandidaten und Leiters der Kultur-Kommission des Politbüros und auf dem VI. Parteitag zum gewöhnlichen Mitglied des ZK degradierten Alfred Kurella[7] gehört hatten.

Parallel zur Einrichtung der Büros auf den verschiedenen Ebenen des Parteiapparates wurde, im Staatsapparat, nicht nur der seit 1961 bestehende Volkswirtschaftsrat aufgewertet, sondern auch ein Landwirtschaftsrat geschaffen. Der Landwirtschaftsrat hatte – wie der Volkswirtschaftsrat – kurzfristig sog. operative Pläne auszuarbeiten, während der Plankommission die Ausarbeitung des neuen Siebenjahrplanes von 1964 an sowie die Verbindung zum neugebildeten Exekutivkomitee beim Rat für Gegenseitige Wirtschaftshilfe (RGW) oblag. Damit wurde die Plankommission, deren Befugnisse im Laufe des Jahres 1961 und 1962 mehrmals erheblich erweitert worden waren, immer mehr zur nationalen Außen- und Koordinationsstelle des RGW, der durch die Errichtung seines Exekutivkomitees gestärkt worden war. Ein Ausdruck für diese geplante Funktion der Plankommission war der Vorschlag, den Bruno Leuschner, seinerzeit Mitglied des Politbüros, auf der 4. Tagung des Exekutivkomitees des RGW im Februar 1963 in Moskau gemacht hatte, nämlich eine einheitliche Bilanzierung zunächst für Energie und Brennstoffe für den Gesamtbereich des RGW auszuarbeiten.

Vorsitzender des Landwirtschaftsrates wurde Georg Ewald, von 1963 bis 1973 Kandidat des Politbüros und ehemals 1. Sekretär der SED-Bezirksleitung Neubrandenburg;[8] Vorsitzender des Volkswirtschaftsrates war Alfred Neumann, Mitglied des Politbüros, geblieben.

Über diese Veränderungen in der personellen und organisatorischen Struktur der SED hinaus sind zwei weitere Funktionäre im Lauf des Jahres 1962 und seit dem VI. Parteitag besonders stark in den Vordergrund getreten. Zunächst handelt es sich um Paul Verner, den 1. Sekretär der SED-Bezirksleitung Ost-Berlin, seit 1959 Mitglied des Politbüros.[9] Verner ist von Ulbricht systematisch in den Vordergrund geschoben worden. Im Gegensatz zu Verner hatte Karl Mewis sich – als Chef der Plankommission – nicht behaupten können, obwohl er als 1. Sekretär des Ostseebezirks seine Aufgaben zufriedenstellend erfüllt hatte. Während Mewis den Höhepunkt seiner Karriere auf dem 15. Plenum des ZK der SED Anfang 1962 erreichte – er verlor seinen Posten als Chef der Plankommission auf dem VI. Parteitag –, hatte Verner, der auf diesem wichtigen Plenum – neben Ulbricht und Mewis – das dritte Referat hielt, den geplanten weicheren Kurs gegenüber der Bevölkerung antizipiert. Bereits damals vertrat Verner, im Gegensatz zu Mewis, die von Ulbricht schon seit einigen Monaten propagierte entgegenkommende Haltung gegenüber der Bevölkerung. Er prangerte wiederholt und ausdrücklich die lediglich „administrativ leitenden Funktionäre" an. Als 1. Sekretär der Bezirksleitung Ost-Berlin hatte Verner darüber hinaus ausgesprochene Erfolge aufzuweisen. Die Zuwachsrate der Ost-Berliner Industrie, besonders des Maschinenbaus, betrug 28,7 Prozent im Jahre 1962 gegenüber 1961. Damit war sie über dreimal so hoch wie die Zuwachsrate im zentral geleiteten Maschinenbau in der DDR mit rund 9 Prozent. Schon in seiner Diskussionsrede vor dem 14. Plenum des ZK der SED, Ende November 1961, hatte Verner darauf hinweisen können, daß er im Bezirk Ost-Berlin bereits 20 Prozent aller Produktionsarbeiter in der Industrie und 15 Prozent aller Bauarbeiter zum sogenannten Produktionsaufgebot (die damals herrschende Form für die Steigerung der Arbeitsproduktivität) hatte aktivieren können. Ferner hatte Verner im Lauf des Jahres 1962 fast 280 Parteifunktionäre in Ost-Berlin zu Ingenieuren und Facharbeitern qualifiziert und damit dem damals verstärkt aufkommenden Ziel der Verfachlichung der Parteiarbeit und der Kontinuität der Kaderentwicklung gedient. Schließlich hatte Verner schon im Jahre 1961 jene sich damals *en vogue* befindlichen Prinzipien der ehrenamtlichen Mitarbeit in der Partei, der Reduzierung des zentralen Parteiapparates und der Pflege der Wohnparteiorganisationen vertreten, die – nach Chruschtschows Reformvorschlägen – auf dem VI. Parteitag der SED voll zum Durchbruch gekommen waren. Neben Erich Honecker, der das neue (4.) Statut der SED erläuterte und sich seit dem 14. Plenum des ZK der SED stark auf zentrale Probleme der Schulorganisation und der polytechnischen Erziehung konzentriert hatte, und neben dem damals noch relativ profillosen Willi Stoph war Paul Verner damit zu einer Schlüsselfigur für die Nachfolge Ulbrichts geworden.

Der zweite politisch in den Vordergrund tretende Funktionär, der sich schon seit Jahren zielstrebig nach vorne geschoben hatte, war Erich Apel, Kandidat des Politbüros, der Karl Mewis als Vorsitzenden der Staatlichen Plankommission abgelöst hatte. Spätestens auf der Wirtschaftskonferenz des ZK vom Oktober 1961 war Apel in die erste Reihe der führenden SED-Funktionäre getreten.[10]

Wenn die personellen und organisatorischen Umstrukturierungen der SED zu jener Zeit zusammenfassend beurteilt werden, so lassen sich besonders zwei Tendenzen erkennen:

1. Die SED-Führung entwickelte, jedenfalls verbal, Tendenzen zur ,,Volkspartei``, wie Ulbricht es auf dem VI. Parteitag selbst formuliert hatte.[11] Die Isolierung gegenüber der Bevölkerung, die sich seit dem 13. August 1961 sicherlich vergrößert hatte, sollte durchbrochen werden. Diese Isolierung, in der die Parteiführung und große Teile der SED damals besonders stark standen, mußte jedoch auch mit Rücksicht auf die Grundorganisationen, die Masse der Parteimitglieder sowie die niedrigeren Chargen im Parteiapparat verringert werden. Ulbricht hatte auf dieses Problem in seiner Rede vor dem VI. Parteitag ausdrücklich hingewiesen. Da auch nach der Errichtung der Mauer kein Friedensvertrag zwischen der Sowjetunion und der DDR abgeschlossen worden war, waren Unsicherheit und Ungeduld besonders der Funktionäre an der Parteibasis, die in unmittelbarem Kontakt mit der Bevölkerung standen, gewachsen.

Einer gewissen Tendenz hin zur Volkspartei entspricht auch die auf dem VI. Parteitag verkündete vereinfachte Regelung der Kandidatenzeit für künftige Parteimitglieder. In Zukunft sollte ein Jahr Kandidatenzeit für alle Kandidaten gleichermaßen gelten. Die in dieser Regelung zum Ausdruck kommende Tendenz ist im (5.) Statut, das auf dem IX. Parteitag der SED (Mai 1976) angenommen wurde, in der Bestimmung, daß die Parteimitgliedschaft auch durch den Austritt aus der Partei beendet werden kann, wiederzuerkennen.

Im Zusammenhang mit dem Versuch, aus ihrer Isolierung gegenüber der Bevölkerung der DDR herauszukommen, ist die auf den verschiedenen Gebieten zu beobachtende relative Zurückhaltung der SED im gesellschaftspolitischen Bereich zu sehen. Schon auf dem 14. und 15. Plenum hatte Ulbricht scharf das „bürokratische Vorgehen" einiger Kreisleitungen verurteilt und ausdrücklich gefordert, die Bevölkerung „nicht zu verärgern". Die Umbildung der Landwirtschaftlichen Produktionsgenossenschaften (LPG) vom Typ I in die Typen II und III bzw. vom Typ II in Typ III sollte seinerzeit nicht forciert werden. Auch der Druck auf die halbstaatlichen und privaten Betriebe (Anteil an der Industrieproduktion im Jahre 1962: 8,2 resp. 3,1 Prozent) sollte damals nicht verstärkt werden. Der weichere Kurs gegenüber den Kirchen und in der Rechtspflege war ebenfalls ein Indiz für die relative Zurückhaltung der Partei. Ein weiteres Merkmal waren die ausführlichen Diskussionen im „Neuen Deutschland", in denen dafür plädiert wurde, Bagatellvergehen, auch wenn sie politischen Charakters sind, nicht zu hart zu bestrafen.

Alle diese Maßnahmen waren Anzeichen dafür, daß Ulbricht die Situation nicht überspannen wollte. Die bereits auf dem 15. Plenum propagierte Einschränkung des Konsumbereichs, die von ihm auf dem VI. Parteitag erneut deutlich betont wurde, zwang die SED, Konzessionen wenigstens hinsichtlich des administrativen Drucks zu machen. Gerade der Konsumbereich ist ein empfindliches Barometer auch eines sozialistischen/kommunistischen Systems. Im Falle der DDR kommt der Einfluß des westdeutschen Lebensstandards hinzu, der in dieser Gesellschaft als Antriebskraft, jedoch auch als Protestpotential wirksam wird.

2. Die zweite damals zu erkennende Tendenz läßt sich mit der Formel einer ausgesprochenen Begünstigung der wirtschaftlich-technischen Eliten durch die Parteiführung ausdrücken. Obwohl das Jahr 1963 eine allgemeine Lohnstoppbewegung mit sich brachte, hatte Ulbricht auf dem VI. Parteitag vor allem die wirtschaftlich-technische Intelligenz mit materiellen Versprechungen umworben. Für sie sollte der Vorschlag der Kürzung der Gehälter und die Steuerung der „materiellen Interessiertheit" über das Prä-

mienwesen nicht Wirklichkeit werden. In der DDR zeigte sich damit ein ähnliches soziologisches „Gesetz" wie in der Sowjetunion – ein „Gesetz", das in der DDR vielleicht noch stärker wirksam geworden ist: Den aufsteigenden sozialen Gruppen, die die Schlüsselpositionen in Partei, Staat und Wirtschaft besetzen, konnte auf die Dauer ein höherer Lebensstandard, der wenigstens gewisse Vergleiche mit dem der Bundesrepublik aushält, nicht verweigert werden.

Damit erweiterte sich naturgemäß das Spektrum der Haushaltseinkommen in der DDR; die Einebnung sozialer Ungleichheiten jenseits der Kriterien Eigentum/Nichteigentum an bzw. Verfügung/Nichtverfügung über Produktionsmittel, von der so viele in den Jahren 1945 bis 1947 geträumt hatten, verkehrte sich ins Gegenteil: Die wirtschaftliche und soziale Ungleichheit wuchs in der DDR seit 1963 beträchtlich an. Diese Entwicklung ist erst durch Honeckers gesellschaftspolitische Maßnahmen seit Frühjahr 1972 wenigstens partiell verlangsamt worden.

3. Veränderungen im Wirtschaftssystem

a) Der Ausbau vorhandener Kapazitäten

Bereits während der zweiten Hälfte des Jahres 1961 sowie während des ganzen Jahres 1962 zeichneten sich einige Tendenzen im Wirtschaftsbereich ab, die auf dem VI. Parteitag der SED dann voll zum Ausdruck kamen. Die Jahre nach 1963 sollten wesentlich unter der Devise des *Ausbaus* der vorhandenen Kapazitäten – und nicht mehr des *Aufbaus* neuer Kapazitäten stehen. Auf der Wirtschaftskonferenz des ZK im Oktober bzw. dem 14. Plenum im November 1961 ist dieser Trend ausdrücklich, besonders von Bruno Leuschner, Erich Apel und Alfred Neumann, bestätigt worden. Auch hier war allerdings die Entwicklung in der Sowjetunion richtungweisend, hatte doch Chruschtschow im Herbst 1961 vor dem ZK der KPdSU einen allgemeinen Baustopp für Investitionsvorhaben für mindestens ein Jahr gefordert.

Die DDR war damit von der Aufbau- in die Ausbauetappe ihrer Wirtschaft getreten. Der Unterschied zur Sowjetunion lag besonders im sozialen Bereich. In der Sowjetunion ist der Wandel von der Aufbau- zur Ausbauetappe der Wirtschaft, vor allem durch die Stalinsche Kader- und Bevölkerungspolitik bedingt, von einer Veränderung der Sozialstruktur größten Ausmaßes begleitet worden. Ein solcher Prozeß hat in der DDR in vergleichbarem Maß nicht stattgefunden. Trotz der Enteignungspolitik, des Auf- und Abstiegs ganzer sozialer Gruppen und Schichten, trotz der Flüchtlingsbewegung und der Vielzahl neuer Berufe besonders auf dem Land, änderten sich die tradierten Verhaltensweisen der Bevölkerung nur recht langsam.

Für die im RGW abgestimmte Entwicklung der DDR-Wirtschaft von der Aufbau- zur Ausbauetappe lassen sich viele Belege anführen. So waren – lt. Volkswirtschaftsplan für 1962 – die Neuinvestitionen gegenüber 1961 nur um 1,4 Prozent gesteigert worden. In absoluten Zahlen sind das 210 Millionen Mark, von denen allein rund 200 Millionen in die chemische Industrie geflossen sind. Daß fast der gesamte Zuwachs an Investitionen in die chemische Industrie geleitet wurde, zeigt die überragende Rolle der chemischen Industrie in der DDR. Sie sollte 1970, am Ende des Perspektivplans 1964–1970,[12] den Stand von 183 Prozent im Vergleich zu 1962 erreichen.

Der Ausbau vorhandener Kapazitäten war eng verbunden mit der weiteren wirtschaftlichen Integration der DDR in den Ostblock und wurde mit dem Exekutivkomitee des RGW abgestimmt. Die in nachstehender Übersicht aufgeführten Produktionsbereiche sollten schwerpunktmäßig gefördert werden.

Produktionsbereich	Ort	Bezirk
Kohle (Braunkohle)	Spremberg	Cottbus
	Hoyerswerda	Cottbus
	Weißwasser	Cottbus
	Senftenberg	Cottbus
	Lauchhammer	Cottbus
	(Schwarze Pumpe)	
	Borna/Ost	Leipzig

Produktionsbereich	Ort	Bezirk
Chemie	Leuna	Halle
(besonders Petrol-Chemie)	Schkopau (Buna)	Halle
	Bitterfeld	Halle
	Piesteritz	Halle
	Böhlen	Leipzig
Baustoffe	Rüdersdorf	Frankfurt/Oder
	Freienwalde	Frankfurt/Oder
Metallurgie	Potsdam	Potsdam
	Brandenburg	Potsdam
	Hennigsdorf	Potsdam
	Kirchmöser	Potsdam
	Eisenhüttenstadt (ehemals Stalinstadt)	Frankfurt/Oder
	Max-Hütte, Unterwellenborn	Suhl
(besonders Stahl)	Gröditz	Dresden
	Riesa	Dresden
	Freital	Dresden
	Radeberg	Dresden
	Radebeul	Dresden
Maschinenbau (besonders Schwermaschinenbau)	Ost-Berlin	Ost-Berlin
	Schönebeck/Calbe	Magdeburg
	Leipzig	Leipzig
(besonders Textilmaschinenbau)	Karl-Marx-Stadt	Karl-Marx-Stadt
(besonders Schiffsmaschinenbau)	Rostock	Rostock
Elektrotechnik	Ost-Berlin	Ost-Berlin
Textil	Leipzig	Leipzig

Die genannten Produktionsbereiche sollten jedoch nicht im gleichen Maße gefördert werden. So war eine Drosselung etwa für die unwirtschaftliche Braunkohle-Produktion vorgesehen, die allerdings nur teilweise verwirklicht wurde. Bis 1965 sollten die Investitionen in der Braunkohle nicht über den Stand von 1962 ansteigen.

Da Braunkohle bis heute die wichtigste DDR-eigene Energiequelle ist, war der Investitions-Stopp gleichzeitig ein Merkmal dafür, daß die Erdöl- und Heizölimporte aus der UdSSR, die schon damals über die Erdölleitung in Schwedt (Oder) eintrafen, einen Ausgleich schaffen sollten. Zu jener Zeit lagen damit die Kosten für Erdölimporte aus der UdSSR unter denen für ein erweitertes Braunkohle-Investitionsprogramm.[13] Wenig später, schon seit 1964 holte das Erdöl als Primärenergieträger stark auf.[14]

Besonders fühlbar sollte sich jedoch die Einschränkung der Konsumgüterproduktion in den nächsten Jahren bemerkbar machen. Bereits in seiner Rede auf dem 15. Plenum im März 1962 hatte Ulbricht den hohen Kaufkraftüberhang scharf kritisiert. Das Verhältnis von Kaufkraft zur vorhandenen Warendecke betrug nach Ulbrichts Aussagen 1962: 10,7 zu 3,7 Milliarden Mark. Deshalb mußten einmal die vorhandenen Überplanbestände, vor allem auf dem Textil- und Möbelsektor, abgesetzt werden. Zum anderen sollten die Investitionen in der Lebensmittelindustrie bis 1965 den Stand von 1962 nicht übersteigen. Wie die Volkswirtschaftsbilanz von 1962 auswies,[15] konnten der Rückgang der Schweineproduktion um gut 10 Prozent gegenüber 1961 sowie die Versorgung der Bevölkerung mit Eiern selbst durch zusätzliche Importe nicht voll ausgeglichen werden. Der Verbrauch der Bevölkerung an Nahrungsmitteln stieg 1962 relativ zu 1961 lediglich um 1,6 Prozent an. Ein schon seit Jahren im Konsumbereich zu beobachtender Trend hatte sich auch diesmal wieder bestätigt: Die Bevölkerung verlangte nach hochwertigen Lebensmitteln, wie Kaffee, sowie langlebigen Konsumgütern. Andererseits war der Verbrauch von einigen Grundnahrungsmitteln (Butter), möglicherweise *wegen* der immer wieder eintretenden Verknappungen, keineswegs zu einer konstanten Größe geworden. So verwundert nicht, daß, gemäß der Volkswirtschaftsbilanz, die „Produktion von Konsumgütern nicht in Übereinstimmung mit der Entwicklung der Kaufkraft der Bevölkerung gebracht" werden konnte. Daraus ist zu entnehmen, daß wie 1961 auch im Jahr 1962 der Kaufkraftüberhang gewachsen war. Da die hochwertigen Konsumgüter, etwa Pkw, zu mehr als 50 Prozent in den Export gingen und von vielen anderen Waren oft nur mindere Qualitäten für den Inlandsmarkt zur Verfügung standen und stehen – andererseits die SED es nicht wagen durfte, ständig neue Kaufkraftabschöpfungen vorzunehmen, blieb nur der Weg des Lohnstopps bei gleichzeitig steigender Arbeitsproduktivität.

b) Wirtschaftliche Rechnungsführung

Vielleicht die wesentlichste Maßnahme auf wirtschaftlichem Gebiet war die von Ulbricht auf dem VI. Parteitag geforderte Durchsetzung des Rentabilitätsprinzips bzw. der ,,wirtschaftlichen Rechnungsführung" der Betriebe und das Abgehen von der Bewertung der Produktionsleistungen nach den Kennziffern der Bruttoproduktion. Auch in diesen Forderungen lehnte sich Ulbricht weitgehend an die Ergebnisse der Diskussionen, wie sie 1962 in der Sowjetunion geführt worden waren, an. Der Versuch, eine effektive Bilanzierung aufzustellen, hing allerdings kaum mit der Liberman-Diskussion[16] in der Sowjetunion zusammen. Die Auseinandersetzungen über zentrale Probleme jeder Planwirtschaft reichten in der DDR sehr viel weiter zurück. Mit dem Gedanken der Rentabilität hingen das gesamte Lohn- und Prämiensystem, die Anerkennung der Gewinn- und Verlustrechnung, die Preisproblematik, aber auch die Unklarheiten in der Abgrenzung der Kompetenzen im betrieblichen Bereich zusammen. Solche ungelösten Fragen hatten, durch die damals wie heute angespannte Arbeitskräftelage verstärkt, der Wirtschaft der DDR auch nach Errichtung der Mauer immer wieder große Schwierigkeiten bereitet. So war etwa die Braunkohle, durch das System der staatlichen Preisfixierung bedingt, jahrelang zu einem unter den Selbstkosten liegenden Preis an die verarbeitende Industrie abgegeben und damit auch die exakte Errechnung der Selbstkosten der Halb- und Fertigprodukte außerordentlich erschwert worden.

Künftig sollte in jedem Betrieb nur noch ein einheitlicher Prämienfonds existieren, der durch den tatsächlichen Gewinn sowie durch die Qualität des Produkts bestimmt werden sollte. Die Quartalsprämien sollten zugunsten von Monatsprämien abgeschafft werden. Einer gerechtfertigten Prämiierung sollten neu zu gründende Produktionskomitees bei den Werkdirektoren dienen – also Beiräte, die im wesentlichen Kontrollfunktionen wahrnehmen. Der Maßstab für die Prämiierung sollte – nach Ulbricht – „in erster Linie vom wissenschaftlich-technischen Niveau termingerecht entwickelter und bereits in die Produktion überführter Erzeugnisse und Verfahren abhängig gemacht werden". In der Landwirtschaft wie in der Industrie sollten die Wirtschaftsfunktionäre künftig niedrigere Gehälter, jedoch zusätzlich Prämien nach ihrer Leistung erhalten. Dabei war andererseits jedoch geplant, die gesamte Lohnsumme (Lohnfonds) konstant zu halten.

c) Die VVB als Führungsorgane

Mit der Durchsetzung der wirtschaftlichen Rechnungsführung sollten Umorganisationen in der Wirtschaft verbunden werden, in deren Verlauf die Vereinigungen Volkseigener Betriebe (VVB) – nach Ulbrichts Worten – zu einer Art „sozialistischer Konzerne" umzugestalten waren: „Die VVB trägt die volle Verantwortung für die technische Politik im gesamten Industriezweig, stellt eine Bilanz sowie eine Gewinn- und Verlustrechnung auf, übernimmt Aufgaben bei der Versorgung dieser Betriebe mit den notwendigen Materialien und hinsichtlich der Organisation volkswirtschaftlich zweckmäßiger Kooperationsbeziehungen und trägt die Mitverantwortung für den Absatz der Erzeugnisse. Sie bilanziert die Produktion und den Bedarf der Erzeugnisse des gesamten Zweiges."[17] Die VVB sollten damit zu „ökonomischen Führungsorganen" ihres Industriezweiges werden.

Bei der örtlichen Industrie und bei einzelnen hochspezialisierten Betrieben sollte die Konzernbildung wiederholt werden. Während die örtlichen Betriebe den Bezirkswirtschaftsräten direkt unterstellt werden sollten, die ihrerseits künftig ihre Anweisungen vom Volkswirtschaftsrat und nicht mehr – wie bisher – vom Rat des Bezirkes erhalten würden, sollten Gruppen von hochspezialisierten Betrieben zu *Industrie-Kombinaten* unter Führung eines *Leitbetriebes* zusammengeschlossen werden. Den Direktoren der einzelnen VVB-Kombinate und Einzelbetriebe sollte größere operative Selbständigkeit gegeben werden – wie Ulbricht es ausdrückte; es „sollen nicht mehr alle Fragen auf allen Ebenen behandelt und so die Betriebe und Zweige zwei- und dreifach geleitet werden".

Allerdings war vorgesehen, die Leiter der Betriebe durch die (bereits gekennzeichneten) Büros der SED sowie durch die Produktionskomitees und -beiräte eher noch straffer zu kontrollieren als bisher. Ähnlich wie in der Sowjetunion trat auch hier erneut das traditionelle Problem auf, wie die zwei sich gegenseitig fast ausschließenden Ziele einer schärferen Kontrolle und einer größeren Selbständigkeit der Kontrollierten zu kontinuierlichem praktischen Erfolg geführt werden könnten.

Zusammenfassend ist festzustellen, was die rückschauende Analyse bestätigt: Die Umorganisationen im wirtschaftlichen Bereich dienten in erster Linie der Stärkung der Macht des Partei- und Staatsapparates. Erst in zweiter Linie war das Prinzip der Wirtschaftlichkeit maßgebend. Diesen Gedanken hatte Ulbricht auf dem VI. Parteitag der SED immer wieder klar formuliert: „Jede unserer ökonomischen Entscheidungen muß der Festigung und Entwicklung der sozialistischen Wirtschaft in unserer Deutschen Demokratischen Republik dienen"; die „Verstärkung der Planung" dient „der Stärkung der Autorität des sozialistischen Staates".

4. Forschung und Bildung

Ihre ehrgeizigen Pläne konnte die SED nur verwirklichen, wenn es ihr gelang, die Arbeitsproduktivität weiter zu erhöhen. So haben Ulbricht und besonders auch Chruschtschow in ihren Referaten auf dem VI. Parteitag gerade diesen Punkt besonders herausgehoben. Die Erhöhung der Arbeitsproduktivität war jedoch – das hatte die SED-Spitze offenbar eingesehen – nur dann zu erreichen, wenn Wissenschaft und Technik wirksamer in den Dienst der Wirtschaft gestellt werden konnten. Deshalb wurde nach dem VI. Parteitag die Einbeziehung der Hochschulen in den Planungsprozeß und ihre Anbindung an die Produktion in vielerlei Weise forciert. Mittels der sogenannten Vertragsforschung haben Institute vor allem der Tech-

nischen Universitäten und Hochschulen Forschungsaufgaben übernommen, die auf bestimmte Industriebetriebe und deren Schwerpunkte im Rahmen der Volkswirtschaftspläne zugeschnitten waren. Darüber hinaus sind – gemäß den Empfehlungen Ulbrichts auf
dem VI. Parteitag[18] – seit 1964 Wissenschaftlich-Technische Zentren (WTZ) bei den VVB eingerichtet worden, die für Forschung
und Entwicklung im Bereich der jeweiligen VVB zuständig sind.
Die 1963 eingeschlagene Linie ist dann durch die 3. Hochschulreform (1967 bis 1971) konsequent weiterverfolgt worden.

In diesem Zusammenhang ist die polytechnische Bildung und
Erziehung in den Oberschulen der DDR wenigstens kurz zu erwähnen; denn auf dem VI. Parteitag war u. a. auch gefordert worden,
daß die mathematisch-naturwissenschaftliche und die polytechnische Bildung verbessert werden müßten. Bereits von der 7. Klasse
an sollten den Schülern künftig „gründliche technologische und
ökonomische Kenntnisse vermittelt werden". In Schulen, die in
Industriegebieten liegen, sollte die Ausrichtung des Unterrichts
spätestens von der 8. Klasse an wesentlich vom Nachwuchsbedarf
und den jeweiligen Aufgaben der entsprechenden Industriebetriebe
gelenkt werden. Eine Verbesserung des polytechnischen Unterrichts und der naturwissenschaftlich-technischen Ausbildung, besonders an den Technischen Universitäten und den Fachschulen,
erwies sich als dringend notwendig, weil davon in entscheidendem
Maße der Ausbau der Volkswirtschaft der DDR und damit eine
gewisse Konsolidierung des Gesamtsystems abhingen. Anläßlich
der Bildung von sogenannten technischen Beiräten und von aus
Technikern, Wirtschaftlern und Aktivisten zusammengesetzten
Arbeitskollektiven war es seit Anfang der sechziger Jahre immer
deutlicher geworden, daß die „alte Intelligenz" entweder in den
Westen gegangen oder weitgehend apolitisch war oder, schließlich,
dem Regime nach wie vor zurückhaltend bis mißtrauisch gegen-
überstand.

5. Zusammenfassung

Anläßlich des VI. Parteitages und in den ersten Monaten des Jahres 1963 ist sichtbar geworden, daß die SED große Mühe hatte, die vor ihr liegenden Aufgaben zu meistern. Das Jahr 1963 wurde offenbar besonders auf wirtschaftlich-organisatorischem Gebiet als ein Experimentierjahr angesehen. Die beabsichtigten Umorganisationen der VVB und der örtlichen Industrie sind 1963 an einigen Experimentierbetrieben weiter ausprobiert worden. Mit der ,,Richtlinie für das neue ökonomische System der Planung und Leitung der Volkswirtschaft" vom 11. Juli 1963 legte der Ministerrat der DDR dann ein verbindliches Programm für die Modernisierung und Rationalisierung des Wirtschaftssystems vor, aufgrund dessen die SED hoffte, die vielfältigen wirtschaftlichen Schwierigkeiten in den Griff zu bekommen.

Experimentiert wurde auch sonst: an den Hochschulen wie in der polytechnischen Erziehung, die – mit Ausnahme der Sowjetunion – im ganzen Ostblock nirgends so ernst genommen wurde und wird wie in der DDR.

Ulbrichts erklärtes Ziel war es seit 1963, im Rahmen des Ostblocks die Position der DDR als der zweiten Industriemacht nach der UdSSR weiter auszubauen und zu stabilisieren. Dafür wählte er den Weg einer weiteren Verschmelzung der Wirtschaft der DDR mit dem Wirtschaftskörper der östlichen Hegemonialmacht. Für diese Politik hatte vor allem die Bevölkerung der DDR mit einem Zurückstecken ihrer Wünsche nach materiellen Verbesserungen zu zahlen. Ob es sich die SED-Führung allerdings auf die Dauer ohne eine erneute Verschärfung innergesellschaftlicher Spannungen leisten kann, den Unterschied im Lebensstandard der DDR im Vergleich mit den Lebensverhältnissen in der Bundesrepublik Deutschland wieder ansteigen zu lassen, war schon zu Anfang der sechziger Jahre ebenso fraglich – wie es heute erneut fraglich erscheint.

Der VI. Parteitag ist wegen der auf seinen Sitzungen erstmals der Öffentlichkeit vorgestellten Grundprinzipien des ,,neuen ökonomischen Systems" in die Geschichte eingegangen. In der aktuellen

wie in der rückschauenden Beurteilung kommt ihm deshalb große
Bedeutung zu.[19]

II. Die DDR im Jahre 1964*

1. Die Außenpolitik: Gewachsenes Selbstbewußtsein

Das politisch für die DDR bedeutsame Jahr 1964 hatte der SED-
Führung einige außen- wie innenpolitische Erfolge eingebracht
– freilich nicht jene Erfolge, welche die Partei seit Jahren erhofft
hatte. Die drei Hauptziele der SED: der von Ulbricht schon häufig
als unmittelbar bevorstehend angekündigte Separatfriedensvertrag
mit der UdSSR, die ,,Lösung" der Berlinfrage und die Aufwertung, d. h. die diplomatische und damit völkerrechtliche Anerkennung der DDR, waren weder im Jahre 1964 erreicht worden, noch
schien die Aussicht groß, daß diese Probleme 1965/66 einer ,,Lö-
sung" entgegenreifen würden. Auch die – für den arabisch-afrikani-
schen Raum bedeutsame – Kairoer Konferenz der blockfreien Staaten vom Oktober 1964 hatte letztlich für die DDR nicht voll befrie-
digende Ergebnisse gezeitigt: Zwar wurde in Kairo – ganz im Sinne
der SED – von der ,,Notwendigkeit der Beziehungen zwischen
beiden deutschen Staaten" gesprochen; der internationalen Anerkennung jedoch war die DDR nicht wesentlich näher gekommen.
Unter Berücksichtigung solcher Mißerfolge und der außenpolitisch unsicheren Lage, die vor allem durch Chruschtschows Sturz
Mitte Oktober 1964 einerseits, die Entwicklung des chinesisch-
sowjetischen Konflikts andererseits bedingt war, zeigte Ulbricht
ein bemerkenswertes Selbstbewußtsein. Dies wurde schon Mitte
Juni 1964 deutlich, nachdem die DDR den zwanzigjährigen Pakt
– das ,,größte Vertragswerk in der fünfzehnjährigen Geschichte der
Republik" (Ulbricht) – mit Chruschtschow abgeschlossen hatte.
Dieses Selbstbewußtsein kam auch in der Haltung des neuen Vorsitzenden des Ministerrates, Willi Stoph, der nach Grotewohls Tod
(21. September 1964) auf der 8. Tagung der Volkskammer Ende
September 1964 in dieses Amt berufen wurde, zum Ausdruck. In

seiner Interpretation des ,,Gesetzes über den Vertrag vom 12. Juni 1964 über Freundschaft, gegenseitigen Beistand und Zusammenarbeit zwischen der Deutschen Demokratischen Republik und der Union der Sozialistischen Sowjetrepubliken"[1] war die Betonung der ,,Gleichberechtigung" der DDR neben der UdSSR unüberhörbar.

Recht selbstbewußt zeigte sich Ulbricht abermals in den Antworten, die er Anfang November 1964 in Cottbus gab, als man ihn direkt auf die Ablösung Chruschtschows und das Verhältnis der SED zu Peking ansprach. Ulbricht lavierte geschickt zwischen jenen kommunistischen Parteiführern, die – wie die italienischen, österreichischen, jedoch auch ungarischen und tschechoslowakischen – offene Kritik an Chruschtschows Sturz geäußert, und jenen, die dieses Ereignis begrüßt hatten. In seinen Antworten in Cottbus ging er, unter Betonung des Prinzips der ,,kollektiven Führung", von heiklen politischen Themen schnell zum ,,neuen ökonomischen System der Planung und Leitung der Volkswirtschaft" über, das auf dem VI. Parteitag der SED im Januar 1963 von ihm propagiert und in den Jahren 1963/64 auch erfolgreich praktiziert worden war. Allerdings ließ er bei dieser Gelegenheit ebenso wie bei seinen Reden zum 15. Jahrestag der Gründung der DDR (7. Oktober 1964) und vor dem 7. Plenum des ZK der SED (2. bis 5. Dezember 1964) deutlich werden, daß er den vor etwa zwei Jahren zum Programm erhobenen pragmatischen Wirtschaftskurs wieder einschränken würde. Politbüromitglied Kurt Hager hatte auf dem Dezemberplenum die Sorgen der SED-Führung in dem kurzen und aufschlußreichen Satz eingefangen: ,,Wir sind keine Wirtschaftspartei."

Ein Indiz für die neue Bewußtseinslage war die verstärkte Propagierung des ,,Volksstaates". Im Zuge der ,,wissenschaftlich-technischen Revolution" sollte die ,,Arbeiter-und-Bauern-Macht" zum ,,Volksstaat" im Sinne Chruschtschows transformiert und die SED zur ,,Volkspartei" weiterentwickelt werden. Das war die neue Parole; sie hatte zwei Stoßrichtungen: Einerseits sollte sie diejenigen beruhigen, die glaubten, die SED habe die Kontrolle über die in den Jahren 1963/64 relativ selbständig operierenden Wirtschaftskader verloren. Andererseits war sie dazu bestimmt, die mit Hilfe des

„neuen ökonomischen Systems" mobilisierten Gruppen der Bevölkerung auch politisch zu integrieren. „Neues ökonomisches System", „Volksstaat" und „Volkspartei" wurden von Ulbricht in einem Atemzug genannt. „Volksstaat" besagt, in den Worten des Parteivorsitzenden, die Umwandlung der „antifaschistisch-demokratischen Ordnung" zu einem „sozialistischen Staat der Werktätigen", der sich seinerseits zum „Volksstaat" weiterentwickeln würde.[2] „Volksstaat" bedeutet die „breite Entfaltung der sozialistischen Demokratie", die immer umfassendere, verantwortliche „Einbeziehung der Werktätigen in die Leitung des Staates". Der „Volksstaat" sollte die „Diktatur des Proletariats" ablösen.

Bei genauerer Analyse ist das mit dem Begriff „Volksstaat" Ausgesagte nicht neu, denn dieses Konzept wurde in der Literatur der DDR bereits 1962, also lange vor Ulbrichts Rede, diskutiert.[3] Darüber hinaus besagt der Begriff in seinem Kern nichts anderes als das gegenwärtig verwandte Konzept der „entwickelten sozialistischen Gesellschaft", nämlich: die möglichst breite Einbeziehung der Massen in die Gestaltungsprozesse von Staat und Gesellschaft – unter Führung und Kontrolle der SED. Wenn auch vielleicht nicht die „Volkspartei", so sollte sicherlich der „Volksstaat" im Sinne des Chruschtschowismus der politische Ausdruck des „neuen ökonomischen Systems" sein. Damit ist ausgesagt, daß Ulbricht den Vorwurf des „Ökonomismus", wie er auch in den Reihen der SED anläßlich der Einführung und der ersten Erfolge des „neuen ökonomischen Systems" im Jahre 1963 erhoben worden war, mit einer politischen Formel, die dazu noch durch ihre prominente Verwendung abgesichert war, zurückweisen konnte. Denn im Konzept des Volksstaates wurden der Führungsanspruch der Partei und die Stärkung des Staatsapparates unmißverständlich gefordert.

Ulbricht pries das „neue ökonomische System" jedoch nicht nur für die DDR, sondern ließ immer häufiger seinen Anspruch durchblicken, „auch in anderen sozialistischen Ländern moderne Methoden der Planung und Leitung" nach dem Modell der DDR durchzusetzen, um „gemeinsam den wissenschaftlich-technischen Fortschritt zu beschleunigen".

Das Verhältnis der SED zur Volksrepublik China war im Jahre

1964 bereits im Sinne der Anlehnung an die sowjetische Haltung festgelegt. Allerdings hatte das Politbüro des ZK der SED, auch hier nicht ungeschickt, in vielem zweideutig agiert. Die SED-Führer hatten sich mit den Moskauer Vorschlägen zur Einberufung einer neuen kommunistischen Weltkonferenz vorbehaltlos solidarisch erklärt und ihrerseits die Chinesen als ,,prinzipienlos", ,,subjektivistisch" und gegen die Interessen der kommunistischen Weltbewegung verstoßend angeprangert. Besonders Kurt Hager und Peter Florin, zu jener Zeit Leiter der Abteilung für internationale Verbindungen im zentralen ZK-Apparat, taten sich bei diesen Angriffen hervor. Die SED-Führer hatten, weiterhin, die chinesische Atombombe als ,,gefährlich" verurteilt. Sie hatten schließlich mehr und mehr eingesehen, daß die chinesische weltpolitische Konzeption ihrem eigenen erklärten Ziel der Aufwertung und Anerkennung der DDR prinzipiell zuwiderläuft.[4] Die gegen China gerichteten Angriffe verdeckten jedoch ein bestimmtes Motiv der SED-Führung – ein Motiv, das eher Zurückhaltung erforderte: die Befürchtung, daß die chinesischen Kommunisten unmittelbar vor der geplanten Reise Chruschtschows in die Bundesrepublik im September 1964 eine zu weitgehende Verständigung der UdSSR mit der Bundesrepublik nicht genügend bekämpfen würden. Schließlich war einige Wochen zuvor, im August 1964, während Chruschtschows Schwiegersohn Adschubej die Bundesrepublik bereiste, der Geist von Rapallo beschworen worden. Ulbricht hoffte offensichtlich in diesen Monaten, daß trotz seiner Anlehnung an den Kreml die Chinesen bei einer möglicherweise zu auffälligen Verständigung der UdSSR mit der Bundesrepublik politische Aktivitäten entfalten würden, die den Interessen der DDR zugute kämen.

Die Haltung der SED der Volksrepublik China gegenüber war damit widersprüchlich. Manche Beobachter erklärten dies mit einer ,,chinesischen Fraktion" innerhalb der SED.[5] Tatsächlich jedoch gab es nur eine kurze Tradition der Freundschaft zwischen der DDR und der Volksrepublik China. Sie hatte im Jahre 1955 ihren ersten Höhepunkt erreicht, als der damalige Ministerpräsident der DDR, Otto Grotewohl, in Peking ein Abkommen über freundschaftliche Zusammenarbeit mit den Chinesen unterzeichnet hatte. Die guten

Beziehungen zwischen der DDR und der Volksrepublik China gründeten sich allerdings nicht nur auf eine ideologische Solidarität: In den Jahren 1956 bis 1959 war die DDR einer der bedeutendsten Handelspartner der Volksrepublik China.

Naturgemäß war die UdSSR stets der wichtigste außenpolitische Protektor und, mehr und mehr, auch Seniorpartner der DDR. Daneben spielte die Volksrepublik China jedoch im Kalkül der SED-Führung 1964 offensichtlich immer noch eine Rolle. Dies kam u. a. in der Rede des Ministers für Auswärtige Angelegenheiten und Stellvertreters des Vorsitzenden des Ministerrates, Dr. Lothar Bolz, auf der 9. Sitzung der Volkskammer am 20. November 1964 zum Ausdruck. In dieser Rede über „Stand und weitere Entwicklung der außenpolitischen Beziehungen unserer Republik" gab Bolz ein Resümee der Entwicklung der vorrangigen außenpolitischen Fragen für das abgelaufene Jahr 1964. Seine programmatischen Ausführungen enthielten jedoch auch Richtlinien der Politik der SED-Führung für das Jahr 1965. In dieser Rede wurde die Volksrepublik China deutlich vorsichtiger kritisiert als in den entsprechenden sowjetischen Attacken.

Nicht nur ein gutes Einvernehmen mit der UdSSR und die jeweils angemessene Politik gegenüber der Volksrepublk China waren für Ulbrichts ehrgeizige Pläne entscheidend.

Unter den von Bolz zum ersten und wichtigsten Komplex der Außenpolitik gerechneten Beziehungen stand die Politik gegenüber den übrigen Blockstaaten bzw. allen Ländern des „sozialistischen Weltsystems". In diesem Rahmen entwickelte die DDR auch im Jahre 1964 eine bemerkenswerte europäische, ja weltweit ausgerichtete Aktivität. So fanden Anfang April Wirtschaftsverhandlungen mit Ungarn und Bulgarien, im April und Juni Konsultationen mit Jugoslawien statt. Ebenfalls in den April fielen Wirtschaftsverhandlungen mit Kuba, in den Juni Kontaktgespräche mit Polen und Rumänien. In diesem Zusammenhang ist auch das Interesse zu nennen, das die Vertreter der DDR auf der 1. Tagung der Träger der Sozialversicherung der Ostblockstaaten im April 1964 in Ost-Berlin an den Tag legten. An dieser der 1. Konferenz über „soziale Sicherheit" der NATO-Staaten (in Brüssel, 1962) analogen Zusammenkunft nahmen Vertreter der UdSSR, Polens, der ČSSR, Ungarns, Bulgariens, Rumäniens und der Mongolei teil. Die in den Blockländern unterschiedlich gehandhabte Sozialgesetzgebung und ihre unterschiedliche Finanzierung standen im Mittelpunkt der Beratungen.

An zweiter Stelle forderte Bolz in seiner Rede den Ausbau der Beziehungen zu den Staaten Asiens, Afrikas und Lateinamerikas sowie die Mitgliedschaft der DDR in den Vereinten Nationen. Die 1964 bereits bestehenden Generalkonsulate der DDR in Burma, Ceylon, Indonesien und Kambodscha, im Irak, im Jemen und der Vereinigten Arabischen Republik sowie die Botschaft in Sansibar waren offenbar ebenso als Stützpunkte für ein künftig weltweites Netz internationaler Beziehungen gedacht wie die Handelsabkommen u. a. mit Syrien, Ghana, Guinea, Mali, Nigeria, die Kulturvereinbarungen mit Indien und die Freundschaftsverträge mit Universitäten verschiedener südamerikanischer Staaten, etwa in Kolumbien und Bolivien.

Hier ist auch die im Jahre 1964 angestiegene Aktivität der Experten aus der DDR in internationalen, besonders wissenschaftlich-technischen Organisationen zu erwähnen. Die DDR arbeitete im Jahre 1964 in über 45 solchen Einrichtungen als gleichberechtigter Partner mit. Da es schon damals innerhalb und außerhalb der Vereinten Nationen viele Hunderte derartiger Organisationen gab, besagt diese Angabe als solche noch nicht viel. Daß jedoch überhaupt eine Zahl in diesem Zusammenhang genannt wurde, läßt auf die ehrgeizigen außenpolitischen Ambitionen der DDR schließen.

Die Skala dieser Art von Kontaktsuche demonstriert, daß die SED-Führung sich zunächst mit so gut wie jeder Form von Beziehungen zu den Ländern der Dritten Welt begnügte – nicht nur um ihre Rolle in der globalen sowjetischen Strategie angemessen zu spielen, sondern um zugleich auch dem eigenen Ziel, der diplomatisch-staatlichen Anerkennung, zielstrebig näher zu kommen. Obwohl in Bolz' Rede nicht ausdrücklich thematisiert, verfolgten die zahlreichen Versuche der SED-Führung, auch im west-, süd- und nordeuropäischen Raum Widerhall zu finden, dasselbe Ziel. Hierfür

gibt es zahlreiche Beispiele: Die Einladungen an Abgeordnete der
französischen Nationalversammlung und an italienische Parlamen-
tarier in die DDR sind in diesem Zusammenhang ebenso zu nennen
wie die maßgeblich von der DDR seinerzeit mit starkem Propagan-
daaufwand betriebene sogenannte „Arbeiterkonferenz der Ostsee-
länder" (an der auch Norwegen und Island teilnahmen), die nach
mehrjährigem Zusammentreffen erstmals im Juli 1964 ein ständiges
Komitee wählte.

Erst an letzter Stelle hatte Bolz die Beziehungen der DDR zur
Bundesrepublik Deutschland genannt. Dies ist gewiß nicht ohne
Absicht geschehen. Hier standen die Forderungen nach „Beendigung der Nachkriegszeit" und dem Beginn friedlicher Verhandlungen „zwischen den beiden deutschen Staaten" im Geiste des Konfö-
derationsgedankens im Vordergrund.

Parallel zu den Ausführungen Bolz' lockte Ulbricht in seiner Rede
zur 100. Wiederkehr des Gründungstages der I. Internationale
(Ende September) sowie in der schon genannten Rede zum 15. Jahrestag der Gründung der DDR erneut mit der „Aktionseinheit"
zwischen SPD und SED sowie zwischen DGB und FDGB.

Auch diese Tatsache erlaubt erneut den Schluß, daß Ulbricht,
jedenfalls im Jahre 1964, sicherlich nicht mehr ernsthaft die Wiedervereinigung Deutschlands in Erwägung zog; vielmehr betrieb er
planmäßig, jedenfalls verbal, die weitere „Integration" der DDR in
den Ostblock, und zwar vor allem über die wirtschaftliche Integration in den Rat für Gegenseitige Wirtschaftshilfe. Diesen Weg sollte
die DDR allerdings nicht mehr nur als bloßes Objekt der Sowjets,
sondern mehr und mehr auch als Subjekt politischer Entscheidungen, wenn auch in einem durch die UdSSR abgesteckten Rahmen,
beschreiten.

In diesem Zusammenhang ist erneut das politische Geschick Ulbrichts zu betonen und jenen Beobachtern zuzustimmen, die den
Staatsratsvorsitzenden der DDR als den „letzten Revisionisten"
bezeichnet haben. In der Tat: In den letzten Jahren seiner politischen
Karriere wurden in Ulbrichts Politik Züge jenes „eigenen Weges
zum Sozialismus" deutlich, die einige seiner bedeutendsten Gegner
in der SED, Anton Ackermann und Karl Schirdewan, Ende der

vierziger und Anfang der fünfziger Jahre – wenn auch in einer anderen historischen Situation – bereits vertreten hatten. Hier zeigt sich jene Fähigkeit des langjährigen Ersten Sekretärs der SED, sich die besten Argumente seiner – vorher politisch vernichteten – Gegner zu eigen zu machen und in Situationen, die er politisch für opportun hielt, ohne Scheu als seine eigenen neuen Einsichten zu vertreten.

2. Umorganisationen in den Bürokratien von Partei, Staat und Wirtschaft[6]

Im Jahre 1964, womöglich noch intensiver als im Jahr zuvor, hatten Partei- und Staatsapparat noch unter der Organisationsform des Produktionsprinzips gestanden. Das *Produktionsprinzip* war, im Anschluß an die große Verwaltungsreform Chruschtschows Ende 1962, auf dem VI. Parteitag der SED 1963 verkündet worden; es war seitdem neben das sogenannte *Territorialprinzip* getreten. Anleitung und Kontrolle von Partei-, Staats- und Wirtschaftsapparat und besonders der zentral wie örtlich geleiteten Industrie in den Vereinigungen Volkseigener Betriebe (VVB) und den Volkseigenen Betrieben (VEB) wurden seit Anfang 1963 wesentlich nach diesem neuen Ordnungsprinzip vorgenommen.

Das Territorialprinzip, das bis zum Frühjahr 1963 den Parteiaufbau der SED maßgeblich bestimmt hatte, sah – vom Politbüro, dem ZK-Sekretariat und dem zentralen ZK-Apparat ausgehend – eine Gliederung der Partei sowohl nach Bezirken, Kreisen, Städten usw. als auch nach Betrieben und Verwaltungen vor. Durch die Zusammenfassung der Grundorganisationen der SED innerhalb der Betriebe und Verwaltungen in den Betriebsparteiorganisationen (BPO) ist das Territorialprinzip stets schon durch ein sich an den Produktionsprozeß anlehnendes Organisationsprinzip durchbrochen gewesen.

Das Produktionsprinzip gliedert den Parteiapparat nach ,,Produktionsbereichen". Als wichtigste Produktionsbereiche wurden 1963 ,,Industrie und Bauwesen", ,,Landwirtschaft" sowie ,,Ideologie" bezeichnet. Die Aufteilung von Wirtschaft und Gesellschaft nach Produktionsbereichen ist für die Arbeit sowohl der Parteiorganisationen im Staats- und Wirtschaftsapparat als auch für die der Grundorganisationen der SED in den industriellen und landwirtschaftlichen Betrieben verbindlich gewesen. Produktionsbereiche sind damit jene Stellen im Gesellschaftssystem, von denen aus der Wirtschaftsablauf durch die SED direkter und wirkungsvoller geplant, geleitet und kontrolliert werden soll.

Mit der Einführung des Produktionsprinzips sollten, erstens, eine schnellere Steigerung der Arbeitsproduktivität sowie, zweitens, eine wirksamere Kontrolle des Produktionsprozesses durch die Parteiführung ermöglicht werden. Diese Tendenzen beherrschten auch das Frühjahrsplenum der SED (3. bis 7. Februar 1964). Im Gegensatz zu den meisten früheren Plenen des ZK hatte dieses 5. Plenum eher den Charakter einer von Fachleuten beherrschten Wirtschaftskonferenz als des gewohnten politischen Akklamationsforums. Auch Ulbricht beschäftigte sich in seiner Rede fast ausschließlich mit Wirtschaftsfragen. Entsprechend den Absprachen im RGW akzentuierte er auch diesmal wieder vor allem die Entwicklung der drei für die Wirtschaft der DDR damals bedeutendsten Industriezweige, der Chemieindustrie, besonders der Petrochemie, ferner der elektrotechnischen und der Maschinenbau-Industrie.

Besonders die erneute Forderung nach dem Ausbau der chemischen Industrie ist, auch im Rückblick, aufschlußreich. Diese Forderung war offenbar nicht nur an den Erfordernissen der DDR-Wirtschaft, sondern wesentlich an Chruschtschows Chemieprogramm für die UdSSR (vom Dezember 1963) orientiert. Andererseits mußte Ulbricht die Chemieindustrie auch deshalb mit Vorrang behandeln, weil die Neuanlagen in diesem Wirtschaftszweig, z. B. das Erdölverarbeitungswerk Schwedt/Oder, vielfach schon vor langen Jahren begonnen worden waren, ihre Fertigstellung sich jedoch erheblich verzögert hatte. Unmittelbar nach dem 5. Plenum des ZK wurde deshalb am 13. Februar 1964 ein Komitee für Chemieanlagenbau beim Ministerrat der DDR unter Leitung von Erich Pasold, dem damaligen Ersten Stellvertreter des Vorsitzenden des Volkswirtschaftsrates, geschaffen. Dieses Komitee, das in seiner Bedeutung einem Ministerium gleichkam und praktisch neben das

Ministerium für Bauwesen beim Ministerrat trat, sollte die Investitionen, besonders die Bauten, der damals bestehenden neun VVB aus dem Bereich der Chemieindustrie koordinieren. Es handelte sich um die VVB Chemieanlagen, Elektrotechnik, Plaste und Plastverarbeitung, Chemiefaser, Fotochemie, Mineralöle und Organische Grundstoffe, Lacke und Farben, Gummi und Asbest und schließlich die VVB Pharmazeutische Industrie.

Dieser organisatorischen Neuerung im staatlichen Wirtschaftsapparat war der von Ulbricht auf dem 5. Plenum des ZK erneut propagierte Aufbau der sogenannten „Erzeugnisgruppen" vorausgegangen: „Der richtige Weg für die Organisierung der Zusammenarbeit der VVB und der bezirksgeleiteten Betriebe, die technisch gleichartige Produkte herstellen, ist die Arbeit mit den Erzeugnisgruppen."[7] Die Erzeugnisgruppen, die keine eigene Rechtsform besaßen und formal Organe der VVB waren, sollten ursprünglich lediglich die *technischen* Grundfragen der einzelnen Wirtschaftszweige lösen. Entsprechend waren sie nach dem technologischen Prinzip der gleichartigen Produktion (gleiche oder verwandte Erzeugnisse oder Halbfabrikate) zu technischen wie wirtschaftlichen Untergruppen der jeweiligen Industriezweige zusammengefaßt worden. Mehr und mehr hatten sie jedoch auch wirtschafts- und handelspolitische Aufgaben übernommen. So verhandelten sie über eigene Unterabteilungen, etwa für Absatz- und Marktforschung, auch direkt mit Außenhandelsunternehmungen, um Bedarf und Produktion der jeweiligen VVB exakt vorauskalkulieren zu können. Die Erzeugnisgruppen sollten die Regulierungskraft des Marktes – besonders in den Anlaufphasen der ersten Preisreform – ersetzen.

Den erwähnten organisatorischen Neuerungen entsprach es auch, die Stellung der Generaldirektoren der VVB zu stärken. So hatte Ulbricht vor dem 5. Plenum des ZK die Generaldirektoren der damals etwa 80 VVB zu „Schlüsselfiguren des gesamten Wirtschaftssystems" erklärt. Die Wirtschaftsmanager waren zum Symbol der neuen Leistungseliten in der DDR geworden. Es ist, rückschauend, verständlich, daß die SED große Anstrengungen unternahm, um wirtschaftlich geschulte *und* politisch zuverlässige Führungskräfte möglichst schnell heranzubilden. Dem diente die Einrichtung einer Art Unternehmerschule, des ,,Zentralinstituts für Sozialistische Wirtschaftsführung" beim ZK der SED. Diesem Ziel diente ferner die von Ulbricht in seiner Rede vor dem Dezember-Plenum des ZK der SED (1964) bekanntgegebene Einrichtung von ,,Gruppen für wissenschaftlich-ökonomische Leitung" beim Volkswirtschaftsrat, beim Landwirtschaftsrat, den VVB sowie den Bezirkswirtschaftsräten, die sich mit ,,der Leitungtätigkeit, der Entwicklung von Leitungskadern und der Betriebsökonomie" beschäftigen sollten. Dieses Ziel verfolgten schließlich die – nachdem die Parteiführung die empirische Sozialforschung entdeckt hatte[8] – vielfach von Soziologen und Sozialpsychologen abgehaltenen Kurse für leitende Wirtschaftsfunktionäre, die nun auf der Schulbank das bisher von der SED vernachlässigte ,,sozialistische Betriebsklima" studieren sollten. All diese Maßnahmen wurden untermauert von einer intensivierten Kampagne zur fachlichen ,,Qualifizierung" der Mitglieder der SED. Nach Berechnungen des Informationsbüros West in West-Berlin besaßen im August 1964 von 1,6 Millionen Mitgliedern der SED 57000 einen Hochschul- und 133000 einen Fachschulabschluß.

In den Zusammenhang der fachlichen Qualifizierung von Führungskadern der SED gehört die aufschlußreiche Tatsache, daß von den Ende 1964 im Zentralkomitee der SED vorhandenen 180 Mitgliedern und Kandidaten 39 einen Hochschul- und 25 einen Fachschulabschluß besaßen, 29 weitere als Intendanten, Regisseure, Redakteure und Schriftsteller zur ,,Intelligenz" gezählt werden können, während von den 87 restlichen weniger als 60, das sind etwa 30 Prozent, als Arbeiter zu klassifizieren sind.

Solche Zahlen, die im Zusammenhang mit der Umorganisation des Partei-, Staats- und Wirtschaftsapparates gesehen werden müssen, weisen darauf hin, daß die SED im Jahre 1964, nachdem das ,,neue ökonomische System" ein Jahr lang seine Wirksamkeit entfaltet hatte, dabei war, ihren Charakter als Arbeiter-, jedoch auch als Kaderpartei, d.h. Funktionärspartei im herkömmlichen Sinne, zu verlieren. Vielmehr wuchsen neue Gruppen von ausgebildetem Personal heran, die von Milovan Djilas[9] als ,,neue Klasse" eher programmatisch charakterisiert als sozialstrukturell sorgsam analysiert worden sind.

Den Zielen der funktionsgerechten Leitung und Kontrolle der Wirtschaft durch die SED-Führung im Rahmen des „neuen ökonomischen Systems" diente im Parteiapparat zunächst der Ausbau der Büros für Industrie und Bauwesen besonders auf der Bezirks- und Kreisebene. Diese Büros sollten vor allem eine schnelle, unbürokratische, operative Bewältigung der dringendsten wirtschaftlichen Probleme erreichen. Konsequent hatte Ulbricht die Aufgabe der Büros auf dem VI. Parteitag der SED deshalb als „allseitig" gekennzeichnet. Im wörtlichen Sinne war unter „allseitig" eine politische, wirtschaftliche und ideologisch-kulturelle Leitungsfunktion, vor allem gegenüber der Linienorganisation der SED, vom zentralen Parteiapparat über die Bezirks- bis hin zu den Kreis- und Ortsleitungen zu verstehen.

Im Staats- bzw. Wirtschaftsapparat entsprach dieser Maßnahme der Ausbau der Industrieabteilungen beim Volkswirtschaftsrat, bei den Bezirks- und Kreiswirtschaftsräten sowie der entsprechenden Einrichtungen bei der Staatlichen Plankommission und dem Landwirtschaftsrat. Die Industrieabteilungen hatten auf der Seite des Staatsapparates – der Konzeption nach – in etwa parallele Aufgaben zu bewältigen wie die Büros auf der Seite des Parteiapparates.

Der Anfang 1963 damit zunächst propagierte Abbau oder doch die Ergänzung der Linienorganisation des Partei-, Staats- und Wirtschaftsapparates wurde jedoch bereits Anfang – und dann stärker Ende – 1964 wieder eingeschränkt. Die Kontrollinstanzen im Partei- und Staatsapparat wurden wieder verstärkt. Diese Entwicklung hatte schnell eine zunehmende Verschärfung erfahren. Höhepunkte erreichte sie bei den Parteiwahlen, Ende Juni 1964, sowie auf dem 7. Plenum des ZK, Anfang Dezember 1964. Allerdings war schon bereits nach dem Februar-Plenum des Jahres 1964 sichtbar geworden, daß die Partei gegenüber Anfang 1963 erneut eine Kursschwenkung vorgenommen hatte. Die Devise hieß nun wieder einmal: mehr Kontrolle und weniger Eigeninitiative.

Als politisch wichtigste Kontrollinstanz wurde im Mai 1963 die Arbeiter-und-Bauern-Inspektion (ABI) gegründet, die, obwohl in ihrer „operativen" Arbeit selbständig, dem ZK der SED und dem Ministerrat der DDR *gleichermaßen* unterstellt wurde. Allerdings ist durch diese doppelte Unterstellung das generell gültige Prinzip der Anleitung des Staatsapparates durch den Parteiapparat nicht durchbrochen worden. Ganz im Gegenteil. Die für die ABI gewählte Organisationsform weist darauf hin, daß es für die SED erneut unumgänglich notwendig gewesen zu sein schien, den Staatsapparat wieder stärker zu kontrollieren. Die Arbeiter-und-Bauern-Inspektionen, die auf der zentralen Ebene und bei den VVB ebenso eingerichtet wurden wie auf der Bezirks- und Kreisebene, faßten mehrere, bisher nicht recht wirksam gewordene „gesellschaftliche Kontrollen", etwa die FDJ-Kontrollen und die Arbeiter-Kontrollen der Gewerkschaften, im Betrieb zusammen.

Ebenso bedeutsam für die organisationssoziologische Landschaft in der DDR wie die Einrichtung der Arbeiter-und-Bauern-Inspektionen war das Anfang 1964 gegründete Ministerium für die Anleitung und Kontrolle der Bezirks- und Kreisräte unter der Leitung von Kurt Seibt, dem langjährigen (und dort bewährten) 1. Sekretär der SED-Bezirksleitung Potsdam. Durch die faktische Ausgliederung der Bezirks- und der Kreiswirtschafts- bzw. der Bezirks- und Kreislandwirtschaftsräte aus den Räten der Bezirke und Kreise waren letztere den konkreten lokalen und regionalen wirtschaftlichen Aufgaben in den letzten Jahren vielfach entfremdet worden. Immer wieder hatten sich Kompetenzkonflikte zwischen den Bezirks- und Kreiswirtschaftsräten einerseits und den Räten der Bezirke und Kreise andererseits ergeben. Deshalb hatte Seibt auch die Aufgabe seines Ministeriums in einem Interview mit dem „Neuen Deutschland" vom 7. Juni 1964 dahingehend erklärt, daß „die Räte der Bezirke und Kreise so anzuleiten und zu kontrollieren seien, daß die Beschlüsse der Partei und der Regierung exakter und einheitlich durchgeführt werden".

Nachdem auf dem VI. Parteitag der SED das ökonomisch-pragmatische Prinzip der flexiblen und unbürokratischen Anleitung der Wirtschaft im Vordergrund gestanden hatte, wurde, als weitere Maßnahme erneuter Kontrolle durch die Partei, auf dem Februar-Plenum des Zentralkomitees im Jahre 1964 beschlossen, den indessen offenbar bereits zu „praktizistisch" operierenden Büros für Industrie und Bauwesen und den Büros für Landwirtschaft sowohl beim Politbüro wie auch auf den anderen, regionalen Ebenen jeweils gesonderte Abteilungen für Parteiorganisation und für Ideologie beizugeben. Die neugebildete Kommission des Politbüros für Partei- und Organisationsfragen unter Leitung von Horst Dohlus, der bisher der ZK-Abteilung „Parteiorgane" vorgestanden hatte, sollte die Arbeit dieser Abteilungen koordinieren. Horst Dohlus, ein Nachwuchsfunktionär, war lange Jahre 1. Sekretär der (wegen der Uranförderung besonders in den fünfziger Jahren politisch wichtigen) SED-Gebietsleitung Aue gewesen. Dohlus entsprach schon damals dem von Ulbricht proklamierten Ideal: Er war sowohl organisatorisch erfahren wie politisch loyal. Als ein anpassungsfähiger, Ulbricht ergebener Parteimanager wurde er an die Spitze einer Kontrollinstanz berufen, welche die zu selbständig gewordene junge Generation der pragmatisch ausgerichteten Parteifachleute im Namen Ulbrichts an weiterem Machtzuwachs hindern sollte. Die gleiche Anpassungsfähigkeit bewies Dohlus später, in den Jahren seit Mitte 1971 unter Honecker. Er ist 1973 zum ZK-Sekretär (zuständig für „Parteiorgane") avanciert und im Mai 1976 als Kandidat in das Politbüro der SED aufgenommen worden.

Eine detaillierte Analyse der Reden von Ulbricht, Hager und Honecker auf dem 7. Plenum läßt erkennen, daß die Ulbricht-Gruppe im Politbüro den von ihr selbst Anfang 1963 berufenen jüngeren Pragmatikern im Parteiapparat, wie Mittag und Jarowinsky, schon Anfang 1964 ein Gegengewicht setzen wollte; daß, dementsprechend, die Befugnisse der im Zuge des neuen Wirtschaftskurses offenbar zu mächtig werdenden Büros für Industrie und Bauwesen (zentrale Leitung: Günter Mittag) beschnitten werden sollten. In einigen dem 7. Plenum vorausgegangenen Parteiversammlungen in Großbetrieben wurde bei den Plandiskussionen eine kaum verhüllte Kritik an der Tätigkeit der Büros für Industrie und Bauwesen geübt. Tatsächlich hatten die Büros für Industrie und Bauwesen, besonders auf der Bezirks- und Kreisebene, häufig eher die – an sich dringend notwendige und auch gewünschte

– Lösung drängender wirtschaftlicher Probleme betrieben als politisch-ideologische Schulungs- und Propagandaarbeit geleistet. So hatten die Büro-Sekretäre etwa zusammen mit den verantwortlichen Werksleitungen Engpässe zu beseitigen versucht und – wie man ihnen vorhielt – nicht genügend mit den Grundorganisationen der SED im Betrieb die Pläne diskutiert. Dafür hatte häufig einfach die Zeit gefehlt. Deshalb kann es kaum verwundern, daß eine schwelende Konkurrenz zwischen den auf Fragen der Ideologie und der Parteiorganisation zurückgedrängten Betriebsparteiorganisationen bzw. den Sekretariaten der Bezirks- und Kreisleitungen der SED und den mehr operativ orientierten Büros auf dem Dezember-Plenum der SED offen zum Ausbruch kam. Obwohl Günter Mittag nicht genannt, geschweige denn persönlich angegriffen worden ist, wurde das durch diesen vergleichsweise jungen Parteifachmann repräsentierte Produktionsprinzip unmißverständlich gegenüber dem sozusagen für die SED klassischen Territorialprinzip abgewertet. Dies wurde unter anderem auch darin sichtbar, daß von allen Rednern des 7. Plenums, ganz entgegen dem bisher geübten Brauch, stets das Territorialprinzip *vor* dem Produktionsprinzip genannt wurde. Dabei spielte natürlich die kurz zuvor von der KPdSU-Führung verfügte Aufhebung der Trennung von Produktions- und Territorialprinzip, wie Chruschtschow sie eingeführt hatte, eine wesentliche Rolle. Ebenso entscheidend dürfte jedoch gewesen sein, daß die SED-Führung befürchtet hatte, über den gewiß vordringlichen Problemen der Wirtschaft die ideologische und organisatorische Kontrolle über den eigenen Parteiapparat zu verlieren. Politbüromitglied Kurt Hager, Leiter der an innenpolitischer Macht ständig stärker gewordenen Ideologischen Kommission beim Politbüro, stellte in diesem Sinn auf dem 7. Plenum fest: „Früher mußten wir bekanntlich dagegen auftreten, daß die allgemeine politische Propaganda den Vorrang hatte und die ökonomischen Fragen vernachlässigt wurden. Jetzt gibt es Erscheinungen, daß die ideologische Arbeit teilweise in den Hintergrund tritt."[10] An anderer Stelle seiner Rede betonte er, daß nicht Fragen der Produktionsleitung – zentrales Thema der Büros für Industrie und Bauwesen – sondern Probleme des „gesamten gesellschaftlichen

Lebens" in den Grundorganisationen der SED diskutiert werden müßten.

Hagers Ausführungen kam um so mehr Bedeutung zu, als ihm bereits seit Mitte 1963 eine schrittweise Aufwertung der Ideologischen Kommission gelungen war. Dies kam zum Beispiel darin zum Ausdruck, daß auch die Ideologische Kommission einen Perspektivplan bis 1970 auszuarbeiten hatte; weiterhin ließ Hager, dem auch die Aktionen der SED in den Wohngebieten unterstanden, über die bestehenden „Stützpunkte der Partei im Wohngebiet" hinaus, Parteigruppen in den einzelnen Wohnblocks, also kleinere, übersehbarere Einheiten, bilden: Die bis dahin von der SED geleistete Arbeit in den Wohngebieten war viel zu wenig erfolgreich gewesen, da die „Wohngebiete" etwa 10 000 bis 12 000 Menschen umfaßten und damit für eine wirkungsvolle Hausagitation erheblich zu groß waren.

Das 7. Plenum des ZK der SED brachte somit einen Trend in der Entwicklung von Partei, Staat und Wirtschaft zum Ausdruck, der wie folgt charakterisiert werden kann: Unter Beibehaltung des „neuen ökonomischen Systems der Planung und Leitung der Volkswirtschaft" sollte, wie Ulbricht es in seiner Rede ausdrückte, „eine *richtige* Kombination von Territorialprinzip und Produktionsprinzip" die Arbeit im Partei-, Staats- und Wirtschaftsapparat bestimmen. *De facto* bedeutete dies eine Straffung des Parteiapparates und eine erneute Hinwendung der Partei zu parteiorganisatorischen und ideologischen Fragen, d. h. eine Verstärkung der Kontrolle von Staat und Wirtschaft durch die SED.

3. Neue Entwicklungstendenzen in Wirtschaft und Gesellschaft

Intensiver als die Bürokratien des Partei-, Staats- und Wirtschaftsapparates stand die Wirtschaft ihrerseits unter den Anforderungen des „neuen ökonomischen Systems". Die Parteiführung wollte die Erzeugnisse der Industrie um jeden Preis international wettbewerbsfähig machen, um damit dem vorrangigen politischen Ziel, der Aufwertung der DDR, ihrer völkerrechtlichen Anerkennung, zu dienen. Wie Erich Apel, Kandidat des Politbüros und Leiter der

Staatlichen Plankommission, Ende 1964 betont hatte, sollte ,,auch die Ausarbeitung der Perspektivplanvorschläge noch besser von den Forderungen der Märkte"[11] ausgehen.

Diesem eindeutig fixierten Ziel dienten verschiedene Maßnahmen der Parteiführung, die besonders auf dem 7. Plenum des ZK im Dezember 1964 erörtert worden waren. Im Vordergrund standen: die Erweiterung der Rechte der Generaldirektoren der VVB, die immer stärkere Ökonomisierung und Professionalisierung des Bildungs- und Ausbildungswesens in der DDR und, damit zusammenhängend, die Arbeitskräfteerschließung; ferner die Intensivierung der Diskussion der zweiten Stufe der Industriepreisreform sowie die Anerkennung von Forschungsmethoden der Sozialwissenschaften, besonders der empirischen Betriebs- und Jugendsoziologie, der Sozialpsychologie, der Werbepsychologie, jedoch auch der sozial- und wirtschaftswissenschaftlichen Statistik.

Sowohl Alfred Neumann, Mitglied des Politbüros und Leiter des Volkswirtschaftsrates, wie Margot Honecker, Mitglied des Zentralkomitees und Minister für Volksbildung, hatten in ihren Diskussionsbeiträgen die neuen, erweiterten Möglichkeiten der Generaldirektoren betont.[12] Die Generaldirektoren sollten künftig, in Absprache mit der Regierungskommission für Preise und den entsprechenden Abteilungen des Volkswirtschaftsrates, befugt sein, die Preise für die Erzeugnisse des jeweiligen Wirtschaftszweiges *selbst* festzusetzen. Die Generaldirektoren sollten weiterhin verpflichtet sein, den ,,gesamten Entwicklungs- und Projektierungsverlauf" der von ihnen geleiteten VVB zu kontrollieren. Sie sollten ferner die Verantwortung für die ,,volle Deckung der Bilanz" tragen.

Schließlich sollten sie sich weitgehend selbständig um die ,,Nachwuchskader" in ihrer jeweiligen Branche kümmern. In Zusammenarbeit mit dem Minister für Volksbildung, der ehrgeizigen Margot Honecker, unter deren Leitung Mitte der sechziger Jahre die ,,Berufsbilder" für das ,,neue ökonomische System" erarbeitet worden waren, und der Staatlichen Plankommission, bei der von 1965 an nicht nur die Berufsplanung, sondern auch die Berufsberatung konzentriert werden sollte, hatten die Generaldirektoren der VVB die

Berufsberatung in ihrem Bereich vollverantwortlich durchzuführen. Die Generaldirektoren sollten auf dem Gebiet der Berufslenkung die Beschlüsse der Staatlichen Plankommission in die Betriebspraxis umsetzen.

In der Ausbildungsplanung standen die „unmittelbar anwendbaren Kenntnisse" im Vordergrund. Mathematik und Naturwissenschaften sollten weiterhin ausgebaut werden. Diese Ausrichtung hielt auch Anfang der siebziger Jahre an.

Im Rahmen der polytechnischen Erziehung sollten ferner vor allem die sogenannten „polytechnischen Kabinette" gefördert werden. Die Propagierung dieser „Kabinette" zeigt deutlicher als manche andere Maßnahme des Volksbildungsministeriums den Zug zur beruflichen Professionalisierung; denn die Kabinette sollten die Aufgabe haben, in erster Linie in der Schule oder im Betrieb berufsorientierendes Anschauungsmaterial „für die Vorbereitung auf die produktive Arbeit" zur Verfügung zu stellen. Die unpolitische, berufsorientierte und an den westlichen Lebensstil fixierte Jugend sollte mit Hilfe des Jugendgesetzes vom Mai 1964[13] für die Schwerpunktberufe des „neuen ökonomischen Systems" besser vorbereitet und systematischer in den Wirtschaftsprozeß einbezogen werden.

Ebenso wie an der Heranziehung der Jugendlichen war der Parteiführung auch an einer stärkeren Einbeziehung der arbeitsfähigen Frauen in den Produktionsprozeß gelegen. Auf dem Frauenkongreß Ende Juni 1964 wurde zwar festgestellt, daß Anfang 1964 fast 3,7 Millionen Frauen berufstätig waren und 47,5 Prozent aller Beschäftigten in der DDR stellten. Dennoch waren auch hier, auf diesem gleichsam zweiten Sektor des Arbeitskräftereservoirs, noch einige Reserven, vor allem unter der Landbevölkerung, vorhanden. Diese sollten nun voll ausgeschöpft werden.

Ein weiteres, während der letzten Monate des Jahres 1964 in den Betrieben wie in den Wirtschaftsbehörden heftig umstrittenes Problem stellte die sogenannte Industriepreisreform dar. In den Jahren 1964 bis 1967 wurde sie in mehreren Etappen durchgeführt. Alle Industriepreise wurden dabei auf der Grundlage der im voraus geschätzten Selbstkosten (Basisjahr: 1967) neu festgesetzt. Damit sollten die für viele Industriezweige der DDR-Wirtschaft bestehenden Preisverzerrungen beseitigt werden.[14]

Der mit der geplanten Preisentzerrung zusammenhängende Fortfall der Subventionen in der Grundstoffindustrie, die Orientierung an den Selbstkosten wie am Gewinn, die Neuberechnung der vordem vielfach zu niedrigen Abschreibungen und die Abstufung der Preise in einem System der Preisdifferenzierung stellten die Betriebe be und den gesamten Wirtschaftsapparat vor ungewohnte Aufgaben. Ganze Produktionsanlagen mußten neu bewertet werden; gleichermaßen sollte eine erheblich differenziertere Kostenaufschlüsselung als bisher vorgenommen werden. Bei der Industriepreisreform, deren erste Etappe am 1. April 1964 (Stufe 1: neue Preise für Kohle, Elektroenergie, Gas, Kali, Salze, Eisenbahngütertarife) begonnen und seit 1. Juli 1964 (Stufe 2: neue Preise für NE-Metalle, Stahl- und Walzwerkerzeugnisse, Roheisen, Schrott usw.) fortgesetzt wurde und deren zweite und dritte Etappe am 1. Januar 1965 bzw. 1. Januar 1967 angelaufen waren, waren allerdings häufig noch immer nicht die tatsächlich entstandenen Produktionskosten berücksichtigt worden. Dies war schon deshalb kaum möglich gewesen, weil die Preise den Betrieben noch immer von einer zentralen Wirtschaftsbehörde, der Zentralen Kommission für Preise beim Ministerrat, vorgegeben wurden.

Die Hauptprobleme der Industriepreisreform lagen also einmal darin, daß die Preise auch nach der Reform weiterhin die Kosten zahlreicher Roh- und Grundstoffe (etwa Braunkohle) nicht deckten. Darüber hinaus hatten jedoch, trotz der gegenteiligen Behauptungen der SED-Presse, schon seit Mitte 1963 auch die Preise der Konsumgüter, besonders für Möbel, Hausrat und Textilien, zu klettern begonnen. Die Preissteigerungen für Konsumgüter hatten sogar vor einer propagandistisch gern verwendeten ,,Errungenschaft'', den FDGB-Ferienreisen, nicht Halt gemacht. Während bis zum Jahre 1963 jedes FDGB-Mitglied für seinen Reisescheck einheitlich, unabhängig vom Urlaubsort, der Höhe seines Einkommens usw., 30 Mark zu bezahlen hatte, waren seit 1964 auch hier Differenzierungen, die zum Teil 100prozentige Steigerungen der Eigenbeteiligung mit sich brachten, in Kraft getreten. Neben den

Konsumgüterpreisen, die durch staatliche Subventionen stark gestützt wurden und noch immer werden, stiegen in der dritten Etappe der Industriepreisreform vor allem die Preise der Investitionsgüter.

Wie auch immer die Industriepreisreform beurteilt werden mag: Immerhin gelang es, die staatlichen Subventionen drastisch, von vorher 13,5 Milliarden Mark auf rund 7,5 Milliarden Mark, zu reduzieren.[15]

Das „neue ökonomische System" hatte schließlich unter anderem eine verstärkte Aufmerksamkeit der Parteiführung in Sachen Markt- und Bedarfsforschung sowie Meinungsforschung mit sich gebracht. Bereits Anfang März 1963, kurz nach dem VI. Parteitag, hatte das Präsidium des Ministerrates einen Beschluß zur Verbesserung der Bedarfsforschung gefaßt. Ein bereits am 1. Juli 1962 gegründetes Institut für Bedarfsforschung im Ministerium für Handel und Versorgung nahm die Arbeit auf. Die Parteiführung hatte erkannt, daß die „bewußte Lenkung" von Wirtschaft und Gesellschaft nicht mehr mit Agitation, Propaganda, Massenmobilisierung und Zwang allein zu bewerkstelligen war. Auf dem 5. Plenum des ZK ist deshalb auch ein Entwicklungsprogramm wesentlich für die empirisch orientierte Sozialforschung propagiert worden.[16] Dieses Programm wurde im Institut für Gesellschaftswissenschaften beim ZK der SED in enger Verbindung mit der Ideologischen Kommission beim SED-Politbüro ausgearbeitet.

Die SED versprach sich von der marxistischen Soziologie,[17] die, etwa im Unterschied zur Soziologie in Polen, eine reine Parteigründung gewesen ist, einen „wichtigen Beitrag zur politischen Führungs- und Leitungstätigkeit der Partei und des Staates". Vor allem mit Hilfe der jahrelang scharf angegriffenen Meinungsforschung versuchten die SED-Soziologen, unter anderem in den neu entdeckten informellen sozialen Bereich der Betriebe vorzudringen. Analysen des Betriebsklimas, der Bildung formaler und informaler Gruppen, der Prestige- und Statushierarchien, besonders unter jugendlichen Produktionsarbeitern in den wichtigsten Wirtschaftszweigen, standen – und stehen – im Mittelpunkt des Interesses. Eine seit 1964 schnell angewachsene Reihe von Instituten und Kommissionen auf

Zentralkomitee-, Hochschul-, Fachschul- und Betriebsakademie-Ebene arbeitete und arbeitet auf diesen von der Parteiführung mit Priorität versehenen Gebieten.

Die Befragungen und Untersuchungen im Betrieb sollten der Partei nicht nur bessere Informationen über die arbeitende Bevölkerung in der DDR vermitteln; sie sollten gleichermaßen die Durchsetzung eines funktionalen Leitungssystems in der Industrie vorbereiten. Nicht zuletzt dienten sie jedoch auch dem ,,weichen Kurs" gegenüber der Bevölkerung. Die SED bemühte sich, wenigstens den Anschein zu erwecken, daß ihr an Verbesserungen des Betriebsklimas gelegen war. Sie mußte die Bevölkerung, die durch das ständige Anziehen der Normen, die Preissteigerungen und die mangelhafte Versorgung vor allem mit den ,,tausend kleinen Dingen des täglichen Bedarfs" sowie den gehobenen Konsumgütern gereizt war, unbedingt beschwichtigen. Die Unzufriedenheit der Bevölkerung wurde jedoch durch den Vergleich mit dem Lebensstandard in der Bundesrepublik immer wieder neu geschürt. Wenigstens 30 Prozent lag die DDR damals hinter dem westdeutschen Lebensstandard zurück.

4. Zusammenfassung

Das Selbstbewußtsein der SED-Führung war zum Jahresende 1964 trotz einer Reihe von Rückschlägen in der Außen- und Innenpolitik zweifellos gestiegen. Dies resultierte einmal aus der – trotz aller Schwierigkeiten – relativ starken wirtschaftlichen Stellung der DDR innerhalb des Ostblocks. Weiterhin war der SED natürlich bewußt, daß der Lebensstandard in der DDR über dem der UdSSR lag. Deshalb sollte die – im damals noch nach außen abgeschlossenen System des Ostblocks – relativ gefestigte und herausragende wirtschaftliche Position offenbar weiterhin mit allen Mitteln gehalten, wenn nicht verbessert werden.

So verwundert es auch rückblickend nicht, daß nach dem Sturz Chruschtschows das noch unter den Vorzeichen seiner Ära in der DDR entworfene ,,neue ökonomische System" zunächst nicht abgebrochen wurde. Nach dem 1963 propagierten Abbau der Über-bürokratisierung und dem – von der SED mehr und mehr als bedrohlich empfundenen – Vordringen pragmatisch-technokrati-scher Tendenzen auch im Partei- und Staatsapparat war offenbar erst einmal lediglich an eine Straffung der Parteiorganisation und eine stärkere Kontrolle der Partei von oben nach unten gedacht. Schließlich wurde das ,,neue ökonomische System" dann doch recht bald, nämlich im Jahre 1967, in das ,,Ökonomische System des Sozialismus" (ÖSS) überführt.

III. Konsolidierung und Spannung in der DDR.
Ergebnisse des 11. Plenums des Zentralkomitees der SED
(Dezember 1965)*

Seit dem VI. Parteitag der SED (1963) war die DDR attraktiver geworden. Das ,,neue ökonomische System" hatte zweifellos eine Reihe innerwirtschaftlicher Reformen, die ihrerseits stimulierend auf die Dynamik von Wirtschaft und Gesellschaft gewirkt haben, mit sich gebracht. Bedeutsamer als die tatsächlich eingeleiteten Reformen war allerdings der Geist, der ihnen innewohnte, der Elan und die neuen Hoffnungen, die viele jüngere Parteikader und -fach-leute, nach den zwei schweren Jahren seit dem Mauerbau, zu gro-ßem persönlichen Einsatz angetrieben hatten.

Die Dynamik in Wirtschaft und Gesellschaft wurde von einer gesteigerten Aktivität auch im außenpolitischen Raum begleitet, die ebenfalls nicht ohne Anfangserfolge blieb. Rückschauend stellt sich allerdings die Frage, ob sich im Jahre 1965 – zumal, wenn die Ergebnisse des 11. Plenums des Zentralkomitees der SED (15. bis 19. Dezember 1965) berücksichtigt werden – das Tempo der inner-gesellschaftlichen Entwicklung nicht schon wieder eindeutig ver-langsamt hatte.

1. Die außenpolitischen Aktivitäten der DDR im Jahre 1965

Während des ganzen Jahres 1965 hatte eine intensive außenpolitische Aktivität der DDR-Regierung angehalten. Die Strategie Ulbrichts richtete sich konsequent auf drei Schwerpunkte: erstens das Verhältnis zur UdSSR und zu den übrigen Ostblockstaaten im Zusammenhang mit dem Versuch einer Öffnung nach West- und Nordeuropa; zweitens die Beziehungen zu einigen arabischen und afrikanischen Ländern, zu Indien, den (süd-)ostasiatischen Staaten und zu Südamerika; drittens die Politik gegenüber der Bundesrepublik Deutschland.

a) UdSSR und Osteuropa

Der wichtigste, schon traditionelle Schwerpunkt der Außenpolitik der DDR lag auch im Jahre 1965 in der Intensivierung der Beziehungen zur UdSSR. In diesem Zusammenhang waren Ulbrichts Moskau-Reise im September und die Unterzeichnung des Handelsvertrages vom 3. Dezember 1965 bedeutsame Marksteine. Besonders der Handelsvertrag, der bis zum Jahre 1970 ein Gesamtvolumen von 60 Milliarden Mark in beiden Richtungen vorsah, zeigt, wie zielstrebig Ulbricht die DDR den wirtschaftspolitischen Interessen der UdSSR angepaßt hatte – sicherlich unter anderem mit der Absicht, die engen Grenzen seiner eigenen politischen Selbständigkeit zu erweitern. Denn nur durch eine starke wirtschaftliche Stellung, als Lieferant hochwertiger Ausrüstungen und Maschinen, konnte sich die DDR gegenüber der UdSSR in dem grundsätzlich recht eng gezogenen politischen Rahmen behaupten.

Der Handelsvertrag mit der UdSSR demonstrierte freilich auch, daß die sowjetische Wirtschaft nach wie vor unter Engpässen in der Produktion von Maschinen, besonders im Anlagenbau, zu leiden hatte. Während die Sowjets vor allem Erdöl, Erze, Kupfer, Blei und Steinkohle an die DDR lieferten, bezahlte die DDR z. B. mit Maschinenausrüstungen, besonders Textilmaschinen, ferner mit kompletten chemischen Anlagen sowie mit Dieselmotoren, Diesellokomotiven und Schiffen. Die DDR-Wirtschaft übernahm damit mehr und mehr die Funktion des „Veredlers" für Kernbereiche der sowjetischen Wirtschaft – und dies vermutlich zu ungünstigen Bedingungen. Wieweit (und inwiefern) die DDR freilich in dem neuen Vertrag einer echten Preisdiskriminierung unterlag und damit die bis 1954 aktenkundige Auspowerung durch die UdSSR lediglich eine andere Erscheinungsform angenommen hatte, darüber stritten und streiten sich die westlichen Experten. Als sicher darf gelten, daß die wirtschaftspolitische Abhängigkeit der DDR von der UdSSR ständig zugenommen hat.

Zweifellos war 1965/66 die Tendenz zu erkennen, die DDR intensiver, auch durch die Verstärkung der Beziehungen zu anderen Ostblockländern, in das Wirtschaftssystem des Ostblocks zu integrieren. Dies kann besonders an zwei Tatsachen abgelesen werden: Einmal war die Arbeitsteilung im RGW auch im Jahre 1965, wenn auch im wesentlichen nur auf dem Papier, erneut erweitert worden. Davon waren in der DDR unter anderem die Elektroindustrie, die Plastindustrie, ferner die Produktion von Ausrüstungen für die Braunkohleindustrie, von Zementanlagen, jedoch auch Textil- und Zuckerfabriken betroffen.[1] Die zweite in diesem Zusammenhang zu erwähnende Tatsache waren die damals abgeschlossenen bilateralen Verträge der DDR mit zahlreichen Staaten des Ostblocks. Wie Ende Dezember 1965 bekannt gemacht worden war, erreichten die Verträge mit Polen, der ČSSR und Bulgarien nicht unerhebliche Größenordnungen. In den fünf Jahren von 1966 bis 1970 sollten mit Polen Waren im Werte von 11,4, mit der ČSSR Waren im Werte von 12 und mit Bulgarien im Werte um rund 4 Milliarden Valutamark (1 Valutamark entspricht etwa 1 DM-West) ausgetauscht werden. Die realen Umsätze lagen zum Teil sogar höher als die Planzahlen.[2] Dies verwundert insofern, als einige Ostblockpartner bei der DDR erheblich verschuldet waren. So dürfte das Defizit der polnischen Handelsbilanz gegenüber der DDR im Laufe der Jahre 1964 bis 1966 auf gut 2 Milliarden Valutamark angewachsen sein. Es lag damit über dem gesamten Handelsumsatz des Jahres 1965, der etwa 1,9 Milliarden Valutamark betragen hatte.

Somit war die tatsächliche Erfüllung der mit den Ostblockpartnern geschlossenen Verträge keineswegs eindeutig vorauszusagen.

Der Anfang 1966, nach dem Freitod des Planungschefs Erich Apel, in westlichen Kommentaren häufig zu hörenden Parole: ,,Erste Stufe ,neues ökonomisches System' = Ausrichtung nach Westen; zweite Stufe ,neues ökonomisches System' = Ausrichtung nach Osten" kann aus dem Abstand, den wir heute zu jenen Jahren haben, erst recht nur mit Vorbehalt gefolgt werden. Eine genaue Einschätzung wird zudem dadurch erschwert, daß bereits in den letzten Jahren (vor 1965) nicht nur die programmatischen, sondern auch die realen bilateralen Verflechtungen der DDR mit der UdSSR und den übrigen Staaten des Ostblocks bereits fast unübersehbare Ausmaße angenommen hatten.

b) West- und Nordeuropa

Im westeuropäischen Raum wurde von der DDR-Führung in erster Linie Frankreich als politisch bedeutsam angesehen. De Gaulles aufgeschlossene Politik gegenüber der UdSSR sowie die Krise von EWG und NATO brachten hier ihre Früchte hervor. Allerdings versuchte die SED-Führung im Gefolge der sowjetischen Politik auch, durch ihr eigenes Auftreten den Aussöhnungsprozeß zwischen der Bundesrepublik und Frankreich zu beeinflussen. Unter der Rückendeckung der Politik des französischen Staatschefs legte es die DDR schon 1965 nachdrücklich darauf an, auch wirtschafts- und handelspolitische Vorteile zu erringen: Sie bezog wichtige Spezialmaschinen aus Frankreich, Italien sowie den nordischen Ländern – und, wenn irgend möglich, nicht mehr aus der Bundesrepublik. Damals wie heute bestand das Bestreben, die wirtschaftliche Abhängigkeit der DDR von der Bundesrepublik Deutschland, wie sie im Innerdeutschen Handel gegeben war und ist, zu verringern.

Hier wurden freilich auch die Konsequenzen der seinerzeit verfolgten Interzonenpolitik der Bundesregierung deutlich: Man hatte von Bonn aus im Jahre 1965 wenig Interesse gezeigt, um dringenden Wünschen der DDR nach industriellen Spezialausrüstungen nachzukommen.

Norwegen war – wenn die vielfältigen und zähen Annäherungsversuche Ost-Berlins an Schweden und Dänemark einmal unberücksichtigt bleiben – neben Finnland seinerzeit das nordeuropäische Land, in dem über das Instrument des Außenhandels auch politische Kontakte angeknüpft werden sollten. Als Mitglied der NATO wurde Norwegen politisch wie ökonomisch für besonders wichtig gehalten. Die Effektivumsätze zwischen der DDR und Norwegen sollten im Jahre 1966 etwa bei 110 Millionen Valutamark liegen.[3]

Bei der Beurteilung der damals häufig gestellten – und wenige Jahre später ganz anders beantworteten – Frage: Ausrichtung der DDR nach West *oder* Ost sollte als ein Indiz für die Westorientierung nicht das Ende Dezember 1965 unterzeichnete Handelsprotokoll mit Österreich (in Höhe von rund 65 Millionen Verrechnungsdollar) übersehen werden. Obwohl die österreichische Regierung den Wunsch der DDR, Außenhandelsstellen in Wien und Ost-Berlin einzurichten und damit das politische Gewicht der Wirtschaftsbeziehungen zu verstärken, eindeutig ablehnte, wurde der Handelsvertrag von Ost-Berlin unterzeichnet.

Schließlich ist in diesem Zusammenhang an die Rede von Werner Jarowinsky, damals wie heute Kandidat des Politbüros und Sekretär des ZK für Handel und Versorgung, zu erinnern. Jarowinsky verkündete zwar, analog der von Ulbricht, Honecker und Alfred Neumann propagierten ,,zweiten Phase des neuen ökonomischen Systems", eine ,,neue Phase der Außenwirtschaft der DDR".[4] Diese Phase sei in erster Linie charakterisiert durch den Handelsvertrag mit der UdSSR. Andererseits jedoch hatte Jarowinsky einen Hauptakzent seiner Rede auf die Forderung nach Export devisenbringender Güter auf ,,gute Märkte" gelegt. Bei der Auslegung dieser Formel zeigte sich, daß sich die SED-Führung die Türen nach Westen öffnen wollte – eine Politik, die sich nach 1972 allmählich auszuzahlen begann.

c) Jugoslawien und die Volksrepublik China

Eine Analyse der vielfältigen und differenzierter gewordenen Beziehungen der DDR zu den Ländern des ,,sozialistischen Weltsystems" kann die beiden Staaten, welche das strategische Spektrum in der Blockpolitik Ulbrichts kennzeichnen: Jugoslawien und die Volksrepublik China, schwerlich unberücksichtigt lassen – und dies um so weniger, als Ulbrichts Außenpolitik erst bei der Betrachtung der Haltung gegenüber diesen beiden Staaten ihre Abrundung erhielt.

Mit Jugoslawien wurde Ende Dezember 1965 ein langfristiges Handelsabkommen unterzeichnet. Zudem hatte Anfang 1966 die „Ständige gemischte deutsch-jugoslawische Unterkommission für wissenschaftlich-technische Zusammenarbeit" ihre Arbeit aufgenommen. Auch der Zwischenaufenthalt, der den Ersten Sekretär der SED auf seiner Reise in die Vereinigte Arabische Republik Anfang des Jahres 1965 nach Jugoslawien führte, und die (wahrscheinlich von Ulbricht unterstützte) Aufnahme Jugoslawiens als assoziierter Partner in den Rat für Gegenseitige Wirtschaftshilfe (RGW) sollten als Tatsache gebührend gewürdigt werden. Daß Ulbricht Jugoslawiens Aufnahme in den RGW tatsächlich unterstützt hat, läßt sich nur mutmaßen. Solche Mutmaßungen haben jedoch eine Reihe von Gründen für sich: Einmal wollte Ulbricht ebenso wie die sowjetische Führung den Einfluß des Westens in Jugoslawien möglichst gering halten. Zum anderen fanden auch schon 1963 und 1964 zwischen der DDR und Jugoslawien Staatsbesuche auf höchster Ebene statt. Das – vormals recht getrübte – Klima der gegenseitigen Beziehungen verbesserte sich ständig, so daß, wie bereits erwähnt, die langfristige wirtschaftliche Zusammenarbeit im Dezember 1965 vertraglich geregelt werden konnte. Schließlich ist die Assoziierung Jugoslawiens an den RGW in einer Reihe von DDR-Publikationen positiv beurteilt worden.

Seine seit Jahren zu beobachtende Haltung, im chinesisch-sowjetischen Konflikt zu vermitteln, hatte der Staatsratsvorsitzende auch Mitte Januar 1965 beim Treffen der Vertreter der Warschauer Paktstaaten in Warschau eingenommen. Darüber hinaus wurde die zehnjährige Wiederkehr des Abschlusses des 1955 in Peking unterzeichneten „Vertrages über Freundschaft und Zusammenarbeit zwischen der DDR und der Volksrepublik China" im „Neuen Deutschland" ausführlich gewürdigt. Ulbricht nutzte dabei den Krieg in Vietnam geschickt als Möglichkeit, sich als solidaritätsstiftender, opferbereiter, unbedingt loyaler kommunistischer Führer zu profilieren: „Gegenwärtig, da der Imperialismus seine aggressiven Abenteuer in Vietnam verschärft und das vietnamesische Volk schwere Opfer bei der Abwehr dieser Aggression bringt, ist es besonders notwendig, einheitliche Aktionen aller sozialistischen Länder zu unternehmen, die brüderliche Hilfe für das vietnamesische Volk zu koordinieren, alle antiimperialistischen Kräfte zur Abwehr der Machenschaften des USA-Imperialismus zusammenzuschließen und die Spekulationen der Imperialisten zunichte zu machen."[5]

d) Drittstaaten und Entwicklungsländer

Ein zweiter Schwerpunkt der Außenpolitik der DDR war auch schon im Jahre 1965 die Politik gegenüber den Drittstaaten und Entwicklungsländern. Auch hier war die Palette bunter geworden. Sie reichte von ausgesprochenen Entwicklungsländern wie Ghana, Mali und Guinea in Afrika bis zu schon lange auf der politischen Landkarte verzeichneten Staaten, etwa Kolumbien in Südamerika.[6]

Nach offiziellen Angaben beteiligte sich die DDR im Jahre 1965 an 24 internationalen Messen und Ausstellungen in fünf Kontinenten. Darüber hinaus waren DDR-Außenhandelsunternehmen auf rund 250 internationalen Fachausstellungen vertreten.[7] Ulbricht hob in seiner Rede vor dem 11. Plenum des ZK der SED hervor, daß die DDR bis Ende 1965 rund 100 „technische Büros und Kundenstützpunkte" im Ausland aufgebaut habe.[8] Diese Mitteilungen lassen den Schluß zu, daß es Ulbricht im Jahre 1965 erneut gelungen war, die außenpolitischen Beziehungen der DDR über ihre *außenwirtschaftlichen* Aktivitäten zu erweitern und zu vertiefen. Dabei versuchte die DDR – in Ermangelung offizieller diplomatischer Vertretungen – vor allem über die „Kammer für Außenhandel" mit wachsendem Erfolg, ein auch in den anderen Ostblockländern inzwischen abgestuftes Instrumentarium der Außenhandelspolitik systematisch zur indirekten politischen Einflußnahme einzusetzen und auszubauen.

Regional sind, was diesen zweiten grundsätzlichen Schwerpunkt der außenpolitischen Aktivität der SED-Führung anbetrifft, schon damals fünf Gebiete zu unterscheiden: Nahost und Nordafrika, Zentral-, Ost- und Westafrika, Indien, Ostasien sowie Südamerika.

Die politischen und wirtschaftspolitischen Zielpunkte im arabischen und nordafrikanischen Raum waren zu jener Zeit durch die Vereinigte Arabische Republik, Syrien, Jemen, Algerien und den Sudan gekennzeichnet. Gerade in diesen Regionen hatten die wirtschaftspolitischen „Hebel", insbesondere die Aktivitäten der „Kammer für Außenhandel", durchaus politische Erfolge gezeitigt, die dann zum Teil in der auch völkerrechtlichen Aufwertung Ost-Berlins gipfelten.

Mit Ägypten wurden von 1953 bis 1965 mehr als 30 Abkommen abgeschlossen.[9] Die anläßlich Ulbrichts Besuch in Kairo gegebene Kreditzusage über 336 Millionen Mark demonstrierte allerdings den harten wirtschaftlichen Preis, den solche Politik verlangte. Auch mit Syrien wurde im Jahre 1965 ein Abkommen über die „wirtschaftliche und technische Zusammenarbeit" ratifiziert. Es sah, bei dem seinerzeit relativ geringfügigen Warenumsatz von rund 10 Millionen Valutamark, eine Kreditzusage Ost-Berlins über rund 100 Millionen Valutamark vor. Die Vereinigte Arabische Republik und Syrien honorierten diese Großzügigkeit mit der Einrichtung je eines Generalkonsulats in Ost-Berlin. Als drittes arabisches Land richtete der Jemen Anfang 1966 ein Generalkonsulat in Ost-Berlin ein.

Weniger erfolgreich verliefen die Beziehungen mit dem Libanon, mit Algerien, Marokko und Tunesien, mit Libyen sowie mit Jordanien. Die DDR mußte sich Ende 1965 zur Revision des Handelsvertrages mit dem Libanon, der allzu starke Disproportionen (hoher Export der DDR und nur geringer Import) aufwies, bereit erklären. Zwar hatten Algerien, Marokko und Tunesien Handelsverträge und langfristige Zahlungsabkommen mit der DDR abgeschlossen, jedoch überschritt der Außenhandel mit allen diesen Ländern im Jahre 1965 nicht die Größenordnung von zusammen 250 Millionen Valutamark. Er blieb damit etwa auf der Höhe des Jahres 1959. Auch die Einrichtung von Generalkonsulaten gelang in diesen Ländern damals noch nicht.

In Zentral-, Ost- und Westafrika lag Mitte der sechziger Jahre das Schwergewicht der politischen und außenpolitischen Maßnahmen der DDR in Ghana, Guinea und Mali, ferner in Uganda, Tansania und Kenia.[10] Mit Ghana wurde 1966 ein Handelsabkommen geschlossen, dessen wesentlicher Teil eine langfristige Kreditzusage Ost-Berlins über rund 80 Millionen Valutamark war. Nach einer Mitteilung Ulbrichts vor dem 9. Plenum des ZK der SED (26. bis 28. April 1965) sollten von 1966 an auch ,,Außenstellen von Universitäten der DDR" in einigen, besonders westafrikanischen Entwicklungsländern eingerichtet werden. Seit Anfang 1965 liefen zudem an der ,,Verwaltungsschule Edwin Hörnle" (Weimar) ständig Ausbildungskurse für Kommunalpolitiker aus Westafrika.[11]

Die eigentliche außenpolitische Offensive der DDR in Asien richtete sich auch 1965 auf Indien, das ein bevorzugtes Ziel der Politik des gesamten Ostblocks war und ist. Während die einzelnen Ostblockländer bilaterale Abkommen mit Indien abgeschlossen hatten, zielte die politische Strategie der UdSSR 1965 dahin, Indien in das Netz der geplanten bzw. bereits realisierten Arbeitsteilung, wie sie für den RGW gilt, einzubeziehen. Bemerkenswert ist, daß neben Prag vor allem Ost-Berlin in Indien, trotz damals noch fehlender diplomatischer Beziehungen, vielfältig aktiv wurde. Dies lag nicht zuletzt an dem außerordentlich versierten Repräsentanten der DDR in Indien, Herbert Fischer, der den Subkontinent aus langjähriger Erfahrung kannte und der es während des indisch-chinesischen Grenzkonflikts verstanden hatte, die DDR aus der propagandistischen Auseinandersetzung herauszuhalten. Die damals initiierte wirtschaftspolitische Offensive der DDR in Indien verdient um so eher Interesse, als offenbar die Nachteile, welche die Arbeitsteilung im RGW für die DDR mit sich brachte und bringt: die vorgesehene Aufgabe ganzer Produktionszweige und damit der stetige Abbau der wirtschaftlichen und politischen Autarkie, durch enge Wirtschaftsbeziehungen zu einem großen und vielversprechenden (asiatischen) Markt zum Teil umgangen werden sollten. Jedoch wurden auch hier offensichtlich wirtschaftliche Einbußen in Kauf genommen, wenn politische Erfolge sich abzeichneten.

In Ostasien wurde Anfang Januar 1966 weiterhin ein Abkommen über „wirtschaftliche und wissenschaftlich-technische Zusammenarbeit" mit Burma unterzeichnet. Ende 1965 hatte eine Delegation der „Kammer für Außenhandel" Australien und Singapur besucht. Auch gegenüber Ceylon und Indonesien wurden die wirtschaftlichen und kulturellen Kontakte ausgedehnt.

Im südamerikanischen Raum hatte die DDR 1965/66 in Chile, jedoch auch in Kolumbien Fuß gefaßt. Nach einigen politischen Mißerfolgen der UdSSR wie der Volksrepublik China in Südamerika sollte die DDR künftig offenbar eine größere Rolle in der sowjetischen Südamerika-Strategie spielen. Dabei konnten die Sowjets auf das allgemein hohe Prestige, das der deutsche Name in Südamerika nach wie vor besitzt, ebenso setzen wie auf die Tatsache, daß die Teilung Deutschlands und ihre politischen Folgen in Süd- und Mittelamerika zu jener Zeit häufig noch kaum richtig eingeordnet wurden.

Auf der 3. internationalen Messe in Santiago de Chile, Ende Oktober 1965, waren erstmals Erzeugnisse aus der DDR zu sehen. Nicht nur dadurch, sondern auch durch die intensive Tätigkeit des „Chilenisch-Deutsch-Demokratischen Kulturinstituts" bekam eine breitere Öffentlichkeit praktisch zum ersten Mal Einblicke in das Deutschland jenseits der Mauer. Im Jahre 1967 hatte dieses Kulturinstitut bereits rund 40 Mitarbeiter.[12]

Kolumbien wurde 1965 von einer Delegation der Volkskammer besucht. Die Einladung war offiziell vom kolumbianischen Parlament ausgesprochen worden. Unter großer Aufmachung im „Neuen Deutschland": „Als erster Vertreter der sozialistischen Welt vor einem südamerikanischen Parlament", ist dieses Ereignis damals gewürdigt worden.[13]

e) Bundesrepublik Deutschland

Ein weiteres Hauptziel der Außenpolitik der DDR blieb auch im Jahre 1965 unverändert: die politische und gesellschaftspolitische Diskriminierung der Bundesrepublik Deutschland auf jede nur mögliche Art, sei es mit Hilfe echter oder gefälschter Dokumente über die nazistische Vergangenheit von Persönlichkeiten des öffentlichen Lebens, sei es mit einer systematischen Hetze gegen den angeblichen „Militarismus", „Revanchismus" und „Imperialismus" der Bundesrepublik. Diese Hetze hatte in der DDR-Presse im Verlauf des Jahres 1965 den Charakter einer massiven Dauerkampagne angenommen. Auch im internationalen Raum wurde dieses Instrument, freilich mit unterschiedlichem Erfolg, ständig verwandt. Ende 1965/Anfang 1966 wurde die Kampagne durch die Schaffung eines „Staatssekretariats für gesamtdeutsche Fragen" institutionalisiert. Das Staatssekretariat wurde mit Joachim Herrmann, ehemals Sekretär des Zentralrates der FDJ, später Chefredakteur der „Berliner Zeitung" und Mitglied der SED-Bezirksleitung Berlin, besetzt.[14]

Im übrigen waren die Beziehungen zur Bundesrepublik 1965/66 auf einen nur schwer unterschreitbaren Tiefpunkt abgesunken. Ulbrichts Neujahrsbotschaft 1966, in der er einige seiner schon häufig geäußerten Vorschläge wiederholt hatte, nämlich
– Verzicht auf Atomrüstung,
– Anerkennung der Grenzen in Europa,
– Verhandlungen zwischen beiden deutschen Staaten,
– Verhandlungen zwischen den NATO-Staaten und den Staaten des Warschauer Pakts,
verhallten denn im Westen Deutschlands auch fast unbeachtet. Nach endlosen Schwierigkeiten während der zweiten Hälfte des Jahres 1965 wurde die Passierscheinfrage im Dezember noch einmal, allerdings im wesentlichen nach Maßgabe der Vorschläge der SED vom Sommer 1965, gelöst. Politische Beobachter in West- und Ost-Berlin hielten es damals für wahrscheinlich, daß die SED-Führung bereits im Verlauf des Jahres 1966 Visen für westdeutsche Besucher der DDR einführen würde, was dann aber erst 1968 geschah.

2. Organisatorische und personelle Veränderungen

Das 11. Plenum setzte eine Reihe von Umbildungen im Partei-, Staats- und Wirtschaftsapparat in Gang. Nach dem Vorbild der

UdSSR (vgl. das September-Plenum der KPdSU aus dem Jahre 1965) wurden in der DDR neun neue Industrieministerien gebildet; der Volkswirtschaftsrat wurde aufgelöst. Sechs seiner ehemals fünfzehn Mitglieder erhielten einen Ministerposten. Für folgende Bereiche sind Industrieministerien, die zumeist aus den entsprechenden Industrieabteilungen des Volkswirtschaftsrates hervorgegangen sind, gebildet worden:

– Grundstoffindustrie (Klaus Siebold, geb. 1930; erlernter Beruf: Bergmann, später Bergingenieur)

– Erzbergbau und Metallurgie (Dr. Kurt Fichtner, geb. 1916; erlernter Beruf: Diplom-Wirtschaftler, Hütteningenieur)

– Chemie (Dr. Siegbert Löschau, geb. 1929; erlernter Beruf: Diplomchemiker)

– Elektrotechnik und Elektronik (Otfried Steger, geb. 1926; erlernter Beruf: Maschinenschlosser, Arbeitsökonom und Ingenieur für elektrische Anlagen)

– Schwermaschinen- und Anlagenbau (Gerhard Zimmermann, geb. 1927; erlernter Beruf: Bootsbauer, Erwerb des Meisterbriefes)

– Verarbeitungsmaschinen- und Fahrzeugbau (Rudi Georgi, geb. 1927; erlernter Beruf: Industriekaufmann, Fernstudium als Diplom-Wirtschaftler)

– Leichtindustrie (Johann Wittik, geb. 1923; erlernter Beruf: Weber, Textilingenieur)

– Bezirksgeleitete und Lebensmittelindustrie (Erhard Krack, geb. 1930; erlernter Beruf: Diplom-Wirtschaftler)

– Materialwirtschaft (Alfred Neumann, geb. 1909; erlernter Beruf: Tischler)

Außerdem wurden neu geschaffen:

– das ,,Amt für Arbeit und Löhne'' (Hellmuth Geyer, geb. 1920; erlernter Beruf: Schlosser, Diplom-Gesellschaftswissenschaftler)

– das ,,Amt für Berufsausbildung'' (Erich Markowitsch, geb. 1913; erlernter Beruf: nicht bekannt)

– das ,,Preisamt'' (Walter Halbritter, geb. 1927; erlernter Beruf: Diplom-Wirtschaftler)

Damit gelangten eine Reihe von Schlüsselpositionen in die Hände von tüchtigen Wirtschaftsmanagern und Fachleuten.

Im Zusammenhang mit dem 11. Plenum wurden weitere, vor allem personelle, Veränderungen bekannt. Sein Ministeramt verlor der 58jährige Altkommunist Kurt Seibt, langjähriger Sekretär der SED-Bezirksleitung Potsdam. Das von ihm seit Mitte 1964 geleitete „Ministerium für die Anleitung und Kontrolle der Bezirks- und Kreisräte" hatte seine Aufgabe, die Arbeit der Wirtschafts- und Landwirtschaftsräte auf Bezirks- und Kreisebene mit der der Räte der Bezirke und Kreise zu koordinieren, nicht gelöst. Seibt wurde durch Fritz Scharfenstein, bisher Stellvertreter des Vorsitzenden der Staatlichen Plankommission, ersetzt. Aus dem Ministerrat schied auch Max Suhrbier, der langjährige Vorsitzende der LDPD (seit 1960), aus. Mitte Januar 1966 wurde ferner der Minister für Kultur, Hans Bentzien, ersetzt. Seine Ablösung war eine direkte Folge der zahlreichen massiven Angriffe von Vertretern der SED-Führung auf den kulturpolitischen Kurs der letzten zwei Jahre.

Diese Angriffe richteten sich auf fast alle Gebiete im kulturellen Bereich: auf das Filmwesen ebenso wie auf die Literatur und die von der SED als unbefriedigend empfundene Situation des Theaters und der „kulturellen Massenarbeit". Nachfolger Bentziens wurde der 53jährige Altkommunist Klaus Gysi, der langjährige Leiter des größten staatseigenen Verlagsunternehmens der DDR, des Aufbau-Verlages. Abgelöst wurde ferner der Vorsitzende des Forschungsrates, Professor Peter-Adolf Thießen. Er wurde durch seinen bisherigen Stellvertreter, den Physiker Professor Max Steenbeck, ersetzt. Sein Amt verlor schließlich auch Professor Gerhard Kosel, der Präsident der Deutschen Bauakademie. Zu seinem Nachfolger wurde Professor Werner Heynisch, bisher Stellvertreter des Vorsitzenden der Staatlichen Plankommission, ernannt. Die verfahrene Lage auf dem Bausektor und die Angriffe im kulturpolitischen Bereich, die sich auch auf die Architektur erstreckten,[15] kamen bei dieser Umbesetzung zusammen. Zum Nachfolger Erich Apels wurde der ebenso wendige, anpassungsbereite wie unauffällige Gerhard Schürer, von 1963 bis 1965 Erster Stellvertreter des Vorsitzenden der Staatlichen Plankommission, bestimmt. Schürer ist weder unter Ulbricht noch später, seit 1971, unter Honecker politisch besonders hervorgetreten. Allerdings ist bei der Beurteilung seines politischen Gewichts zu berücksichtigen, daß er 1967 auch zum Vorsitzenden der Paritätischen Regierungskommission DDR: UdSSR avanciert ist und 1973 als Kandidat in das Politbüro des ZK der SED aufgenommen wurde. Damit hat er Einblick in und Einfluß auf alle bedeutsamen Entscheidungen, die die wirtschaftspolitischen Beziehungen zwischen der UdSSR und der DDR betreffen. Allein aus dem stetigen beruflichen und politischen Aufstieg Schürers kann geschlossen werden, daß er heute einer der engsten Berater Honeckers ist.

Das Präsidium des Ministerrates leitete weiterhin Ministerpräsident Willi Stoph, dem fünf Stellvertreter zur Seite standen. Von ihnen ist Wolfgang Rauchfuß, bisher Staatssekretär und Erster Stellvertreter des Ministers für Außenhandel und Innerdeutschen Handel, Ende 1965 neu ernannt worden. Gesundheitsminister Max Sefrin und Julius Balkow, ehemals Minister für Außenhandel und Innerdeutschen Handel, sowie Paul Scholz wurden als Stellvertreter ebenso bestätigt wie Alfred Neumann, der das Ministerium für Materialwirtschaft übernommen hatte. Ferner sind unter den Mitgliedern des Ministerrates vier Neuernennungen zu verzeichnen: Dr. Siegbert Löschau (geb. 1929), bisher Werkdirektor des größten Industriebetriebes der DDR, der VEB Leuna-Werke „Walter Ulbricht"; Finanzminister Willy Rumpf (geb. 1903); der neue Vorsitzende der Staatlichen Plankomission Gerhard Schürer (geb. 1921); Gerhard Zimmermann (geb. 1927), bisher Generaldirektor der VVB Schiffbau. Georg Ewald (geb. 1926), der Vorsitzende des Landwirtschaftsrates, wurde in seiner Position als Mitglied des Präsidiums des Ministerrates bestätigt. Insgesamt gehörten der Regierung der DDR damals 46 Minister bzw. Staatssekretäre mit Ministerrang an.

Womöglich noch stärker als bisher wurde die Arbeit des Ministerrates wie seines Präsidiums auf wirtschaftspolitische Aufgaben konzentriert. 26 der 46 Minister waren seinerzeit mit wirtschafts-, landwirtschafts- und finanzpolitischen Funktionen betraut. Ende 1976 waren es 27 von 42 Mitgliedern des Ministerrates. Damit ist der Ministerrat, heute noch mehr als in der Vergangenheit, überwiegend auf die Wirtschaftspolitik ausgerichtet. Er kann somit gewissermaßen als das Wirtschaftskabinett der DDR bezeichnet werden.

Es ist kaum zu übersehen, daß die Regierung der DDR durch ihre Umbildung erheblich verjüngt wurde. Ferner zeigt die Analyse der Regierungsmitglieder, daß Manager und Technokraten innerhalb der SED auch zu jenem Zeitpunkt noch weiter im Vormarsch waren. Dafür lassen sich einige Belege anführen: Von den neun neuen Industrieministern sind drei (Dr. Georgi, Dr. Löschau und Zimmermann) ehemalige VVB- beziehungsweise VEB-Direktoren; vier (Dr. Fichtner, Krack, Steger, Wittik) langjährige Experten aus der Wirtschaftsbürokratie. Lediglich zwei Industrieminister, der aus der FDGB-Bürokratie hervorgegangene Fritz Scharfenstein und Alfred Neumann, gehörten der alten Garde der Parteibürokraten an. Ob Neumanns politische Position 1965/66 gestärkt worden ist, steht freilich dahin. Er hatte den Vorsitz des Volkswirtschaftsrates gegen ein – allerdings besonders wichtiges – Ministeramt (für Materialwirtschaft) eingetauscht. Außerdem wurde er als einer der Stellvertreter des Vorsitzenden des Präsidiums des Ministerrates bestätigt. Wenn auch, nach Ulbrichts Aussagen, das Ministerium für Materialwirtschaft einen höheren Grad an ,,administrativer" Tätigkeit, d.h. bürokratischer Leitung alten Stils, notwendig machte und Neumann wohl eher administrieren als leiten kann, konnte er als erprobter politischer Kader, der das Vertrauen Ulbrichts wie Honeckers besaß, bis in die Gegenwart, heute wie damals als Politbüromitglied und seit 1968 als einer der beiden Ersten Stellvertreter des Vorsitzenden des Ministerrates, seinen politischen Einfluß ausüben.

3. Probleme der Wirtschaftslage

Nach den personellen Umbesetzungen und der scharfen Kritik, die auf dem 11. Plenum des ZK der SED zu vernehmen war, hatten manche westliche Beobachter den Schluß gezogen, daß das mit so viel Aufwand eingeleitete „neue ökonomische System der Planung und Leitung der Volkswirtschaft" sang- und klanglos schon Anfang 1966 wieder verschwinden würde. Diese Annahme war voreilig; sie übersah, daß Ulbricht auf dem 11. Plenum in aller Form den Beginn der „zweiten Etappe des neuen ökonomischen Systems" bekanntgegeben hatte.[16] Der Staatsratsvorsitzende hatte zudem ausdrücklich betont, daß die neue Einrichtung von Industrieministerien keine Rückkehr zu den bis Mitte 1958 bestehenden Industrieministerien bedeutete. Zwar bestehen – institutionell-juristisch gesehen – zwischen den Industrieministerien von 1958 und denen von 1965 in wesentlichen Aspekten kaum Unterschiede. 1958 wie 1965 waren die Leiter der Industrieministerien sowohl Mitglieder des Kollegorgans, des Ministerrates, wie auch verantwortliche Einzelleiter. Die Unterschiede liegen damit eher im Konzeptionellen. Gegenüber den späten fünfziger Jahren sollten die Industrieministerien der sechziger Jahre die jeweiligen Wirtschaftszweige stärker in die gesamte Struktur- und Absatzpolitik des Ministerrates einordnen. Außerdem trat ein deutlich effizienz- und kostenorientierteres Denken in den Vordergrund.

Allerdings hatten das 11. Plenum des ZK der SED und der Freitod von Erich Apel (vgl. unten) Mängel im Wirtschaftssystem der DDR sichtbar werden lassen, die in ihren Ausmaßen damals nur von wenigen hartnäckigen Pessimisten im Westen in ihrer vollen Tragweite erkannt worden sein dürften. Die relativ rasche Umstellung der Wirtschaft auf volks- und betriebswirtschaftliche Größen, wie Preis, Kosten, Gewinn, Rentabilität und Zins, ging nur unter größten Schwierigkeiten vor sich. Zusätzlich wirkten sich die schon traditionellen Materialengpässe, ferner der Kapitalmangel, das Fehlen von geschultem Personal sowie, vor allem, die Umstellung auf neue Planungstechniken aus.

Die realen Ursachen der unbefriedigenden Wirtschaftslage der DDR kamen in der umfassenden Kritik Ulbrichts nur indirekt zum Ausdruck. Ulbricht kritisierte die Staatliche Plankommission und das Ministerium der Finanzen, das Ministerium für Außenhandel und Innerdeutschen Handel, jedoch auch das Verkehrs- und Bauwesen sowie die Planung und Automatisierung besonders in der

Elektroindustrie und im Maschinenbau. Nach den Ausführungen des Ersten Sekretärs des ZK der SED hatten 25 Prozent der (seinerzeit 82) VVB ihr Plansoll im Jahre 1965 nicht erfüllt.[17] Mängel in der Planerfüllung hatten besonders die für den RGW-Bereich wichtigen Industriezweige: der Textil- und Werkzeugmaschinenbau sowie der Landmaschinen- und Traktorenbau, zu verzeichnen.

Auch die Effektivität der Investitionen war geringer geworden. Nach Mitteilung des damaligen Leiters der Abteilung Investitionen in der Staatlichen Plankommission, Dr. Gerhard Scholl, beliefen sich die Investitionen in allen Wirtschaftsbereichen in der Zeit von 1956 bis 1960 auf 33 Milliarden Mark. Der Zuwachs am Netto-Einkommen betrug für den gleichen Zeitraum 21 Milliarden Mark. Das entsprechende Verhältnis für die Jahre 1961 bis 1964 betrug 66 Milliarden : 10,7 Milliarden Mark.[18] Bei den knapp 19 Milliarden Mark, die im Jahre 1966 im Bereich der Erdölchemie, der Elektroindustrie und des Maschinenbaus investiert werden sollten, verhielten sich die Neu-, Erweiterungs- und Rationalisierungsinvestitionen im Verhältnis 28 : 31 : 33 zueinander.[19]

Besondere Sorgen machte der SED-Führung die örtliche Industrie. Hier hatten, der damals noch vorhandenen tradierten Struktur der zahlreichen privaten Kleinbetriebe in der DDR entsprechend, die Bemühungen um Rationalisierung wenig gefruchtet. Gleichzeitig war die in der Bundesrepublik zu beobachtende Tendenz, daß spezialisierte Handwerksbetriebe immer mehr zu Zulieferbetrieben der Großindustrie wurden, seit dem Beginn des „neuen ökonomischen Systems" auch in der DDR stärker hervorgetreten. Ulbricht wandte sich in seiner Rede vor dem 11. Plenum gegen diese Entwicklung und forderte zum wiederholten Mal, daß sich die örtlichen Handwerksbetriebe auf *Dienstleistungen für die Bevölkerung* zu konzentrieren hätten. Auch die Zusammenfassung der örtlichen Industrie in sogenannten Erzeugnisgruppen,[20] d. h. in technischen Arbeitsgemeinschaften, die der vorgegebenen „einheitlich-technischen Politik im gesamten Industriezweig" folgen, hatte bis Anfang 1966 nicht den gewünschten Erfolg gezeigt. Vor allem deshalb, um diesem gravierenden Problem zu begegnen, wurde das Ministerium für Bezirksgeleitete Industrie gebildet.

Eine weitere politisch bedeutsame Maßnahme des 11. Plenums des ZK der SED auf wirtschaftspolitischem Gebiet war die Einengung der (kurz vorher erst erweiterten[21]) Rechte der Generaldirektoren der VVB. Die Konzernmanager waren und sind die Exponenten der Technokratie in der DDR. Sie sind zum Teil von Erich Apel und Günter Mittag persönlich ausgewählt worden und bildeten mit zahlreichen Wirtschaftsfunktionären in der Staatlichen Plankommission und den (1965 bereits wieder aufgelösten) Industrieabteilungen des Volkswirtschaftsrates eine politisch einflußreiche Gruppe. Damit sich ihr Einfluß nicht noch weiter auswirken konnte, wurden sie den neu ernannten Industrieministern unterstellt. Nach der Sprachregelung des 11. Plenums sollten die Industrieministerien künftig die „staatlichen Führungsorgane", die VVB dagegen die „ökonomischen Führungsorgane" eines Industriezweiges sein. Die Industrieministerien sollten ferner die wirtschaftliche und wissenschaftlich-technische Entwicklung ihres Industriezweiges koordinieren und kontrollieren. Eine weitere Einengung der Rechte der Generaldirektoren der VVB stellte die Abgabe der Planvorschläge von den VVB an die Industrieminister dar: „Im Rahmen der Bilanzverantwortung seines Ministeriums arbeitet er (der Minister, P. C. L.) – auf der Grundlage der Planprojekte der VVB – einen eigenen, in sich abgestimmten Planvorschlag aus, den der Minister vor der Staatlichen Plankommission in Anwesenheit der Generaldirektoren verteidigt."[22] Die Befugnisse der Generaldirektoren wurden schließlich noch in einem weiteren Punkt beschränkt. Die Finanzrevision, die die VVB bisher in eigener Regie durchführen konnten, sollte ihnen, wie Finanzminister Willy Rumpf in seinem Referat auf dem 11. Plenum darlegte, wieder entzogen werden – was 1966 dann auch geschah.

So kann es nicht überraschen, daß in den Referaten Ulbrichts, Honeckers, Stophs und Neumanns wiederholt die „Kaderfrage" aufgerollt wurde. Trotz aller Anstrengungen war dieses sichtlich zentrale Problem der Wirtschaft in der DDR auch in den Jahren 1965/66 nicht gelöst worden. Das Anfang November 1965 eröffnete „Zentralinstitut für Sozialistische Wirtschaftsführung" beim ZK der SED, das Politbüromitglied Günter Mittag als „die erste soziali-

stische Bildungsstätte für zentrale Führungskräfte in Deutschland"
bezeichnete, hat diese Lücke bis heute noch nicht schließen können.
Immerhin war man, nach langen Vorbereitungen, endlich darange-
gangen, bereits in der Wirtschaft tätige Führungskräfte vor allem
mit mathematisch-statistischen Problemen, der Informations- und
Datenverarbeitung sowie modernen sozialpsychologischen Fragestellungen und Methoden der Unternehmensführung, Problemen
der Entscheidungsfindung u. ä. m. vertraut zu machen. Dem ,,Zen-
tralinstitut" wurde aufgetragen, die seinerzeit unzulänglich koordi-
nierte Ausbildung von Wirtschaftsmanagern zusammenzufassen.
Das Institut arbeitete dabei von Anfang an mit der Hochschule für
Ökonomie, Berlin-Karlshorst, und der Technischen Universität
Dresden [später: ,,Universität Dresden"] eng zusammen.

4. Die kulturpolitische Situation

Ein Hauptakzent des 11. Plenums des ZK der SED lag in der
kulturpolitischen Diskussion. In erster Linie Ulbricht und Honekker, jedoch auch die meisten Diskussionsredner, kritisierten Persönlichkeiten und Institutionen des Kulturbereichs. Die in den vorangegangenen Monaten in zahlreichen Organen der SED-Presse,
im ,,Neuen Deutschland", in der ,,Einheit", im ,,Forum" und
,,Sonntag", in der ,,Deutschen Lehrerzeitung" usw. abgedruckten
Angriffe gegen den ,,Skeptizismus", ,,Pessimismus" und ,,Anar-
chismus" in Kultur und Kunst wurden noch einmal zusammengefaßt. Von der älteren Generation waren Stefan Heym und Robert
Havemann die bevorzugten Angriffsziele, unter der jüngeren auch
schon damals der (Ende 1976 von der DDR ausgebürgerte) Poet
und Liedermacher Wolf Biermann, die Schriftsteller Werner Bräunig, (der inzwischen in der Bundesrepublik lebende) Manfred Bieler
und Peter Hacks. Diesen Namen kommt nur symbolischer Wert zu.
Der Kreis der von der SED-Führung Kritisierten reichte erheblich
weiter. Zu ihm gehörten bestimmte Persönlichkeiten und Gruppen
in Universitäten und Hochschulen, in Rundfunk- und Fernsehan-
stalten, in der DEFA, in den Redaktionen einiger Zeitschriften,

etwa in der „Neuen Deutschen Literatur" (NDL), ebenso wie einige Parteileitungen im Filmbereich, im Ministerium für Kultur und im Deutschen Schriftstellerverband.

Literatur und Kunst sollten wieder einmal auf den „Bitterfelder Weg" des sozialistischen Realismus festgelegt werden. „Das Gesetz der Ökonomie der Zeit gilt auch für die Freizeit" – so formulierte Ulbricht vor dem 11. Plenum des ZK. Schriftsteller und Künstler sollten dieses „Gesetz" künftig stärker beherzigen und die Bürger der DDR mit – im Sinne des Aufbaus des Sozialismus – persönlichkeitsbildender Kunst versorgen.

Die beiden wichtigsten Ursachen für die massiven Angriffe der SED-Führung lagen jedoch tiefer. Einmal spürten die Partei- und Kulturfunktionäre deutlich, daß die Jugend ihrem Einfluß mehr und mehr entglitt und die Attitüde der „skeptischen Generation" annahm. Diese „Skepsis" wird ihr, so fürchtete die SED, täglich von den Biermann, Bräunig und Hacks demonstriert. Zum anderen argwöhnten vor allem die älteren SED-Funktionäre angesichts des neuen Pathos und des moralischen Engagements, wie es besonders in Christa Wolfs Diskussionsbeitrag vor dem 11. Plenum zum Ausdruck kam, allmählich als unglaubwürdig beiseite geschoben zu werden; denn die junge literarische und künstlerische Intelligentsia – überzeugte Sozialisten, die sie waren – wußte sich damals von großen Teilen der akademischen Jugend getragen. Sie sprach und kämpfte für eine ganze Generation.

Nirgends sind die vielfältigen Implikationen dieses Generationenkonflikts Mitte der sechziger Jahre in der DDR derart deutlich hervorgetreten wie in den Angriffen und Gegenangriffen auf der kulturpolitischen Bühne Mitte/Ende 1965. Niemals – mit der Ausnahme der Herbst- und Winter-Monate des Jahres 1976 – wurde jedoch auch die hoffnungslose moralische Defensive der Apparatschiks so sichtbar wie in diesen Wochen.

Möglicherweise hatte das Bewußtsein, ständig unter den Augen einer sich stetig erweiternden Öffentlichkeit zu agieren, die SED-Führung 1965/66 davon abgehalten, erneut Verhaftungen wie 1956 (Wolfgang Harich) vorzunehmen. Dafür ließ sie den „ökonomischen Hebel" spielen. Professor Robert Havemann beispielsweise wurde aus der Akademie der Wissenschaften ausgeschlossen und emeritiert. Er lebte und lebt seitdem im wesentlichen von seiner VVN-Rente.

Ob die SED mit solchen Maßnahmen freilich eine neue Eiszeit im kulturpolitischen Raum künstlich erzeugen wollte – oder mußte, ist heute, nachdem wiederum spürbare Verhärtungen[23] auf kulturpolitischem Gebiet zu verzeichnen sind, nur noch schwer zu beurteilen. Wahrscheinlich ist, daß der Weg vieler, gerade jüngerer DDR-Künstler in die Innerlichkeit so oder so in den sechziger Jahren begonnen hätte. Jedoch abgesehen davon: Das mit dem XX. Parteitag der KPdSU (1956) erwachte ebenso wie durch das „neue ökonomische System" seit 1963 geförderte kritische Bewußtsein einer ganzen Generation konnte, wie die nächsten Jahren zeigen sollten, schwerlich durch die Direktiven der orthodox-marxistisch-leninistisch argumentierenden Kulturfunktionäre wieder völlig zum Einschlafen gebracht werden. Im Gegenteil: Die aufrüttelnden Werke u. a. von Ulrich Plenzdorf und Reiner Kunze demonstrieren eine ungebrochene moralische Kraft, die sich zudem in literarisch eindrucksvoller Weise niedergeschlagen hat.

5. Der mehrdimensionale Generationenkonflikt in der SED

Nach dem Ableben Bruno Leuschners (10. 2. 1965), des damaligen DDR-Vertreters im Exekutivkomitee des RGW, und dem Freitod des Planungschefs Erich Apel (3. 12. 1965) wurde die Gruppe der eher pragmatisch orientierten, wirtschaftlich-technisch ausgerichteten Funktionäre im Politbüro der SED erheblich geschwächt. Die nach dem Tode Leuschners und Grotewohls (21. 9. 1964) damals verbliebenen 12 Mitglieder des Politbüros sind als Apparatschiki des traditionellen Typs, die ihre Karriere sämtlich im Parteiapparat durchlaufen hatten, einzuschätzen. Von den, nach dem Tode Apels, amtierenden 7 Kandidaten des Politbüros waren 3 fachlich ausgerichtete Parteibürokraten (Hermann Axen, Gerhard Grüneberg, Horst Sindermann), 2 politisch unprofiliert, jedoch stets bei den stärkeren Bataillonen zu finden (Georg Ewald, Margarete Müller) und nur 2 ausgewiesene Wirtschaftsspezialisten, Parteifachleute im engeren Sinne, die als Vertreter der jüngeren Generation anzusehen waren (Werner Jarowinsky, Günter Mittag).

Ulbricht selbst war es gewesen, der seit 1962/63 und noch bis in das Jahr 1964 hinein die damals jüngere, eher pragmatisch orientierte und fachlich (meist wirtschaftswissenschaftlich) besser ausgebildete Generation der Parteikader gefördert hatte. Bedingt durch Pressionen aus der SED hatte er diese Linie allerdings nicht durchhalten können. So war bereits Ende 1964 eine Rückkehr der SED-Führung zum dogmatischen Kurs in der Kaderpolitik zu beobachten.[24]

In diesem Zusammenhang ist auch der ,,Fall Apel" zu sehen. Der technokratisch orientierte Planungschef hatte sich als ein Gegengewicht gegen die starken Gruppen der Dogmatiker und Parteibürokraten ohne fachliches Wissen in den SED-Führungsgremien exponiert.[25] Der möglicherweise eher national denkende Apel wollte die Wirtschaft in der DDR stärken sowie den wirtschaftlichen Einfluß der DDR im RGW und auf dem Weltmarkt vergrößern. Nach seinem Konzept sollte der Lebensstandard in der DDR schneller steigen, um den Staat für die mitteldeutsche Bevölkerung, jedoch auch für ein Gespräch mit der Bundesrepublik attraktiver zu machen. Apel war schließlich ein Repräsentant jener Gruppe von SED-Politikern, die einer starken wirtschaftlichen Bindung der DDR an die Ostblockstaaten wirtschaftliche Verflechtungen mit den westlichen Industriestaaten an die Seite zu stellen wünschten, um für die DDR ein gewisses Gleichgewicht in der *Mitte* zwischen Ost und West und damit einen größeren politischen Handlungsspielraum zu erzielen. Mit diesen politischen Konzeptionen hat Apel sich nicht durchsetzen können. Die Gründe für sein Scheitern lagen sowohl in massiven wirtschaftlichen Forderungen der UdSSR wie auch in der Verhärtung des Kurses der SED-Führung. Ulbricht, der Apel längere Zeit als Exponenten des ,,neuen ökonomischen Systems" protegiert hatte, war nicht bereit, ihn weiterhin zu stützen, da ihm dessen wirtschaftspolitisches Konzept, den Handel mit der Bundesrepublik rasch zu intensivieren, zu jener Zeit politisch zu riskant schien. Der SED-Chef schwenkte vielmehr seinerseits auf die Linie

der KPdSU-Führung und der Dogmatiker in der SED-Führungs-
spitze ein.

Das 11. Plenum des ZK der SED hat dieser innerparteilichen
Situation Ausdruck verliehen. Möglicherweise zum ersten Mal in
der Geschichte der SED war Ulbrichts Ausführungen auf einer
Tagung des Zentralkomitees eine gewisse Unsicherheit anzumer-
ken. Er stellte sich zwar hinter die zweifellos wieder mächtiger
gewordenen Vertreter eines harten Kurses im Politbüro, wollte
aber andererseits gewisse Lockerungen und Vergünstigungen, besonders was die Steigerung des Lebensstandards, jedoch auch was
die Jugendpolitik anbetraf, nicht ohne weiteres aufgeben. Ulbricht
sah damals zweifellos richtig, daß unter den von ihm gesetzten
Zeichen des ,,neuen ökonomischen Systems" eine Festigung des
Vertrauens in die SED bei den hart arbeitenden Massen der Bevölkerung eng mit spürbaren materiellen Verbesserungen verbunden
zu sein hatte. Die bereits errungenen Erfolge durften nicht nur nicht
vernachlässigt, sie mußten im Gegenteil noch vergrößert werden.

In diesem Zusammenhang ist eine erste grundsätzliche Verbesserung der sozialpolitischen Situation der Bevölkerung zu erwähnen:
die Verkürzung der Arbeitszeit (,,Jede zweite Woche ist eine Fünf-
Tage-Woche"[26]). Allerdings konzentrierten sich diese wie auch
andere sozialpolitische Maßnahmen jener Jahre auf die Sicherung
der Erwerbsfähigkeit, während die Altersversorgung zurückstand.
Im Vordergrund waren Gesundheitssicherung, Krankenversor-
gung und die Betreuung der arbeitenden Frauen und Mütter. Die
Anhebung der Altersrenten erfolgte erstmals 1968. Erst auf dem
VIII. Parteitag der SED (Juni 1971) mündeten solche partiellen
Verbesserungen in ein dann um so demonstrativer vorgetragenes
Konzept einer aktiven, breit angelegten Sozialpolitik.

Die Unsicherheit Ulbrichts begünstigte das ,,comeback" der Alt-
stalinisten vom Schlage Alfred Kurellas und der Leiterin der Parteihochschule, Hanna Wolf. Beide griffen den Staatsratsvorsitzenden
auf dem 11. Plenum indirekt persönlich an. Hanna Wolf lehnte sich
gegen den ,,Vorrang der Ökonomie vor der Ideologie" auf und
wandte sich damit in gewisser Weise auch gegen Ulbricht selbst:
,,Ich glaube . . ., wir müssen besser erklären, was wir auf dem

VI. Parteitag gemeint haben, als wir von dem umfassenden Aufbau des Sozialismus gesprochen haben; das heißt den Sozialismus nicht nur in der Produktion, sondern auch in der Kultur und vor allem in den Köpfen der Menschen aufbauen. Es ist nicht so, daß wir den Sozialismus nur in der Produktion aufbauen und alles andere so bleibt wie im Kapitalismus."[27] Der auf dem VI. Parteitag der SED degradierte ehemalige Kulturpapst der DDR, Alfred Kurella, nannte in seinem Diskussionsbeitrag selbstherrlich den Namen Kurt Hagers vor dem Walter Ulbrichts und gab zu verstehen, daß er bereits ein „positiv überlegtes System kulturpolitischer Maßnahmen" in der Schublade liegen habe. Er forderte ferner, auf einer eigens für diese Zwecke einzuberufenden Tagung des Zentralkomitees, „den Gesamtkomplex der Kultur als Ideologie zu behandeln".[28] Solche Äußerungen demonstrierten nur zu deutlich, daß die ideologischen Dogmatiker eine neue Chance zur Durchsetzung ihrer abstrakten politischen Ziele witterten; daß sie das mühsam geschaffene Gleichgewicht zwischen der jungen nachrückenden und der älteren Generation sowie zwischen Pragmatikern und Dogmatikern in der Parteispitze zu ihren Gunsten zu verändern suchten.

Diese Erscheinungen dürfen allerdings nicht über die Machtkämpfe, die möglicherweise beginnenden Diadochenkämpfe unter den Dogmatikern hinwegtäuschen. In der Tat war die Rückkehr Alfred Kurellas in der Kulturpolitik unübersehbar. Damit geriet er jedoch notwendig in Konflikte mit Kurt Hager, der seine Position im kulturpolitischen Bereich seit 1963, zum Teil auf Kosten Kurellas, erheblich ausgebaut hatte.

Weitere Auseinandersetzungen, und zwar auf breiter Front, bahnten sich zwischen jüngeren wirtschaftlich-technokratisch ausgerichteten und jüngeren, im Rahmen der traditionellen Parteiarbeit qualifizierten Parteifachleuten, die zudem untereinander in einem Spannungsverhältnis standen, einerseits und den überwiegend älteren Parteibürokraten der Stalin-Ära andererseits an. Spannungen bestanden ferner zwischen jüngeren Fachleuten der Parteiarbeit und den als Apparatschiki trainierten Altfunktionären. Auch wenn jüngere Parteikader wie etwa Horst Dohlus sich auf dem 11. Plenum noch zurückhielten, so war doch deutlich, daß zwischen ihnen und den Altkommunisten ebenfalls Welten lagen.

Unter dem Aspekt der bevorstehenden Ablösung einer ganzen Generation erhielt das 11. Plenum seine unverkennbare Eigenart. Nichts zeigte den Generationskonflikt deutlicher als ein Vergleich der Diskussionsbeiträge auf dem 11. Plenum. Während etwa der 1972 verstorbene Altkommunist Paul Fröhlich, Politbüromitglied und 1. Sekretär der SED-Bezirksleitung Leipzig, die Erinnerung an die „Morgenröte der Revolution" beschwor, verkörperte die junge Dichterin Christa Wolf das Pathos des neuen Moralismus – den Willen, jedoch auch die Fähigkeit, die DDR mit neuem Leben zu erfüllen. Den Leitbildern der vierziger und fünfziger Jahre wurden auf dem 11. Plenum die Visionen eines gerechten Sozialismus gegenübergestellt. Kein Zweifel: die herrschenden Dogmatiker waren sich uneinig, sie klammerten sich an Erinnerungen, sie versuchten, erneut die Macht zu behaupten. Dies gelang ihnen voll und ganz – was in jenen Jahren nicht überall für möglich gehalten wurde. Der Preis jedoch war hoch. Das schon damals angestaute Konfliktpotential in der DDR erhielt kein Ventil und mußte sich latent weiter verstärken.

IV. Die Ablösung Ulbrichts und Honeckers Übernahme der Macht: 1971 bis 1976*

1. Die Ablösung Ulbrichts

Der plötzliche Rücktritt Walter Ulbrichts vom Posten des Ersten Sekretäts des Zentralkomitees der SED im Mai 1971 kam für viele Beobachter überraschend. Gewiß, Ulbricht, der zugleich Vorsitzender des Staatsrates und des Nationalen Verteidigungsrates der DDR war, hatte in den letzten Jahren immer häufiger Spuren des Alterns und der Abnutzung gezeigt. Außerdem hatte er, wenn man Vergleiche im Ostblock anstellt, fast schon zu lange im Sattel der

Macht gesessen. 26 Jahre lang hatte er die Geschicke der SBZ und seit 1949 der DDR gelenkt. Mit oft bewundertem taktischem Geschick waren, nach und nach, alle Konkurrenten in der SED ausgeschaltet worden. Aber mehr als nur dies: Der Ausbau der DDR zur Industriegesellschaft, zu einem dynamischen, leistungsorientierten Staat trägt deutlich die Handschrift Ulbrichts. Das plötzliche Ende seiner politischen Karriere gibt daher Anlaß, über Ursachen und Folgen nachzudenken.

Auf der Suche nach Erklärungen boten sich nach seinem Sturz im Mai 1971 folgende mögliche Gründe an: Ulbricht hatte sich in den letzten Jahren, auf dem Gipfel seiner Macht und seines internationalen Einflusses im Ostblock, auf dem Gipfel seines Prestiges auch in der kommunistischen Welt, immer häufiger eigensinnig, rechthaberisch und schulmeisterlich gezeigt; er offenbarte nicht selten, sogar den ,,sowjetischen Freunden" gegenüber, Züge des Hochmuts und der Besserwisserei; er spielte – und dies war wohl das Entscheidende – das veränderte Spiel der sowjetischen Politik seit 1970/71 nicht mehr voll mit. In der Tat war in Ulbrichts politischer Strategie, dies ist rückschauend festzustellen, sicherlich seit 1963, seit seiner berühmt gewordenen Rede auf dem VI. Parteitag der SED und seit der Einführung des ,,neuen ökonomischen Systems" im Juli 1963,[1] nicht mehr unbedingt die prompte Erfüllung der sowjetischen Politik der einzig bestimmende Faktor gewesen, sondern die Interessen ,,seiner" DDR hatten ein immer stärkeres Gewicht erlangt.

Solange sich die Politik der ständigen politischen und wirtschaftlichen Kräftigung der DDR mit den sowjetischen Zielen in Einklang bringen ließ, konnte Ulbricht sie unangefochten verfolgen – auch, nachdem Chruschtschow (1964) gestürzt worden war. Er konnte die wirtschafts- und bildungspolitischen Reformexperimente in der DDR auch dann fortsetzen, als die wirtschaftlichen Reformvorstellungen in der UdSSR von Ende 1962 sich in vielem als bloßes Programm erwiesen hatten. In der DDR wurde dagegen auf diese Weise seit Mitte 1963 ein beachtliches Maß an reformerischer Energie, vor allem in der Reorganisation zahlreicher wirtschaftlicher Bereiche und im Bildungswesen, freigesetzt. Dies galt um so mehr, als Ulbricht klug genug war, die ,,Integration" der

RGW-Staaten und den sowjetischen Kampf gegen ,,Polyzentrismus'' und ,,Revisionismus'', ,,Antikommunismus'' und ,,Antisowjetismus'' stets zu seinem ureigensten Anliegen zu machen. Wesentlich deshalb war die DDR unter Ulbricht in den sechziger Jahren zum wichtigsten politischen und ökonomischen Juniorpartner für die Sowjets herangewachsen.

Allerdings änderte sich in den Jahren zwischen 1969 und 1971 die politische Weltlage grundlegend. Die neueren Bestrebungen der USA und der Sowjetunion, zu weltweiten Übereinkünften zu kommen – die auch die deutsche Frage und das Berlinproblem so entscheidend tangieren sollten – gingen über Ulbrichts Altersstrategie hinweg. So mußte seine starre Haltung in der deutschen Frage, sein Versuch, die völkerrechtliche Anerkennung der DDR durch Bonn *vor* der Aufnahme von Verhandlungen mit der Bundesregierung zu erzwingen, allmählich auf führende sowjetische Politiker destruktiv wirken; seine Unnachgiebigkeit in der Berlinfrage in den Jahren 1970/71 stellte das Weiterkommen der Verhandlungen zwischen den drei Westalliierten und der UdSSR wenn nicht in Frage, so doch vor zusätzliche Probleme. Der über Jahrzehnte hinweg taktisch stets flexible Ulbricht war schließlich derart unbeweglich geworden, daß er sich in die seit 1969 neu heraufziehenden politischen Konstellationen nicht mehr einpassen konnte.

Zwar hatte Ulbricht im Sommer 1970 in einer damals aufsehenerregenden Rede während der Ostseewoche in Rostock[2] noch einmal versucht, die politische Initiative in der deutschen Frage an sich zu reißen.[3] Dieses Manöver kam jedoch offensichtlich bereits zu spät. Wenn auch seine Ablösung möglicherweise erst auf dem XXIV. Parteitag der KPdSU (März 1971) beschlossen worden sein mag: schon seit dem Sommer 1970 hatte sich der Erste Sekretär der SED seiner politischen Führungsposition begeben. Zunehmende Differenzen zwischen der sowjetischen und Ulbrichts Position fanden ein Pendant in den persönlichen Spannungen Ulbrichts mit dem Botschafter Moskaus in Ost-Berlin, Pjotr Abrassimow. Diese wurden letztmals deutlich, als Abrassimow Honecker im Mai 1971 zwar zur Übernahme des Postens des Ersten Sekretärs des ZK der SED in einem – zudem provozierend ausführlichen – Glückwunschschreiben gratulierte,[4] jedoch keine Dank- oder Grußadresse an Ulbricht sandte.

So absurd es auf den ersten Blick aussehen mag: Ulbricht, der in den Augen seiner Gegner die „Sowjetisierung" Mitteldeutschlands rücksichtslos vorangetrieben hatte, war es, der nun – im politischen, wirtschaftlichen und ideologischen Bereich – mehr und mehr die eigenständige *deutsche* Leistung beim Wiederaufbau der SBZ/DDR (besonders gegenüber den Sowjets) betonte. Es war ihm gelungen, die KPdSU-Führung in den Jahren seiner Herrschaft häufig mit stark übertriebenen Meldungen über diese oder jene Mißstände in der DDR, die sofortiger Abhilfe bedürften, zu täuschen; er glaubte, mit solchen und anderen Manövern die DDR gewaltsam auf einen Platz in der internationalen Politik hochhieven zu können, der ihr nach dem Konzept der Moskauer politischen Strategen nicht – oder jedenfalls nicht im Frühjahr 1971 – zustand; er versuchte, insbesondere nach dem Scheitern des Liberalisierungsexperiments in der ČSSR (1968), anderen kommunistischen Parteien in West- und Osteuropa die Entwicklung in der DDR als nachahmenswert zu empfehlen; er erkannte, daß „seine" DDR allmählich zu einem von vielen Beobachtern auch im Westen wie in den Entwicklungsländern mit Interesse verfolgten Modell geworden war.

Bei jeder Gelegenheit erwähnte er zudem die eigenständige ideologische Leistung, die die DDR auf den „richtigen Weg zum Sozialismus" geführt habe. Insbesondere die von ihm immer wieder vertretene These, erst die Entwicklung in der DDR habe gezeigt, daß der Sozialismus auch in einer industriell hochentwickelten Gesellschaft möglich sei, mußte auf den Kreml auf die Dauer herausfordernd wirken. Somit ging das Unbehagen Moskaus an Ulbricht über dessen Auffassungen in der deutschen Frage in den Jahren 1970/71 weit hinaus. Er war auch zum potentiellen Rivalen für Moskaus ideologisch-politischen Führungsanspruch geworden.

Dieser knappe Abriß der Motive, die die Sowjets veranlaßt haben mögen, den Sturz Ulbrichts zu unterstützen, wenn nicht zu betreiben, zeichnet wenigstens in Umrissen auf, was zum plötzlichen politischen Ende des SED-Chefs geführt haben mag: einmal, von der Biographie Ulbrichts her gesehen, seine Unfähigkeit, sich den Zeichen der Zeit abermals anzupassen und sein eigenes politisches Gewicht bzw. das der DDR im Jahre 1970/71 realistisch einzuschätzen; zum anderen, von der damaligen sowjetischen Politik insbesondere gegenüber den USA her gesehen, die Notwendigkeit einer Zurückstufung des unter Ulbricht zu eigenmächtig werdenden Juniorpartners, der für die Entspannungspolitik ein Hindernis zu werden begann. Das Bemühen der UdSSR, mit den Vereinigten Staaten zu gewissen Übereinkünften im weltpolitischen Maßstab zu gelangen, kann in diesem Zusammenhang nicht oft genug erwähnt werden. Hinzuzufügen sind das sich in jenen Jahren verstärkende Interesse der Sowjets an der EWG und überhaupt an der lange Zeit von ihnen für unmöglich gehaltenen, nun jedoch in ihr Kalkül einbezogenen allmählichen europäischen Einigung unter der politischen Führung der Bundesrepublik Deutschland sowie, seit dem Amtsantritt der Regierung Brandt/Scheel, der fast drängende sowjetische Versuch, mit der Bundesrepublik, der führenden wirtschaftlichen, jedoch seit 1969/70 auch politisch mehr und mehr erstarkenden Macht in Westeuropa, intensiver ins Gespräch zu kommen. Dabei mögen auch innerwirtschaftliche Motive für die KPdSU-Führung eine Rolle gespielt haben. Sicherlich seit dem XXIV. Parteitag der KPdSU (1971) ist eine Verbesserung des Lebensstandards für die Bevölkerung und vor allem eine Anhebung des allgemeinen zivilisatorisch-technologischen Niveaus von Wirtschaft und Gesellschaft ein erklärtes Ziel der sowjetischen Parteiführung.

Die äußeren Aspekte von Ulbrichts Sturz waren undramatisch. Es ging alles recht geordnet, ohne aufregende Akzente inszeniert, über die Bühne. Ulbricht trat auf dem 16. Plenum des ZK der SED am 3. Mai 1971 vom Posten des Ersten Sekretärs des ZK der SED zurück, blieb jedoch als Staatsratsvorsitzender im Amt. Er fehlte überraschend auf dem VIII. Parteitag der SED im Juni 1971. Sein Nachfolger, Erich Honecker, übernahm zunächst den Posten des Ersten Sekretärs der SED und wenig später den Vorsitz des Nationalen Verteidigungsrates, die zweitwichtigste Position im Machtgefüge der DDR. Ulbricht blieb zwar bis zu seinem Tode (1. 8.

1973) Vorsitzender des Staatsrates – ein Amt, in dem er jedoch zunehmend auf die Wahrnehmung repräsentativer Pflichten zurückgedrängt wurde.

2. Honeckers Einfluß in den Führungsgremien der SED Mitte 1971

Die SED stellte sich – wie der VIII., ohne größere Sensationen ablaufende Parteitag bewies – schnell auf den neuen Führer ein. Auch der Affront Honeckers, Ulbricht in seiner Parteitagsrede kaum zu erwähnen, wurde von den Delegierten geschluckt. Zweifellos, Honecker war der Mann der Stunde. Allerdings hätte die eigentliche Auseinandersetzung um die Nachfolge Ulbrichts noch bevorstehen können; denn Honecker selbst besaß im Sommer 1971 keineswegs die Autorität innerhalb der SED, die Ulbricht sich in Jahrzehnten erworben hatte. Auf dem IX. Parteitag der SED (Mai 1976) konnte Honecker jedoch demonstrieren, daß er eine durchaus vergleichbare Autorität inzwischen errungen hat.

Die Ablösung Ulbrichts durch Honecker fordert zu einem kurzen Vergleich geradezu heraus: Während Ulbricht noch den Typ des „universalen" kommunistischen Parteiführers verkörpert hatte und insofern durchaus in der Tradition Lenins und Stalins stand, ist Honecker als „Spezialist" an die Macht gekommen. Nach langen Jahren (1946–1955), in denen er die SED-Jugendorganisation FDJ aufgebaut hatte, war er im zentralen SED-Apparat der Fachmann für alle mit Parteiorganisation, Parteikontrolle und Sicherheit zusammenhängenden Fragen. Auch nach seiner Wahl zum Ersten Sekretär des ZK der SED mochte er sich – unter dem Gesichtspunkt der Funktionsaufgliederung in einer kollektiven Führung – zunächst weiter als Spezialist für Kontrolle und Sicherheit innerhalb des Parteiapparates begreifen. Allmählich, überraschend schnell, ist er dann aber in die Rolle des „Staatsmannes" hineingewachsen. In Wirtschaft und Gesellschaft, bei der Lösung von Strukturfragen der wirtschaftlichen und gesellschaftlichen Planung hat Honecker dagegen niemals prägend gewirkt. Dies gilt u. a. für die Neuorganisation und Modernisierung des Wirtschafts- und Ausbildungssystems seit

1963. Auch auf dem Gebiet der Ideologie hat er erst auf dem IX. Parteitag der SED Ansätze zu einem eigenen Profil erkennen lassen.

Daß Honecker allein – und nicht ein Duum- oder Triumvirat – die Nachfolge Ulbrichts angetreten hat, wirft u. a. auch ein Licht auf die immer noch vorhandene Instabilität des politischen Systems der DDR. Es kam den sowjetischen Führern offenbar nach wie vor darauf an, *einen* neuen, bereits jahrzehntelang als absolut zuverlässig und loyal ausgewiesenen Politiker als verantwortlichen Gewährsmann in Ost-Berlin zu haben – und nicht eine Gruppe von Persönlichkeiten, was die Abstimmungsprozeduren angesichts der sich radikal ändernden politischen Lage kompliziert hätte.

Trotz einer gewissen sozialen und wirtschaftlichen Konsolidierung war – und ist – die DDR noch immer ein Staat ohne gewachsene Autorität und Legitimität. Eben diese fehlende Autorität hatte Ulbricht durch seine Persönlichkeit und ein Landesvater-„image", besonders in seinen letzten Jahren, zu kompensieren versucht. Wenn ihm dies auch kaum gelungen sein dürfte, so hatte er doch immer neue Wege gefunden, sich durchzusetzen, ja, seine institutionelle Macht zu erweitern und somit seine eigene Position nahezu unanfechtbar zu machen. Honecker hat seinen Weg, seine politisch-persönliche Machtposition zu stabilisieren, ebenfalls erfolgreich beschritten – zudem in einer überraschend kurzen Zeit. Als Mann des Parteiapparates mit einer eher konservativen Karriere hat er schnell seinen bereits vor 1971 starken Einfluß in der Partei erweitert.

Das Ausmaß von Honeckers Einfluß in der SED haben die personellen Veränderungen, die anläßlich des VIII. Parteitages der SED bekannt wurden, deutlich werden lassen. Das neugewählte Politbüro wurde geringfügig erweitert. Ihm gehörten 16 Mitglieder und 7 Kandidaten an. Politisch aufschlußreich waren insbesondere die Ernennungen von Werner Lamberz und Werner Krolikowski. Lamberz, geboren 1929, ist ein Repräsentant des in der SED mehr und mehr in den Vordergrund tretenden Typs des relativ jungen, gewandten Parteiideologen, der sich „wissenschaftlich" ebenso wie „strategisch" mit dem Marxismus-Leninismus beschäftigt hat. Sein Arbeitsfeld sind u. a. die ideologischen Aspekte der sogenannten „Westarbeit", d. h. vor allem die ideologisch-propagandistische

Auseinandersetzung mit der Bundesrepublik. Dabei ist hervorzuheben, daß Lamberz sich von den älteren dogmatisch argumentierenden Parteiideologen in der SED unterscheidet. Vor allem seine geistige Wendigkeit und sein unkonventionelles Auftreten lassen ihn als einen idealen Mitarbeiter von Honecker erscheinen. Damit dürfte Lamberz einmal eine ernsthafte Konkurrenz für den 1971 66 Jahre alten Albert Norden werden. Norden hatte praktisch lange Jahre allein das Feld der Agitation und Propaganda im Politbüro vertreten.

Der zweite Neuling im Kreise der Mitglieder des Politbüros, Krolikowski, ist 1928 geboren und gehört damit ebenfalls der Generation der Mittvierziger an, die mehr und mehr die Machtpositionen im SED-Apparat besetzen. Krolikowski ist langjähriger 1. Sekretär der SED-Bezirksleitung Dresden (seit 1961) und gilt als Vertrauter Honeckers.

Als Kandidaten sind Erich Mielke und Harry Tisch neu in das Politbüro aufgenommen worden. Mielke, geboren 1907, ist bereits seit 1957 Minister für Staatssicherheit; Harry Tisch, geboren 1927, ist seit 1961 1. Sekretär der SED-Bezirksleitung Rostock. Die Berufung Mielkes zeigt, wieviel Bedeutung Honecker der Staatssicherheit zumißt. Tisch trat auf dem VIII. Parteitag mit einer indirekten, wenn auch unüberhörbaren Kritik an Ulbricht hervor.

Trotz dieser Neuberufungen vermittelte das Politbüro des ZK der SED im Jahre 1971 vor allem den Eindruck der *Kontinuität*. Niemand von der alten Garde der Ebert und Warnke wurde in Pension geschickt. Hierin zeigte sich u. a. Honeckers Anlehnung an sowjetische Muster: Im neuen, anläßlich des XXIV. Parteitages gebildeten KPdSU-Politbüro verblieben ebenfalls alle Vertreter der älteren Generation.

Mag der Führungsanspruch Honeckers im Politbüro der SED durch diese Neuberufungen noch nicht voll erkennbar sein, so ändert sich dieser Eindruck, wenn die sechzehn 1. Sekretäre der SED-Bezirksleitungen ins Blicklicht einbezogen werden. Zwar wurden die meisten 1. Sekretäre in ihren Positionen bestätigt; in drei wichtigen Bezirksleitungen allerdings wechselte der 1. Sekretär. In der Ost-Berliner Parteileitung nahm Konrad Naumann, bisher der

Stellvertreter Paul Verners, diesen Posten ein. Naumann wie die beiden anderen neu eingesetzten 1. Sekretäre, Hans-Joachim Hertwig (Frankfurt/Oder) und Werner Felfe (Halle), gehörten nicht nur alle dem gleichen Jahrgang (1928) an; sie waren auch langjährige Spitzenfunktionäre der FDJ. Alle drei haben in der Dekade (1946 bis 1955), als Honecker die Jugendorganisation und „Kaderreserve" der SED aufbaute und leitete, mit ihm zusammengearbeitet. Ähnliches gilt für Horst Schumann, der bereits 1970 nach dem Tod von Paul Fröhlich das Amt des 1. Sekretärs der Bezirksleitung Leipzig angetreten hatte. Schumann war als Nachfolger Honeckers langjährig Chef der FDJ.

Honecker hat mit diesen Neubesetzungen die jüngeren, pragmatisch orientierten, gleichwohl ideologisch versierten Parteibürokraten bevorzugt. Er hat damit einen neben den „Dogmatikern" und „Pragmatikern" gleichsam *dritten* Typ von Funktionären in seinem politischen und sozialen Aufstieg begünstigt. Während Ulbricht gegen Ende seiner politischen Karriere unter den jüngeren Parteifunktionären deutlich die wirtschaftlich orientierten Technokraten avancieren ließ (Günter Mittag, Günther Kleiber u. a.), konnten nun durch Honeckers Personalpolitik die ideologisch geschulten Aktivisten mit organisatorischen Fähigkeiten aufrücken.

Diese kaderpolitische Entwicklung des Schlüsseljahres 1971 gewinnt noch schärfere Konturen, wenn zusätzlich die 189 Mitglieder und Kandidaten des – gegenüber 1967 – leicht vergrößerten, auf dem VIII. Parteitag neu gewählten Zentralkomitees der SED berücksichtigt werden. Sowohl die bisherigen 11 Kandidaten des ZK, die nun zu Mitgliedern aufgerückt waren, wie die 8 als Mitglieder neu in das ZK Berufenen sind überwiegend aus dem zentralen Parteiapparat und den Bezirksleitungen der SED hervorgegangen; sie kamen dagegen kaum aus der Wirtschaft bzw. der Wirtschaftsbürokratie. Eine ähnliche, wenn auch nicht so stark ausgeprägte Tendenz kann für die 28 neu aufgenommenen Kandidaten festgestellt werden. Unter den 15 nicht mehr im Zentralkomitee vertretenen Mitgliedern waren, ihrer beruflichen Position nach, auffällig viele Vertreter wirtschaftlicher und landwirtschaftlicher Berufe. Auch im Zentralkomitee schob sich damit der neue Typ des 40jährigen, taktisch flexiblen und organisatorisch versierten ,,Parteiarbeiters" in den Vordergrund.

So hatte Honecker offenbar die Möglichkeit genutzt, sich eine gute Ausgangsbasis zu schaffen. Wie die nachfolgenden Jahre zeigen sollten, verfügten weder Willi Stoph noch Günter Mittag, die beide, wenn schon nicht als Honeckers Konkurrenten, so doch zumindest als Anwärter auf Ämter mit nahezu gleichberechtigten Kompetenzen angesehen werden konnten, über eine vergleichbare Basis in der Partei. Honecker konnte deshalb Stoph wie Mittag erst einmal zurückdrängen: Mittag, indem er im Oktober 1973 an seiner Stelle Werner Krolikowski als Sekretär für Wirtschaft in das ZK-Sekretariat aufnahm; Stoph, indem er ihn nach Ulbrichts Tod auf den Posten des Staatsratsvorsitzenden abschob. Gleichzeitig jedoch scheint Honecker sich mit Erfolg bemüht zu haben, beide Spitzenpolitiker auf seine Politik zu verpflichten, so daß ein eigentlicher Kampf um die Macht nach Ulbrichts Sturz und schließlichem Tod offensichtlich nicht stattgefunden hat (s. weiter unten).

3. Tendenzen des Honecker-Kurses im Bereich von Wirtschaft und Gesellschaft

Kurz nach Honeckers Machtübernahme im Mai 1971 waren bereits einige Tendenzen sichtbar geworden, die Konsequenzen für die weitere Entwicklung der Gesellschaft, für das tägliche Leben der Menschen in der DDR mit sich bringen sollten. An erster Stelle ist hier auf die Intensivierung der Politik der ,,Abgrenzung" gegenüber der Bundesrepublik zu verweisen. Systematisch wurde – trotz des sich im Zuge des Vertrages zwischen Bonn und Moskau ergebenden Spannungsabbaus – ein zwar gegenüber den letzten Ulbricht-Jahren differenzierteres, aber in seinen Farben nach wie vor dunkel gehaltenes Feindbild der Bundesrepublik in der DDR erneut propagiert. Auch Honecker brauchte dieses Feindbild zur politischen Stützung und Konsolidierung der SED wie des gesamten Herrschaftssystems der DDR. So ist die politisch-ideologische Kontrolle der SED nach innen auch in den Jahren seit 1971 weiter verschärft worden. Verschärfte ideologisch-politische Kontrollen sollten allerdings, wie bei Ulbricht, mit einer steten Steigerung der Arbeitsleistung des einzelnen – und, anders als bei Ulbricht, einer aufgrund des von der SED angestrebten Vertrauensverhältnisses mit der Bevölkerung zusätzlichen Motivation einhergehen. Ein institutioneller Ausdruck der Verbindung verschiedener Prinzipien der Machtausübung war schon unter Ulbricht die ,,wachsende Verantwortung" der Arbeiter-und-Bauern-Inspektion (ABI). Die ABI stellen noch heute das politisch wichtigste institutionalisierte Organ zur Kontrolle der Einhaltung der Parteibeschlüsse insbesondere im wirtschaftlichen Bereich dar.[5]

Ein weiteres Merkmal des neuen Honecker-Kurses waren die breit angelegten Pläne zur Erhöhung des Lebensstandards der Bevölkerung in der DDR. Auch hierzu sind bereits auf dem VIII. Parteitag der SED eine Reihe von Beschlüssen gefaßt worden. Honecker konnte dabei auf die Konzeption Breshnews auf dem XXIV. Parteitag der KPdSU zurückgreifen. Darüber hinaus dürften die Sowjets darauf hingewirkt haben, daß der Abstand des Lebensstandards zwischen der Bundesrepublik und der DDR nicht allzu stark anwächst, um Unruhen in der DDR ähnlich denen in Polen vorzubeugen. Wie neuere westliche Analysen allerdings feststellen, haben sich trotz dieser Maßnahmen die beiden deutschen Staaten auch in dieser Beziehung in den letzten Jahren eher auseinander, denn aufeinander zu entwickelt.[6] Diese Tatsachen sind der SED-Führung zweifellos bekannt. So kam es Honecker wahrscheinlich eher darauf an, den arbeitenden Menschen die Vorstellung zu suggerieren, daß es unter der Führung der SED auch in der DDR unaufhaltsam aufwärts geht. Man weiß in der SED, daß ständig weitere Maßnahmen zur Verbesserung der Lebenslage notwendig sind und auch in der Zukunft notwendig sein werden – nicht nur, um die immer noch gegebene Orientierung der Menschen am Lebensstandard und Lebensstil der Bundesrepublik aufzufangen, sondern auch, um den selbstbewußt gewordenen hart arbeitenden Bürgern in der DDR einige, wenigstens minimale Leistungsanreize zu bieten.

Mit dieser Konzeption verbunden war die 1971 eher zurückhaltende Einschätzung der wirtschaftlichen Lage und der instrumentellen Möglichkeiten, ein schnelles wirtschaftliches Wachstum zu gewährleisten. Pompöse Beschönigungen der Wirtschaftslage der DDR fehlten auf dem VIII. Parteitag ebenso wie allzu laut tönende ideologische Phrasen oder gar der weitere Ausbau einer eigenen ideologischen Konzeption für Wirtschaft und Gesellschaft. Solche realistischen Einschätzungen der eigenen Möglichkeiten kamen insbesondere in der Rede des Vorsitzenden des Ministerrates der DDR, Willi Stoph, zum Ausdruck. Auch er hob, darüber hinaus, deutlich hervor, daß es die ,,Hauptaufgabe" des neuen Fünfjahrplanes bis 1975 sei, das ,,materielle und kulturelle Lebensniveau" der Bevölkerung zu erhöhen. Insbesondere sollten Waren des täglichen Bedarfs, Konsumgüter und Dienstleistungen in erheblich stärkerem Umfang als bisher zur Verfügung gestellt werden. Auch der Wohnungsbau sollte intensiviert und verbessert werden. So war im Perspektivplan der Bau von 500 000 Wohnungen bis 1975 vorgesehen.[7] Das angezielte Wachstum im Wohnungsbau ging damit sowohl erheblich über die Steigerungsquoten der Industrieproduktion als auch über die der vorgesehenen Gesamtinvestitionen hinaus. Die Industrieproduktion sollte in den fünf Jahren von 1971 bis 1975 jährlich um 3,9 bis 6,4 Prozent steigen, die Investitionen um 5,1 bis 5,4 Prozent. Diese Zahlen bringen ihrerseits eine Reduzierung des Tempos zum Ausdruck, stieg doch die Industrieproduktion bis zum Jahre 1971 jährlich durchschnittlich um 6,5 Prozent und wuchsen die Investitionen jährlich um 9,7 Prozent.[8]

Die Skizzierung der Hauptaspekte der wirtschafts- und sozialpolitischen Konzeption Honeckers sollte jene Maßnahmen auf gesellschaftspolitischem Gebiet nicht unerwähnt lassen, die bereits 1971 eine Kursänderung auf einem wichtigen Teilsektor andeuteten: die 1971 beschlossene Zulassungserschwerung für Studenten an Universitäten, Hochschulen und Fachschulen. Die politisch-ideologische Einstellung des Studienbewerbers sollte neben seiner Leistung wieder stärker als in den zurückliegenden Jahren für die Zulassung ausschlaggebend sein.[9] Diese Maßnahme, die insbesondere bei den betroffenen Akademikern (u. a. Medizinern) heftige Proteste auslöste, hatte sicherlich auch beschäftigungspolitische Gründe.

Ähnlich wie in der Bundesrepublik wurden seit Ende der sechziger Jahre auch in der DDR zu viele Akademiker ausgebildet, so daß ihnen nach Abschluß ihres Studiums häufig keine geeigneten Arbeitsplätze zur Verfügung standen. Dennoch ist ein ideologischer, Klassenkampf-Parolen aus der Frühzeit der DDR in Erinnerung rufender Aspekt der neuen Zulassungserschwerung nicht zu übersehen.

4. Die außenpolitische Lage im Jahre 1971 und Schwerpunkte von Honeckers Außenpolitik

a) Die Beziehungen zur UdSSR und zum RGW

Eine der wichtigsten Konsequenzen des Machtwechsels von Ulbricht zu Honecker sollte die zukünftig wieder verstärkte Anlehnung der DDR an die UdSSR sein. Dies galt im politischen ebenso wie im wirtschaftlichen Bereich. Honecker hatte bereits in seiner Rede auf dem VIII. Parteitag die Verbindung der DDR zur UdSSR besonders betont. In seinen Ausführungen wurden die Prinzipien der künftigen Außenpolitik der DDR in allen Nuancen völlig auf die sowjetische Haltung abgestellt.

Den feierlichen Erklärungen folgten die Taten auf dem Fuße. So unterstützte die DDR unzweideutiger denn je die sowjetische Politik gegenüber der Volksrepublik China. Die im Juli 1971 in der „Prawda" und im „Neuen Deutschland" erschienenen Kommentare z. B. ähnelten sich in vielen Passagen fast wörtlich.[10] Die Sowjetunion konnte darüber hinaus von Anfang an mit der Unterstützung der DDR in allen Fragen rechnen, die mit der „Friedenspolitik" zu tun hatten, einschließlich aller Probleme im MBFR-Bereich. Auch in der nach wie vor starken Betonung der Notwendigkeit einer europäischen Sicherheitskonferenz schloß sich die DDR voll der sowjetischen Linie an.[11]

Ein weiterer Punkt im – auf die Interessen der UdSSR eingestimmten – außenpolitischen Programm Honeckers war die Frage der völkerrechtlichen Anerkennung der DDR durch alle, besonders die westlichen Länder sowie die Aufnahme der DDR in die Vereinten Nationen. Hier wurde Mitte 1971 deutlich erkennbar, daß die völkerrechtliche Anerkennung durch die Bundesrepublik Deutschland nicht mehr als unabdingbare Voraussetzung für jegliches Gespräch mit Bonn gefordert wurde. Nach diesem Auffassungswandel, der unter Ulbricht kaum mehr möglich gewesen wäre, befand sich das SED-Politbüro in vollem Einklang mit der Politik der sowjetischen Führung im Jahre 1970/71.

In ihrer Außenhandelspolitik hatte sich die DDR in den Jahren seit 1971 per Saldo – trotz verstärkter Beziehungen zum Westen – noch mehr als bisher auf die UdSSR und die Mitgliedsländer des Rates für Gegenseitige Wirtschaftshilfe (RGW) konzentriert. Das von Mai bis Oktober 1971 durch die SED-Führung mehrfach angekündigte Ziel, daß in den nächsten Jahren rund 75 Prozent des gesamten Außenhandels (statt bisher 72 Prozent) mit den RGW-Ländern abgewickelt werden sollten, ist allerdings nicht erreicht worden – auch wenn die bis 1975 vorgesehenen jährlichen Steigerungsraten des Gesamtaußenhandels, nach westlichen Berechnungen, zum Teil sogar überboten wurden.[12]

Bis 1975 war ein Gesamtaußenhandelsumsatz von insgesamt 63 Milliarden Valutamark geplant. Davon sollten 47 Milliarden auf den Handel mit den RGW-Ländern und nur ca. 16 Milliarden auf den Handel mit westlichen sowie Entwicklungsländern entfallen. Dies bedeutete, daß der Handel mit den RGW-Ländern von 1971 bis 1975 um 70 Prozent gesteigert werden, der mit der übrigen Welt („kapitalistische Industrieländer" und Entwicklungsländer) nur ein Wachstum von rd. 42 Prozent aufweisen sollte.[13] Tatsächlich verlief die Entwicklung anders. Das Außenhandelsvolumen der DDR mit den RGW-Ländern steigerte sich (Basisjahr 1970 = 100) von 105,7 (1971) auf 139,6 (1974) Punkte. Dies entspricht einem Wachstum von unter 40 Prozent. Gleichzeitig wies der Außenhandel mit den sogenannten nichtsozialistischen Ländern eine ganz ähnliche Steigerungsrate auf, von 105,8 (1971) auf 139,6 (1974) Punkte. Bis zum Ende des Jahres 1974 waren die 1971 formulierten Planzahlen und die Struktur der Entwicklung des Plans damit jedenfalls nicht erreicht worden.[14]

Die zunehmende Bindung der DDR an den RGW wurde auch anläßlich der Ende Juli 1971 zu Ende gegangenen 25. RGW-Tagung in Bukarest zumindest verbal bestätigt. In dem im „Neuen Deutschland" am 30. Juli veröffentlichten Kommuniqué war von der „Organisation der ökonomischen Zusammenarbeit neuen Typs" die Rede. Der damalige Vorsitzende des Ministerrates, Willi Stoph, der die DDR auf dieser Tagung vertrat, sagte in einem Interview, daß es vor allem darum gegangen sei, die Perspektivpläne der Mitgliedsländer für die Jahre 1971 bis 1975 aufeinander abzustimmen. Schon vor dieser Konferenz war in einem aufschlußreichen sowjetischen Artikel die „neue Qualität" der künftigen Zusammenarbeit der RGW-Länder wie folgt charakterisiert worden:[15]

– Vervollkommnung der Koordinierung der Volkswirtschaftspläne;
– effektive und dauerhafte zwischenstaatliche Spezialisierung und Kooperation der Produktion, insbesondere in den für den technischen Fortschritt entscheidenden Zweigen;
– Vertiefung der Zusammenarbeit zwischen wissenschaftlichen, technischen und Forschungsinstituten;
– Bildung internationaler wissenschaftlich-technischer und anderer Organisationen;
– Ausbau des gegenseitigen Handels;
– aktive Anwendung der Währungs- und Finanzbeziehungen und des internationalen Kredits;
– umfassende Entwicklung der Verbindungen zwischen Ministerien, Wirtschaftsorganen, Vereinigungen und Betrieben.

Diesen Prozeß der Stärkung der „einheitlichen Grundinteressen der sozialistischen Länder" sollte neben der UdSSR vor allem die DDR unterstützen. Ihre verbale Aufnahme dieser Politik gegenüber den anderen Mitgliedern paßte sich gänzlich diesem Konzept an. So war eine eigenständige, sich von der sowjetischen Politik deutlich unterscheidende Politik der DDR gegenüber den kleineren RGW-Staaten nicht zu erkennen. Damit nahm die DDR im Prozeß der RGW-Integration gegenüber den sechziger Jahren keine grundsätz-

lich veränderte Position ein. Während die SED-Führung die „sozialistische ökonomische Integration" weiter propagandistisch unterstützte, stieg der Anteil des Handels der DDR vor allem mit den
„kapitalistischen Industrieländern" (einschließlich des Innerdeutschen Handels) und den Entwicklungsländern in den Jahren 1971 bis
1974 auf über 30 Prozent am gesamten Außenhandel an.

b) Die Beziehungen zur Bundesrepublik Deutschland

Es wurde bereits erwähnt, daß im Vordergrund der Beziehungen
der DDR zur Bundesrepublik die „Abgrenzung" stand und noch
immer steht. Bei genauerer Analyse läßt sich allerdings feststellen,
daß Honecker stärker noch als Ulbricht bis in die Gegenwart hinein
eine zweigleisige Politik gegenüber der Bundesrepublik verfolgt.

Auf der einen Seite steht Honeckers Politik damals wie heute
unter den Zeichen der Abgrenzung und des ideologischen Kreuzzu-
ges gegen den „Klassenfeind". In diesen Zusammenhang gehörten
etwa die Angriffe der Massenmedien der DDR gegen die Münchner
Olympiade 1972. München wurde nicht nur als „Zentrale konter-
revolutionärer Sender" (gemeint sind die amerikanischen Sender
„Radio Free Europe" und „Radio Liberty") gebrandmarkt. Die
Olympischen Spiele wurden auch immer wieder in den Zusammenhang der „reaktionären Außen- und Innenpolitik" Bonns gebracht. Bei diesen Angriffen sollte ein Motiv nicht übersehen werden: Die SED-Führer bauten durch diese Kampagne, zu der sie auch
andere sozialistische Länder drängten, offensichtlich ein Alibi auf,
um nur einer minimalen Zahl von DDR-Bürgern die Ausreise zum
Besuch der Olympischen Spiele in München gestatten zu müssen.

Die publizistischen Angriffe gegen die Olympischen Spiele waren nur die Spitze eines Eisberges. Darunter verbarg sich die im
Ideologischen kompromißlose Einschätzung der Politik der Bundesregierung: „Der Regierungswechsel in Bonn", hieß es 1970 in
einer gegen die SPD gerichteten Broschüre der SED, „ änderte . . .
nichts an den imperialistischen Machtverhältnissen in Westdeutschland. Die alten Machtstrukturen und die ihnen entspringenden Gefahren für den europäischen Frieden und die Sicherheit der west-

deutschen Bevölkerung sind geblieben."[16] „Abgrenzung" war
– und ist das Gebot der Stunde.

Andererseits wurde trotz der von Ost-Berlin verschärften Abgrenzungskampagne immer deutlicher, daß Honecker im Bereich der praktischen Politik durchaus bereit war, mit Bonn nicht nur auf Regierungsebene Verträge und Abkommen abzuschließen, sondern sogar auf *ideologieträchtigeren* Gebieten *Kooperationen* anzubahnen. Dies galt nach einer Meldung der Ost-Berliner Nachrichtenagentur ADN unter anderem für das geplante Kulturabkommen, das allerdings bis heute nicht zustande kam.[17]

Weiterhin waren, in ideologisch weniger sensiblen Bereichen, offenbar bereits in den frühen siebziger Jahren Verträge auf Regierungsebene über den Fernstraßenbau, über die Öffnung weiterer Grenzübergänge, die Beschleunigung des Reiseverkehrs auf dem Schienenweg, die Einführung eines einheitlichen Frachtrechts mit durchgehenden Tarifen sowie über eine verbesserte technische Kooperation zwischen den Eisenbahnverwaltungen in beiden deutschen Staaten vorgesehen.[18]

Aus diesem Verhalten der SED-Führung kann der Schluß gezogen werden, daß Honecker selbst in den ideologisch-politisch brisanteren Fragen nicht nur dogmatische, sondern durchaus auch pragmatische Gesichtspunkte leiten – soweit diese den Interessen der DDR dienlich und mit den Sowjets abgestimmt sind.

Die Zeichnung eines negativen „image" der Bundesrepublik, ihre Verteufelung als „imperialistischer" und „kapitalistischer" „Ausbeuterstaat" blieb und bleibt zwar nach wie vor erforderlich, um das bis heute noch politisch labile System der DDR immer wieder mit einer gewissen Dynamik aufladen und, vor allem, die führende Rolle der SED in der DDR-Gesellschaft auch in Zeiten weltpolitischer Entspannung als notwendig hinstellen zu können. Begrenzte wirtschaftliche, technische – wie auch kontrollierte menschliche Kontakte mit Bürgern der Bundesrepublik wurden und werden von der Parteiführung als nicht vermeidbar angesehen, ihre mit dem Schlagwort von der „ideologischen Diversion" bezeichneten Folgen offensichtlich in Kauf genommen.

c) Die Beziehungen zu Westeuropa

Das bereits von Ulbricht seit Jahren angestrebte Ziel der Verbesserung der Beziehungen zu den westeuropäischen Industriestaaten wurde von Honecker konsequent weiter verfolgt. Dies galt und gilt insbesondere für Frankreich. Es heißt deshalb sicherlich nicht, die außenpolitische Situation der DDR im Jahre 1971 zu einseitig zu beleuchten, wenn der Versuch der DDR, die Beziehungen zu den Staaten Westeuropas generell zu verbessern, hier am Beispiel Frankreichs skizziert wird. Im Juni 1971 besuchte die erste offizielle Delegation der Volkskammer der DDR Frankreich.[19] Sie wurde u. a. vom damaligen Vorsitzenden des außenpolitischen Ausschusses der französischen Nationalversammlung, Jean de Broglie, empfangen. Schon 1959 hatte eine französische Parlamentarierdelegation die DDR besucht. Seit Anfang der sechziger Jahre waren dann eine Reihe von Städtepartnerschaften zwischen französischen und ostdeutschen Städten geschlossen worden. Die DDR war auch der ,,Weltföderation der Partnerstädte" mit Sitz in Paris beigetreten und betätigte sich dort als recht aktives Mitglied. Im Jahre 1967 wurden parlamentarische Freundschaftsgruppen Frankreich-DDR in der französischen Nationalversammlung und im französischen Senat gebildet. Die gegenseitigen Beziehungen hatten damit erstmals so etwas wie einen offiziell-staatlichen Charakter angenommen. Im wirtschaftlichen Bereich bestanden zwischen beiden Ländern schon seit Jahren sich ständig intensivierende Kontakte. Diese Entwicklung wurde im Jahre 1970 dadurch gekrönt, daß der französische Industriellenverband ein eigenes Büro in Ost-Berlin eröffnete, das allerdings nach Errichtung der französischen Botschaft in Ost-Berlin wieder geschlossen worden ist.

Einen neuen Akzent in den Beziehungen Frankreich-DDR hatte die Aktivität der SED gegenüber der KPF gesetzt. Im Oktober 1970 hatten erstmals führende Mitglieder und Kandidaten des SED-Politbüros, u. a. Kurt Hager, Hermann Axen, Werner Jarowinsky und Werner Lamberz, Frankreich besucht. Auf einer von der KPF in Paris veranstalteten Pressekonferenz hatten sie öffentlich die völkerrechtliche Anerkennung der DDR gefordert.[20] Eine Aktivierung der Beziehungen hat ferner gegenüber der KPI stattgefunden. Die Beziehungen der SED zu den beiden großen westeuropäischen kommunistischen Parteien sind jedoch, wie anläßlich der Vorbereitungen und der Durchführung des Gipfeltreffens der europäischen kommunistischen Parteien in Ost-Berlin im Juni 1976 deutlich wurde, nicht ohne Spannungen.[21]

Den Aktivitäten der SED gegenüber den beiden größten westeuropäischen kommunistischen Parteien, der KPF und der KPI, lagen verschiedene außenpolitische Ziele zugrunde. Zunächst war auch hier sicherlich die Absicht entscheidend, auf allen möglichen Ebenen die DDR international aufzuwerten und so der völkerrechtlichen Anerkennung näherzukommen. Weiterhin schien jedoch der Wille der KPdSU wie der SED eine Rolle zu spielen, den besonders seit 1969/70 von der SPD intensivierten internationalen Beziehungen der sozialdemokratischen Parteien in West- und Nordeuropa sowie der Sozialistischen Internationale ein Gegengewicht entgegenzusetzen. Die Beobachtung der europäischen Szenerie im Jahre 1970 vermittelt den Eindruck, daß die SED (eher als die KPdSU) auf dieser Bühne in den nächsten Jahren einen Hauptpart, d. h. den des wichtigsten Gegners der westdeutschen Sozialdemokratie, spielen würde. Dagegen besteht heute, insbesondere nach dem Abschluß des europäischen kommunistischen Gipfeltreffens in Ost-Berlin, kein Zweifel daran, daß die KPdSU-Führung die strategische Auseinandersetzung wie Zusammenarbeit mit den autonomistischen westeuropäischen Kommunisten wieder stärker an sich gezogen hat.

5. Die Abrundung des Machtwechsels im Oktober 1976

Im Politbüro der SED hatten die Um- und Neubesetzungen im Jahre 1971 weder die Position Willi Stophs noch die Günter Mittags, die als potentielle Mitglieder eines Duum- oder Triumvirats in der Ulbricht-Nachfolge angesehen worden waren, sichtbar geschwächt – wenn auch ihre realen Machtbefugnisse zunächst eingeschränkt worden waren. Mittag hat inzwischen im Laufe der Jahre

1975/76 (als versierter Wirtschaftsfachmann) wieder an politischem Gewicht gewonnen. Er wurde am 28. 10. 1976 erneut in die politische Schlüsselposition des ZK-Sekretärs für Wirtschaft berufen.

Stoph ist nach Ulbrichts Tod (1973) auf das Amt des Vorsitzenden des Staatsrates abgeschoben worden. Ob die seinerzeit laut gewordene Behauptung zutrifft, er habe dieses bereits seit 1971 politisch bedeutungslose Amt seiner angegriffenen Gesundheit wegen angestrebt, muß offen bleiben. Immerhin steht fest, daß Stoph, seit 1947 in leitenden wirtschaftspolitischen Funktionen tätig, seit 1950 Mitglied des Zentralkomitees und seit 1953 Mitglied des Politbüros gewesen ist. Für unseren Zusammenhang ist aufschlußreich, daß Stoph wenigstens zwanzig Jahre lang mit wirtschaftlichen Aufgaben, zuletzt, in den Jahren 1964 bis 1973, als Vorsitzender des Ministerrates betraut war. In den Jahren 1970/71, als die Spekulationen über Ulbrichts Nachfolge zu wuchern begannen, wurde er häufig als Mitglied einer möglichen Führungstroika genannt, die Ulbrichts Ämter unter sich aufteilen würde. Festzuhalten ist weiterhin, daß Stoph, der über hervorragende Beziehungen zu den Sowjets verfügt, als unprätentiös gilt und als erfahrener Organisationsfachmann ein gewisses Ansehen genießt.

Insofern verwundert es nicht, daß Stoph auf der konstituierenden Sitzung der (7.) Volkskammer der DDR am 28. Oktober 1976 erneut zum Vorsitzenden des Ministerrates ernannt wurde. Erstaunlich ist eher, daß Horst Sindermann, seit Herbst 1973 Vorsitzender dieses Gremiums, von seinem Amt zurücktrat und den Posten des Präsidenten der Volkskammer übernahm. Damit ist zum ersten Mal in der Geschichte der DDR ein SED-Funktionär in dieses bisher politisch bedeutungslose Amt eingerückt. Vorher hatten es stets Funktionäre der Blockparteien bekleidet. Durch Sindermann mag das politische Gewicht des Volkskammerpräsidenten allerdings möglicherweise etwas verstärkt werden.

Warum der Wechsel von Sindermann zu Stoph? Da auch Sindermanns Gesundheit seit langem angegriffen sein soll, bieten sich als plausible Hypothesen u. a. an, daß, einmal, Stoph seine neue Funktion unter Honeckers Anleitung willfähriger wahrnehmen wird als Sindermann; daß, zum anderen, Stoph jenen schmalen Grat zwischen „hartem" und „weichem" Kurs, den Honecker auf dem IX. Parteitag der SED für die nächsten Jahre vorgezeichnet hat, eher mitvertreten kann als Sindermann, dessen zwar flexible und entgegenkommende, gleichzeitig jedoch tüchtig-strenge paternalistische Art aus den langen Jahren, als er 1. Sekretär der SED-Bezirksleitung Halle war, unvergessen ist. Vielleicht können sich diese landesväterlichen Attribute in seinem neuen Amt positiv auswirken.

Die Diskussion des politischen Gewichts der führenden Funktionäre der SED macht es notwendig, Paul Verner wenigstens kurz zu erwähnen. Verner ist Nachfolger Honeckers in der politisch bedeutsamen Funktion des ZK-Sekretärs für Sicherheit. Außerdem ist er seit 1971 Mitglied des – jüngst wieder aufgewerteten – Staatsrates und, ebenfalls seit 1971, Vorsitzender des Ausschusses für Nationale Verteidigung der Volkskammer. Seit Mitte 1972 hatte er zusätzlich den Vorsitz jener Kommission übernommen, die das inzwischen angenommene (5.) Parteistatut zu überarbeiten hatte. Eine solche Häufung von Aufgaben, die sämtlich mit Sicherheitsproblemen und Organisationsfragen der Partei, denen zudem Honecker von seiner Karriere her sehr nahe steht, zu tun haben, weisen auf die starke politische Stellung Verners hin.

Honecker selbst hat sich auf der Oktober-Sitzung der Volkskammer zum Vorsitzenden des Staatsrates wählen lassen. Wie Ulbricht auf dem Höhepunkt seiner Macht, vereinigt Honecker nun, wenn man das Amt des Vorsitzenden des Ministerrates unberücksichtigt läßt, seit 1976 die drei politisch wichtigsten Positionen in der DDR in seiner Person: Generalsekretär des Zentralkomitees der SED, Vorsitzender des Staatsrates, Vorsitzender des Nationalen Verteidigungsrates. Damit wird die Parteispitze sozusagen wieder identisch mit der Staatsspitze; der Staatsrat wird aufgewertet. Es bleibt allerdings abzuwarten, in welcher Form Honecker dieses zusätzliche Machtinstrument nutzen wird. Denkbar ist, daß er es vor allem für die internationale Politik der DDR einsetzen wird.

Die Machtfülle Ulbrichts ist also nicht, wie noch 1971 mit Grund spekuliert werden konnte, aufgeteilt worden. Dennoch ist die Ulbricht-Ära vorüber. Es ist zu vermuten, daß Honecker, auch wenn er nun im Machtgefüge der DDR formal die gleiche Stellung wie seinerzeit Ulbricht einnimmt, den autokratischen Herrschaftsstil des ehemaligen SED-Chefs nicht kopieren wird. Solche Vermutungen stützen sich auf Annahmen, die aus der langjährigen Beobachtung der Biographie und der Persönlichkeitsstruktur Honeckers herrühren.

Seit langem wird bei zahlreichen Beobachtern im Westen angenommen, daß Honecker eine besondere Begabung dafür besitzt, in unkonventioneller Weise Probleme der Sicherheits-, Organisations- und Kaderpolitik entscheidungsfreudig zu lösen. Dies hatte u. a. zur Folge, daß er gute Beziehungen zu führenden, mit Sicherheits-, Organisations- und Kaderfragen betrauten Funktionären auf den verschiedenen Ebenen des SED-Apparates aufgebaut hat.[22] Bei Gesprächen in Ost-Berlin ist zu hören, daß sich auch rangniedrigere Funktionäre der SED mit ihren Sorgen durchaus an Honecker wenden können; daß er auch für den kleinen Funktionär ansprechbar sei. Nicht zuletzt dadurch hat sich Honecker auch unter der Masse der Parteikader eine stabile ,,Hausmacht" aufgebaut. Dies wird indirekt dadurch bestätigt, daß in Honeckers engster Umgebung eine Reihe von ehemaligen FDJ-Funktionären zu finden ist. Darüber hinaus hat er offensichtlich seine langjährigen Kontakte zur NVA und zum SSD eher noch ausgebaut.

Die Entwicklung Ende Oktober 1976 ist ein neuer Beweis für Honeckers Entschlußkraft und seine nüchterne Einschätzung der politischen Realitäten. Honecker hat seine Stunde immer abwarten können.

6. Zusammenfassung

Die vorangehenden Überlegungen haben verdeutlicht, daß Honecker deshalb ohne Schwierigkeiten die Nachfolge Ulbrichts antreten konnte, weil dieser sich einer erneuten Anpassung an die sich wandelnde weltpolitische Situation und die veränderte Haltung der UdSSR in der deutschen Frage nicht mehr gewachsen zeigte. Honecker wußte sich rasch eine Vertrauensbasis sowohl in der SED wie auch unter den ,,Bruderparteien" im Ostblock zu verschaffen.

Als Konsequenz des Machtwechsels 1971 wurde sichtbar, daß die DDR sich in den kommenden Jahren politisch und wirtschaftlich noch stärker an die UdSSR anschließen würde.

Als weiteres Ergebnis des Machtwechsels konnte schon für das Jahr 1971 festgestellt werden, daß die DDR in den innerdeutschen Auseinandersetzungen – trotz der verstärkten politischen und ideologischen Abgrenzung – zur Kooperation in bestimmten Fragen bereit sein würde. Diese Vermutung hat sich, wie wir heute wissen, bestätigt. Die SED-Führung hat offensichtlich bereits seit Mitte 1971 einen auf die Bedingungen in Deutschland zugeschnittenen Doppelkurs in den Beziehungen zwischen DDR und Bundesrepublik angezielt. Dieser Kurs enthält, dem sowjetischen Prinzip der friedlichen Koexistenz entsprechend, sowohl pragmatische wie ideologisch-dogmatische Elemente.

V. Der IX. Parteitag der SED (1976)*

1. Haupttendenzen

Der IX. Parteitag der SED (18. bis 22. Mai 1976) war in erster Linie ein Parteitag der Selbstdarstellung. Die SED präsentierte sich als die herrschende Staatspartei; sie proklamierte die ,,weitere allseitige Stärkung des sozialistischen Staates". Der Parteitag war, wieder einmal, eine Veranstaltung der Deklamation und Akklamation;[1] er war ein Parteitag der für die Öffentlichkeit aufbereiteten Bilanzierung, des Aufweises von Erfolgen sowohl in der Außen- und Deutschlandpolitik wie, vor allem, in der Wirtschafts- und Sozialpolitik. Insofern wies das Bild dieses Parteitages ähnlich farblose Züge auf wie der XXV. Parteitag der KPdSU vom Februar/März 1976.

Der IX. Parteitag der SED stellte, nicht zuletzt, eine Plattform dar, welche die Stabilisierung der Machtposition des Ersten Sekretärs der SED, Erich Honecker, der laut neuem Statut den Titel ,,Generalsekretär" trägt, vor aller Augen sichtbar machte; er war, schließlich, ein Parteitag der Kontinuität nicht nur, jedoch wesentlich auch in Fragen der Kaderpolitik.

Andererseits: Auf dem IX. Parteitag waren recht unterschiedliche Entwicklungstendenzen zu erkennen, die gewiß nicht alle in eine Richtung weisen. Einige dieser widersprüchlichen Aspekte seien kurz hervorgehoben. Hier ist zunächst das neue Programm der SED zu erwähnen, das einerseits relativ undogmatisch argumentiert, andererseits jedoch die Linie der künftigen Ziele der SED-Führung in einer nach wie vor orthodox marxistisch-leninistisch gehaltenen Semantik fixiert. Diese Widersprüchlichkeit läßt sich u. a. als Ausdruck des Konkurrenzverhältnisses zwischen SED und SPD deuten: Die SED will die Anziehungskraft der SPD auch bei der Bevölkerung der DDR auffangen. Die uneinheitliche Semantik im neuen Programm mag gleichzeitig als Übergangserscheinung zu erklären sein: Ein der Masse der Bevölkerung unverständlicher Marxismus-Leninismus soll, soweit es geht, durch ein verständlicheres ideologisches Programm abgelöst werden, um die Menschen in ihrem *Alltag* erreichen und das nach wie vor angestrebte Ziel einer ,,Partei des Volkes'' verwirklichen zu können. Dies erschien der SED offensichtlich um so wichtiger, als sie sich auf das Mitwirken der breiten Masse der Bevölkerung angewiesen sieht. Die für die innere Stabilisierung und äußere Machtposition der DDR so wichtige Erhöhung des Lebensstandards kann nur erreicht werden – daran haben Honecker und andere Redner keinen Zweifel gelassen –, wenn die Bevölkerung noch mehr leistet.

Widersprüchlich waren auch die Beteuerungen Honeckers, die ,,sozialistische Integration'' tatkräftig weiter voranzutreiben, einerseits und, andererseits, die Tatsache, daß der Handel mit den RGW-Ländern seit 1970 eher stagniert bzw. sich sein Anteil an dem gesamten Außenhandel der DDR in den Jahren 1973 bis 1975 nur leicht, von 68,5 Prozent auf 69,2 Prozent, erhöht hat.[2] Weiterhin ist die Zweideutigkeit in der Haltung der SED gegenüber der ,,Intelligenz'' zu erwähnen. Dem von Honecker propagierten Ziel, daß die Intelligenz künftig eine noch bedeutendere Stellung in der Gesellschaft einnehmen soll, kontrastiert auffällig der in der DDR schon seit etwa zwei Jahren wieder stärker durchgesetzte ,,Klassenstandpunkt" bei den Zulassungen der Kinder aus eben diesen „Intelligenzfamilien" zu den Universitäten und Hochschulen. Nicht zuletzt aus diesem Grunde versuchen Akademiker, besonders Mediziner, die DDR legal oder illegal zu verlassen. Schließlich stehen Honeckers an die Jugendlichen, besonders die Schüler, gerichtete Ermahnungen zu „Anstrengung", „Fleiß", „Beharrlichkeit", „Willensstärke", „Ordnung" und „Disziplin"[3] in einem gewissen Gegensatz zu den Forderungen des ZK-Mitgliedes und Ministers für Volksbildung Margot Honecker, daß die SED den realen Ansprüchen und den Bedürfnissen der Jugend in der DDR stärker Rechnung zu tragen habe.[4]

Angesichts solcher Widersprüchlichkeiten mußte das Bemühen des Generalsekretärs der SED besonders groß sein, die unterschiedlichen Probleme – Probleme mit jeweils eigenen Implikationen – zu *einer* Strategie, nämlich in der Forderung nach Stärkung der Autorität der Staatspartei und des gesamten bürokratisch-zentralistischen Apparates, zu bündeln. Jedoch auch dieses Hauptziel kann die SED nicht mit voller Kraft ansteuern; denn die Machtposition der Staatspartei könnte nur dann noch weiter ausgedehnt werden, wenn die nach wie vor bestehende Kluft zwischen ihren Anforderungen und den Wünschen der Bevölkerung weiter vertieft würde. Dies allerdings wollte (und konnte?) die SED-Führung sich offenbar nicht leisten. So hat sie das Wort „Vertrauen" auf dem Parteitag wie niemals zuvor strapazieren müssen.

Dem Hauptziel der Stärkung der Autorität von Partei und Staat ordneten sich zwei weitere Zielsetzungen unter: Verbesserungen der wirtschafts- und sozialpolitischen Situation; weitere Bemühungen um Integration der DDR in das sozialistische Lager bei gleichzeitiger Aufrechterhaltung ihrer nach der UdSSR politisch bedeutsamsten Rolle im Ostblock. Demgegenüber traten die Probleme der deutschen Frage, überhaupt der Außenpolitik im weiteren Sinne auf dem IX. Parteitag eher zurück.

Die skizzierten Tendenzen lassen den IX. Parteitag in der Interpretation der SED als ein Forum der *Konsolidierung* und der *Kontinuität* erscheinen. Die auf dem VIII. Parteitag eingeschlagene Linie wurde weiterverfolgt. Allerdings hat es hinsichtlich der seinerzeit zur ,,Hauptaufgabe'' erklärten Erhöhung des Lebensstandards neue Akzente gegeben, die auf eine stärkere Inpflichtnahme der einzelnen Menschen hinauslaufen. In der Regierungserklärung durch den neuen Vorsitzenden des Ministerrates Willi Stoph auf der 2. Tagung der Volkskammer am 1. November 1976 wurde dies ebenfalls deutlich. Mahnungen wie: ,,Je mehr wir leisten, desto mehr können wir uns leisten'', waren unüberhörbar.

Verschiedene in den Jahren 1971 bis 1976 erkennbare weltpolitische Entwicklungsziele der UdSSR wurden erneut hervorgehoben und übernommen. Dabei handelt es sich in erster Linie um die Fortsetzung der Entspannung auf der Grundlage des sowjetischen strategischen Prinzips der friedlichen Koexistenz; damit um die erhöhte ,,ideologische Wachsamkeit'', d. h. im wesentlichen um die zunehmende ideologische Abgrenzung gegenüber jeder Form von ,,Revisionismus'', ,,Nationalismus'', ,,Antikommunismus'' und ,,Antisowjetismus''. Auch in der (zumindest teilweisen) Verhärtung des ideologischen Kurses folgte Honecker der auf dem XXV. Parteitag der KPdSU eingeschlagenen Linie.

Schließlich wurden die blockpolitische Verantwortung der DDR und das Ziel der Intensivierung der ,,sozialistischen ökonomischen Integration'' immer wieder betont.

Neben diesen Zielen widmete Honecker über die Hälfte seiner Rede wirtschafts- und sozialpolitischen Fragen, vor allem der Stärkung der Rohstoff- und damit der industriellen Basis sowie der weiteren Verbesserung der Versorgung der Bevölkerung, besonders mit Wohnungen. Dem lag – unausgesprochen – die Devise zugrunde: Keine neuen spektakulären gesellschaftspolitischen Experimente. Von dieser gesellschaftspolitischen Strategie profitieren u. a. das private Handwerk wie auch die evangelische Kirche. Dagegen soll auf agrarpolitischem Gebiet der Strukturwandel von den LPG Typ III zu den sogenannten Agrar-Industrievereinigungen[5] offensichtlich weiter forciert werden.

Verlauf und Ergebnisse der beiden letzten Parteitage von KPdSU und SED weisen – wie z. T. schon hervorgehoben wurde – starke Ähnlichkeiten auf. Vielleicht bestanden nur in einem Punkt deutliche Unterschiede: Das neue Politbüro ist nicht derart überaltert

wie das sowjetische, in dem 7 von (nach Gretschkos Tod) 15 Mitgliedern bereits 70 Jahre alt waren oder 1976 wurden und 5 weitere
hoch in den Sechzigern gewesen sind.

2. Einzelaspekte

a) Erfüllung der „Hauptaufgabe"

Ähnlich prononciert wie auf dem XXV. Parteitag der KPdSU
wurde auf dem IX. Parteitag der SED die Erfüllung der „Hauptauf-
gabe" in den Vordergrund gestellt. Honecker bekräftigte in seiner
Rede ausdrücklich die weitere Erhöhung des „materiellen und kulturellen Lebensniveaus" der DDR auf dem Wege zur „entwickelten
sozialistischen Gesellschaft". Im Unterschied zum VIII. Parteitag
der SED waren seine diesbezüglichen Ausführungen 1976 jedoch,
wie bereits erwähnt, von der unmißverständlichen Inpflichtnahme
der arbeitenden Bevölkerung begleitet. Honecker forderte diesmal
unüberhörbar als Voraussetzung für die angezielten Verbesserungen eine Steigerung der Arbeitsproduktivität des einzelnen. Er verlangte ferner eine Erhöhung der „Produktintensität", d. h. vor
allem eine bessere Ausnutzung der Produktionsanlagen.[6]

b) Außenpolitik

Auch auf diesem Parteitag ist, wie bereits 1971,[7] der engen Anlehnung an die Außenpolitik der KPdSU-Führung unmißverständlich Ausdruck verliehen worden: Einmal wurde das Konzept
der „sozialistischen Integration" mit umfassender Bedeutung versehen; es reicht über eine wirtschaftliche Integration der DDR in
den Ostblock, vor allem jedoch ihre Anbindung an die UdSSR
inzwischen weit hinaus. Das ursprünglich auf den ökonomischen
Sektor beschränkte Konzept der Integration ist indessen in den
gesellschafts- und kulturpolitischen Bereich hinein erweitert worden. Zum anderen geben die Bezeichnung der SED als „einer
Abteilung" des Weltkommunismus sowie die orthodoxe Ausle-

gung des „proletarischen Internationalismus" und die mehrfache Kennzeichnung des Staates „der Arbeiter und Bauern" in der DDR als „einer Form der Diktatur des Proletariats" Hinweise auf das Verhältnis der DDR zur UdSSR. Keine andere kommunistische Partei in Ost und West hat so ostentativ wie die SED die Rolle des Erfüllungsgehilfen der KPdSU übernommen. Dies spiegelte sich auch in dem Verhalten der SED bei den Vorbereitungen zu dem europäischen kommunistischen Gipfel und bei dem Treffen selbst wider.

Schließlich hat der SED-Chef die Einschätzung des „Kapitalismus" in seiner „krisenhaften Entwicklung" und die langen, fast akademischen Auslassungen über die „Verbindung von allgemeiner und zyklischer Krise", wie sie angeblich gegenwärtig im Westen herrsche, von der KPdSU übernommen. Auch hier kam der gewachsene Einfluß der Ideologen à la Suslow, der auf dem XXV. Parteitag der KPdSU noch stärker aufgewertet worden ist, zum Ausdruck.

Im internationalen Bereich nannte Honecker die DDR einen „wichtigen" Faktor. Bis zum IX. Parteitag hätten 121 Staaten auf der Welt diplomatische Beziehungen mit der DDR aufgenommen. Als Folge davon sei die „imperialistische Blockade zusammengebrochen". In diesem Zusammenhang erwähnte er u.a. die Arbeit der DDR-Repräsentanten in den Vereinten Nationen und ihren Unterorganisationen.

Ähnlich wie einen guten Monat später auf dem Gipfeltreffen der europäischen kommunistischen Parteien hob Honecker, auch hierin dem Beispiel Breshnews auf dem XXV. Parteitag der KPdSU folgend, besonders die Unterstützung des „Befreiungskampfes" der revolutionären Bewegungen in der Dritten Welt hervor und betonte die „antiimperialistische Solidarität (der SED) mit den Befreiungsbewegungen". Der Generalsekretär vermied hier jedoch konkrete Hinweise und wiederholte stattdessen die üblichen Bekenntnisse: Die SED stünde „vorbehaltlos an der Seite der Kämpfer gegen Imperialismus, Kolonialismus, für nationale Befreiung auf allen Kontinenten".

Die Beziehungen zur Bundesrepublik Deutschland sollen prinzipiell weiter ausgebaut, ,,normalisiert" werden. Im Rückblick auf die Ereignisse der Konferenz von Helsinki betonte Honecker erneut die ,,Abgrenzung" zwischen den beiden Staaten, die nun auch (gemäß der sowjetischen Auffassung) völkerrechtlich bestätigt worden sei. Die DDR wurde wiederum als ,,sozialistischer deutscher Nationalstaat", als der Staat, in dem sich die ,,sozialistische deutsche Nation" entwickelt, gekennzeichnet. In der DDR bilde sich, so war selbstsicher zu hören, ein ,,eigenes Staats- und Nationalbewußtsein" heraus. Bei der deutschen Frage wäre ,,nichts mehr offen".

Die Beziehungen der DDR zu West-Berlin hat Honecker an zwei Stellen im Einleitungskapitel seines Referates kurz erwähnt. Beide Male wurde das Vier-Mächte-Abkommen über Berlin vom Herbst 1971 als ,,vierseitiges Abkommen über Westberlin" angesprochen. Ein warnender, wenn auch nicht direkt drohender Unterton hinsichtlich der Unterstützung West-Berlins durch die Bundesrepublik Deutschland ist bei der Lektüre des Textes nicht zu verkennen.[8] Allerdings verwandte Honecker im Zusammenhang mit dem ,,vierseitigen Abkommen über Westberlin" – im Gegensatz zu den Sowjets und der propagandistischen Praxis in der DDR, die von der im Mai 1973 zwischen Breshnew und Brandt ausgehandelten Formel (,,strikte Einhaltung und volle Anwendung") seit Mitte/Ende 1974 zusehends abgewichen waren und häufig nur noch die ,,strikte und volle Einhaltung" des Abkommens betonten – wieder den vollen Wortlaut der Breshnew-Brandt-Formel.[9] Dasselbe galt für die Regierungserklärung des neuen Ministerpräsidenten Stoph vom 1. November 1976. Dennoch können keine Zweifel daran bestehen, daß das Vier-Mächte-Abkommen zukünftig weiter auszuhöhlen versucht werden wird.

c) Wirtschaftspolitische Fragen

Der Hauptenor der ausführlichen Passagen in Honeckers Rede, die sich mit wirtschafts- und sozialpolitischen Fragen beschäftigen, gipfelte in der Feststellung eines gewachsenen Vertrauens der arbeitenden Bevölkerung in die Maßnahmen der SED-Führung. ,,Wir

haben hart gearbeitet und unsere Versprechen (von 1971) gehalten'',
sagte Honecker wörtlich. ,,Worte und Taten stimmen überein.''
Diese Aussage ist vom Westen aus naturgemäß kaum, in ihrer
Pauschalität schon gar nicht zu überprüfen. Einzelgespräche mit
arbeitenden Bürgern in der DDR weisen eher in eine gegenteilige
Richtung. Wenn man 1971, bei Antritt des neuen Mannes und dem
Ende der Ära Ulbricht, Honecker einen gewissen Vertrauenskredit
eingeräumt hätte, so sähe man jetzt, daß es – trotz mancher augen-
fälliger Bemühungen und Leistungen – keine den Anstrengungen
der arbeitenden Menschen entsprechende Honorierung durch die
Partei und den Staat gäbe. In diesem Zusammenhang werden die
kurz nach dem IX. Parteitag bekanntgegebenen sozialpolitischen
Verbesserungen vor allem von Vertretern der ,,Intelligenz'' in der
DDR als das Minimum angesehen, zu dem sich die SED habe
bereitfinden müssen, um die Stimmung der Bevölkerung nicht
noch weiter absinken zu lassen.[10]

Für den außenwirtschaftspolitischen wie für den binnenwirt-
schaftlichen Bereich wurden, in der auf Parteitagen der SED üblichen Weise, Erfolge und Mißerfolge, vor allem aber Erfolge gemel-
det.[11] Die wichtigsten wirtschaftspolitischen Zielsetzungen lassen
sich wie folgt zusammenfassen: Steigerung des Gesamtexports (vor
allem: Maschinenbau sowie Elektrotechnik/Elektronik), Erhöhung
der Investitionen u. a. in der Bauwirtschaft und in der Landwirtschaft – jedoch auch im RGW-Bereich (besonders in der UdSSR),
weitere erhebliche Steigerung der Arbeitsproduktivität, Rationalisierung und intensive Ausnutzung der Produktionsanlagen.

Positiv wie kritisch äußerte sich der Generalsekretär zu der Erfüllung der ,,Hauptaufgabe''. Die Dienstleistungen müßten in erhebli-
chem Maße weiter ausgebaut werden; die produzierten Konsumgüter sollten ,,langlebig, zuverlässig und von guter Qualität'' sein.
Damit sprach Honecker jene sensitiven Aspekte des Alltagslebens in
der DDR an, die nach wie vor für die Betroffenen vielfach unbefriedigend sind.

Auffällig war ferner, daß trotz aller Kritik und Selbstkritik das
Ausmaß der gegenwärtigen Verschuldung der DDR, die enorme
Verteuerung und damit Verknappung der Rohstoffe nicht erwähnt

wurden. Es kann deshalb angenommen werden, daß große Teile der Bevölkerung über die tatsächlichen wirtschaftlichen Schwierigkeiten der DDR nicht oder nur ungenügend informiert sind.

d) Sozialpolitik

Über die Frage, warum die neuesten sozialpolitischen Verbesserungen erst eine Woche *nach* dem IX. Parteitag verkündet wurden, ist im Westen vielfach spekuliert worden.[12] Meistens kam man zu der plausiblen Antwort, daß die Bevölkerung solche Verbesserungen von dem Parteitag erwartet hätte. Als sie ausblieben, wäre die Enttäuschung derart groß gewesen, daß die SED nicht umhin gekonnt hätte, die erst für einen späteren Termin vorgesehenen Maßnahmen vorzuziehen. Wie dem auch sei: Neben dem schon auf dem IX. Parteitag verkündeten Wohnungsbauprogramm einschließlich der zusätzlichen Selbstverpflichtungen (550 000 und 100 000 neue Wohnungen bis 1980) und den rückwirkend zum 1. 1. 1976 in Kraft getretenen Steuererleichterungen für die rd. 90 000 privaten Handwerksbetriebe wurde am 27. Mai 1976[13] u. a. die Erhöhung der Mindestlöhne und Mindestrenten, die Arbeitszeitverkürzung für 1,2 Millionen Schichtarbeiter auf die Vierzig-Stunden-Arbeitswoche, die Einführung eines 13. Monatsgehalts für Lehrer und Erzieher, ferner eine Verbesserung des Mutterschutzes und eine Verkürzung der Arbeitszeit für werktätige Mütter bekanntgegeben.[14] Diese sozialpolitischen Verbesserungen sollen überwiegend allerdings erst im Laufe der Jahre 1977/78 in Kraft treten.

e) Gesellschaftspolitik

Im Unterschied zu einer aktiven Sozialpolitik, die konkrete, kurzfristig wirksam werdende Verbesserungen der Lebenslage für unterschiedliche Gruppen von Menschen anzielt, ist Gesellschaftspolitik im Selbstverständnis der SED mit den strategisch-langfristigen Zielsetzungen, mit dem Versuch, das bestehende Schichten- und Klassengefüge in der DDR weiter umzuformen, verbunden.

Nicht zufällig widmete Honecker in seiner Parteitagsrede lange

Passagen der künftigen Rolle der „Intelligenz", der sozialstrukturell so wichtigen „Zwischenschicht" zwischen den beiden „Grundklassen" der Arbeiter und Bauern. Dabei unterschied er, durchaus differenzierend, zwischen der künstlerischen, der wissenschaftlichen, der medizinischen und der pädagogischen Intelligenz. Die Auslassungen über die „Intelligenz" stehen im Kontext mit dem von der Partei avisierten Wandel „auf geistig-kulturellem Gebiet" sowie mit dem weiteren Wandel in der Wissenschaftsorganisation.[15]

Wenden wir uns zunächst dem zuletzt erwähnten Komplex zu. Die Zentralisierung der Forschungslenkung durch die Akademie der Wissenschaften der DDR soll künftig offenbar ebenso weiter ausgebaut werden wie die fachliche Qualifikation und politische Schulung des einzelnen Wissenschaftlers – eine Bündelung von Zielsetzungen, die in der DDR bisher noch niemals erfolgreich durchgesetzt werden konnte. Dennoch: Bemerkenswert an der Rede Honeckers sind nicht so sehr diese schon von Ulbricht verkündeten Leitsätze; bemerkenswert ist vielmehr der weitere Schritt in Richtung auf eine Leistungs- und Erziehungsgesellschaft, in der „Lernen" und „Können" größer als jemals zuvor geschrieben werden. Diesem Ziel zuliebe durchbrach Honecker pragmatisch ideologische Grundsätze, einmal, indem er die Bedingungen und Notwendigkeiten der „Schulpraxis" stärker hervorhob; zum anderen, indem er das *Vertrauensverhältnis* zwischen Kind, Lehrer und Familie betonte.[16] Das *Werben* um das *Vertrauen* der Jugendlichen und Eltern hat offensichtlich massive, gesellschaftspolitisch bedingte Hintergründe. Nach neuen Berichten häufen sich Verdrossenheit, Arbeitsbummelei, Lehrabbrüche und Arbeitsplatzwechsel bei den von der Schule kommenden Jugendlichen. Auch der Mangel in der Effizienz der Berufslenkung, in der adäquaten Eingliederung der Schulabgänger in das Berufsleben wird in diesem Zusammenhang betont.[17]

Einen zweiten, für die künftige Gesellschaftspolitik wesentlichen Aspekt stellt die oben bereits erwähnte Kulturpolitik dar. Zahlreiche Indizien sprachen schon vor dem Parteitag dafür, daß die SED hier ihre Anstrengungen wesentlich vergrößern wird. Ihre Kulturpolitik besitzt dabei mehrere Stoßrichtungen. Sie zielt einmal nach innen, um die fehlende politische Legitimation zu kompensieren und die latente Unzufriedenheit aber auch Apathie der Massen zu überwinden. Dieser Aspekt der kulturpolitischen Offensive der SED nach innen sei mit Honeckers eigenen Worten gekennzeichnet: „Eine Hauptrichtung sozialistischer Kulturarbeit besteht darin, in größerer Breite und höherer Qualität allen Neigungen und Interessen der Menschen ein weites Betätigungsfeld zu geben."[18] Diese Bestrebungen laufen darauf hinaus, „in jedem Menschen dasselbe Gefühl des Stolzes auf sein Vaterland, die sozialistische DDR, weiter zu stärken".[19]

Kulturpolitik ist ferner als ein wesentlicher Aspekt der „Integration" in den Ostblock anzusehen („. . . die vielfältigen Beziehungen zur Kultur des Sowjetvolkes . . ."). Kulturpolitik ist schließlich als Instrument des ideologischen Klassenkampfes mit der Bundesrepublik zu begreifen. In diesem Zusammenhang stehen auch unmittelbar die Forderung einer weiter auszubauenden „sozialistischen Nationalkultur" in der DDR und die Auseinandersetzungen dieser Nationalkultur mit „allen möglichen Spielarten der imperialistischen Ideologie".

Diese Aussagen ähneln den Bemerkungen Honeckers über die künftige, in ihrer Bedeutung offensichtlich nicht zu überschätzende „politisch-ideologische Arbeit". Unter Hinweis auf das neue Programm der SED hob er hervor: „Die ideologische Arbeit ist und bleibt das Herzstück der Parteiarbeit."[20]

3. Das neue Programm der SED[21]

Nach langwierigen Vorbereitungen, die bis in das Jahr 1972 zurückreichen, wurde der Programmentwurf während der Parteiwahlen Mitte Januar 1976 im „Neuen Deutschland" veröffentlicht.[22] Die darauf einsetzende „Volksaussprache" führte zu zahlreichen Änderungen der ursprünglichen Fassung. Besonders aufschlußreich ist – bei einem Vergleich des Entwurfs mit dem endgültigen Text – die Herausstellung von sozial- und kulturpolitischen Aspekten (Gesundheitswesen, Sport, künstlerische Vielfalt) wie auch die stärkere Betonung einzelner Rechte und Freiheiten der Bürger.

Der endgültige Text des neuen, zweiten Parteiprogramms[23] in der Geschichte der SED erscheint dann besonders aussagekräftig, wenn er mit dem von 1963 bis 1976 gültigen ersten Programm verglichen wird. Der Vergleich der Texte läßt folgende Hypothese zu: Während das Parteiprogramm von 1963 in relativ rigider, leerformelhafter, dogmatisch marxistisch-leninistischer Sprache fast ausschließlich die SED-Mitglieder als Bezugsgruppe anspricht, richtet sich das Parteiprogramm von 1976 in vielfach abgewogeneren Formulierungen, durch seine vom Jargon relativ stärker entlastete Semantik und durch seine realitätsnähere Akzentuierung nicht nur an die SED: Es will möglichst *alle* Menschen in der DDR erreichen.

Solche Unterschiede lassen sich nicht durchweg, aber doch vielfach aus den Texten belegen. So wird im Abschnitt II des neuen Programms auf die Aufgabe der Sozialpolitik ebenso eingegangen wie auf die Differenziertheit der Sozialstruktur der DDR. Im Abschnitt über ,,die Gestaltung der entwickelten sozialistischen Gesellschaft in der Deutschen Demokratischen Republik" wird erneut, im Unterschied zum alten Programm, die ,,Einheit" von Wirtschafts- und Sozialpolitik, welche die Klassenunterschiede mildern soll, betont. Der Leistungsgedanke, die Möglichkeit des einzelnen, sich durch berufliche Leistungen zu qualifizieren, wird nicht nur stärker hervorgehoben. Er wird vielmehr auch humaner formuliert; es wird mehr auf das Arbeitsleid des einzelnen, das es zu verringern gelte, abgehoben. Konkret schlägt sich das neue Konzept etwa bei der vorgesehenen Verbesserung der Arbeitsbedingungen der Schichtarbeiter nieder. Zwar handelt auch das neue Programm, in teilweise massiven Formulierungen, von dem zunehmenden ,,Einfluß der Arbeiterklasse"; gleichzeitig werden jedoch das Verantwortungsbewußtsein *jedes* Bürgers sowie Sinn und Zweck einer verbesserten Bildung und Ausbildung angesprochen.

Die politisch vielleicht wichtigste Passage ist unter der Überschrift ,,Die politische Organisation der entwickelten sozialistischen Gesellschaft" zu finden. Hier mag es lohnend sein, die entsprechenden Absätze des Parteiprogramms von 1976 denen von 1963 gegenüberzustellen. 1976 heißt es: „Die Hauptrichtung, in der sich die sozialistische Staatsmacht entwickelt, ist die weitere Entfaltung und Vervollkommnung der sozialistischen Demokratie. Die in vielfältigen Formen erfolgende Mitwirkung der Bürger an der Leitung des Staates und der Wirtschaft wird immer mehr zum bestimmenden Merkmal des Lebens im Sozialismus. Der sozialistische Staat garantiert allen Bürgern die politischen Freiheiten und sozialen Rechte: das Recht auf Arbeit, auf Erholung, auf unentgeltliche Bildung und Schutz der Gesundheit, auf die materielle Sicherheit im Alter und im Falle von Krankheit oder bei Verlust der Arbeitsfähigkeit; die Gleichberechtigung der Bürger unabhängig von rassischer und nationaler Zugehörigkeit, von Weltanschauung, religiösem Bekenntnis und sozialer Stellung. Er garantiert gleiches Recht für Männer und Frauen in allen Bereichen des staatlichen, wirtschaftlichen und kulturellen Lebens."

Entsprechende Formulierungen im Zweiten Teil, Abschnitt IV des Programms von 1963 lauten: „An der Spitze der Aufgaben des sozialistischen Staates steht seine wirtschaftlich-organisatorische und kulturell-erzieherische Funktion, die Leitung der Wirtschaft, Wissenschaft und Kultur. Die Arbeiter-und-Bauern-Macht dient dem Wohl des Volkes. Sie sichert dessen Freiheit und friedliches Leben und schützt die sozialistischen Errungenschaften. Sie sichert allen Bürgern – ohne Ansehen der Person, Herkunft und Weltanschauung – angemessene Arbeit, Freiheit von jeglicher Ausbeutung und Knechtung, Gerechtigkeit und das unveräußerliche Recht mitzuarbeiten, mitzuplanen und mitzuregieren ... Im Zuge der Entwicklung werden immer mehr Bürger an der Lösung staatlicher Aufgaben und somit unmittelbar an der Verwirklichung der Staatspolitik teilnehmen. Besonderes Augenmerk verdient die Einbeziehung der Frauen und der jungen Kräfte in die Leitung des Staates und der Wirtschaft."

An diesen Passagen ist deutlich zu erkennen, wie sehr die SED gegenwärtig bestrebt ist, sich als „demokratische" Kraft darzustellen, wie sehr ihr daran liegt, die DDR als Staat auszuweisen, in dem die „Menschenrechte" verwirklicht sind. Gleichzeitig zeigt das Zitat des Programms von 1976 im Vergleich zu 1963, daß die SED um eine *bürgernähere Sprache* bemüht ist – eine Sprache, von der sie glauben mag, daß sie ihr unter der Bevölkerung der DDR Sympathien einbringt und im Westen[24] sowie den Entwicklungsländern nicht ohne Wirkung bleibt.

Ähnliche Unterschiede zwischen den beiden Programmen lassen sich in den Abschnitten über „die Entwicklung der sozialistischen Nationalkultur", die „sozialistische Lebensweise", in den Sätzen über die Mitarbeit des einzelnen, über Gesundheit und Erholung sowie über die Familie nachweisen.

4. Politbüro und Sekretariat des Zentralkomitees der SED

Die generellen und partiellen Zielsetzungen der künftigen Politik der SED-Führung – Ziele, die sich sowohl auf die Außen- wie auf die Wirtschafts-, Gesellschafts- und Sozialpolitik beziehen – können nicht angemessen interpretiert werden, wenn nicht auch die neu zusammengesetzten Führungsgremien der Partei (Politbüro, ZK-Sekretariat, Zentralkomitee) analysiert und mit der Situation des Jahres 1971 verglichen werden.

a) Politbüro

Zu dem auf der 1. Tagung des Zentralkomitees nach dem IX. Parteitag der SED gewählten Politbüro gehören 19 Mitglieder und 9 Kandidaten.[25] Mit insgesamt 28 Spitzenfunktionären ist dies das zahlenmäßig größte Politbüro, das in der Geschichte der SED je existiert hat.

Die gegenwärtige Größe des Politbüros mag darauf zurückzuführen sein, daß Honecker einerseits bestrebt ist, gegenüber der Ulbrichtzeit die Kontinuität der Führungselite zu wahren. Andererseits muß ihm permanent daran gelegen sein, die eigene Machtbasis zu festigen. So hat er seit Mitte 1971 ihm persönlich verbundene Spitzenfunktionäre zusätzlich in dieses wichtigste Entscheidungsgremium der SED aufgenommen. Gleichzeitig jedoch haben alle noch aus Ulbrichts Zeiten dem Politbüro angehörenden führenden

SED-Politiker, soweit sie nicht verstorben sind, sowohl 1971 wie 1976 ihren Sitz in diesem Gremium behalten.

Nachstehende Tabelle gibt die Veränderungen im Politbüro 1976 gegenüber 1971 wieder (M = Mitglieder; K = Kandidaten):

	Politbüro 1976		Politbüro 1971	
Axen, Hermann	M	(seit 1970)	M	
Ebert, Friedrich	M	(seit 1949)	M	
Felfe, Werner	M			(K seit 1973)
Grüneberg, Gerhard	M	(seit 1966)	M	
Hager, Kurt	M	(seit 1963)	M	
Hoffmann, Heinz	M			(M seit 1973)
Honecker, Erich	M	(seit 1958)	M	
Krolikowski, Werner	M	(seit 1971)	M	
Lamberz, Werner	M	(seit 1971)	M	
Mielke, Erich	M		K	(M seit 1973)
Mittag, Günter	M	(seit 1966)	M	
Mückenberger, Erich	M	(seit 1958)	M	
Naumann, Konrad	M			(K seit 1973)
Neumann, Alfred	M	(seit 1958)	M	
Norden, Albert	M	(seit 1958)	M	
Sindermann, Horst	M	(seit 1967)	M	
Stoph, Willi	M	(seit 1953)	M	
Tisch, Harry	M		K	(M seit 1975)
(Ulbricht, Walter)			M	(† 1. 8. 73)
Verner, Paul	M	(seit 1963)	M	
(Warnke, Herbert)			M	(† 26. 3. 75)
Dohlus, Horst	K			
(Ewald, Georg)			K	(† 14. 9. 73)
(Halbritter, Walter)			K	
Herrmann, Joachim	K			(K seit 1973)
Jarowinsky, Werner	K	(seit 1963)	K	
Kleiber, Günther	K	(seit 1967)	K	
Krenz, Egon	K			
Lange, Ingeburg	K			(K seit 1973)

			K	(M seit 1976)
(Mielke, Erich)			K	(M seit 1976)
Müller, Margarete	K	(seit 1963)	K	
Schürer, Gerhard	K			(K seit 1973)
(Tisch, Harry)			K	(M seit 1975)
Walde, Werner	K			

Folgende SED-Spitzenfunktionäre sind unter Honecker (seit 1971) erstmals zu Mitgliedern bzw. Kandidaten des Politbüros avanciert: die gegenwärtigen (1976) Mitglieder: Felfe (geb. 1928), Hoffmann (geb. 1910), Krolikowski (geb. 1928), Lamberz (geb. 1929), Mielke (geb. 1907), Naumann (geb. 1928), Tisch (geb. 1927); die gegenwärtigen (1976) Kandidaten: Dohlus (geb. 1925), Herrmann (geb. 1928), Krenz (geb. 1937), Lange (geb. 1927), Schürer (geb. 1921), Walde (geb. 1926).

Unter ihnen fällt eine Gruppe von – über die FDJ – mit dem SED-Chef verbundenen Funktionären auf: die Mitglieder Felfe und Naumann sowie die Kandidaten Herrmann, Krenz und Lange. Insgesamt haben 9 der gegenwärtig 28 Funktionäre des Politbüros ihre politische Karriere in der FDJ begonnen (zusätzlich zu den soeben aufgeführten: Axen, Lamberz, Verner und Honecker selbst).

Eine weitere Gruppe, die sich mit der erstgenannten überschneidet, kann gebildet werden: diejenigen, die vermutlich wegen ihrer Qualifikation, ihres langjährigen Vertrauensverhältnisses zu Honecker, ihrer Erfahrung in führenden Parteipositionen[26] sowie qua Amt in das Politbüro aufgenommen wurden. Es handelt sich um die ZK-Sekretäre Krolikowski (Wirtschaft), Lamberz (Agitation), Dohlus (Parteiorgane), Herrmann (Kultur/Wissenschaft oder Propaganda West), Lange (Frauen) sowie den FDGB-Vorsitzenden Tisch und den Vorsitzenden der Staatlichen Plankommission Schürer.

Von den ZK-Sekretären sind Krolikowski,[27] Dohlus, Lange (im Oktober 1973) und Herrmann (auf dem IX. Parteitag) erst unter Honecker nicht nur in das Politbüro, sondern auch – nachdem sie schon lange Jahre Spitzenpositionen bekleidet hatten – in ihre Sekretariatsposten eingerückt. Zwei weitere Funktionäre verkörpern den Bereich „Staatssicherheit" (Mielke, der Minister für Staatssicherheit) und „Nationale Verteidigung" (Hoffmann, der Minister für Nationale Verteidigung). Ihre Aufnahme in das Politbüro mag aus zwei Gründen resultieren: Einmal hat die SED mit diesen Ernennungen aus dem Oktober 1973 (10. Plenum des ZK der SED) eine Entwicklung im Politbüro der KPdSU kopiert. In das höchste Führungsgremium der sowjetischen Partei wurden im April 1973 der Verteidigungsminister der UdSSR, Marschall A. A. Gretschko, sowie I. W. Andropow, der Chef des sowjetischen Staatssicherheitsdienstes, aufgenommen; zum anderen ist Honecker selbst als langjähriger SED-Sekretär für Sicherheitsfragen dem Sicherheits- und Verteidigungsbereich eng verbunden.

Den unter Honecker zu Politbüromitgliedern oder -kandidaten aufgestiegenen SED-Funktionären stehen diejenigen Spitzenpolitiker gegenüber, die nunmehr schon seit mindestens 10 Jahren Mitglied oder Kandidat des Politbüros und damit im Durchschnitt älteren Jahrgangs sind. Unter ihnen befindet sich der Parteiveteran und ehemalige Oberbürgermeister von Ost-Berlin Friedrich Ebert, heute über 80 Jahre alt (geb. 1894) und seit Bestehen der SED Mitglied von deren Parteivorstand bzw. Politbüro; ferner die gegenwärtigen (1976) Mitglieder: Axen (geb. 1916), Grüneberg (geb. 1921), Hager (geb. 1912), Mittag (geb. 1926), Mückenberger (geb. 1910), Neumann (geb. 1909), Norden (geb. 1904), Sindermann (geb. 1915), Stoph (geb. 1914), Verner (geb. 1911) sowie die gegenwärtigen Kandidaten: Jarowinsky (geb. 1927), Kleiber (geb. 1931), Müller (geb. 1931).

Darüber, daß es Honecker gelang, die – jedenfalls im Jahre 1971 – vielfach als potentielle Konkurrenten angesehenen Spitzenfunktionäre, Günter Mittag und Willi Stoph, zunächst zur Seite zu drängen, kann hier nicht im einzelnen berichtet werden. Im vorliegenden Zusammenhang scheint jedoch erwähnenswert, daß auch solche Funktionäre, die für die Zeit vor 1971 als Parteigänger Ulbrichts anzusehen sind, heute Honecker unterstützen. Dies gilt in erster Linie für Axen, Sindermann, Verner, Hager, jedoch auch für

Jarowinsky und mehr noch für Mittag. Die anderen oben genannten altgedienten Funktionäre verhalten sich ebenfalls offensichtlich Honecker gegenüber loyal. Allerdings verstummen in der DDR die Gerüchte nicht, daß Norden viel von seiner einstigen Brillanz verloren hat und heute bisweilen wegen seines Altersstarrsinns als belastend empfunden wird. Um Stoph war es, nachdem er das Amt des Vorsitzenden des Staatsrates übernommen hatte, merklich stiller geworden.[28]

Wenn die Frage gestellt würde: Gibt es heute eine Honecker-Mannschaft, gibt es eine Gruppe von Politikern, auf deren grundsätzliche Verbundenheit Honecker im Politbüro rechnen kann, so ist mit einem eindeutigen ,,Ja'' zu antworten. Eine ,,Opposition'' oder Gegen-,,Fraktion'' ist momentan nicht zu erkennen. Allerdings ist auch nicht auszumachen, wieweit die Politbüromitglieder und -kandidaten die Person Erich Honecker und wieweit sie die von ihm in Abstimmung mit der KPdSU-Führung verfolgte Politik unterstützen.

Auffallend ist, daß in der SED-Spitze gegenwärtig die von Ulbricht zu Ende seiner Amtszeit vertretene Linie einer politisch-ideologischen Sonder- und Vorbildrolle der DDR, eines besonderen DDR-Sozialismus, ideologisch offenbar nicht weiterverfolgt wird. Andererseits ist nicht zu verkennen, daß auch Honecker die DDR seit 1971 auf wirtschafts- und sozialpolitischem Gebiet zu einer Art sozialistischen ,,Modellstaat'' auszubauen bestrebt ist. Im Unterschied zu Ulbricht wird dieser Ausbau jedoch nicht ideologisch und programmatisch hochstilisiert, sondern pragmatisch, sozusagen in kleinen Schritten, zu erreichen gesucht. Honecker scheint im Unterschied zu seinem Vorgänger ein Vertreter des Inkrementalismus zu sein.

Honecker konnte also – durch seinen persönlichen Führungsstil, durch die ihm ergebenen Kader und die ihm als SED-Chef zur Verfügung stehende Amtsautorität bedingt sowie vor allem infolge der Unterstützung durch die KPdSU-Spitze – seine Machtbasis ebenso systematisch wie rasch festigen. Dies gelang ihm praktisch-politisch nicht nur, weil er eine Reihe von ihm vertrauten Funktionären in das Politbüro aufnehmen ließ. Vielmehr hat er es auch vermocht, einen Teil der alteingesessenen Politbüromitglieder auf seine Seite zu bringen.

In diesem Zusammenhang scheinen einige Fragen erlaubt, wenn ihre Beantwortung auch offen gelassen werden muß: Wieweit handelt es sich hier, bei der Kontinuität der Altfunktionäre im Politbüro, lediglich um ein Reagieren auf das sowjetische Vorbild; wieweit um den Ausdruck eines mehr oder minder gemeinsamen Willens der SED-Elite zur Stabilität der Führungsspitze in einem immer noch legitimationsschwachen Staat; wieweit, schließlich, um die Früchte einer gemeinsamen, schweigenden Opposition gegen die Politik des späten Ulbricht?

Die gegenwärtig zu beobachtende relative Geschlossenheit der SED-Führungsgruppe ist offensichtlich ein Werk Honeckers. Der Generalsekretär – selbst Jahrgang 1912, also heute Mitte 60 – hat seit 1958 dem Politbüro als Mitglied angehört und gleichzeitig als ZK-Sekretär fungiert. Die Rollenveränderung vom Gruppenmitglied (in einem von Ulbricht autoritär geführten Politbüro) zum Gruppenführer ist ihm gelungen, ohne daß er sich unter den ehemaligen Gruppenmitgliedern auffällig Feinde geschaffen hätte. Das bei seiner Machtübernahme so häufig zitierte Schlagwort von der ,,kollektiven Führung'', die die autokratische Herrschaft Ulbrichts ablösen werde, ist damit sicherlich nicht einfach abzutun. Honeckers Machtwille ist jedoch, wie die Übernahme des Vorsitzes des Staatsrates der DDR im Oktober 1976 zeigt, sicherlich nicht unterentwickelt. Im Gegenteil.

b) Sekretariat

Noch mehr als im Politbüro der SED spiegelt sich die personelle Kontinuität der SED-Spitze im ZK-Sekretariat, dem machtpolitischen Kern des Politbüros, wider. Sieben der gegenwärtig elf ZK-Sekretäre (ausschließlich des Generalsekretärs Honecker) sind *langjährige* Ressortchefs im SED-Apparat:

Hermann Axen, ZK-Sekretär für den Bereich[29] Internationale Verbindungen, Mitglied des ZK-Sekretariats seit 1966;

Gerhard Grüneberg, ZK-Sekretär für Landwirtschaft, Mitglied des ZK-Sekretariats seit 1958;

Kurt Hager, ZK-Sekretär für Kultur/Wissenschaft, Mitglied des ZK-Sekretariats seit 1955;

Werner Jarowinsky, ZK-Sekretär für Handel und Versorgung, Mitglied des ZK-Sekretariats seit 1963;

Werner Lamberz, ZK-Sekretär für Agitation, Mitglied des ZK-Sekretariats seit 1967;

Albert Norden, ZK-Sekretär für Propaganda (-West), Mitglied des ZK-Sekretariats seit 1955;

Paul Verner, ZK-Sekretär für Sicherheit, Mitglied des ZK-Sekretariats von 1950–1953 und seit 1958.

Nur vier neue Funktionäre sind seit Honeckers Machtübernahme Mitte 1971 in dieses Gremium eingezogen:

Horst Dohlus, ZK-Sekretär für Parteiorgane, Mitglied des ZK-Sekretariats seit 1973;

Joachim Herrmann, ZK-Sekretär vermutlich für Kultur/Wissenschaft oder Propaganda (-West), eventuell auch für deutschlandpolitische Fragen, Mitglied des ZK-Sekretariats seit 1976;

Werner Krolikowski, ZK-Sekretär für Wirtschaft, Mitglied des ZK-Sekretariats seit 1973 (vgl. Anm. 27);

Ingeburg Lange, ZK-Sekretär für Frauen, Mitglied des ZK-Sekretariats seit 1973.

Unter diesen Neuzugängen ist nur einer (Krolikowski), der einen ehemals prominenten ZK-Sekretär, nämlich Günter Mittag, für relativ kurze Zeit ersetzt hat. Die neuen ZK-Sekretäre Dohlus und Lange verkörpern dagegen Aufgabenbereiche (Parteiorgane und Frauen), die bisher nicht gesondert im ZK-Sekretariat vertreten waren. In diesen beiden Fällen – jedoch nur in diesen – handelt es sich also um eine personelle und sachliche Erweiterung des ZK-Sekretariats. Anders bei Joachim Herrmann. Er könnte von Honecker zusätzlich für das ZK-Sekretariat ausgewählt worden sein, um einerseits als Gegengewicht gegen den altersstarren Norden zu fungieren und um andererseits den ehrgeizigen, jüngeren Lamberz nicht allzu mächtig werden zu lassen. Wie dem auch sei: Ein harter

Kern von SED-Spitzenfunktionären aus Ulbrichts Zeiten bestimmt auch unter Honecker, gegenwärtig und in näherer Zukunft, die Geschicke der SED – und der DDR.

5. Das neue Zentralkomitee

Das vom IX. Parteitag der SED gewählte[30] Zentralkomitee setzt sich aus 145 Mitgliedern und 57 Kandidaten, also insgesamt 202 Personen, zusammen. Damit ist es – wie ihrerseits Politbüro und ZK-Sekretariat – das zahlenmäßig größte Zentralkomitee, das es in der Geschichte der SED bisher gegeben hat: das erste, auf dem III. Parteitag (1950) gebildete Zentralkomitee versammelte 81 Mitglieder und Kandidaten in seinen Reihen, das des VI. und VII. Parteitages zählte jeweils insgesamt 181 und das Zentralkomitee des VIII. Parteitages 189 Personen (135 Mitglieder und 54 Kandidaten).

Wie hat sich das Zentralkomitee des IX. Parteitages (= ZK 76) gegenüber seinem Vorgänger, dem Zentralkomitee des VIII. Parteitages (= ZK 71), verändert? Um diese Frage zu beantworten, empfiehlt es sich, die Gruppen der aus dem Zentralkomitee Ausgeschiedenen und vor allem der Neuaufnahmen zunächst einmal etwas näher zu untersuchen.

Von den 135 Mitgliedern des ZK 71 sind insgesamt 21 nicht mehr im ZK 76 vertreten: 13 sind zwischenzeitlich, z. T. durch Tod, ausgeschieden, und 8 sind in der Liste der neuen Mitglieder nicht mehr zu finden.

Von den 54 Kandidaten des ZK 71 sind 9 nicht mehr im ZK 76 vertreten und insgesamt 23 zu Mitgliedern aufgerückt.

Die Zahl der Neuaufnahmen im ZK 76 beträgt bei den Mitgliedern 8, bei den Kandidaten 35.

An diesen Zahlen fällt zunächst auf, daß die Gruppe der *Kandidaten* des Zentralkomitees eine beachtliche *Mobilität* aufweist. Nur 22 Kandidaten des ZK 71, also weniger als die Hälfte, sind auch im ZK 76 noch als Kandidaten vertreten. Solche Mobilität entspricht durchaus den parteiorganisatorischen Vorstellungen der SED; denn der Status des Kandidaten ist prinzipiell als Übergangsstatus konzipiert. In konkreten Fällen wird allerdings auch vom Prinzip abgewichen. So ist beispielsweise der Schauspieler Hans-Peter Minetti seit 1958 ununterbrochen Kandidat des Zentralkomitees gewesen. Gründe für die kontinuierliche Einstufung als ZK-Kandidat können etwa in einem, in der Kaderakte festgehaltenen dunklen Punkt der jeweiligen persönlichen Biographie liegen; bekanntgegeben werden sie nicht.

Hinsichtlich der 21 Mitglieder und 9 Kandidaten des ZK 71, die im ZK 76 nicht mehr vertreten sind, ist es schwer – abgesehen von den Verstorbenen – generelle Gesichtspunkte für ihr Ausscheiden auszumachen. Jeder Fall wäre gesondert zu betrachten. Dies kann hier – mangels gesicherter Information – nicht geschehen.

Etwas günstiger ist die Lage für den westlichen Beobachter hinsichtlich der Neuaufnahmen – und hier besonders bezüglich der 35 Personen, die *erstmals* als Kandidaten in das Zentralkomitee aufgenommen worden sind. Besonders diese Gruppe erlaubt einige Rückschlüsse auf gegenwärtige politische Schwerpunkte. Bei den neu aufgenommenen 8 Mitgliedern handelt es sich demgegenüber eher um personalpolitische Korrekturen, die im vorliegenden Zusammenhang weniger interessieren.

Nach Hauptfunktionsbereichen – d. h. nach den Bereichen, in denen die hauptberufliche Tätigkeit ausgeübt wird[31] – gliedern sich die 35 Kandidaten wie folgt: 10 arbeiten im Parteiapparat, 9 im Staatsapparat im engeren Sinne, 6 in der Wirtschaft, 3 in der Landwirtschaft, 3 sind Funktionäre der Massenorganisationen, 3 weitere sind im Kulturbereich tätig und 1 ist, als stellvertretender Chef der Politischen Hauptverwaltung, in der NVA beschäftigt. Im einzelnen fallen folgende Erscheinungen ins Auge:

(1) Im Parteibereich wurden – außer zwei ZK-Abteilungsleitern, die mit für die gegenwärtige wirtschaftliche Situation der DDR entscheidenden Ressorts betraut sind: Günter Ehrensperger, zuständig für Planung und Finanzen, sowie Gerhard Troelitsch, Leiter der Abteilung Bauwesen – einige ideologische Strategen, die schon seit Jahren aufgrund ihrer Publikationen und/oder ihrer Tätigkeit auch im Westen wohl bekannt sind, erstmals als Kandidaten in das Zentralkomitee des Jahres 1976 gewählt:

- so der Leiter der West-Abteilung des ZK, Herbert Häber,
- der Lehrstuhlleiter am Institut für Gesellschaftswissenschaften beim ZK der SED, Erich Hahn, der einer der Hauptmitarbeiter am neuen Programm der SED gewesen ist,
- sein Kollege Hans Koch, der aufgrund seiner Veröffentlichungen auf dem Gebiet der marxistisch-leninistischen Ästhetik langjährig bekannt ist,
- der Stellvertreter des Direktors der Parteihochschule „Karl Marx", Manfred Herold,
- der Wirtschaftswissenschaftler Helmut Koziolek, der seit 1965 das Zentralinstitut für Sozialistische Wirtschaftsführung leitet.

Bis auf das Institut für Marxismus-Leninismus, das lediglich mit seinem stellvertretenden Direktor, Ernst Diehl, vertreten ist, sind damit alle ZK-Institute durch ihre Direktoren und z. T. sogar durch mehrere Mitarbeiter im ZK 76 repräsentiert. Die erhöhte Bedeutung, die die SED der ideologisch-politischen Auseinandersetzung speziell mit der Bundesrepublik sowie politisch-ideologischen Fragen im Rahmen des internationalen Kommunismus zumißt, kommt in dieser Erscheinung zum Ausdruck. ZK-Institute bzw. einige ihrer Abteilungen treten zudem in der UdSSR wie in der DDR immer stärker als Konsultationsgremien hervor. Neben ihrer Konsultationsfunktion erfüllen diese Institute jedoch auch die Funktion parteieigener Dokumentations-, Informations- und Kommunikationszentren – mit den vielfältigen Aufgaben, die von detaillierten Expertisen über die scheinwissenschaftliche Information der Öffentlichkeit bis zur Ausspähung bzw. ideologischen Bekämpfung des Gegners reichen.

(2) Aus dem Bereich des Staatsapparates sind einige prominente Funktionäre, deren Hauptarbeitsfeld die Außenpolitik oder die Außenwirtschaft ist, neu aufgenommen worden:
- Gerhard Beil, Staatssekretär im Ministerium für Außenhandel,
- die Botschafter Gerd König (ČSSR) und Günter Sieber (Polen)
- sowie der Vertreter der DDR in der Bundesrepublik, Michael Kohl.

Zweifellos haben Außenwirtschaft und Außenpolitik im politischen System der DDR seit dem UN-Beitritt im Jahre 1973 an

Bedeutung gewonnen. Hieraus mögen sich diese Neuberufungen erklären.

Die Repräsentanz der obersten Spitze des Bereichs der Außenwirtschaft im Zentralkomitee ist damit recht vollständig: Neben dem genannten Staatssekretär Beil sind der Minister für Außenhandel, Horst Sölle, und der Ständige Vertreter der DDR im Rat für Gegenseitige Wirtschaftshilfe, Gerhard Weiß, Mitglieder des ZK 76. Noch ausgeprägter ist die Repräsentanz des außenpolitischen Bereichs: Oskar Fischer, der Minister für Auswärtige Angelegenheiten, Herbert Krolikowski, sein Erster Stellvertreter, Peter Florin, der Ständige Vertreter der DDR bei den Vereinten Nationen, schließlich der DDR-Botschafter in Moskau, Harry Ott, sind ZK-Mitglieder und – neben den als Kandidaten neu aufgenommenen diplomatischen Vertretern der DDR in Polen, der ČSSR und der Bundesrepublik – hauptamtlich außenpolitische Spitzenfunktionäre.

(3) Der wirtschaftliche Bereich im engeren Sinne ist demgegenüber unter den neu hinzugekommenen Kandidaten eher mit Funktionären aus dem breitgefächerten mittleren Bereich der Statushierarchien (Abteilungsleiter, Meister u. ä.) repräsentiert. Zahlenmäßig besitzt auch dieses Feld eine beachtliche Stärke: Wirtschafts- und Landwirtschaftsfunktionäre zusammengenommen ergeben die gleiche Anzahl wie die Staatsfunktionäre (9 Kandidaten). Gleichzeitig sind drei Generaldirektoren (Joachim Bialecki, Wolfgang Biermann, Erich Müller), die im ZK 71 noch Kandidaten waren, zu Mitgliedern des ZK 76 aufgerückt. Mit solchen Veränderungen, den Neuaufnahmen wie dem Aufstieg von drei Generaldirektoren zu ZK-Mitgliedern, erhält die Wirtschaft erneut ein stärkeres Gewicht, obwohl die zahlenmäßige Veränderung 1976 gegenüber 1971 minimal ist (s. unten). Im Jahre 1976 ergibt sich für den Hauptfunktionsbereich Wirtschaft, wie 1963, ein Anteil von etwa 10 Prozent am gesamten Zentralkomitee. Allerdings liegt der zahlenmäßige Schwerpunkt, im Unterschied zum ZK 63, bei den Kandidaten. Von den insgesamt 20 Wirtschaftsfunktionären im engeren Sinne im ZK 76 sind 13 Kandidaten und nur 7 Mitglieder (s. unten).

In diesem Kontext ist ferner darauf hinzuweisen, daß der wirtschaftliche Bereich im weiteren Sinne stark vertreten ist. Zusätzlich zu den 20 Wirtschaftsfunktionären gehören allein 12 Ministerratsmitglieder (im Sinne der hier vorgenommenen Aufgliederung der Hauptfunktionsbereiche: Staatsfunktionäre), die mit wirtschaftlichen Aufgaben betraut sind, dem Zentralkomitee 1976 als Mitglieder (10) oder Kandidaten (2) an. Das ist mehr als die Hälfte der 20 Ministerratsmitglieder,[32] die Wirtschaftsressorts verwalten.

Altersmäßig liegt bei den 35 neuen Kandidaten der Schwerpunkt eindeutig in der Gruppe der 40- bis 49jährigen. Die Tatsache, daß nur 6 der neuen Kandidaten aus der Altersgruppe 30 bis 39 Jahre stammen, mag u. a. mit dazu beigetragen haben, daß das ZK 76 ein höheres Durchschnittsalter aufweist, als das ZK 71 (s. unten).

Sieht man einmal von diesen in der Gruppe der 35 neuen Kandidaten erkennbaren Tendenzen ab und vergleicht das ZK 76 insgesamt mit dem ZK 71, dann zeigen sich keine wirklich bemerkenswerten Einschnitte. Die beiden folgenden Tabellen über die altersmäßige Verteilung und die Zusammensetzung der beiden Zentralkomitees nach den Hauptfunktionsbereichen mögen dies verdeutlichen (vgl. Tabelle 1 und 2).

Tabelle 1:
Altersmäßige Verteilung ZK 71 und ZK 76

	M	K	ZK 71	M	K	ZK 76
30–39 Jahre	2	6	8	4	6	10
40–49 Jahre	60	37	97	49	34	83
50–59 Jahre	34	10	44	47	17	64
60–69 Jahre	29	1	30	26	–	26
70–79 Jahre	10	–	10	15	–	15
80 ff.	–	–	–	4	–	4
Summe	135	54	189	145	57	202

Wie Tabelle 1 zeigt, ist in beiden ZKs die Gruppe der 40- bis 49jährigen zahlenmäßig am stärksten vertreten. Ferner hat im ZK

76 die Gruppe der 50- bis 59jährigen ein auffällig größeres Gewicht als im ZK 71. Dies deutet darauf hin, daß sich das *Durchschnittsalter* von Mitgliedern und Kandidaten des ZK 76 gegenüber dem des ZK 71 *erhöht* hat; die genauen Zahlen lauten: 51,1 Jahre Durchschnittsalter für das ZK 71 (Mitglieder: 53,5 und Kandidaten: 45,2 Jahre), 52,9 Jahre Durchschnittsalter für das ZK 76 (Mitglieder: 55,3 und Kandidaten: 46,7 Jahre).

Tabelle 2:
Hauptfunktionsbereiche der Mitglieder und Kandidaten des ZK 71 und des ZK 76

	M	K	ZK 71	M	K	ZK 76
Partei	57	13	70	58	13	71
Staat	38	13	51	43	13	56
Wirtschaft	6	12	18	7	13	20
Landwirtschaft	5	2	7	6	4	10
Kultur und Wissenschaft	12	6	18	11	5	16
Massen-organisationen	7	6	13	13	7	20
NVA	–	–	–	–	1	1
Sonstige, z. B. Parteiveteranen	10	2	12	7	1	8
Summe	135	54	189	145	57	202

Hinsichtlich des Bereichs, in dem die Haupttätigkeit ausgeübt wird, zeigt sich eine relative zahlenmäßige Konstanz (s. Tabelle 2). Dies gilt insbesondere für den Partei-, den Wirtschafts- und den Landwirtschaftsapparat sowie für den Bereich Kultur und Wissenschaft. Beim Hauptfunktionsbereich Wirtschaft hat die Feinanalyse allerdings ergeben, daß er ein *stärkeres* Gewicht erlangt hat (s. oben). Ähnliches gilt für die Landwirtschaft.

Für den Bereich ,,Staat'' ist zahlenmäßig ein geringer Zuwachs zu verzeichnen; die Repräsentanz der Massenorganisationen hat sich auffällig erhöht. Der Anstieg auf 20 Vertreter der Massenorganisationen im ZK 76 ist wesentlich auf eine größere Berücksichtigung von FDJ-Funktionären zurückzuführen.

Im ganzen gesehen ist das ZK 76, wie auch schon das ZK 71, ein Zentralkomitee der *Kontinuität,* wobei – wie anläßlich der Analyse der neuen Kandidaten gezeigt werden konnte – die SED offensichtlich bemüht ist, personalpolitisch flexibel auf bestimmte von ihr wahrgenommene gesellschaftliche Veränderungen zu reagieren. Die zielstrebige Ausrichtung der SED-Politik auf eine weitere innenpolitische Stabilisierung ist an der Entwicklung der Zusammensetzung des Zentralkomitees ebenso abzulesen wie eine gewisse bürokratische Schwerfälligkeit, das Fehlen eines Konzepts, unter dem die Partei über das übliche Maß hinaus hätte mobilisiert werden können.

6. Zur sozialstatistischen Entwicklung der SED-Mitgliedschaft

Wie üblich wurde auf dem IX. Parteitag der SED auch über die Entwicklung der Partei berichtet.[33] Danach zählte die SED im Mai 1976 1.914.382 Mitglieder und 129.315 Kandidaten. Der Gesamtmitgliederstand lag also bei 2.043.697 Personen. Er ist seit 1953, nachdem die Säuberungen in den Jahren 1950–1952 abgeschlossen waren, ständig gestiegen und hat nunmehr die 2-Millionen-Marke überschritten. ,,Jeder sechste Bürger der DDR über 18 Jahre", so rühmte die SED-Propaganda, und ,,jeder achte Bürger der DDR im Alter von 18 bis 25 Jahren" ist gegenwärtig Mitglied bzw. Kandidat der SED.

Abgesehen von der absoluten Zahl der Parteimitglieder und -kandidaten wird von der SED-Führung von jeher Wert darauf gelegt, die Partei als Arbeiterpartei, als Partei der Jugend (d. h. des ,,Fortschritts") sowie als Elite im Sinne der fachlichen Qualifikation der Mitglieder und Kandidaten zu präsentieren. Dies ist nicht leicht zu überprüfen, da die entsprechenden Angaben auf den Parteitagen oft lückenhaft sind. So sind etwa seit 1966 Daten über die altersmäßige Zusammensetzung stets nur noch unvollständig veröffentlicht worden. Das zugängliche sozialstatistische Material ist zudem mit

Vorsicht heranzuziehen. Denn die von der SED bei der Aufstellung der Statistiken verwandten Kriterien sind der westlichen Forschung nicht bekannt; darüber hinaus werden sie – falls überhaupt verbindliche Definitionen existieren – möglicherweise nicht einheitlich gehandhabt; schließlich mögen sie im Laufe der Jahre geändert worden sein.

Honecker sprach auf dem IX. Parteitag hinsichtlich der sozialen Zusammensetzung der SED von einer ,,gesunden Entwicklung'' und begründete dies mit dem Hinweis auf einen Arbeiteranteil von 56,1 Prozent an der Gesamtmitgliedschaft der Partei. Der sozialen Herkunft nach sollen sogar 74,9 Prozent der SED-Mitglieder und -Kandidaten aus der Arbeiterschaft kommen. Beide Prozentzahlen liegen etwas niedriger als 1971. Damals, anläßlich des VIII. Parteitages, wurde der Anteil der Arbeiter an der SED-Mitgliedschaft mit 56,6 Prozent (dem höchsten bekanntgewordenen Prozentwert seit Bestehen der SED) ausgewiesen und konstatiert, daß 76,8 Prozent der sozialen Herkunft nach Arbeiter seien. Die Genossenschaftsbauern sind 1976 mit 5,2 Prozent (1971: 5,9 Prozent), die Intelligenz mit 20 Prozent (1971: 17,1 Prozent), die Angestellten mit 11,5 Prozent (1971: rd. 13 Prozent) repräsentiert. Die statistisch verbleibende Restquote, 1976 als ,,übrige'' bezeichnet, beträgt 7,2 Prozent (1971: rd. 7 Prozent).

Über die altersmäßige Zusammensetzung erfahren wir 1976, daß 12,2 Prozent aller Mitglieder und Kandidaten jünger sind als 25 Jahre; 20,1 Prozent jünger als 30 Jahre und 43,4 Prozent jünger als 40 Jahre. Soweit ein Vergleich mit früheren Jahren möglich ist, scheint der Anteil der Unter-25jährigen stark angestiegen, während die Gruppe der 26- bis 30jährigen zurückgegangen und die der 31- bis 40jährigen relativ konstant geblieben ist. Der hohe Anteil von Jugendlichen unter 25 Jahren im Jahre 1976 ist sicherlich z. T. auf die sogenannte ,,Initiative'' der FDJ zurückzuführen, in deren Rahmen ,,zu Ehren des IX. Parteitages'' über hunderttausend FDJler als Kandidaten in die SED aufgenommen wurden.

,,Auch vom Lebensalter ihrer Mitglieder her ist unsere Partei klar auf die Zukunft orientiert. Fast die Hälfte, genau 45 Prozent der Mitglieder und Kandidaten, sind jünger als 40 Jahre'', verkündete

Honecker im Jahre 1971.[34] Wenn auch dieser Anteil 1976 auf 43,4 Prozent zurückgegangen ist, konnte Honecker doch mit Recht die *Repräsentanz jüngerer Mitglieder* in der Partei hervorheben. Verglichen mit der Bevölkerungspyramide der DDR, bei der die älteren Jahrgänge ein starkes Übergewicht haben,[35] hat die SED eine weit günstigere Altersstruktur aufzuweisen.

Zur *Qualifikationsstruktur* heißt es im Jahre 1976, daß 27,4 Prozent aller Mitglieder und Kandidaten eine Hoch- bzw. Fachschule absolviert haben. Dieser Anteil ist offenbar gestiegen (1973: 22,5 Prozent); er liegt vermutlich höher als der entsprechende Anteil an der Gesamtbevölkerung der DDR.[36] Wichtiger als dieser Vergleich sind für das Selbstverständnis der SED jedoch folgende Angaben: 1976 verfügten alle Sekretäre der Bezirks- und Kreisleitungen und 93,7 Prozent der Parteisekretäre in Kombinaten und Großbetrieben über einen Hoch- oder Fachschulabschluß. Hieraus ist, auch im Vergleich mit den Angaben für frühere Jahre, eindeutig abzulesen, daß leitende Positionen in der SED zunehmend nur nach entsprechender Ausbildung – überwiegend wohl auf den Parteischulen – eingenommen werden konnten.

Weniger ruhmreich ist der traditionell niedrige statistische Frauenanteil, der seit Bestehen der SED erstmals 1976 mit 31,3 Prozent über 30 Prozent angestiegen ist. Da jedoch der Anteil der Frauen an der Gesamtbevölkerung der DDR noch immer mehr als 50 Prozent beträgt und der der Frauen an der arbeitenden Bevölkerung bei indessen knapp über 50 Prozent liegen dürfte,[37] sind die Frauen in der SED erheblich unterrepräsentiert – und dies trotz der mannigfachen Anstrengungen der Partei, die ,,Emanzipation" der Frau voranzutreiben.

7. Zusammenfassung

Der IX. Parteitag der SED war ein Parteitag der Kontinuität und der Konzentration. Honecker demonstrierte selbstbewußt seine Macht und die neuen Errungenschaften des SED-Staates. Daß hier manches ,,show" und glänzende Fassade war, wurde erst nach dem

Parteitag, anläßlich der offensichtlich vorgezogenen sozialpolitischen Maßnahmen und, vor allem auch, der konstituierenden Sitzung der (7.) Volkskammer Ende Oktober 1976, sichtbar.

Der schmale Grat zwischen „hartem" und „weichem" Kurs, den Honecker offensichtlich künftig zu gehen beabsichtigt, wird sich wohl auf die Deutschlandpolitik ebenso auswirken wie auf die Lebenslage des einzelnen DDR-Bürgers.

C. Die DDR im Fadenkreuz von Integration, Nationalstaatlichkeit und Koexistenz

I. Maximen und Möglichkeiten der Außenpolitik der DDR zu Beginn der siebziger Jahre*

1. Maximen

„Die Außenpolitik der Deutschen Demokratischen Republik ist die Politik eines jungen sozialistischen deutschen Staates, sie trägt alle Züge eines aufstrebenden Staates; sie ist dynamisch, grundsätzlich, elastisch und zielbewußt. Sie dient dem Frieden und dem Sozialismus."[1] Mit diesen Worten leitete Peter Florin, seinerzeit (1967) Botschafter der DDR in der Tschechoslowakei, gegenwärtig (seit September 1973) Außerordentlicher und Bevollmächtigter Botschafter der DDR bei den Vereinten Nationen sowie Stellvertreter des Ministers für Auswärtige Angelegenheiten, seine Schrift „Zur Außenpolitik der souveränen sozialistischen Deutschen Demokratischen Republik" ein.

In den einzelnen Abschnitten der folgenden Analyse sollen diese Sätze in ihrem gemeinten Sinn expliziert, die Maximen und Möglichkeiten der Außenpolitik der DDR, wie sie zu Beginn der siebziger Jahre bestanden, herausgearbeitet werden. Obwohl die zitierte Arbeit Florins von 1967 stammt, dürften ihre prinzipiellen Aussagen noch immer Gültigkeit beanspruchen. Jedoch haben sich die Gewichte im außenpolitischen Zielsystem seit dem Inkrafttreten des Grundlagenvertrages (1973) und dem Abschluß der Konferenz über Sicherheit und Zusammenarbeit in Europa (1975) verändert.

a) Das „Staatliche" und das „Nationale"

Im Vordergrund der zitierten Passage steht – gleichermaßen als erste Maxime – die Betonung des Staatlichen: die Hervorhebung der DDR als „Staat". Sie ist gekoppelt mit dem Hinweis, daß es sich um einen *deutschen* Staat handelt. Mit letzterer Behauptung befand sich Florin im Einklang mit dem ersten Satz in Artikel 1 der Verfassung der DDR von 1968, in dem es hieß: „Die Deutsche Demokratische Republik ist ein sozialistischer Staat deutscher Nation." Dieser Satz wurde im Jahre 1974, als Erich Honecker bereits Erster Sekretär des ZK der SED war, abgeändert,[2] der in ihm enthaltene Anspruch der DDR, Repräsentant eines und zwar des historisch wichtigsten Teils der deutschen Nation zu sein, ist jedoch nicht aufgegeben worden. So gibt es auch in Honeckers Wortschatz damals wie heute Formulierungen wie „sozialistische deutsche Nation", „sozialistischer Staat deutscher Nation" oder „sozialistischer Staat deutscher Nationalität".

Sowohl „Staat" wie „Nation" sind ideologische Leitbegriffe für die SED-Führung; allerdings finden sich bei Erich Honecker und seinem Vorgänger Walter Ulbricht unterschiedliche Akzentuierungen. Ulbricht hatte – gegen Ende seines Lebens in zunehmender Weise – für die DDR ein Selbstverständnis in Anspruch genommen, das nationalstaatliche Töne anklingen ließ. Dies bezeugen einige seiner markanten Äußerungen.[3] Bereits in seiner Rede auf dem V. Parteitag (1958) hieß es z. B.: Die Außenpolitik der DDR ist „die einzige nationale deutsche Außenpolitik, die den Interessen aller Deutschen dient". Auf dem VI. Parteitag (1963) führte er aus: „Die Einheit von Frieden, nationalem Interesse, Demokratie und sozialistischer Ordnung bestimmt die geschichtliche Funktion unserer Deutschen Demokratischen Republik." In den Jahren 1963/64 wurde im Zuge der Einführung des „neuen ökonomischen Systems" die Bezeichnung „nationale" Wirtschaft der DDR zur gängigen Redewendung. Auf der 5. Tagung des ZK der SED im Februar 1964 faßte der damalige Erste Sekretär der SED diese Tendenzen in folgende Worte: „Unser neues ökonomisches System ist keine Erfindung, die aus heiterem Himmel kommt. Man könnte es als die konkrete Anwendung und Weiterentwicklung der Leninschen Prinzipien der sozialistischen Wirtschaftsführung auf unsere Bedingungen in der Deutschen Demokratischen Republik, in einem hochentwickelten Industrieland, bezeichnen. Wir sind uns bewußt, daß wir in der Deutschen Demokratischen Republik den Übergang vom Kapitalismus zum Sozialismus entsprechend unseren nationalen Bedingungen durchgeführt haben und durchführen. Diese Bedingungen unterscheiden sich von denen, die die Sowjetmacht hatte, als sie den Übergang vom Kapitalismus zum Sozialismus vollzog."

Auch Honecker akzentuierte, auf dem VIII. Parteitag der SED (1971), die nationale Komponente – insofern, als er die ,,eigentliche", die sozialistische deutsche Nation für die DDR in Anspruch nahm.[4] Doch hat er den Nationbegriff niemals blockpolitisch eingesetzt. Im Rahmen des östlichen Bündnissystems löst sich für Honecker vielmehr ,,Nation" tendenziell in ,,Internationalität" – und zwar im Sinne der sowjetischen Doktrin sowohl des ,,sozialistischen" wie des ,,proletarischen Internationalismus" – auf.

b) Sozialistischer und proletarischer Internationalismus

Die zweite Maxime der Außenpolitik der DDR bekräftigt den Aufbau des ,,Sozialismus". Sie steht heute – im Gegensatz zu 1971 – eindeutig im Vordergrund. In der Außenpolitik gegenüber sozialistischen Staaten (einschließlich Jugoslawiens) handelt es sich dabei vornehmlich um den ,,sozialistischen" – auf der Ebene der kommunistischen Parteien um den ,,proletarischen" Internationalismus. Sein Kernstück ist die ,,unauflösbare" Verbindung dieser Staaten bzw. der kommunistischen Parteien mit der Sowjetunion unter Führung der KPdSU.

Auch diese Verbindung war bereits in der DDR-Verfassung vom April 1968 fixiert. Dort hieß es in Artikel 6, Absatz 2: ,,Die Deutsche Demokratische Republik pflegt und entwickelt entsprechend den Prinzipien des sozialistischen Internationalismus die allseitige Zusammenarbeit und Freundschaft mit der Union der Sozialistischen Sowjetrepubliken und den anderen sozialistischen Staaten." Damit hatte sich die DDR auf eine von ihr jedenfalls kaum mehr lösbare Verbindung zur UdSSR eigens festgelegt. In der zum Teil revidierten Verfassung vom Oktober 1974 ist diese Bindung noch erheblich verstärkt worden. So heißt es im Artikel 6, Absatz 2:

„Die Deutsche Demokratische Republik ist für immer und unwiderruflich mit der Union der Sozialistischen Sowjetrepubliken verbündet. Die Deutsche Demokratische Republik ist untrennbarer Bestandteil der sozialistischen Staatengemeinschaft." Das ideologische Gewicht solcher Formulierungen ist schon 1968 und mehr noch 1974 dadurch gegeben, daß die Grundsätze des „Internationalismus" von der UdSSR wie von der DDR ebenso als Völkerrechts- wie als Parteinormen angesehen werden. Sie gelten damit sowohl auf Regierungs- wie auf Parteiebene.

So ist es nur folgerichtig, daß die SED sich zusätzlich, über die Bindungen in den Verfassungen von 1968 und 1974 hinaus, auch in ihrem (4.) Statut von 1963 dem proletarischen Internationalismus verpflichtet hatte. Das gleiche gilt für die Präambel des (5.) Statuts von 1976.

Die engen Beziehungen der DDR zur UdSSR bringen *das* – nach wie vor vorhandene – Grundmotiv der politischen Führer der SED zum Ausdruck: Sicherheit. Das Sicherheitsmotiv ist komplex. Es rührt aus der klaren Erkenntnis der SED-Politiker, daß sie nicht vom Volk gewählt und damit nicht legitimiert sind. Sicherheit heißt somit: Bewahrung der persönlichen ebenso wie der politischen Existenz. Daraus allein ist bereits die unbedingte Loyalität der SED-Führung gegenüber der KPdSU abzuleiten. Solche Loyalität liegt – und dies haben nicht nur Ulbricht und Honecker, sondern Tausende von bevorzugten Funktionären innerhalb des Herrschaftssystems der DDR eingesehen – in ihrem wohlverstandenen, im ureigensten Interesse. Garantiert doch allein die UdSSR der DDR und vor allem ihrer politischen Führung Sicherheit.[5]

Dieses Sicherheitsbedürfnis der SED-Führung ist so ursprünglich, so vital, daß es – durchaus wahrscheinliche und z. T. auch erkennbare – Interessenunterschiede zwischen der DDR und der UdSSR immer wieder überbrücken hilft. Interessenunterschiede resultieren allein schon daraus, daß die UdSSR die deutsche Frage als regionales wie als instrumentales Problem sieht, während alle mit Deutschland im allgemeinen und Berlin im besonderen zusammenhängenden Probleme für die SED-Führung unmittelbare existenzielle Relevanz besitzen.[6]

Der jeweiligen Betonung des „Staatlichen" und des „Nationalen" sowie der eigenen Leistung beim Aufbau des Sozialismus kommt damit die Bedeutung eines Indikators für die jeweilige Stärke oder Schwäche des Sicherheitsgefühls der SED-Führung zu..

c) „Friedliche Koexistenz"

Neben diese beiden genannten Grundmaximen der Außenpolitik der DDR trat seit Jahren eine dritte: die „friedliche Koexistenz". Florin hatte in seinen eingangs zitierten Sätzen auch den „Frieden" erwähnt. Ohne die für die Geschichte des ideologisch-strategischen Denkens der UdSSR aufschlußreiche Geschichte des Begriffs „friedliche Koexistenz" im vorliegenden Zusammenhang abhandeln zu können, sei doch darauf hingewiesen, daß diesem Begriff seit Chruschtschow in der sowjetischen Literatur drei Dimensionen zuerkannt werden: friedliche Koexistenz als „eine Form des Klassenkampfes"; als nicht-militärische (heute vor allem: nicht-nukleare) Auseinandersetzung mit dem „Imperialismus"; schließlich als „Kooperation" insbesondere mit den westlichen Industrieländern. Alle drei Bedeutungsdimensionen gehen im Kern auf Lenin zurück. Sie sind von sowjetischen Politikern seit den zwanziger Jahren, je nach den eigenen machtpolitischen Interessen und Möglichkeiten sowie den Gegebenheiten der weltpolitischen Lage, in verschiedenen Kombinationen und verschiedener Intensität als Instrumente der Außenpolitik eingesetzt worden. Führende Politiker in der DDR, wie Peter Florin, schlossen sich dieser Tradition ebenso an wie maßgebliche ideologische Strategen der SED.[7]

Klassenkampfaspekt. In den gegenwärtigen Auseinandersetzungen der DDR mit der Bundesrepublik Deutschland wird der Begriff „friedliche Koexistenz" häufig verwandt. Florin hatte gegenüber der Bundesrepublik vor allem die Politik der „friedlichen Koexistenz" – im Sinne der nichtkriegerischen Auseinandersetzung – betont.[8] Andererseits wurde und wird von der SED immer wieder auf die Unversöhnlichkeit von „Sozialismus" und „Kapitalismus", auf die sich ständig verschärfende „Klassenauseinandersetzung" zwischen der DDR und der Bundesrepublik hingewiesen: „Friedliche Koexistenz ist genausowenig Klassenfrieden zwischen sozialistischen und imperialistischen Staaten, wie es keinen Klassenfrieden und keine Klassenharmonie zwischen Arbeiterklasse und Bourgeoisie gibt. Als Form der Klassenauseinandersetzung zwischen Sozialismus und Kapitalismus hebt die Politik der friedlichen Koexistenz weder die Klassen noch den Klassenkampf auf. Deshalb ist sie stets von einem scharfen ideologischen Kampf begleitet."[9] Was in diesem Zitat bereits anklingt, wird in dem parteioffiziösen Standardwerk „Der Imperialismus der BRD" noch deutlicher ausgesprochen: „Die Klassenauseinandersetzung zwischen Sozialismus und Imperialismus trägt globalen Charakter."[10]

Diesem Verständnis, oder besser: Vorverständnis, der politischen Beziehungen der beiden deutschen Staaten zueinander entspricht nicht nur die permanent in der DDR-Presse geäußerte Meinung, daß der DDR in der politisch-ideologischen Auseinandersetzung mit der Bundesrepublik eine besonders wichtige Rolle zukomme – stehe sie doch gleichsam in der vordersten Linie des „Klassenkampfes". Vielmehr enthielt und enthält diese Auslegung der friedlichen Koexistenz als einer „Form des Klassenkampfes" auch ganz konkret das Postulat, daß die Außenpolitik der DDR sich nicht nur an die „Regierungen anderer Staaten", sondern auch an die „Völker" selbst zu wenden habe.[11] Im einzelnen entspricht dieser Konzeption nicht nur eine – im Laufe der Jahre eher weiter differenzierte – Einschätzung der politisch aktiven Kräfte in der Bundesrepublik, sondern auch der Versuch, auf einige dieser politischen Kräfte in dieser oder jener Form einzuwirken.

Interzession und Intervention. In der im Westen vertretenen Theorie der Außenpolitik wird eine solche bewußt formulierte Absicht der aktiven Einwirkung auf bzw. „Beeinflussung" von politischen und gesellschaftlichen Kräften eines anderen Staates als „Intervention" bzw. als „Interzession" bezeichnet. Interzession ist gleichsam im Zwischenfeld von „Einmischung" und „Nichteinmischung" konzipiert.

Eine genaue Unterscheidung zwischen Intervention und Interzession – insbesondere unter Berücksichtigung der Lehre von der friedlichen Koexistenz – ist einigermaßen problematisch.[12] Für die westliche Völkerrechtslehre sind von Belang einmal die Scheidung zwischen der politischen und der juristischen Sphäre, zum anderen das jeweils unterschiedliche Subjekt (bei gleichartigem Objekt) der Interzession und Intervention. Unter Interzession wird die Erteilung von Ratschlägen von Regierungen an andere Regierungen verstanden, ohne in die Innenpolitik eines Staates einzugreifen. Intervention dagegen bedeutet einen Eingriff in die inneren Angelegenheiten eines anderen Staates.

Letztlich sind die Übergänge zwischen Interzession und Intervention jedoch fließend. Die Formen der Einflußnahme bei Interzession und Intervention unterscheiden sich in der Intensität des Eingriffs in die inneren Angelegenheiten eines Staates. Im Gegensatz zur Interzession ist die Intervention allerdings völkerrechtlich bereits nach Artikel 2, Ziffer 7 der UN-Satzung verboten.[13] Dieses Verbot ist durch den Prinzipienkatalog der Schlußakte von Helsinki (vor allem das Prinzip der „Nichteinmischung in innere Angelegenheiten") noch bekräftigt worden. Die Interzession ist dagegen völkerrechtlich durchaus erlaubt.

Mit dieser Auffassung des westlichen Völkerrechts stimmt die sowjetische Völkerrechtslehre grundsätzlich überein, auch wenn sie den Begriff „Interzession" nicht kennt. Sie vertritt grundsätzlich das Prinzip der „Nichteinmischung". Unter sowjetischen Völkerrechtlern gibt es jedoch einige (G. I. Tunkin, V. M. Schurschalow), die mit dem Begriff des „Interesses", das im Sozialismus-Kommunismus identisch, in bürgerlich-kapitalistischen Staaten nicht identisch mit den Interessen des Volkes sei, operieren. An solche Überlegungen anknüpfend, kommt Tunkin wie auch andere sowjetische Völkerrechtler (V. N. Jegorow, A. V. Orlewskij) zu der Auffassung, daß es, auf der Grundlage des Postulats der Identität des Interesses und des Prinzips der friedlichen Koexistenz, sozusagen erlaubte Interventionen – erlaubte Ausnahmen vom Nichteinmischungsprinzip gäbe. Jedoch wird der *Begriff* der erlaubten Intervention abgelehnt bzw. nicht verwandt.[14]

Solche Auffassungen traten jedenfalls *vor* der Konferenz von Helsinki in der Literatur hervor. Dem Axiom vom ideologisch-politischen Klassenkampf entsprechend wertet die sowjetische Völkerrechtslehre etwa dann einen Bürgerkrieg positiv, wenn er von der kommunistischen Partei in einem bisher nicht von ihr beherrschten Staat, in einer „objektiv", d. h. politisch-historisch „richtigen" Situation ausgelöst wird und zu ihrer Machtergreifung führen soll. Ideologische Maßnahmen, die ein solches Ziel unterstützen, sind konsequenterweise ebenfalls erlaubte Interventionen. Damit meint die erlaubte Intervention im Sinne des sowjetischen Völkerrechts tendenziell das gleiche, wie es u. a. auch im Prinzip der friedlichen Koexistenz formuliert ist, nämlich „ökonomischen, politischen und ideologischen Klassenkampf".[15]

Eine in diesem Sinne zumindest ideologisch-propagandistisch erlaubte Intervention der DDR in das Gebiet der Bundesrepublik erhält ihre Konkretisierung durch das von der SED gegenüber der Bundesrepublik vertretene Konzept der Nation. Bis 1974 hatte die SED noch an *einer* deutschen Nation festgehalten und aus dieser Auffassung bestimmte Aktivitäten in der Bundesrepublik rechtfertigen können. Dies kam in dem bis 1974 gültigen Artikel 8, Absatz 2 der Verfassung der DDR von 1968 zum Ausdruck: „Die Herstellung und Pflege normaler Beziehungen und die Zusammenarbeit der beiden deutschen Staaten auf der Grundlage der Gleichberechtigung sind nationales Anliegen der Deutschen Demokratischen Republik. Die Deutsche Demokratische Republik und ihre Bürger erstreben darüber hinaus die Überwindung der vom Imperialismus der deutschen Nation aufgezwungenen Spaltung Deutschlands, die schrittweise Annäherung der beiden deutschen Staaten bis zu ihrer Vereinigung auf der Grundlage der Demokratie und des Sozialismus." Sowohl dieser Text in seiner äußeren Gestalt wie der ihm inhärente Sinn sind in der revidierten Verfassung der DDR vom Oktober 1974 im Sinne eines Ausschlusses *jeder* Intervention und durch eine völlige Neufassung des Artikels 8, der sich nunmehr auf die „Regeln des Völkerrechts" beruft, ersetzt worden. Dennoch bleibt festzustellen, daß mit der seit 1970/71 deutlich erkennbaren Aufwertung des Klassenkampfaspekts des Prinzips der friedlichen Koexistenz der *Tatbestand* der ideologischen Intervention durch das (programmatische) Verhalten der KPdSU- wie der SED-Führung nach wie vor gegeben ist. Offen bleibt die Frage, ob sich nicht die SED zu einem historisch-politisch für sie günstigeren Zeitpunkt auch zu anderen, wenn auch nicht direkt militärischen Interventionsformen gegenüber der Bundesrepublik entscheiden wird.

Zur konkreten Einflußnahme auf das innenpolitische Geschehen in der Bundesrepublik bediente und bedient sich die SED u. a. der Deutschen Kommunistischen Partei und ihrer Hilfsorganisationen.

Kooperationsaspekt. Schließlich ist, insbesondere nach dem Sturz Ulbrichts, dem VIII. Parteitag der SED und seit dem Aufstieg Honeckers, auch dem anderen wichtigen Element des Begriffs der friedlichen Koexistenz, der Kooperation, in der innerdeutschen Auseinandersetzung besondere Bedeutung zuzumessen.

Auch diese taktische Komponente kann klar aus dem außenpolitischen Verhalten wie der Literatur abgelesen werden. So unterscheidet man in der Politischen Ökonomie, wie sie in der DDR und in der Sowjetunion gelehrt wird, schon seit Jahren zwischen ,,sozialistischen'', ,,kapitalistischen'' und ,,internationalen'' Kooperationsbeziehungen. Internationale Kooperationsbeziehungen können ,,zwischen sozialistischen und kapitalistischen Ländern auf einzelnen Gebieten'' bestehen.[16] In den Jahren seit 1971 war die DDR offensichtlich auf mehreren Gebieten an einer Kooperation mit der Bundesrepublik interessiert. Es handelte sich dabei vor allem um eine Steigerung des Handelsvolumens, um den Ausgleich der Handelsbilanz sowie um eine Reihe mit der Bundesregierung abzuschließender Verträge und Abkommen. Kooperation mit dem Westen bezog und bezieht sich in erster Linie auf wirtschaftlich-technische Sachgebiete.

Welche Folgerungen sind aus dem in der DDR gegebenen Verständnis des Begriffs der friedlichen Koexistenz zu ziehen? Wie verhalten sich die verschiedenen Dimensionen des Prinzips in der politischen Wirklichkeit zueinander? Welche politisch relevanten Zielsetzungen und Verhaltensweisen werden durch diese ideologische Formel legitimiert?

Verschiedenartige Kombinationen der drei Dimensionen erlaubten der UdSSR wie der DDR schon 1971 eine flexible Außenpolitik sowohl den „kapitalistischen Industrieländern" gegenüber, Frankreich, den Niederlanden, England zumal – wie auch gegenüber den Ländern der Dritten Welt, in Afrika, dem Nahen Osten und Asien. Von dem Handelsaustausch mit den westlichen Industriestaaten erwartet die DDR Unterstützung im wirtschaftlichen und technologischen Bereich. In den Staaten der Dritten Welt und auf der internationalen Bühne trat sie auch zu jener Zeit bereits als ideologisch-politischer Fürsprecher der nationalen Befreiungsbewegungen auf.[17] Vor allem die Parolen von der politisch-ideologischen Partnerschaft und Hilfestellung haben, insbesondere wenn sie unter Berücksichtigung der spezifischen nationalen Situation der Entwicklungsländer mit dem Hinweis auf deren wirtschaftliche Leistungskraft und erfolgreichen Entwicklungsweg verbunden wurden, der DDR bereits bis zum Ende des Jahres 1971 manchen internationalen Erfolg, wenn auch zumeist im vordiplomatischen Raum, eingebracht.

Aus der praktisch-politischen Handhabung der Bedeutungsdimensionen der Strategie der friedlichen Koexistenz in Verbindung mit den erwähnten beiden anderen Maximen der Außenpolitik der DDR ist eine eindeutige Schlußfolgerung abzuleiten: Die immer weitergehende Differenzierung und Ausdehnung der Begriffe „Sozialismus", „friedliche Koexistenz" usw., die mit verschiedenen konkreten Inhalten der jeweiligen politischen Situation entsprechend gleichsam „gefüllt" werden können, lassen einsichtig werden, was die von Florin verwandten Attribute „elastisch" und „dynamisch" meinen. Sie verweisen auf eine zunehmende Inhaltsentleerung jener Begriffe der marxistisch-leninistischen Ideologie, die für die außenpolitische Doktrin der DDR nach wie vor grundlegend sind. Die wachsende Leerformelhaftigkeit der Ideologie besitzt eine eindeutige Funktion für die Außenpolitik: Sie ermöglicht die Antizipation und Rechtfertigung der vielfältigen Aktionen der SED-Führer in der internationalen Politik. So kann hypothetisch formuliert werden: Im Selbstverständnis, wenn auch nicht notwendigerweise in der politischen Realität, nimmt der politische Spiel-

raum der SED im Zuge der Verschärfung der ideologischen Auseinandersetzung zu. Denn die Möglichkeit, tradierte Formeln
wie ,,Sozialismus", ,,Imperialismus", ,,friedliche Koexistenz" etc.
mit stets neuen und wechselnden Inhalten je nach Einschätzung der
internationalen Lage anzureichern, erlaubt es der DDR, beispielsweise gegenüber der Bundesrepublik sowohl Kooperationsbereitschaft zu signalisieren wie die Abgrenzung zu betreiben. Die verschärfte Abgrenzung legt damit die innerdeutschen Beziehungen
keineswegs eindeutig fest. Im Gegenteil: Die zu einem System von
fungiblen Leerformeln gewordene Ideologie setzt konkret Handlungsmöglichkeiten frei. Gerade der Leerformelcharakter der Ideologie ist somit eine entscheidende Voraussetzung und Funktion der
außenpolitischen Aktionsfähigkeit der DDR; daß die DDR-Führung dennoch in den Jahren 1973 bis 1975 zunehmend in Schwierigkeiten geriet, den *ideologisch* gewonnenen Spielraum gerade in den
innerdeutschen Beziehungen auch *politisch* umzusetzen, beruht auf
einer Reihe von Ursachen, die weiter unten erörtert werden.[18]

2. Außenpolitik als Funktion der Innenpolitik

Neben der Orientierung der SED-Führung an den drei skizzierten
Maximen war ein weiterer Faktor für die tatsächlich durchgeführte
Außenpolitik der DDR, der mit der Souveränitätserklärung durch
die UdSSR im März 1954 formal die völkerrechtliche Selbständigkeit zugestanden wurde, entscheidend: die Ausrichtung außenpolitischer Aktivitäten an grundsätzlichen *innergesellschaftlichen* Erfordernissen.

So war im Jahre 1971 die Außenpolitik der DDR wesentlich ein
Ausdruck der Gesellschaftspolitik. Außenpolitik wie Gesellschaftspolitik waren an die Existenz und das Handeln der Bundesrepublik
fixiert, sie waren damit sozusagen Funktionen der Deutschlandpolitik. Die Fixierung an innen- wie außenpolitische Aktivitäten der
Bundesregierung beeinflußte damals so gut wie alle innen- wie
außenpolitischen Maßnahmen der DDR.

In diesem Zusammenhang muß erneut darauf hingewiesen wer

den, daß die DDR 1971 – ebenso wenig wie 1976 – weder politisch stabilisiert oder gar konsolidiert war noch ist; daß deshalb außenpolitische Erfolge die innenpolitische Labilität überdecken und zu einem gewissen Grad kompensieren sollten und sollen. Jede völkerrechtliche Anerkennung, ja, überhaupt jede Würdigung, besonders im Sport, durch Staaten außerhalb des Ostblocks wurde und wird in der Presse der DDR als ,,Erfolg'', ähnlich wie eine siegreich geschlagene ,,Produktionsschlacht'' verbucht.[19] So wurde etwa die völkerrechtliche Anerkennung der DDR durch die Republik Tschad im Juli 1971 im ,,Neuen Deutschland'' mit der Schlagzeile ,,Zur 30. Anerkennung'' gefeiert.[20] So äußerte sich z. B. der damalige Minister für Auswärtige Angelegenheiten der DDR, Otto Winzer, vor ausländischen Journalisten in einem Rückblick auf das Jahr 1970 wie folgt: ,,Wenn wir am Beginn des Jahres 1971 noch einmal einen Blick zurück auf das Jahr 1970 werfen, so dürfen wir sagen, es war ein erfolgreiches Jahr in der Außenpolitik und Stärkung der internationalen Position des sozialistischen deutschen Staates, der Deutschen Demokratischen Republik. Im vergangenen Jahr hat die DDR mit sieben Staaten diplomatische Beziehungen sowie mit einem der volkreichsten und größten Staaten der Welt, der Republik Indien, den Austausch von Generalkonsulaten vereinbart. Hinzu kam die Entwicklung der staatlichen Beziehungen auch zu anderen Staaten. Wir dürfen heute mit Fug und Recht sagen, die Deutsche Demokratische Republik hat sich erfolgreich entwickelnde, politische, ökonomische, wissenschaftlich-technische und kulturelle Beziehungen zu Staaten, in denen die weitaus überwiegende Mehrheit der Erdbevölkerung lebt.''[21]

Außenpolitische Erfolge gleich welcher Art sollten und sollen also die innenpolitische Situation der DDR festigen. Die Feststellung, daß außenpolitische Erfolge für die Konsolidierung des Herrschaftssystems der DDR besonders bedeutsam sind, dürfte deshalb nicht zu weit hergeholt sein. Außenpolitische Erfolge, Anerkanntwerden im Ausland ist gerade für diejenigen in der DDR gleichsam lebensnotwendig, die sich als die neuen Leistungseliten im Unterschied zur Masse der Bevölkerung wenigstens zum Teil mit diesem System zu identifizieren suchen.

3. Zur weltpolitischen Lage und zu den Interessen der UdSSR gegenüber der DDR

Wenn wir im folgenden einige Aspekte der weltpolitischen Lage Ende der sechziger/Anfang der siebziger Jahre skizzieren, dann im wesentlichen, um den außenpolitischen Stellenwert und das internationale Gewicht der DDR zu dieser Zeit genauer bestimmen zu können. In diesem Zusammenhang ist zunächst auf die ,,abgeschwächte Bipolarität "[22] zwischen den beiden Supermächten, den Vereinigten Staaten und der Sowjetunion, hinzuweisen. Die 1971 sichtbar gewordene Abschwächung der Bipolarität schien ebenso auf einer Reihe ähnlicher internationaler Erfahrungen der USA und der UdSSR zu beruhen wie auf einer veränderten Einstellung der beiden Mächte zueinander. Letztere schien vor allem aus einer weniger ideologisch und eher machtpolitisch geprägten Interessenstruktur zu resultieren. Inzwischen, in den Jahren 1975/76, ist eine erneute Aufwertung der ideologischen Dimensionen politischen Verhaltens zu konstatieren.

Abgeschwächt schien die Bipolarität insofern, als die Kontakte zwischen den beiden Supermächten sich in den Jahren seit 1969 vervielfacht hatten; als die Kosten für Aufbau und Unterhalt hochentwickelter nuklearer wie konventioneller Waffensysteme in West und Ost immer größere Teile des Sozialprodukts verschlangen; als die SALT-Gespräche ebenso wie die Verhandlungen über Berlin immerhin zu einem ersten Ergebnis geführt hatten; als die immer stärkere Einbeziehung der Volksrepublik China in die Weltpolitik die langjährige Bipolarität tendenziell zu einer weltpolitischen Trilateralität ausweitete.[23]

Andererseits besaß und besitzt die ,,amerikanisch-sowjetische Rivalität" nach wie vor weltweiten Charakter und ist spannungsgeladen. Die Bipolarität bleibt also bestehen. Dies trifft vor allem deshalb zu, weil die Sowjetunion seit 1968 (Intervention in der ČSSR) immer wieder zu erkennen gegeben hat, daß sie weitergehende Aufweichungen ihrer Allianzen künftig energisch, auch militärisch, unterbinden wird. Die sogenannte Breshnew-Doktrin, welche die Einschränkung der Souveränität und des Handlungsspielraums der Staaten des Ostblocks fixiert, ist zwar keine neue Formel, wurde aber erst *nach* der Besetzung der ČSSR in solcher hegemonialer Härte verkündet.[24]

In diesem Rahmen spielte und spielt die DDR für die UdSSR eine bedeutsame Rolle. Sie soll in der Allianz der Warschauer-Pakt-Staaten als Juniorpartner politisch und wirtschaftlich integrierend und stabilisierend wirken. Das sowjetische und das DDR-Interesse fallen dabei zusammen: Beiden Staaten mußte, damals wie heute, daran gelegen sein, allen Tendenzen des ideologischen und politischen Polyzentrismus und der Selbständigkeit in Osteuropa entgegenzutreten. Denn auch nach den Ereignissen des Jahres 1968 fühlen sich Ungarn, Polen, Rumänen unvermindert, vielleicht sogar in noch verstärktem Maße, vom Westen, seinem kulturellen, wirtschaftlichen, seinem Lebensstil angezogen. Solchen Tendenzen mußte die SED entschieden entgegentreten, da ihre Herrschaft beim Eindringen der ,,westlichen" politischen Kultur – aufgrund der Besonderheiten der deutschen Situation – in erster Linie gefährdet war und ist.

Trotz des Festhaltens an den etablierten Blockbildungen, das schwerlich zu einer weitergehenden Détente in Europa führen dürfte, ist die These von der *abgeschwächten* Bipolarität zwischen den USA und der Sowjetunion im Jahre 1971 nicht von der Hand zu weisen: In West- und Osteuropa hat sich, auch ohne die Wiedervereinigung Deutschlands, eine gewisse, vor allem wirtschaftliche und soziale Stabilität durchgesetzt. Trotz verstärkter wirtschaftlicher und gesellschaftspolitischer Probleme in den westlichen und östlichen Industriegesellschaften ist *diese* Stabilität in ihrem Kern erhalten geblieben. Das Interesse an verstärkter wirtschaftlich-technologischer Kooperation und der damit verbundenen internationalen Verflechtung war damals zweifellos noch ungebrochen im Wachsen begriffen. Diese Stabilität hat auch ein gewisses *politisches* Gleichgewicht – trotz der weiter bestehenden Spannungen zwischen Ost und West, trotz des politisch-sozialen Wandels, der sich in West- und Osteuropa, in den USA und der UdSSR abzeichnet – in Europa hervorgebracht.

Zu einem solchen, wenn auch labil bleibenden Gleichgewicht hat die Sowjetunion insofern beigetragen, als sie nach 1968 Westeuropa gegenüber zunächst eine Politik der „Quasi-Détente"[25] betrieb: Einerseits hat sie auf diese Weise mitgeholfen, das Spannungsniveau niedrig zu halten, andererseits hat sie die zentralen politischen Fragen eher umgangen.

Die erfolgreiche Schaffung eines labilen, dennoch fortbestehenden politischen Gleichgewichts in Europa trotz der Teilung Deutschlands zählt zu den wichtigsten Erfahrungen der zweiten Hälfte der sechziger Jahre. Eine zunehmende Zahl politisch einflußreicher Kräfte fragte sich Ende 1971 in West und Ost, ob diese Teilung nicht für unabsehbare Zeit oder sogar für immer fortbestehen könnte und sollte.

Bereits diesen Bemerkungen kann entnommen werde, daß die UdSSR 1971 an keiner dramatischen Zuspitzung ihrer weltweiten Gegnerschaft zu den Vereinigten Staaten – jedenfalls in Europa – interessiert war. Dem steht nicht entgegen, daß die Sowjets auch damals versuchten, ihre weltpolitische Position wo immer möglich zu stärken.

Die abgeschwächte militärische Bipolarität würde sich tendenziell weiter zur politischen Multilateralität entwickeln. Diese These hat Henry A. Kissinger in seinem Aufsatz „Central Issues of American Foreign Policy"[26] bereits 1968 aufgestellt. In Präsident Nixons Botschaft an den amerikanischen Kongreß vom 25. Februar 1971 und in Außenminister William A. Rogers' Bilanz vom 26. März 1971 kam die gleiche Einschätzung der internationalen Entwicklung zum Ausdruck. Dabei stellt die Rückkehr der Volksrepublik China in die Weltpolitik den einen Faktor dar, die Übernahme einer größeren weltpolitischen Verantwortung durch Westeuropa und besonders die Bundesrepublik einen weiteren.

4. Die technologische Lücke

Um die skizzierten weltpolitischen Wandlungsprozesse konkret auf den Ostblock zu beziehen, sollte neben der abgeschwächten Bipolarität und der Tendenz zur Multilateralität ein weiterer Faktor er-

wähnt werden: die internen, vor allem die – offenbar wachsenden
– wirtschaftlichen und technologischen Probleme in der UdSSR
und in Osteuropa. Denn ebenso wie ihre technologische Schwäche
die DDR in ihrem Verhalten zur Bundesrepublik – 1971 nicht
weniger stark als heute – beeinflußt, berührte und berührt auch die
technologische Rückständigkeit der UdSSR ihr Verhältnis zu den
USA. Angesichts der komplexen, vielfältigen, vor allem wirtschaftlich-technischen Schwierigkeiten, denen sich die Sowjetunion im Inneren seit Anfang der siebziger Jahre mehr und mehr
gegenübergestellt sah, erschien es damals wie heute unsicher, ob sie
den Übergang in eine fortgeschrittene Industriegesellschaft ohne
schwere innere Störungen in absehbarer Zeit überhaupt bewältigen
kann. Möglicherweise geht Zbigniew Brzezinskis Interpretation
des sowjetischen politisch-gesellschaftlichen Systems zu weit,
wenn er es als von einer ,,conservative Leninist attitude" geprägt
ansieht und feststellt, daß es prinzipiell unfähig sei, den Erfordernissen der sozio-ökonomischen Innovation überhaupt Rechnung zu
tragen.[27] Dennoch gibt das Fortbestehen der technologischen Lücke
der Sowjetunion wie der anderen osteuropäischen Staaten gegenüber den USA, Westeuropa und Japan zu denken.

Als ein Indikator der wirtschaftlich-technologischen Reife indu-
strieller Gesellschaften gilt gemeinhin die Verbreitung der Compu-
tertechnologie. Nach westlichen Schätzungen waren in der Sowjetunion Anfang 1970 rd. 6000 Computer in Betrieb, 2000 weitere
waren bestellt. Zu dieser Zeit befanden sich in den USA rd. 80 000
Computer, in Westeuropa etwa 30 000 und in Japan rd. 7500 im
Einsatz.[28] Zudem handelte es sich damals bei den meisten in der
Sowjetunion installierten Computern um solche der sogenannten
zweiten Generation, die noch keine integrierten Schaltkreise besaßen und deren Rechengeschwindigkeit dementsprechend rd. zehn
Mal geringer als die der zu dieser Zeit im Westen bereits gebrauchten der dritten Generation war.

Auch auf diesem, dem technologischen Gebiet der Datenverarbeitung spielte die DDR bis 1971/72 für die UdSSR eine erhebliche
Rolle. Dabei standen die Notwendigkeit, *jede* technologische Hilfe
anzunehmen und eine mögliche technologisch-wirtschaftliche

Konkurrenz im eigenen Lager gar nicht erst entstehen zu lassen, einige Jahre für die UdSSR im Widerstreit miteinander.

In der DDR selbst ist der Ausbau der Datenverarbeitungstechnik erst seit dem VI. Parteitag der SED von der Parteiführung forciert worden. Nach westlichen Angaben waren 1962 in der Gesamtwirtschaft der DDR nur 33 elektronische Rechenanlagen der zweiten Generation (vor allem Rechner vom Typ ZRA 1 und SER 2) und 1965 60 solcher Anlagen im Einsatz.[29] Anfang 1971 standen der gesamten Verwaltung und Industrie insgesamt rd. 800 EDV-Anlagen (einschließlich Kleinrechnern) zur Verfügung – eine grotesk niedrige Zahl, wenn der enorme Bedarf einer hochindustrialisierten und zentral verwalteten Wirtschaft berücksichtigt wird.

Aufgrund verschiedener Ministerratsbeschlüsse aus den Jahren 1963/64, denen heftige Diskussionen innerhalb der SED-Führung vorausgegangen waren, konzentrierte sich die EDV-Industrie der DDR, vor allem die neustrukturierte VVB Datenverarbeitungs- und Büromaschinen im Raum Dresden sowie die VVB RFT Bauelemente und Vakuumtechnik in Ost-Berlin, darauf, eine elektronische Datenverarbeitungsanlage der mittleren Größenordnung, das ROBOTRON 300, einen Rechner der sogenannten zweiten Generation, zu entwickeln.[30] Obwohl dieses Gerät erstmals bereits im Herbst 1966 vorgestellt worden war, waren Anfang 1968 für Verwaltung und Industrie erst 18 dieser Anlagen ausgeliefert worden. Der Plan sah vor, zwischen 1967 und 1970 200 Geräte bereitzustellen. Diese Planvorgabe ist offensichtlich erreicht, wenn nicht überboten worden. Auf dem VII. Parteitag der SED wurde zusätzlich ein universelles Steuerungs- und Regelungssystem URSAMAT gerühmt. Damit ist auf die Notwendigkeit der Einführung sogenannter programmgesteuerter Prozeßrechner hingewiesen worden. Nur auf diese Weise konnten die ehrgeizigen Rationalisierungs- und Automatisierungspläne der Wirtschaftsfachleute Realität werden.

Der langsame Anlauf der Produktion, die Konzeptlosigkeit auf dem Gebiet der EDV-Technik, fehlende Erfahrungen, der Mangel an qualifiziertem Personal und andere Hemmnisse hatten es mit sich gebracht, daß die DDR in der weltweiten stürmischen Entwicklung sowohl von Großrechenanlagen, von Geräten mittlerer Größenordnung wie von leistungsfähigen peripheren Systemen den Anschluß verpaßt hatte. So stellte sich heraus, daß die Anlage ROBOTRON 300, in die so viele Hoffnungen gesetzt worden waren, etwa dem im Westen bis 1967 gebrauchten Gerät IBM 1400 entsprach. Dieses Gerät war jedoch bereits seit 1968 durch weit leistungsfähigere Anlagen abgelöst worden. Deshalb mußte die DDR nicht nur Großanlagen der dritten Generation in der Sowjetunion kaufen, sondern auch westliche EDV-Experten engagieren und sich außerdem mit hohen Dollarbeträgen in das amerikanische Diebold-Forschungsprogramm für den EDV-Einsatz einkaufen. Ferner versuchte die DDR, auf westlichen Märkten – vor allem in den USA, in Kanada und der Bundesrepublik – leistungsstarke Rechner der dritten Generation zu kaufen (Control Data 6000, Univac 1108, Siemens 4404). Diese Rechner standen jedoch wegen ihrer militärischen Nutzungsmöglichkeiten auf der Embargoliste der NATO, so daß die DDR auf weniger leistungsstarke Geräte ausweichen mußte. DDR-Unterhändler kauften, besonders in den Jahren 1967 bis 1969, EDV-Anlagen, wo immer sie zu erhalten waren, u.a. in England (z.B. ICT II), in Frankreich (Bull Gamma 3) und in der Bundesrepublik (Siemens 3003).

Im Unterschied zur angespannten Lage auf dem Gebiet der mittleren und großen Rechner gelang es der DDR, in anderen Produktionsbereichen Erfolge zu erzielen. So wurde 1969 ein leistungsfähiger Kleinrechner (C 8205)[31] und 1970 das für die Prozeßdatenverarbeitung in automatisierten Produktionsanlagen vorgesehene Gerät PR 2100 vorgestellt. Marktchancen im Westen konnte die DDR allerdings nicht wahrnehmen, da die Sowjetunion den Export dieser Geräte in die Bundesrepublik, jedenfalls in den Jahren 1970 bis 1973 verhindert hat.[32]

5. Die Stellung der DDR im RGW

Die engen bilateralen wirtschaftlichen Beziehungen zwischen der DDR und der UdSSR sind eingebunden in das System des Rates für

Gegenseitige Wirtschaftshilfe (RGW). Die 25. Tagung des Rates in Bukarest (Juli 1971) hatte mit der Verabschiedung des „Komplexprogramms" verdeutlicht, daß die UdSSR den RGW weiterhin zielstrebig als Instrument ihrer Blockpolitik und, darüber hinaus, ihrer Außenwirtschaftspolitik ausbauen würde.

Dieses wirtschaftsstrategische Ziel der UdSSR ist allerdings nach Verabschiedung des Komplexprogramms wesentlich schwerer durchzusetzen als vorher; wird doch im Programm die nationalstaatliche Souveränität der RGW-Staaten ausdrücklich bestätigt. Andererseits ist es der UdSSR gelungen, die von den RGW-Staaten gemeinsam zur Gewinnung von Roh- und Energiestoffen aufzubringenden Investitionssummen, die zur Erschließung neuer Erdöl- und anderer Rohstofflagerstätten vor allem in die Sowjetunion fließen werden, für die Periode von 1976 bis 1980 – laut Plan – auf 9 Milliarden, für die Periode von 1976 bis 1990 auf 75 Milliarden Rubel zu steigern.[33]

Dabei fiel der DDR, wie schon in der Vergangenheit, auch im Jahre 1971 eine maßgebliche Rolle zu. Allerdings muß diese Rolle im Zusammenhang mit der veränderten Situation der Volkswirtschaften des Ostblocks in den siebziger Jahren gesehen werden.[34] Auch die ursprünglich industriell weniger entwickelten, stärker agrarisch strukturierten Wirtschaftssysteme des RGW wurden in ihrem Wirtschaftsaufbau mehr und mehr von qualitativen Faktoren (Steigerung der Arbeitsproduktivität, Rationalisierung etc.) statt von extensivem Wachstum (Bevölkerungszuwachs) bestimmt und stießen an die Grenzen ihrer relativ kleinen Binnenmärkte. Vor allem deshalb sollte die internationale Arbeitsteilung im RGW erhöht werden. In diesem Zusammenhang kann das Komplexprogramm, das nicht nur die Ziele, Methoden und Institutionen der künftigen „Integration", sondern auch vielfache (allerdings gegenwärtig bereits häufig nicht eingehaltene) Fristen für die Erfüllung der eingegangenen Verpflichtungen gesetzt hat, nicht sorgsam genug studiert werden.

Die wirtschaftspolitische und die integrative Funktion der DDR für den RGW kam, indirekt zumindest, in der Erklärung des damaligen und gegenwärtigen Vorsitzenden des Ministerrates der DDR,

Willi Stoph, der die DDR-Delegation in Bukarest geleitet hatte, zum Ausdruck. Es ging darin vor allem um eine weitgehende Abstimmung der Perspektivpläne der Mitglieder des RGW für die Jahre 1971 bis 1975 unter den Bedingungen intensiven Wachstums.[35] Im Westen ist bekannt, daß die Wirtschaftsplaner in der DDR es sich schon seit Jahren haben angelegen sein lassen, systematisch ausgearbeitete Vorschläge für eine Verbesserung der Kooperation, Konsultation, gemeinsamen Planung und Prognostizierung (und deren Methoden) für die RGW-Länder vorzulegen. Allerdings darf diese Tatsache nicht darüber hinwegtäuschen, daß weder 1971 in der Form des Komplexprogramms, noch 1976 ein wirklich tragfähiges Konzept der ,,ökonomischen Integration'' in der UdSSR, der DDR oder in anderen RWG-Staaten existierte. Dies schließt sicherlich nicht aus, daß man sich über die *allgemeinsten* Ziele der Vertiefung und Erweiterung der gegenseitigen Wirtschaftsbeziehungen *in abstracto* einig war. Selbst hier jedoch gab und gibt es das Problem der erfolgreichen Abstimmung der wirtschaftspolitischen Zielpräferenzen, da die Niveau- und Strukturunterschiede zwischen den RGW-Ländern auch nach Angleichung in der wirtschaftlichen Grundstruktur im einzelnen nach wie vor groß sind.[36]

Ein Indiz für die integrative Funktion der DDR im RGW kann auch in dem im ,,Neuen Deutschland'' veröffentlichten Tagungskommuniqué gesehen werden. Dort wurde von einer ,,Organisation der ökonomischen Zusammenarbeit neuen Typs''[37] gesprochen. Damit waren nicht nur letztlich unverbindliche verstärkte Konsultationen der Mitgliedsländer und ein weiterer Erfahrungsaustausch zu ,,Grundfragen der Wirtschafts- und wissenschaftlich-technischen Politik'' gemeint;[38] vielmehr wurden konkrete Vorschläge für die gemeinsame Organisation und Abstimmung bestimmter Produktbereiche (z. B. wissenschaftlicher Gerätebau) erarbeitet. Ferner sollte die ,,Kooperation der wissenschaftlich-technischen Forschung'' auf der Ebene von Ministerien, wissenschaftlichen Instituten und Betrieben – für die jeweils interessierten Staaten – weiter ausgedehnt werden. Weiterhin wurden 1971 im Intrablockhandel *Mengen-Wertkontingente* für einzelne Warengruppen eingeführt. Schließlich traten die Pläne für einen *transferierbaren*

Rubel in ein neues Stadium.[39] Im Jahre 1972 sollte diesen Plänen der Ansatz für eine *Koordinierung* der (langfristigen) *Perspektivpläne* (1976–1980) auf bestimmten Gebieten, z. B. Rohstoffen, folgen.

Die DDR nahm, nach der Verabschiedung des Komplexprogramms, für die geplante Erweiterung der Zusammenarbeit der RGW-Staaten vor allem aus vier Gründen eine wichtige Position ein: einmal weil die meisten der Industriezweige, für die eine verstärkte Zusammenarbeit beschlossen wurde, strukturbestimmend für die DDR-Wirtschaft sind: Maschinenbau, Chemische Industrie, Elektrotechnische und Elektronische Industrie, Feinmechanische/ Optische Industrie, Leichtindustrie, Glas- und Keramische Industrie; zum anderen weil 3 der für den gesamten RGW bedeutendsten 23 Ständigen Kommissionen (Stand 1975) ihren Sitz in Ost-Berlin haben: die Ständigen Kommissionen für Bauwesen, für Chemische Industrie und für Standardisierung; drittens wegen des relativ hohen wirtschaftlichen Leistungsniveaus der DDR sowie, viertens, wegen der für die Jahre 1971 bis 1975 eingegangenen Verpflichtungen gegenüber den RGW-Ländern. Im Jahre 1971 ist mehrfach durch die SED-Führung angekündigt worden, daß in dem Zeitraum zwischen 1971 und 1975 rund 75 Prozent des gesamten Außenhandels der DDR (statt bisher 72 Prozent) mit den RGW-Ländern abgewickelt werden sollten. Dieses Ziel ist nicht nur nicht erreicht, sondern in den folgenden Jahren erheblich unterschritten worden.[40] Auch auf der 30. Tagung des RGW (Juli 1976) in Ost-Berlin ist nicht bekannt geworden, ob das Handelsvolumen der DDR mit den RGW-Staaten (ohne Kuba und die Mongolei sowie ohne Jugoslawien) gegenwärtig wieder im Steigen begriffen ist.

6. Möglichkeiten der Außenpolitik der DDR

Die grundlegende außenpolitische Schwäche der DDR gegenüber den Staaten außerhalb des Ostblocks macht es verständlich, daß sie sich schrittweise weitere Erfolge hinsichtlich der völkerrechtlichen Anerkennung zu erkämpfen suchte. Nach der völkerrechtlichen

Anerkennung durch einige arabische Staaten: Irak (1969), Sudan (1969), Syrien (1969), Jemen (1969), Ägypten (1969), Algerien (1970) sowie durch schwarzafrikanische Länder: Kongo (1970), Somalia (1970), Guinea, Tschad (1971) sollten im Laufe des Jahres 1972 Indien, Pakistan und Bangladesh, Indonesien, weitere afrikanische und arabische Staaten, jedoch – im Rahmen der sich durchsetzenden Détente – auch die Schweiz, Österreich, Schweden und das NATO-Mitglied Belgien mit der DDR diplomatische Beziehungen aufnehmen. In den nordeuropäischen Ländern, in Finnland, jedoch auch in Dänemark und Schweden, bestanden bereits seit den Jahren 1968/69 rührige Gruppen, die für die völkerrechtliche Anerkennung der DDR eintraten.

Gleichzeitig kämpfte die DDR um ihre Aufnahme in internationale Organisationen. Schon frühzeitig versuchte sie, in den UN und ihren Unterorganisationen (ECE, UNESCO, WHO) Fuß zu fassen. Ihre Kampagne besonders für den wirtschaftspolitisch wichtigen Eintritt in die ECE hat sie erheblich verstärkt, nachdem die Schweiz als vorletztes europäisches Land im Juli 1971 in diese Organisation als Mitglied eingetreten war.

Ähnlich intensiv hatte sich die DDR seit Anfang des Jahres 1971 darum bemüht, zu der im Sommer 1972 in Stockholm abgehaltenen Konferenz über den Umweltschutz als vollberechtigtes Mitglied eingeladen zu werden. Ihre Teilnahme oder Nichtteilnahme wurde zur Prestigefrage hochgesteigert. Auf Betreiben der SED-Führung waren der sowjetische – und dann auch der schwedische – Druck auf die Bundesrepublik und die internationale Öffentlichkeit erheblich, die DDR zu dieser Konferenz zuzulassen. Die Bundesregierung hat sich schließlich jedoch mit ihrem Standpunkt, zunächst die den Grundlagenvertrag vorbereitenden innerdeutschen Gespräche abzuschließen, durchgesetzt.

Von westlichen Beobachtern ist gelegentlich die Frage nach der Stabilität des Verhältnisses von UdSSR und DDR gestellt worden. Manche gehen dabei so weit, ein sich tendenziell vergrößerndes Konfliktpotential zwischen DDR und UdSSR anzunehmen.[41] Wir halten solche Annahmen für nur bedingt schlüssig; denn die außenpolitischen Strategien beider Staaten sind in allen politisch wesentlichen Aspekten voll aufeinander abgestimmt. Dies gilt vor allem für die Europa- und Deutschland- sowie in letzter Zeit wieder in der Berlin-Politik. Hier stimmen die UdSSR und die DDR in drei Zielen überein: einmal die internationale Position der DDR ständig zu stärken, zum anderen – und damit zusammenhängend – die internationale und die innerdeutsche Position der Bundesrepublik und West-Berlins, in unterschiedlicher Weise, zu schwächen; schließlich von der Bundesrepublik Kapitalhilfe, die Lieferung moderner Technologien und das entsprechende ,,know-how" in möglichst großem Umfang zu erhalten.

Die Versuche, die Bundesrepublik politisch zu schwächen, besaßen seit Anfang der siebziger Jahre folgende Stoßrichtungen:
– Stärkung der Kräfte des politischen Neutralismus in der Bundesrepublik;
– Behinderung der Bundesrepublik in ihren Bemühungen um die politische und wirtschaftliche Einigung Europas;
– Unterstützung aller Versuche im MBFR-Bereich, der europäischen Sicherheitskonferenz u. ä., die Präsenz der USA besonders in der Bundesrepublik wie im gesamten westeuropäischen Raum abzubauen;
– Einsatz eines Arsenals politisch-propagandistischer Kampfmittel, um die internationale politische Position der Bundesrepublik auf der ganzen Welt, insbesondere jedoch in Indien, in den arabischen Ländern, in einzelnen afrikanischen Staaten und in den Ländern Südamerikas – und mehr und mehr auch in Westeuropa zu schwächen.

In Verfolgung dieser Zielsetzungen arbeiten DDR und UdSSR eng zusammen. Differierende Auffassungen schienen bisweilen lediglich auf der taktischen Ebene, vornehmlich hinsichtlich Berlins zu bestehen. Solche Auffassungsdifferenzen hatten sich jedoch nach dem Sturz Ulbrichts eher vermindert, wenn sie auch immer wieder sichtbar werden.

Ein echtes Interessengefälle zwischen der DDR und der UdSSR könnte in absehbarer Zeit nur dann eintreten, wenn der weltweite Ausgleich zwischen den Supermächten auch die DDR plötzlich politisch weniger bedeutsam für die Sowjets erscheinen ließe. Jedoch dies ist, schon aus militärisch-strategischen Überlegungen heraus, nicht anzunehmen.

Realistischer ist es, vor allem wenn man die Entwicklung rückschauend noch einmal verfolgt, davon auszugehen, daß das wirtschaftliche und technologische Potential der Bundesrepublik die Position der DDR gegenüber der UdSSR und den anderen Partnerländern im Ostblock schwächen kann. Dies gilt um so mehr als bereits 1971 zu erkennen war, daß das DDR-Modell der wirtschaftlichen und technischen Entwicklung, dessen ideologische Anpreisung durch die SED-Propaganda damals vielleicht zu massiv betrieben worden war, für die UdSSR rasch an Bedeutung verlieren würde. Zu deutlich sind Kapital- und Arbeitskräfteknappheit, der Mangel an technologischem „know-how" bei der DDR in dem Augenblick zutage getreten, als die UdSSR selbst engere Wirtschaftsbeziehungen zu den USA und zur Bundesrepublik herzustellen begonnen hatte.

Überlegungen dieser Art sind nur dann sinnvoll, wenn die Zeitdimension mit einbezogen wird. Die Importe hochqualifizierter, jedoch herkömmlicher Anlagen aus der DDR waren für die UdSSR besonders in den sechziger Jahren stets wertvoll. Die Frage stellt sich, *wie lange* sie *wie* wertvoll sind, wenn wir an die unabdingbare Notwendigkeit für die UdSSR erinnern, den „Sprung" in eine technologische, moderne Industriegesellschaft bald zu schaffen.

Die wirtschafts- und technologiepolitische Bedeutung der DDR für die UdSSR wäre erheblich gestiegen, wenn ihr in den Jahren seit 1971 ein nennenswerter technologischer Durchbruch gelungen wäre. Eine solche Entwicklung hat es jedoch nicht gegeben. Deshalb hat die Bundesrepublik in den Jahren seit 1971 für die UdSSR gerade auf technologischem Gebiet an Bedeutung gewonnen. Dieser Entwicklungstrend wird vermutlich auch in den kommenden Jahren anhalten. Eine solche Annahme darf allerdings nicht zu dem Schluß verführen, die DDR könne kurz- und mittelfristig an *politischer* Bedeutung für die UdSSR verlieren. Zudem ist die Einbindung der Wirtschaft der DDR in die sowjetischen Ausbaupläne derart weit fortgeschritten, daß in jedem Falle Ost-Berlin für die Sowjets von eher steigender Bedeutung bleiben wird.

7. Zusammenfassung

Die vorangegangenen Überlegungen lassen sich wie folgt zusammenfassen:

– Die DDR hat auch in den siebziger Jahren an den bereits früher formulierten Prinzipien und Maximen festgehalten: Stärkung der Eigenstaatlichkeit und Betonung des spezifisch nationalen Aspektes; Politik der „friedlichen Koexistenz" gegenüber der Bundesrepublik in ihrem Doppelaspekt; enge Anlehnung an die UdSSR in allen internationalen und deutschlandpolitischen Fragen; Ausbau eines weltweiten Netzes von internationalen Beziehungen mit Schwerpunkten in West- und Nordeuropa, den arabischen Ländern und einigen Staaten Schwarz-Afrikas, mit Indien und, wenn möglich, mit den Staaten Süd- und Mittelamerikas.

– Die ständige Absicherung der Außenpolitik in der UdSSR spielte nach Ulbrichts Sturz eine eher noch größere Rolle. Die SED-Führung konnte sich naturgemäß vor allem dort der tatkräftigen Unterstützung der KPdSU sicher sein, wo die sowjetischen Interessen direkt oder indirekt mit den DDR-Interessen übereinstimmten: in der Berlin-Frage, bei den Bemühungen um die völkerrechtliche Anerkennung der DDR und um ihre Aufnahme in Unterorganisationen der Vereinten Nationen wie in die UN-Vollversammlung.

– Das Gewicht der außenpolitischen Aktivität der DDR hatte sich in den Jahren 1970/71 bis 1973/74 von den Ländern der Dritten Welt deutlich auf die westlichen Industrieländer und die internationalen Organisationen verschoben. Seit 1975/76 wird auch wieder eine aktive Politik gegenüber den Ländern der Dritten Welt betrieben.

– Die seit 1969 verstärkte ideologisch-propagandistische Aktivität der SED nach innen wie nach außen, insbesondere gegenüber der Bundesrepublik und den west- und nordeuropäischen kommunistischen und sozialdemokratischen Parteien, war ebenfalls mit den sowjetischen Interessen vereinbar – entsprach sie doch voll dem Aspekt des sich verschärfenden ideologischen Klassenkampfes mit dem „Imperialismus".

– Wenn neben den außenpolitischen Aktivitäten der DDR die

innergesellschaftliche Situation berücksichtigt wird, konnte es nur im Interesse der SED-Führung liegen, daß die Militär- und Wirtschaftsblöcke in Europa nicht vorschnell aufgelöst werden – hätte sich die DDR doch sonst einer Herausforderung konfrontiert gesehen, der sie politisch nicht gewachsen gewesen wäre.

– Außen- wie Innenpolitik der DDR waren 1971 noch wesentlich an die Bundesrepublik fixiert. Die Außenpolitik der DDR war zu jener Zeit deshalb, auch wenn sie bereits einige weltpolitische Aktivitäten enthielt, im Kern immer noch Deutschlandpolitik und als solche nach wie vor eine Funktion der Innenpolitik des zweiten deutschen Staates.

II. Der Begriff der Nation in der Sicht der SED: Wandlungen und politische Bedeutung*

1. Vorbemerkungen

Nach Unterzeichnung des Transitabkommens zwischen der Bundesrepublik Deutschland und der DDR im Dezember 1971 schien der Weg für Verhandlungen, für eine weitere, jedenfalls wirtschaftliche und technische Zusammenarbeit zwischen beiden deutschen Staaten in den Jahren 1972/73 offen. Damit war allerdings, wie die nächsten Jahre zeigen sollten, über die Entwicklung der grundsätzlichen Dimension des deutsch-deutschen Verhältnisses in den folgenden Jahren wenig ausgesagt. Auch wenn der Weg der Kooperation wenigstens auf Teilgebieten tatsächlich beschritten wurde, auch wenn das innerdeutsche Klima in manchen Bereichen gegenwärtig weniger rauh ist, hat sich die grundsätzliche, die ideologisch-politische Auseinandersetzung zwischen den beiden deutschen Staaten nicht entschärft. Im Gegenteil: Die SED-Führung hat parallel zu ihren Kooperationsinteressen den ideologisch-politischen ,,Klassenkampf" wieder und wieder propagiert und die ,,Abgrenzung" der DDR von der Bundesrepublik seit 1970/71 konsequent weiter betrieben. Diese ideologisch-politische Auseinandersetzung wird von seiten der SED unter den Zeichen der „friedlichen Koexistenz" geführt und nahm u. a. in den offiziellen und offiziösen Verlautbarungen zum Thema „Nation" konkrete Formen an.

Im Sinne des bereits erörterten[1] mehrdimensionalen Verständnisses des Prinzips der friedlichen Koexistenz wurden die Probleme der eigenstaatlichen Identität und des Verhältnisses zur Bundesrepublik von der SED seit 1970/71 unter den Aspekten des (ideologisch-politischen) „Klassenkampfes" und der „Kooperation" in über die Jahre wechselnden, immer differenzierter argumentierenden Auslegungen von „Nation", „Nationalität" und „nationaler Frage" konkretisiert.[2] Letztlich allerdings haben solche Differenzierungen nicht zu einer konstruktiven, auch ideologisch abgesicherten Auffassung von „Nation" geführt, sondern das Stalinsche Nationkonzept in seinen Grundzügen reaktiviert. Die Differenzierungen und Konkretisierungen, das Bemühen um ein für die SED tragfähiges Konzept der Nation sind als die der gegenwärtigen „historischen" Lage angemessene Form der klassenmäßigen Auseinandersetzung begriffen worden. Honecker hat in diesem Zusammenhang schon auf dem VIII. Parteitag der SED (1971) von der „Dialektik des internationalen Klassenkampfes unserer Zeit" gesprochen[3] – und damit den zur Zeit politisch-ideologisch defensiven Charakter des marxistisch-leninistischen Nationkonzepts umschreiben wollen.

In Auslegung des Prinzips der friedlichen Koexistenz ist Honekker auf dem VIII. Parteitag auf die „Abgrenzung", die „nationale Frage" und das Problem Staat-Nation in Deutschland bisher am ausführlichsten eingegangen. Die Wahl des Zeitpunktes dieser ausführlichen Stellungnahme nahm nicht wunder, da sich die SED-Führung nach den ersten Erfolgen der neuen Ostpolitik gegenüber dem eigenen Parteiapparat wie auch gegenüber der Bevölkerung ideologisch neu formieren mußte.

Der neue Erste Sekretär des ZK der SED hatte 1971 nicht nur die „sogenannte ‚Einheit der deutschen Nation'" als „Gerede" abgelehnt, sondern auch von einer sich künftig weiter verstärkenden „Gegensätzlichkeit" zwischen beiden deutschen Staaten gesprochen: Der „Prozeß der Abgrenzung" zwischen der Bundesrepublik und der DDR wird „in allen Bereichen des gesellschaftlichen Lebens immer tiefgreifender". Im gleichen Sinne äußerte er sich wenig später auf dem 4. ZK-Plenum im Dezember 1971. Politisch bedeutsam an diesen Ausführungen ist die mit der marxistisch-leninistischen Geschichtsphilosophie abgesicherte Annahme, daß die sich in den siebziger Jahren verstärkende „Abgrenzung" zwischen den beiden deutschen Staaten aus der „Gegensätzlichkeit" der Wirtschafts- und Sozialsysteme, der staatlich-gesellschaftlichen Ordnungen, der Gesellschafts- und Sozialpolitik erwachsen soll. Dadurch erfährt die Abgrenzungspolitik der SED-Führung, die sich aus der geographischen Lage der DDR und der Legitimationsschwäche des politischen Systems ergibt, eine die Realität stilisierende Ausdeutung.

In seinem Bericht an das Zentralkomitee hatte Honecker auf dem VIII. Parteitag ferner betont, daß sich in der DDR – „nach Bildung des westdeutschen Separatstaates" – ein „neuer Typus der Nation, die sozialistische Nation" entwickelt habe. Im Unterschied zur Bundesrepublik, „wo die bürgerliche Nation fortbesteht und die nationale Frage durch den unversöhnlichen Klassenwiderspruch zwischen Bourgeoisie und den werktätigen Massen bestimmt wird", habe sich „im sozialistischen deutschen Staat" die „sozialistische Nation" herausgebildet.[4]

In diesen Sätzen Honeckers ist die auch 1976 noch gültige Grundeinstellung der SED-Führung zum Begriff der Nation und zur nationalen Frage enthalten: Es bestünden gegenwärtig zwei Nationen in Deutschland, von denen allerdings nur die Nation der DDR den historischen „Fortschritt" repräsentiere. Sie sei der wahre Erbe des besseren Teils der deutschen Geschichte; ihr gehöre deshalb die Zukunft.

Jenseits dieser Grundeinstellung sind jedoch 1976 im Vergleich zu 1971 einige Nuancen zu verzeichnen: Einmal widmete Honecker in seiner Parteitagsrede im Jahre 1976 der Frage der Nation nur wenige Sätze. Zweitens sprach er in bezug auf die DDR von der „sozialistischen *deutschen* Nation", nachdem er zwischenzeitlich, anläßlich der Verfassungsänderung von 1974,[5] eine auf das Attribut „deutsch" verzichtende Sprachregelung verkündet hatte. Drittens lehnte Honecker im Jahre 1976 womöglich noch entschiedener als 1971 die

Existenz der deutschen Frage und ihr „Offenhalten" ab: „Da ist nichts mehr offen."[6]

2. Die Wiederaufnahme von Stalins Nationkonzept

Solche Nuancierungen weisen darauf hin, daß die SED-Führung einerseits – *nach außen,* gegenüber der Bundesrepublik – die im Begriff der Nation sich kristallisierende ideologische Grundposition seit 1971 nicht geändert und offensichtlich versucht hat, sich mit Hilfe des Grundlagenvertrages und der KSZE-Schlußakte politisch weiter abzusichern. Andererseits – *nach innen,* hinsichtlich der eigenen Kader wie der Bevölkerung – stellt die Nationfrage die SED-Führung vor nach wie vor unlösbare Identitäts- und Legitimationsprobleme. So haben im Jahre 1975 mehr als zwei Drittel der Bevölkerung der DDR die Bundesrepublik nicht als Ausland angesehen. Nur etwa ein Viertel der Bevölkerung der DDR hatte im gleichen Jahr das Herrschaftssystem der DDR akzeptiert, während ungefähr ein Fünftel dieses System ablehnte.[7]

Die Unlösbarkeit dieser politisch vitalen Probleme fällt um so mehr ins Auge, als der Rückgriff auf Stalins Nationkonzept zwar einige Ausgestaltungen und Differenzierungen ermöglichte – insbesondere solche, die sich dazu eigneten, die „Lebenslage", also die innere Situation in der DDR anzusprechen. Dennoch bleibt auch die Modifizierung von Stalins Nationkonzept abstrakt, unlebendig und damit ohne Überzeugungskraft. Im Grunde genommen ist der Begriff der Nation auch für die Masse der DDR-Bevölkerung zur historischen Kategorie, der lediglich für die Jahre 1871 bis 1918 politisches Gewicht zuzumessen ist, verblaßt. Auch in der DDR könnte ein weiter steigender Lebensstandard die „Nation" als Identifikationsmöglichkeit tendenziell substituieren. Solche Überlegungen drängen sich auf, wenn neuere Versuche von SED-Ideologen, die „Nation" der DDR zu definieren, einerseits und die Stimmungslage in der DDR andererseits analysiert werden.

Bevor diesen Deutungen im einzelnen nachgegangen wird, sei Stalins Begriff der Nation, der in seiner 1913 veröffentlichten

Schrift „Marxismus und nationale Frage" formuliert ist, in Erinnerung gerufen: „Eine Nation ist eine historisch entstandene stabile Gemeinschaft von Menschen, die durch die Gemeinsamkeit der Sprache, des Territoriums, des Wirtschaftslebens und der sich in der Gemeinsamkeit der Kultur offenbarenden psychischen Eigenart geeint werden."[8] Stalin hatte damit bereits die in den neueren SED-Interpretationen hervorgehobenen Aspekte der „Gemeinsamkeit der Kultur" und der „psychischen Eigenart" für die *innere* Kohärenz eines Staatsgebietes klar herausgestellt.

In diesem Sinne bezog Politbüromitglied Hermann Axen „Nationalbewußtsein", „sozialistisches Staatsbewußtsein" und „nationale Beziehungen" über den marxistisch-leninistischen Klassenbegriff auf das Alltagsleben der Menschen, ihre „tägliche Denk- und Lebensweise" zurück: „Nationale Beziehungen sind ihrem Wesen nach stets gesellschaftliche, d. h. ökonomische, sozialpolitische und ideologische, also klassenbezogene Beziehungen, die sich auf einem bestimmten Territorium, in einem bestimmten Sprachgebiet und in einem kulturellen, mit dem täglichen Leben verbundenen Milieu herausbilden und den Zusammenschluß der Menschen zu einer nationalen Gemeinschaft bewirken. Bestimmend für den Klassencharakter und die Entwicklungsrichtung einer Nation ist jedoch die Gesamtheit der sozialen Faktoren."[9]

Mit diesen Bestimmungen wird der Begriff der Nation in die Gesellschaftspolitik eingebunden und – gegenwärtig – eher *innergesellschaftlich* und *innenpolitisch,* denn außenpolitisch definiert. Dies trifft auch auf Stalins Begriff der Nation zu. Besonderes Interesse verdient bei der Analyse von Axens Bestimmung der Nation – vor allem im Hinblick auf offizielle Verlautbarungen der Bundesregierung des Kabinetts Brandt zum Thema „Nation" – sein Hinweis auf das „tägliche Leben" als eines ihrer konstitutiven Merkmale. Im Unterschied zu Willy Brandts romantisierender, aus dem Kulturnationkonzept ausbrechender Vision von der Nation als massenhafter, alltäglich sich vollziehender Kommunikation verbindet Axen das Alltagsleben als Merkmal der Nation mit der Klassen(kampf-)these.

„Sozialistische Lebensweise" bzw. „Alltagsleben" als Merkmal von Nation wird dabei aus Stalins Nationbegriff hergeleitet, sozusagen im Sinne einer modernisierten Variante des von Stalin Gemeinten. Denn einmal wird in den neueren Interpretationen der Stalinschen Lehre in erster Linie die ,,materialistische Auffassung der Nation", der Versuch, ihre wesentlichen Merkmale aus den ,,materiellen Existenzbedingungen" der Gesellschaft zu erklären, positiv bewertet. In diesem Sinne werden Begriffe wie etwa ,,Alltagsleben" und ,,Lebensweise" als ,,Merkmale materieller Existenzbedingungen der Gesellschaft" bestimmt. Zum anderen gilt es als Stalins besondere Leistung, daß er ,,Nation" aus einer ,,Kombination von Merkmalen" abgeleitet hat.[10] Solche Ausdeutungen berücksichtigen die partielle Aufwertung Stalins [und Shdanows], wie sie in der Sowjetunion gegenwärtig zu beobachten ist, in ebenso eindeutiger wie vorsichtiger Weise – vorsichtig insofern, als Stalins Nationkonzept nach wie vor gleichermaßen mit den Begriffen ,,schematisch", ,,statisch" und ,,klassenindifferent" abgewertet wird.[11]

Der Begriff der Nation wird von Axen schließlich – dies ist er der Doktrin schuldig – geschichtsphilosophisch dynamisiert, indem er an die ,,sozialen Faktoren", die sich, gemäß der Lehre des Marxismus-Leninismus, in eine bestimmte Richtung verändern, gekoppelt wird. Der Begriff der Nation bleibt dadurch gleichzeitig nach außen, auf den ,,Klassenfeind" gerichtet. Der Klassenaspekt, der Klassenkampf nach außen, der bei Stalin, dem es um eine Deutung der *russischen* Nation ging, eher zurücktrat, steht in den neueren sowjetischen wie DDR-Deutungen im Vordergrund. Daß Stalin dieses Merkmal nicht in seine Definition aufgenommen hatte, wird heute in der Sowjetunion und in der DDR kritisiert. Solche Kritik erschwert jedoch nicht, sie erleichtert vielmehr den Rekurs auf Stalin.

Die genannten Merkmalsgruppen, die innenpolitischen und innergesellschaftlichen Bezüge, die geschichtsphilosophische Dynamik und der Klassenkampfgedanke erhöhen die Fungibilität des Begriffs der Nation, machen ihn zum politischen Instrument, das für unterschiedliche Zwecke einsetzbar ist.

Im folgenden soll der in ihren einzelnen Ausprägungen, wenn

auch nicht in ihrem Kern, facettenreichen Nationdiskussion in der DDR etwas systematischer nachgegangen werden. Dabei werden zunächst Honeckers Ausführungen auf dem VIII. Parteitag dargestellt.

3. Die offizielle Lehre von der Nation: Honeckers Ausführungen auf dem VIII. Parteitag der SED (1971)

Honecker hatte in seiner Rede auf dem VIII. Parteitag der SED[12] die Einheit der Nation, von der die Bundesregierung nach wie vor ausgeht, eindeutig abgelehnt. Er hatte damit ebenfalls den von Bundeskanzler Brandt in seiner Rede in Erfurt am 19. März 1970 betonten ,,besonderen Charakter" der Beziehungen zwischen der Bundesrepublik Deutschland und der DDR zurückgewiesen. Für den auch in ideologischen Fragen maßgeblichen SED-Politiker bestanden und bestehen gegenwärtig nicht nur zwei deutsche Staaten, sondern auch zwei Nationen in Deutschland: die ,,sozialistische Nation" in der DDR und die in der Bundesrepublik weiterhin existente ,,bürgerliche Nation". Mit der rigorosen Ablehnung der Einheit der deutschen Nation hatte der Erste Sekretär des ZK der SED ebenso entschieden die Tatsache eines Fortbestehens der deutschen Nation *in* der DDR betont. Die eigentlich wertvolle, die historische Substanz der deutschen Nation sei in der Arbeiterklasse und ihrer Partei, der SED, bewahrt worden. Sie würde gegenwärtig in der DDR erneuert und zur sozialistischen Nation ,,entwickelt".

Bereits diese Bemerkungen verdeutlichen, daß über ,,Nation" in der DDR nur unter Absetzung von der Bundesrepublik gehandelt wird; denn die sozialistische Nation in der Sicht der SED kann stets *nur* als *Kontrast* (,,Negation") zur bürgerlichen Nation begriffen werden. Damit sind von der SED bis heute nicht überwundene Schwierigkeiten konstitutiv mit ihrer Nation-Theorie verbunden.

Bei der Betonung des Eigenständig-Nationalen durch Honecker bleibt auch gegenwärtig noch immer unklar, ob sich die ,,sozialistische Nation" in der DDR erst noch ,,*entwickelt*" oder ob sie bereits *besteht*. In Honeckers Parteitagsreden von 1971 und 1976 waren beide Varianten vorhanden. Die in dieser Unschärfe zum Ausdruck kommende ideologisch-theoretische Unsicherheit besitzt ihre eigene Tradition. So verwandte Ulbricht, damals noch Erster Sekretär des ZK, in seiner berühmt-berüchtigt gewordenen Pressekonferenz am 19. Januar 1970 sowohl die Formel vom „sozialistischen Staat deutscher Nation" wie die vom „sozialistischen deutschen Nationalstaat". Schwankungen im Gebrauch des ideologisch-politischen Schlüsselworts „Nation" demonstrieren, sozusagen *ad oculos*, daß die Legitimierung der SED durch die Bevölkerung nach wie vor, sogar im Selbstverständnis der SED-Führung, nicht erreicht worden ist.

In seiner Rede auf dem VIII. Parteitag der SED charakterisierte Honecker die Bundesrepublik Deutschland als „bürgerliche Nation", als unter der Herrschaft der „deutschen Großbourgeoisie" stehend. In der aktuell-politischen Beschreibung schwankte der SED-Chef terminologisch zwischen „bürgerlicher Nation" und „Separatstaat" bzw. „NATO-Staat". Die zuletzt genannten Formulierungen weisen auf die von der SED behauptete Ausgliederung der Bundesrepublik aus dem nationalen Verband überhaupt hin. Die Hochstilisierung der Bundesrepublik zum Erzfeind wurde 1971/72 in den von der SED für das innen- und außenpolitische Verhalten der Bundesregierung verwandten Bezeichnungen „imperialistischer Nationalismus", „kleinbürgerlicher Nationalismus", „antikommunistischer Revanchismus", „militanter Antikommunismus" oder auch „imperialistische Globalstrategie" erneut manifest.[13]

Dennoch gingen auch in dieser Blütezeit der ständigen Wiederholung alter und neuer Propagandaformeln die Verhandlungen zwischen den Vertretern der *Regierungen* der beiden deutschen Staaten weiter. So wurde etwa 1971 das Protokoll über die Verhandlungen zwischen den Delegationen der Postministerien beider deutscher Staaten ebenso unterzeichnet wie das Transitabkommen; 1972 folgte die Unterzeichnung des Verkehrs- und des Grundlagenvertrages.

Durch die abstrakte Zurechnung – hier „bürgerliche Nation" in der Bundesrepublik, dort „sozialistische Nation" in der DDR –

wird der Begriff der Nation an die Begriffe „Klasse", „Klasseninhalt", „Klassenkampf", „Klassenwiderspruch" gebunden. Honecker selbst formulierte in seiner Parteitagsrede von 1971: „Man muß bei der Einschätzung der nationalen Frage von ihrem Klasseninhalt ausgehen."

Die vielfältigen Schattierungen im Klassenkonzept von der Nation lassen nach der „*Entstehung* der sozialistischen deutschen Nation" in der DDR aufgrund der Selbstdeutung der SED fragen. In der DDR soll die „proletarische Klasse" zunächst, 1945 bis 1949, die politische Herrschaft erobert und sich daraufhin als „nationale Klasse" konstituiert haben. Im Zuge des Aufbaus der sozialistischen Gesellschaft hätte sich dann das Proletariat allmählich zum Träger der sozialistischen deutschen Nation gewandelt. Im Verlauf des nunmehr 30jährigen Entwicklungsprozesses, dessen Beginn, die „sozialistische Revolution", auf 1945 oder auch auf das Frühjahr 1946 (Zusammenschluß von SPD und KPD zur SED) datiert wird, hätte sich dieser „Übergang" von der „Klasse des Proletariats" zur „Nation" angebahnt.

Davon unberührt ist die Feststellung, daß in der DDR auch Anfang der siebziger Jahre noch verschiedene soziale Klassen und Schichten bestanden.[14] Von diesen sozialen Klassen und Schichten wird allerdings behauptet, daß sie unter der „Führung der Arbeiterklasse" stünden, „freundschaftlich miteinander verbunden" und von „sozialistischen Charakterzügen" geprägt seien. Die Frage nach dem Spezifikum, den spezifischen Merkmalen des „Übergangs" von der „proletarischen" zur „nationalen" Klasse ist damit freilich noch nicht beantwortet. Um diese These auch nur im ideologischen Bereich glaubhaft zu belegen, müßte ja gerade auf das Verschwinden unterschiedlicher sozialer Klassen und Schichten in der DDR abgehoben werden. Hier stoßen wir also auf nicht aufgelöste Widersprüche im Konzept der „Nation".

Honecker hatte in seiner Parteitagsrede von 1971 schließlich versucht, die *historische* Dimension sowohl hinsichtlich der Vergangenheit wie der Zukunft der nationalen Frage zu kennzeichnen. Das Auseinanderbrechen der deutschen Nation in zwei Staaten und zwei Nationen sei eine Konsequenz der historischen Entwicklung seit der

Reichsgründung von 1870/71. Unter Anspielung auf Bismarck betonte der SED-Chef: „Bekanntlich hat das deutsche Großkapital im Bunde mit dem Junkertum den einheitlichen deutschen Nationalstaat durch die Unterdrückung des eigenen Volkes und die Unterjochung fremder Völker mit Blut und Eisen zusammengeschweißt." Der deutsche Nationalstaat sei also letztlich durch die ehemalige deutsche Großbourgeoisie zusammengebracht worden; er sei deshalb stets nur ein künstliches Gebilde gewesen. Dadurch, daß die deutsche Großbourgeoisie das deutsche Volk „durch zwei von ihr verschuldete Weltkriege in nationale Katastrophen" gestürzt habe, hätte sie „das Recht auf die Führung der Nation verwirkt". Diese historische Deutung spricht dem deutschen Nationalstaat von 1871 bis 1945 im nachhinein auch für die Zeit seines Bestehens die Existenzberechtigung ab.

Von der Situation 1945/46 ausgehend zog Honecker dann eine Linie in die Zukunft: „Nur die Arbeiterklasse war berufen, die Nation auf demokratischer Grundlage zu erneuern und ihre Einheit in einem antifaschistisch-demokratischen deutschen Staat zu gewährleisten."

Allerdings sprach er auch 1971 lediglich vage von dem „unversöhnlichen Klassenwiderspruch" in der Bundesrepublik, der „im Verlauf des welthistorischen Prozesses des Übergangs vom Kapitalismus zum Sozialismus seine Lösung finden wird". 1976 unterließ er jede Bemerkung über die Situation in der Bundesrepublik. Dies erwies sich, zumal nach Helsinki, offenbar als opportun.

Im Hinblick auf die arbeitende Bevölkerung in der Bundesrepublik und ihre „wirklichen" Interessenvertreter äußerte sich Honecker 1971 ebenfalls – wie auch in späteren Ausführungen zu diesem Thema[15] – eher vorsichtig: „Unsere Solidarität gehört jenen aufrechten Menschen in der BRD, die die wirklichen Interessen der arbeitenden Bevölkerung vertreten. Es entspricht den Notwendigkeiten des Kampfes gegen das Großkapital und für demokratischen Fortschritt in der BRD, wenn sich unsere kommunistischen Genossen, Gewerkschafter, sozialdemokratische und christliche Arbeiter, vor allem auch die tapfer um ihre Rechte kämpfende Jugend zur Aktionsgemeinschaft zusammenzufinden." Dennoch tritt in diesem Zitat das in der Verfassung der DDR von 1968 wie in anderen Dokumenten der SED, so zum Beispiel ihrem Programm von 1963, akzentuierte Motiv einer Verantwortung der SED bzw. der DDR für die „ganze deutsche Nation", für den „geschichtlichen Fortschritt und die nationale Zukunft Deutschlands" hervor.[16] Für das Jahr 1976 sollte im vorliegenden Zusammenhang vor allem auch der Aspekt der „Solidarität" beachtet werden. „Solidarität" war der Schlüsselbegriff auf der Konferenz der kommunistischen und Arbeiter-Parteien Europas, die Ende Juni 1976 in Ost-Berlin stattgefunden hat.[17]

4. Zur Geschichte der Nationdiskussion in der DDR

In den von Honecker und anderen Repräsentanten der DDR so dezidiert vorgetragenen Nationkonzepten erweitert sich die Frage nach der Herausbildung der „sozialistischen deutschen Nation" in der DDR und der Abspaltung der „bürgerlichen deutschen Nation" in der Bundesrepublik schnell zu einer Bewertung der deutschen Nachkriegsgeschichte.

Dabei sei zunächst darauf verwiesen, daß Bundesrepublik wie DDR in der Sicht der SED „Nachfolgestaaten des Dritten Reiches" gewesen sind.[18] Allerdings wird diese Feststellung der faktischen Existenz der beiden deutschen Staaten schon frühzeitig mit Vorstellungen über die geschichtliche „Gesetzmäßigkeit" und damit verbunden die moralische „Rechtmäßigkeit" angereichert. Schon vor der Errichtung der Mauer im August 1961 und der Verabschiedung des „Nationalen Dokuments" im Juni 1962 hatte Ulbricht in seinem Brief an Adenauer vom 23. Juli 1960 entsprechende Fragen beantwortet: „Der rechtmäßige deutsche Staat kann nur der sein, der im Sinne der Anti-Hitler-Koalition gegen das Wiedererstehen des deutschen Militarismus und Faschismus kämpft und durch die Herbeiführung eines Friedensvertrages die Wiedervereinigung unseres deutschen Vaterlandes ermöglicht."[19] Das Argument vom Kampf gegen den Faschismus wird auch heute noch häufig mit der Berufung auf das Potsdamer Abkommen und dem Hinweis verbunden, daß dieses in der DDR allein erfüllt worden sei. Dadurch sei nicht nur die historische und ethische, sondern auch die völkerrechtliche Legitimation der DDR schon frühzeitig, d. h. *vor* der mit dem Bau der Mauer einsetzenden Konsolidierungsphase, zu beanspruchen gewesen.[20] Im einzelnen ist dieser Legitimationsanspruch u. a. im „Nationalen Dokument" (1962), im „Programm der SED" (1963), auf dem VII. Parteitag (1967) und in der Verfassung der DDR von 1968 vorgebracht worden.

Die *Verbindung* von historischen, ethischen und völkerrechtlichen Argumenten, die in neueren Interpretationen durch die Heranziehung ethnischer und wirtschaftlich-sozialer, kommunikationstheoretischer und kulturgeschichtlicher Merkmale noch weiter angereichert wurde,[21] hat nicht nur den Anspruch der DDR auf Eigenstaatlichkeit, sondern auch die Auffassung, daß der Kern der deutschen Nation von der SED bewahrt worden sei, weiter verfestigt. Hier ist, recht besehen, Stalins Konzept zwar differenziert und ausgebaut, im Kern jedoch kaum verändert worden.

Auch wenn ein Meinungsbild der Bevölkerung oder zumindest der politisch aktiven Gruppen in der DDR im Zusammenhang mit dem Begriffskomplex Nation nicht zu erhalten ist, gab und gibt die vergleichende Analyse der Aussagen führender SED-Politiker, insbesondere Ulbrichts, Stophs, Honeckers, Hagers und Nordens, unter Berücksichtigung der politischen Entwicklung doch einige indirekte Aufschlüsse. Die Tatsache, daß von der SED – mit der partiellen sozialen und wirtschaftlichen Konsolidierung der DDR in den sechziger Jahren, mit dem Beginn der Ostpolitik der Bundesregierungen seit Ende 1966 und besonders seit Ende 1969 – der Argumentationszusammenhang in Fragen Nation ständig um neue ideologische Bezugsfelder ausgeweitet und vertieft worden ist, deutet darauf hin, daß die Bevölkerung der DDR die jeweils angebotenen Thesen zum Nationkonzept keineswegs eindeutig akzeptiert hat.

Nach wie vor ist für die SED-Führung die Absetzung vom anderen Deutschland vordringlich. Dabei wird ein breiter Kontext benutzt: Die kulturelle Andersartigkeit („Amerikanisierung") der Bundesrepublik wird der „humanistischen Tradition der Arbeiterklasse" kontrastiert und hieraus auf das immer stärkere Hervortreten einer geschichtlichen Aufgabe, die auf die DDR gleichsam zumündet, geschlossen. So hatte etwa Ulbricht in seiner Rede vor der Volkskammer im August 1968 ausgeführt: „Jetzt, 23 Jahre nach dem Krieg, bestehen zwei deutsche Staaten mit verschiedener Gesellschaftsordnung, eigenen Grenzen, eigener Wirtschaftsordnung und eigener Bildung und Kultur. Die westdeutsche Kultur wird immer mehr amerikanisiert, während die sozialistische Kultur der Deutschen Demokratischen Republik die humanistischen Traditionen unseres Volkes pflegt und sich im Geiste der sozialistischen Menschengemeinschaft entwickelt."[22]

Trotzdem hatte Ulbricht bis in das Jahr 1970 hinein den Gedanken der Einheit der Nation nicht fallengelassen. Dies kommt in der Formel vom „sozialistischen Staat deutscher Nation" zum Ausdruck. Allerdings traten Auffassungen von „zwei Typen von Nation", der bürgerlichen und der sozialistischen, bereits im Jahre 1967 hervor, so beispielsweise in der ersten Auflage des „Kleinen Politischen Wörterbuchs".[23] Zu jener Zeit wurde in der DDR also – für uns schwer verständlich – sowohl von der *einen* deutschen Nation wie, andererseits, ihrer Aufspaltung in zwei Teile gesprochen. In der gleichen Zeit verstärkten sich Äußerungen über den „Weg der Zukunft der ganzen deutschen Nation", der durch die Verfassung der DDR gewiesen sei.[24] Obwohl also auch schon in den Jahren 1967/68 nicht nur von zwei deutschen Staaten, sondern auch von zwei deutschen Nationen die Rede war, hob Ulbricht immer wieder die „ganze deutsche Nation" hervor. „Die Geschichte aber lehrt: Völkerrechtliche Beziehungen kann es durchaus zwischen souveränen Staaten einer Nation geben."[25]

Erst im Jahre 1970, womöglich als Reaktion auf Bundeskanzler Brandts „Bericht zur Lage der Nation", hatte der Erste Sekretär des ZK sein Konzept von der *einen* deutschen Nation abgeändert; es wurde abgelöst von der Gegenüberstellung hier „sozialistischer deutscher Nationalstaat" in der DDR und dort „kapitalistischer NATO-Staat" mit „beschränkter nationaler Souveränität" in der Bundesrepublik.[26]

Seit dieser Zeit hat die SED die Versuche, den Begriff der Nation soziologisch-historisch abzusichern und allein auf die DDR zu beziehen, verstärkt. Ein Beispiel dafür ist das 1969 erstmals erschienene „Wörterbuch der marxistisch-leninistischen Soziologie". Hier wird klarer als in anderen vergleichbaren Lexika die nationale Frage der sozialen untergeordnet.[27] In den zahlreichen Dokumenten der Selbstdarstellung wird einerseits die historisch-politische und die konkret gesellschaftspolitische Entwicklung der DDR klar hervorgehoben. Andererseits wird versucht, „Staat", „Nation", „Volk" durch ideologietheoretische Erörterungen über das Wesen der „sozialistischen Gesellschaft" und des „sozialistischen Klassenbewußtseins" in ein weitgespanntes dogmatisches Begriffsgerüst einzubeziehen.

Die über die ideologische Einbettung des Begriffs der Nation hinausgehende politische Bedeutung solcher Tendenzen liegt in den erneuten Versuchen zur Konkretisierung und Aktualisierung des Historischen Materialismus im allgemeinen und der marxistisch-leninistischen Klassendoktrin im besonderen. Bei Alfred Kosing, dem bekannten, langjährigen Mitarbeiter am Institut für Gesellschaftswissenschaften beim ZK der SED und führenden DDR-Experten in Fragen der deutschen Nation, ist der Argumentationszusammenhang am geschlossensten wiederzufinden: „Von der allgemeinen Bestimmung des Inhalts der Nation als Entwicklungsform des gesellschaftlichen Lebens ausgehend, können wir ... die Frage präziser beantworten, was einzelne Nationen konkret voneinander unterscheidet. Die *Nationen unterscheiden sich* voneinander weder durch einen besonderen Nationalcharakter oder nationalen Willen noch durch wissenschaftlich nicht zu bestimmende geistige Qualitäten, sondern durch zwei Gruppen von gesellschaftlichen Erscheinungen: *erstens* durch solche historisch gewordenen Aspekte der ökonomischen, sozialen, kulturellen und geistigen Entwicklung wie Niveau und Besonderheiten der nationalen Volkswirtschaft, Eigenarten der Sozialstruktur, Besonderheiten der politischen Organisation, Entwicklungsniveau und Besonderheiten der Kultur und des geistigen Lebens; *zweitens* durch ganz spezifische Nationalitätsunterschiede wie Sprache, charakteristische unterscheidende Merkmale der Kultur, der Lebensweise, der Sitten, Gebräuche und Tra-

ditionen sowie durch spezifische Züge der Mentalität und der So-
zialpsyche."[28]

In dieser Interpretation der Nation sind – in solcher Geschlossenheit erstmals im Schrifttum der DDR – erneut in überraschender
Ähnlichkeit zu Stalins Konzept ethnische, kultursoziologische wie
sozialpsychologische Faktoren mit einbezogen.[29] Wenn andere
Kontextbegriffe zur ,,Nation" wie ,,Sitten, Gebräuche und Traditionen", jedoch auch ,,Heimat", ,,Geborgenheit", ,,Vaterland"
berücksichtigt werden, tritt die gegenwärtig vor allem als innergesellschaftlich zu begreifende Funktion des Nationbegriffs noch
deutlicher hervor.

Auf die DDR bezogen behauptet Kosing, daß in der sozialistischen deutschen Nation unterschiedliche soziale Klassen und
Schichten durch wirtschaftliche, soziale, politische und ideologische Beziehungen vielfach im ,,nationalen Rahmen" verbunden
sind. Unter blockpolitischen Aspekten ist die Behauptung aufschlußreich, daß sich in der ,,Etappe der entwickelten sozialistischen Gesellschaft" alle ,,Bereiche des gesellschaftlichen Lebens" in
der DDR verstärkt internationalisieren. Damit ist bei Kosing sicherlich nicht die heute in den entwickelten Industrieländern überall
anzutreffende vielfältige, offene und damit innovative internationale Kommunikation gemeint, sondern vielmehr die Anwendung der
dogmatischen Lehre von der ,,wechselseitigen Durchdringung von
Nationalem und Internationalem" im Sinne des ,,sozialistischen"
bzw. ,,proletarischen" Internationalismus. Es handelt sich bei solcher ,,wechselseitiger Durchdringung" damit um möglichst kontrollierbare Kontakte zwischen Regierungen sozialistischer Staaten
bzw. zwischen kommunistischen Parteien.

5. Merkmale des Begriffs der Nation

Im Anschluß an die Diskussionen, die in der Sowjetunion vor allem
seit der Verabschiedung des neuen Programms der KPdSU auf dem
XXII. Parteitag (1961) in Gang gekommen waren, hatte die histo-
risch-systematische Behandlung des Begriffs der Nation in der
DDR in den sechziger Jahren begonnen.

Die damaligen sowjetischen Diskussionen standen häufig unter dem Zeichen der Kritik an Stalins 1913 gegebener Begriffsbestimmung. Dabei wurde, wie bereits erwähnt, vor allem das Fehlen des Klassencharakters der Nation bemängelt.[30] Über Stalin hinausgehend sind sowohl bestimmte *Merkmale* der Nation wie auch verschiedene *Typen* von Nationen festgelegt worden. Unter den Merkmalen standen in der sowjetischen Diskussion im Vordergrund: die Gemeinsamkeit des wirtschaftlichen Lebens, die stabile territoriale Gemeinschaft, das Bewußtsein der ethnischen Zugehörigkeit, das Nationalbewußtsein im Sinne des Bewußtseins der nationalen Zugehörigkeit, die Treue zu den nationalen Werten, der Nationalstolz und das Bewußtsein der Interessengemeinschaft im nationalen Befreiungskampf. Das wichtigste Element des Nationalbewußtseins war stets die marxistisch-leninistische *Weltanschauung,* die Klassencharakter besäße. Entsprechend sind drei Typen von Nationen unterschieden worden: die von Klassenkämpfen durchzogenen Nationen unter den Bedingungen des entwickelten Kapitalismus, die sozialistischen Nationen und die Nationen in der Dritten Welt als Übergangstyp.[31]

Die sowjetische Diskussion der siebziger Jahre, die sich sowohl in zahlreichen Monographien (M. I. Kulitschenko, N. Dschandildin, A. P. Serzowa, G. J. Gleserman) wie in Aufsätzen der Zeitschriften „Woprossy filossofii", „Filossofskije nauki", „Sowjetskaja Etnografija" niederschlug, hob auf die multinationale Situation in der Sowjetunion sowie auf die Entwicklungsländer im Prozeß der Nationbildung ab. Sie stellte schließlich, als dritten Aspekt, die „sozialistische Internationalisierung des gesellschaftlichen Lebens" und damit die verstärkte Kommunikation, wie sie sich zwischen Partei- und Staatsführungen im Ostblock entwickelt, heraus.[32]

Während in den Jahren 1969 bis 1971 in der DDR die Kritik an Stalins Nationbegriff durchaus aufgegriffen worden ist, wurde sie im Jahre 1976 bereits erheblich vorsichtiger vorgetragen.[33] Die in der Sowjetunion ausgearbeiteten Typologien und Merkmalskataloge des Nationalen, die nur aus der innersowjetischen Nationalitätenproblematik verständlich werden, sind in der DDR nur zum Teil rezipiert worden. Dagegen wurde das Axiom der „sozialistischen

Internationalisierung des gesellschaftlichen Lebens" aufgenommen, gab eine solche Rezeption der sowjetischen Diskussionen der DDR doch die Möglichkeit, ihre eigene Politik intensivierter Kommunikation zwischen Ost und West ideologisch abzusichern.

Im übrigen beschränkte man sich, der Situation in Deutschland Rechnung tragend, darauf, *zwei Typen* von *Nation* zu spezifizieren: den „qualitativ höheren", den historisch weiter entwickelten Typ der „sozialistischen Nation" und den historisch bereits überholten Typ der „bürgerlichen Nation". Der qualitativ höhere Typ der sozialistischen Nation sei erst durch die sozialistische Revolution, als deren historisches Modell die Oktoberrevolution von 1917 angesehen wird, möglich geworden: „Durch die sozialistische Revolution und den Aufbau der sozialistischen Gesellschaft gestaltet die Arbeiterklasse die Existenzgrundlagen der Nation um, befreit sie von den antinationalen Kräften des Imperialismus und schafft einen qualitativ höheren Typ der nationalen Gemeinschaft, die sozialistische Nation." Die sozialistische Nation beruhe im wesentlichen „auf der sozialistischen Produktionsweise, sie kennt keine Klassenantagonismen, sondern ist durch die wachsende politisch-moralische Einheit des ganzen Volkes gekennzeichnet, weshalb sie wesentlich stabiler als die bürgerliche Nation ist. Ihre führende Kraft ist die Arbeiterklasse, die im Bündnis mit der Klasse der Genossenschaftsbauern, mit der Intelligenz und allen anderen Schichten unter Leitung der marxistisch-leninistischen Partei die sozialistische Gesellschaft aufbaut. Im Rahmen der sozialistischen Nation beschleunigt sich die gesellschaftliche Entwicklung außerordentlich, es vollzieht sich ein großer Aufschwung von Wirtschaft, Wissenschaft und Kultur."[34]

Als konstitutives Element der Herausbildung der sozialistischen Nation wird das *Nationalbewußtsein* begriffen. Es gilt als eine „Form des *gesellschaftlichen* Bewußtseins unter den Verhältnissen der Existenz von Nationen". Die wichtigsten Elemente des Nationalbewußtseins sind wie folgt formuliert worden: „das Bewußtsein a) über die Zugehörigkeit zur Nation; b) über die gegenwärtige innere und äußere Lage der Nation; c) über die sich daraus objektiv ergebenden Interessen, Rechte und Aufgaben zur Gewährleistung der freien Entwicklung der Nation; d) über den Weg und das Ziel zur Lösung der nationalen Frage; e) über den Anteil des Bürgers sowie der verschiedenen Klassen und Schichten bei der Erfüllung dieser Aufgaben und f) über die Vergangenheit und die Zukunft der Nation".[35]

6. Zur nationalen/deutschen Frage

Im Unterschied zu solchen Definitionsversuchen hat Alfred Kosing in einer offensichtlich autorisierten Studie Nationen in ihrer sozial-geschichtlichen Entwicklung zu begreifen gesucht. Die *Sozialge-schichte* der deutschen Nation setzt, so behauptet er, „auf der Grundlage der entstehenden kapitalistischen Produktionsweise . . . im 15. und 16. Jahrhundert ein. Das widerspiegelte sich im gesell-schaftlichen Bewußtsein unter anderem im Erwachen des National-bewußtseins: in zunehmenden Maße wurde von der ‚deutschen Nation' und von ‚Deutschland' gesprochen." „Die deutsche Natio-nalität" habe sich dagegen „bereits lange vor der Formierung der kapitalistischen deutschen Nation herausgebildet. Die Entstehung der deutschen Nationalität fällt zeitlich im wesentlichen mit der Herausbildung und vollen Durchsetzung der Feudalgesellschaft zu-sammen . . . (9. bis 10. Jahrhundert)."[36]
Als weitere wichtige Etappe auf dem Wege zur Herausbildung der deutschen Nation und eines deutschen Nationalbewußtseins werden die Freiheitskriege von 1813 angesehen. Es folgte, nach der gescheiterten demokratischen Revolution von 1848, die „Errich-tung" des „bürgerlich-deutschen Nationalstaates" und die Heraus-bildung der „kapitalistischen deutschen Nation". Nach dem Zwei-ten Weltkrieg entwickelte sich die bürgerliche deutsche Nation in der Bundesrepublik Deutschland unter dem Schutz der „imperiali-stischen Westmächte" weiter, während in der SBZ/DDR die kon-sequent durchgeführte „antifaschistisch-demokratische Umwäl-zung" zum Aufbau einer sozialistischen Herrschafts- und Gesell-schaftsordnung, also zu einer neuen staatlichen und nationalen Qua-lität geführt hat.

Seine Deutung der historisch-politischen Entwicklung in Deutschland führt Kosing zu der Feststellung, daß eine nationale Frage heute in Deutschland nicht mehr existiere. Die einheitliche deutsche Nation sei zur „Fiktion" geworden. Diese Behauptung ist im Zusammenhang mit der Aufwertung des Begriffs „Nationalität" zu sehen, unter dem die SED neuerdings die sogenannten ethnischen Eigenschaften, also Sprache, Lebensgewohnheiten etc. zusammenfaßt. Die gegenwärtige Bestimmung der Situation in Deutschland durch die SED: Bundesrepublik und DDR als *zwei Nationen einer Nationalität,* soll offenbar unterstreichen, daß die nationale Frage, wie sie die deutsche Geschichte kennt, als gelöst anzusehen ist – auch wenn die SED-Führung, wohl gezwungenermaßen, an einer einheitlichen deutschen Nationalität bisher festhält.

Kosing deutet die allmähliche „historische" Abkoppelung der DDR von der Bundesrepublik und der deutschen Frage abschließend wie folgt: „In dem Maße, wie die Grundlagen der sozialistischen Gesellschaft in der DDR geschaffen wurden, veränderten sich allmählich die nationalen Beziehungen und nationalen Prozesse, und es entstanden in diesem revolutionären Umgestaltungsprozeß Voraussetzungen und Elemente der sozialistischen Nation. Schon Mitte der fünfziger Jahre begann sich in der DDR allmählich die sozialistische Nation herauszubilden. Anfang der sechziger Jahre, nachdem die Grundlagen des Sozialismus geschaffen waren und die Errichtung der entwickelten sozialistischen Gesellschaft begann, hatte dieser Prozeß schon einen bestimmten Reifegrad erreicht, und gegenwärtig, nachdem die sozialistischen Produktionsverhältnisse uneingeschränkt herrschen und die politisch-moralische Einheit des Volkes unter Führung der Arbeiterklasse gefestigt ist, können wir bereits von einem hohen Entwicklungsniveau der sozialistischen Nation sprechen. Ihre weitere Entwicklung erfolgt durch die Gestaltung der entwickelten sozialistischen Gesellschaft in der DDR und die zunehmende Zusammenarbeit mit den anderen sozialistischen Nationen."[37] Wieweit dies Wunschdenken ist, wieweit sich dahinter Realphänomene verbergen, entzieht sich der empirischen Nachprüfung.[38]

7. Einige politische Schlußfolgerungen

Die vorangegangenen Untersuchungen haben demonstriert, daß „Nation", „Nationalität", „nationale Frage", wie sie die SED gegenwärtig verwendet, auf dem Boden einer verfeinerten Argumentation, die, nach einer Zwischenphase, in vielem erneut auf Stalins Nationkonzept zurückgeht, konzipiert sind. Die Deutung des Nationbegriffs im Rahmen der marxistisch-leninistischen Geschichtsphilosophie läßt bestimmte Fragen, die etwa in der Bundesrepublik bei der Diskussion um den Begriff der Nation eine große Rolle spielen (Verhältnis von Volk und Nation, geographische, sprachliche, kulturelle Grenzen der deutschen Nation), in den Hintergrund treten.

Mit dem Klassenkonzept der Nation kann die Bundesrepublik in ihrem Verhältnis zur DDR historisch-soziologisch wie politisch gesehen als die „bürgerliche deutsche Nation" – und damit als *Ausland* bestimmt werden. Denn nur „die Arbeiterklasse und ihre Partei", die SED, sind historisch berufen, die deutsche Nation in ihrem Kernbestand in der DDR auf „demokratische" und „sozialistische Weise" weiterzuentwickeln. Diesen bis Ende der sechziger Jahre ziemlich ungenau beschriebenen „geschichtlichen Auftrag" hat die SED-Führung vor allem insofern präzisiert, als sie nunmehr für das Staatsgebiet der DDR die „sozialistische deutsche Nation" proklamiert. Begrenzte Kooperationen mit dem „bürgerlichen deutschen Staat" als Repräsentant der „bürgerlichen deutschen Nation" in der Bundesrepublik sind damit ebenso eingeschlossen wie die „Abgrenzung" von dieser Verfallsform der Nation in Deutschland.

Die Einheit der Nation, wie sie in der Bundesrepublik proklamiert wurde und wird, existiert für die SED-Führung spätestens seit 1970 offiziell nicht mehr. Während unklar bleibt, ob die Bundesrepublik einen bürgerlichen Nationalstaat repräsentiert und auch, ob die bürgerliche westdeutsche Nation als *eine* Nation überhaupt bestehen kann (weil in ihr ja bereits die Keime der sozialistischen Nation enthalten sind), äußert sich die SED einmal vorsichtiger, das andere Mal eindeutiger über die Arbeiterklasse in der

Bundesrepublik. Die „Werktätigen", besonders die Arbeiter und Bauern, aber auch Teile der Angestellten und des „Mittelstandes" sowie einige Gruppen der Jugend und der Intelligenz repräsentieren in der Bundesrepublik eine historisch wertvolle nationale Substanz. Nur diese Substanz kann – allerdings erst nach erfolgreicher Bekämpfung des „Imperialismus" – die „Klassenschranken" der bürgerlichen Nation sprengen. Sie bildet den Kern einer in der Bundesrepublik noch nicht herangereiften „sozialistischen Nation".

Ein solches an der marxistisch-leninistischen Lehre von den Klassen orientiertes Selbstverständnis von „Nation" hat, politisch gesehen, zur Folge, daß der „Klassenkampf" aus der DDR in die Bundesrepublik prinzipiell hineingetragen werden kann. Gegenwärtig beschränkt man sich allerdings erheblich zurückhaltender darauf, die Bundesrepublik als Nation deutscher Nationalität zu tolerieren, ihr den Charakter einer, wenn auch bürgerlichen *„deutschen Nation"* nicht abzusprechen.

Der über den Nationbegriff geführte politisch-ideologische Klassenkampf stellt sich damit für die ideologischen Strategen der SED prinzipiell unter drei Aspekten dar: einmal als „historischer" Kampf *zwischen* „Sozialismus" (DDR) und „Kapitalismus" bzw. „Imperialismus" (Bundesrepublik Deutschland). Hier wird die Bundesrepublik gleichsam als der *äußere* Feind angesehen. Zum anderen handelt es sich um einen Klassenkampf innerhalb der Bundesrepublik, der mit Unterstützung der DDR ausgefochten werden muß: „Monopolbourgeoisie" und ihre „Helfershelfer" fungieren als *innere* Feinde der „Werktätigen" in Ost und West. Schließlich eröffnet die Kennzeichnung von DDR und Bundesrepublik als Nationen deutscher Nationalität die Möglichkeit, daß beide deutschen Staaten für eine längere Zeit „friedlich nebeneinander" fortbestehen.

Diese Optionen bei der Auslegung des Nationkonzepts führen den Beobachter zu der Frage, ob nicht die SED im Grunde die Klassenkampfvariante verfolgt, ob sie sich nicht nach wie vor als eigentlichen Träger des Selbstbestimmungsrechts aller „fortschrittlichen Kräfte" in beiden deutschen Staaten begreift. Auch wenn ein solcher gesamtdeutscher Anspruch nach dem Grundlagenvertrag und den KSZE-Konferenzen gegenwärtig nicht allzu laut betont wird, kann er doch – dem Charakter marxistisch-leninistischer Weltauslegung folgend – *stets* und *jederzeit* reaktualisiert werden.

III. Die nationale Frage im Spannungsfeld von Integration und Koexistenz*

1. Neue außenpolitische Akzentuierungen

Für das Jahr 1973 hat sich bestätigt, was bereits 1971 beim Machtantritt Honeckers erkennbar geworden war: die Politik der DDR differenzierte sich zunehmend; widersprüchliche Aspekte wurden nicht mehr in dem Maße retuschiert, wie dies unter Ulbricht stets der Fall war. Die Tendenzen der Ausdifferenzierung der Außen- sowie der Gesellschafts- und Sozialpolitik scheinen sich auch in den folgenden Jahren fortzusetzen.

Pauschal ist für das Jahr 1973 zunächst festzustellen, daß die DDR seit dem VIII. Parteitag der SED (Juni 1971) im Innern ein erneut sich wandelndes Bild geboten hat; daß eine Reihe von sozialen Konflikten und Spannungen deutlich erkennbar wurde; daß solche Spannungen jedoch auch offener als bisher zutage treten konnten und daher neue Bewältigungsstrategien gefunden werden mußten; daß die SED-Führung sich bemüht hat, in ihren Maßnahmen der zunehmenden Komplexität der DDR-Gesellschaft gerechter zu werden. Außenpolitisch schließlich ist die DDR seit 1972 erheblich stärker in Erscheinung getreten.

Der zweite deutsche Staat befand sich dabei – wie weite Teile der europäischen Politik – in einer seit der Nixon-Kissinger-Doktrin von 1969 international in Bewegung geratenen Situation. Auch er mußte seinen Ort in dem komplizierten Geflecht regionaler, europäischer und weltpolitischer Zusammenhänge erst einmal finden bzw. neu bestimmen. Dies galt, nach dem Sommer 1973, nach Abschluß der ersten Phase der Konferenz über Sicherheit und Zusammenarbeit in Europa (KSZE) in Helsinki, vor allem hinsichtlich der von der Partei- und Staatsführung der DDR vorzunehmenden Einschätzung der Möglichkeiten für die künftige internationale Zusammenarbeit in Wirtschaft, Wissenschaft, Technik und Umwelt – und damit naturgemäß für die Politik gegenüber dem Westen überhaupt. Dabei dürften das Bedürfnis nach international garantierter Absicherung des Staatsgebietes der DDR und die Forderung nach internationaler Gleichberechtigung ebenso berücksichtigt worden sein wie jene Möglichkeiten, welche die von der politischen Planung in der DDR diskutierten kurz-, mittel- und längerfristigen Konzeptionen einer flexibleren Außenpolitik eröffneten.[1]

Es verwundert deshalb nicht, daß die der Analyse zugänglichen Interpretationen, die Deutungen der Entwicklung der DDR durch verschiedene Entscheidungsträger in Partei und Staat wie durch Parteiideologen seit dem Machtantritt Honeckers durchaus *nicht einheitlich* ausfielen. Die Einschätzungen der eigenen Lage und der gesamteuropäischen Situation sowie die Beurteilung des Verhältnisses zur Bundesrepublik wurden zudem, wie bereits erwähnt, nach außen nicht mehr derart ideologisch vereinheitlicht wie unter Ulbricht. Dadurch traten unterschiedliche Beurteilungen der politischen Möglichkeiten der DDR durch SED-Ideologen erstmals hervor.

In diesem Zusammenhang fallen vor allem die fließenden Übergänge bzw. die Nuancierungen von ,,friedlichem Nebeneinander" resp. ,,Miteinander" einerseits und ,,Abgrenzung" andererseits ins Auge. Auch der gesamte Stellenwert der Beziehungen der DDR zur Bundesrepublik, die auf dem VIII. Parteitag der SED von Honecker in seinem Fünf-Punkte-Katalog noch klar an vierter und damit an vorletzter Stelle genannt worden waren, hatte sich indessen gewandelt und sollte sich in Zukunft weiter wandeln. Erträgliche Beziehungen zur Bundesrepublik herzustellen – dieses Ziel genoß Mitte 1973 offensichtlich durchaus eine höhere Priorität als noch 1971. Darauf wiesen einige Bemerkungen in Honeckers Rede auf dem 9. Plenum des ZK der SED am 18. Mai 1973 hin. Zu diesem Zeitpunkt hatte der Erste Sekretär des ZK der SED aus dem Prinzip der ,,friedlichen Koexistenz" für die beiden deutschen Staaten einen ,,Weg, vernünftig zusammenzuarbeiten", abgeleitet. Damit hatte er das innerdeutsche Verhältnis erheblich positiver beschrieben als noch auf dem VIII. Parteitag der SED knapp zwei Jahre zuvor.

2. Differenzierungen im Ideologischen

Neben Äußerungen von maßgeblichen Politikern der SED sind die Aussagen von einflußreichen Parteiideologen heranzuziehen und zu deuten. So hatte etwa Herbert Häber, zu jener Zeit Direktor des Instituts für Internationale Politik und Wirtschaft (IPW) in Ost-Berlin und seit 1974 Leiter der Westabteilung des ZK-Apparates der SED, realistisch auf die Verbundenheit, jedoch auch auf die Differenzierungsnotwendigkeiten von Außenpolitik und ideologischen Auseinandersetzungen im Verhältnis der DDR zur Bundesrepublik hingewiesen.[2] Aus dem gleichen Institut war kurz vorher eine bisher kaum bekannte Definition der „friedlichen Koexistenz" zu vernehmen gewesen: „Friedliche Koexistenz ist Klassenkampf – aber ein bewußt in die Bahnen der Zusammenarbeit gelenkter Klassenkampf, dem die marxistisch-leninistische Erkenntnis der Gesetzmäßigkeiten des Imperialismus zugrunde liegt."[3] Auf diese Weise erhielt die sonst häufig nur leerformelhaft, etwa von Politbüromitglied Albert Norden, gebrauchte Bestimmung der „friedlichen Koexistenz" als einer „Form des Klassenkampfes" eine bemerkenswerte Qualifizierung: Der Kooperationsaspekt, der im Konzept der „friedlichen Koexistenz" mitenthalten ist und bei den orthodoxen Vertretern des Marxismus-Leninismus in der SED nach wie vor gegenüber dem Klassenkampf- und Abgrenzungsaspekt zurücksteht, ist damals sichtlich aufgewertet worden.

Ein noch differenzierteres Bild vermittelt die in der Sowjetunion, in Osteuropa und der DDR geführte sogenannte Widerspruchsdiskussion.[4] Während etwa Jürgen Kuczynski nach den *empirisch* feststellbaren Möglichkeiten der Lösung von realen gesellschaftlichen Konflikten – und damit der positiven Benennung und Beschreibung von Konflikten in der DDR-Gesellschaft – fragte, hat sich der Philosophiehistoriker Gottfried Stiehler gut hegelianisch mit dem

,,Wesen" der Widersprüche befaßt. Ein empirisch-analytischer Ansatz, der zur Stimulierung des Meinungsstreits über Konflikte und ihre Ursachen auffordert, wurde damit ebenso diskutiert wie eine hegelianisierende, der marxistisch-leninistischen dogmengeschichtlichen Tradition verpflichtete Doktrin. Auch auf diesem Feld hatte sich also ein breites Spektrum der ideologischen Diskussion aufgetan.

Ein solches Spektrum besaß jedoch keineswegs nur abstrakt-philosophiehistorische Bedeutung; es enthielt vielmehr ebenso konkrete gesellschaftspolitische Implikationen wie Konsequenzen: Ein empirisch-analytischer, konflikttheoretischer Ansatz könnte nämlich auf die traditonelle Differenzierung von ,,antagonistischen" und ,,nichtantagonistischen Widersprüchen", die seit Mao Tsetung und Stalin zu den nicht hinterfragten Grundelementen des Marxismus-Leninismus gehört, durchaus verzichten. Dieser Ansatz ist – in seinen politischen Konsequenzen – nicht auf die totale Abgrenzung von antagonistischen, sprich: nur in westlichen Industriegesellschaften gegebenen, und nichtantagonistischen, d. h. in den Industriegesellschaften des Ostblocks zutage tretenden Konflikten angewiesen. Der empirisch-analytische Ansatz selektiert nicht von vornherein die in der gesellschaftlichen Wirklichkeit konkret feststellbaren Konflikte (,,Widersprüche"); er beschreibt sie stattdessen zunächst einmal in ihrer tatsächlich vorfindbaren gesellschaftlichen Dynamik. Die hegelianisierende Doktrin hat es da schwerer. Diese auf ein marxistisches Hegelverständnis zurückgreifende Interpretation kann real auftretende Konflikte lediglich nach dogmatischen Richtlinien katalogisieren und nach vorgegebenen Kriterien bewerten; sie kann deshalb die Wirklichkeit einer sozialistischen Industriegesellschaft nicht mehr angemessen erklären.

Diese kurzen Hinweise auf die unterschiedlichen Deutungen von ,,Widersprüchen", d. h. realen Konflikten in der DDR-Gesellschaft, sind keineswegs Selbstzweck; sie sollen einmal mehr die Breite des Spektrums der innen- wie außenpolitischen Orientierungssuche in der DDR verdeutlichen.

3. Die Mehrdimensionalität der nationalen Frage

Nach solchen eher vorbereitenden Erörterungen, die auf die Vielfältigkeit der ideologischen Diskussion in der DDR und damit auch auf gewisse Differenzierungen und Modifizierungen lange verwandter ideologischer Stereotype aufmerksam machen, soll die „nationale Frage", wie sie sich für die SED-Führung Anfang der siebziger Jahre stellte, in ihrer Mehrdimensionalität skizziert werden.

Die nationale, d. h. die deutsche Frage bzw. die gegenwärtigen, vergangenen und künftigen Möglichkeiten der Deutschlandpolitik sind im Spannungsfeld von Integration, d. h. einmal der „sozialistischen Integration" der DDR in den Ostblock, und „friedlicher Koexistenz", d. h. der gleichzeitigen Auseinandersetzung und Kooperation mit dem Westen, zu sehen. Damit ist das eigentliche Problem, das für die SED-Führung durch die deutsche Frage aufgeworfen wird, klar umrissen: In der durch „Integration" und „Koexistenz" determinierten Politik müßte und muß die deutsche bzw. die nationale Frage als *selbständiger* Faktor ausgeklammert bleiben. Weder Integration noch Koexistenz/Kooperation erlaubten und erlauben der DDR eine zu starke Betonung der nationalen Komponente. Die SED-Führung konnte deshalb an Entwicklungen, die sich aus einer betont nationalen Politik ergeben, nicht interessiert sein. Anderseits benötigt sie ein eigenes, spezifisches DDR-Nationalbewußtsein als Legitimationshilfe. Vor allem unter diesem *innenpolitischen* Aspekt besaß und besitzt die nationale Dimension deshalb für die SED-Führung Bedeutung. Da der politisch-ideologische Stellenwert eines sozialistischen Staats- bzw. Nationalbewußtseins jedenfalls seit Anfang der siebziger Jahre von der Parteiführung recht hoch eingeschätzt wurde, beeinflußt das Experimentieren mit zugkräftigen Formeln („sozialistisches Staatsbewußtsein", „sozialistisches Nationalbewußtsein", „sozialistisches deutsches Nationalbewußtsein") auch die außenpolitische Orientierungssuche der DDR erheblich. Auch nach Unterzeichnung des Grundlagenvertrages und der Aufnahme in die Vereinten Nationen kann daher die Behauptung aufgestellt werden, daß die *Außenpolitik* für die SED-

Führung wesentlich von deutschlandpolitischen Erwägungen bestimmt wird. In diesem Sinne ist ihr eine maßgebliche *Funktion* für die Innen- und *Gesellschaftspolitik* zuzuschreiben.[5]

Die DDR besaß Anfang der siebziger Jahre nur dann, so schien es, eine Zukunftsperspektive, wenn die Verklammerung der innenpolitischen Identitätssuche mit den – durch den sowjetischen Einfluß vorgeprägten – außenpolitischen Erfordernissen der weiteren Integration in den Ostblock wie auch der Koexistenz mit dem Westen gelang. Integration in den Osten und begrenzte Koexistenz mit dem Westen (beide in ihrer Mehrdimensionalität) müßten sich nicht widersprechen, wenn sie auf dem Boden einer realistischen Politik erfolgten. Diese Politik würde nicht notwendigerweise über das Vehikel der Nation und eines nicht glaubwürdigen „sozialistischen deutschen Nationalbewußtseins" ihre Legitimation erhalten, sondern durch adäquate innenpolitische, d. h. vor allem gesellschafts- und sozialpolitische Maßnahmen der SED.

In diesem Zusammenhang ist zu berücksichtigen, daß sich die Lage gegen Mitte der siebziger Jahre geändert hat. Seitdem die DDR als einer der beiden deutschen Staaten international anerkannt ist, kann sie in ihrer Außenpolitik über einen größeren Spielraum verfügen. Gleichermaßen hat die SED ein wenig mehr Legitimierung erhalten. Das verbleibende Legitimationsdefizit wird zwar nach wie vor durch außenpolitische Erfolge zu kompensieren versucht. Zusätzlich jedoch scheint die SED seit Anfang der siebziger Jahre die Bedeutung des sozialpolitischen Instrumentariums für die Stabilisierung und Legitimierung ihrer Herrschaft klar erkannt zu haben.

Sicherlich, auch gegenwärtig werden Nation und nationale Frage – der jeweils dominierenden politischen und ideologischen Lage entsprechend – formal unterschiedlich akzentuiert. Hinsichtlich der Integration in den Ostblock ordnet sich jedoch auch heute die nationale Frage der internationalen, dem „sozialistischen" oder „proletarischen" Internationalismus, eindeutig unter.[6] Das nationale Element wurde und wird grundsätzlich als Besonderheit im Rahmen der übergreifenden internationalen sozialistisch-kommunistischen Entwicklung gesehen.

Hinsichtlich der Koexistenz, also vor allem in bezug auf die künftigen Beziehungen der DDR zur Bundesrepublik, behält die nationale Frage eine maßgebliche politische Bedeutung. Im Verhältnis zur Bundesrepublik handelt es sich für die SED nach wie vor um die politische Stabilisierung und Konsolidierung ihres Herrschafts- und Gesellschaftssystems und die gleichzeitige Bereitstellung von Formeln, die der Bevölkerung eine Identifizierung mit Partei und Staat ermöglichen. Damit verbunden geht es um eine – in ihren Formen, jedoch nicht in ihrem politischen Kern flexibler gewordene – *Abgrenzung*. Schließlich ist die SED-Führung seit Jahren offensichtlich um den Aufbau eines eigenen nationalen „image" bemüht. Ein nationales Profil kann sie jedoch nur schaffen, wenn sie es glaubwürdig mit der Lösung sozialpolitischer Probleme und einem in der internationalen Öffentlichkeit akzeptierten außenpolitischen Verhalten verbindet.

Die damit gegebene Verflechtung der nationalen Frage mit der Integrations- und Koexistenzproblematik einerseits, mit sozialpolitischen Aspekten und der Suche nach neuen Formen des außenpolitischen Verhaltens anderseits, ist offensichtlich seit 1972/73 von führenden SED-Politikern und maßgeblichen Interpreten der Politik der SED (z. B. Professor Dr. Otto Reinhold, Direktor des Instituts für Gesellschaftswissenschaften beim ZK der SED) in zunehmendem Maße erkannt worden. Dies zeigte sich u. a. darin, daß das Verhalten der SED Führung nach innen wie nach außen flexibler wurde. Wieweit sich damit auch tief verankerte Grundüberzeugungen und eingeschliffene Verhaltensweisen der Partei zu verändern begonnen haben, ist gegenwärtig noch nicht auszumachen.

Wie auch immer die aufgeworfene Frage beantwortet werden mag: Auch rein taktisch verstandene Flexibilität sollte aus der Sicht der Bundesrepublik Deutschland nicht von vornherein gering gewertet und, unter Rekurs auf die vermeintlich unwandelbare „Strategie" des Marxismus-Leninismus, vorschnell abgetan werden. Vielmehr ist auch für die Deutschlandpolitik daran zu erinnern, daß tatsächliche Politik stets aus vielfältigem Agieren und Reagieren, das durchaus mit dem Begriff der „Taktik" umschrieben werden kann, besteht. In diesem Zusammenhang muß immer wieder darauf hingewiesen werden, daß eine – in der Bundesrepublik gelegentlich zu beobachtende – allzu akademische Auslegung des Lenin-Stalinschen Strategie-Taktik-Konzepts dieses in seiner politischen Bedeutung überinterpretiert, weil die Deutung zu ideologisch-abstrakt ansetzt und die für das politische Reagieren lebensnotwendigen Nuancierungen oder Signale der anderen Seite nicht adäquat wahrnehmen läßt.

Die größere taktische Flexibilität kann als eine Funktion der politischen Situation der SED seit 1971 und besonders seit 1973 begriffen werden; denn die SED-Führung mußte und muß die ständig wiederholte Behauptung,[7] daß die nationale Frage in Deutschland gelöst sei, aufrechterhalten – dennoch gleichzeitig die weiterhin gültige Vier-Mächte-Verantwortung für Deutschland als Ganzes und Berlin hinnehmen. Dies galt und gilt trotz aller Versuche der Sowjetunion wie der DDR, den Berlin-Status in Frage zu stellen und das Vier-Mächte-Abkommen über Berlin von 1971 bis an die Grenze des Vertragsbruches restriktiv auszulegen.[8]

Die SED-Führung muß nach wie vor eine Reihe unterschiedlicher, bisweilen im Westen widersprüchlich erscheinender, jedenfalls nicht leicht miteinander zu verbindender Ziele verfolgen: Abgrenzung nach außen, vor allem gegenüber der Bundesrepublik, bei Signalisierung eines gleichzeitig vorhandenen Wunsches nach Ausbau der wirtschaftlich-technologischen Kooperation; weitere, jedenfalls verbal betonte, Integration in den Ostblock, jedoch auch, nach Helsinki, Offenhalten eines gewissen außenpolitischen Spielraums im gesamteuropäischen Bereich;[9] Aufbau eines neuen eigenen „image" nach außen als friedliebender, integrations- und kooperationsbereiter deutscher Staat und nach innen, der eigenen Bevölkerung gegenüber, als ein eigenständiger, gleichberechtigter und souveräner Staat im Rahmen des Ostblocks wie gegenüber der Bundesrepublik.

Der Herausbildung eines von der internationalen Öffentlichkeit akzeptierbaren „image" haben seit 1973 besonders starke Anstrengungen gegolten. Das neue „image" soll im Kern das eines weltoffenen, fortschrittlichen, d.h. „antiimperialistischen" Staates mit einer vor allem für die jungen Nationen Afrikas und Asiens und für

die Sozialisten und Kommunisten in Westeuropa sowohl sinnver-
mittelnden, zukunftssicheren wie leistungsorientierten ,,Perspekti-
ve" sein. Die vielfältig propagierten Möglichkeiten aktiver Mitwirkung der Jugend sind z. B. ein wesentlicher Teil dieses neuen nach
außen wie innen angebotenen Selbstbildes. Solche besonders her-
ausgestellten Elemente sollen dazu dienen, das im Westen vorherrschende Negativbild der DDR, bestenfalls ein moderner Polizei-
und Gefängnisstaat zu sein, abzubauen.

Für die zuletzt erwähnte Zielsetzung lassen sich beispielsweise
sowohl die X. Weltfestspiele der Jugend in Ost-Berlin (Sommer
1973) und die entsprechenden Kommentare der DDR-Presse vor
allem über ,,Weltoffenheit" und ,,Meinungsfreiheit" anführen. So
fanden besonders Honeckers Bemerkungen auf dem 9. Plenum des
ZK der SED (Mai 1973) über die westlichen Rundfunk- und Fern-
sehsender, die, nach seinen Worten, von jedem in der DDR ,,nach
Belieben ein- und ausgeschaltet" werden könnten, große Aufmerksamkeit.

Aus der hier notwendigerweise nur skizzierten Mehrdimensionalität der nationalen Frage können für die praktische Politik zwei
Schlußfolgerungen gezogen werden:

– Die DDR hat sich in ihrem Verhältnis zur Bundesrepublik aus der
  Totalkonfrontation gelöst und will – dem eigenen, wohlverstandenen Interesse zufolge – mit ihr künftig auf gewissen Gebieten
  und in gewissem Ausmaß kooperieren wie auch konkurrieren.

– Die vor dem Jahre 1971 noch fast unübersehbare Breite der Konfliktfront wurde eingegrenzt auf drei strukturelle Hauptkonflikte:
  die Berlin-Frage, das Problem der deutschen Nation in ihrer
  künftigen Gestalt, d. h. die Modalitäten einer Wiedervereinigung
  Deutschlands, sowie auf die Varianten der ,,Abgrenzung". Nur
  das Berlin-Problem ist nach wie vor von *aktueller* politischer
  Brisanz; allerdings geht auch von ihm keine unmittelbare Gefahr
  aus, solange die USA und UdSSR am Fortbestand der Entspannung zwischen Ost und West interessiert sind.

Die Lösung der genannten drei Konflikte kann für die SED-Führung kein operatives, sondern nur ein langfristiges Ziel sein. Darin
dürfte sich ihre Situation kaum von der der Bundesregierung unter-

scheiden, die diese Hauptkonflikte ebenfalls nur langfristig zu lösen versuchen kann.[10]

4. Ideologische und soziologische Probleme der Integration der DDR in den Ostblock

Den einen Pol des Spannungsfeldes, in das die deutsche Frage eingespannt ist, stellt die Integration der DDR in den Ostblock dar. Ausgehend von dem auf der XXV. Tagung des Rates für Gegenseitige Wirtschaftshilfe (RGW) im Juli 1971 beschlossenen „Komplexprogramms" setzte die Sowjetunion erneut erhebliche politische Energie ein, um die wirtschaftlich-technologische Integration der Volkswirtschaften der Ostblockländer voranzutreiben. Freilich ohne überzeugenden Erfolg, wie es heute scheint. In der DDR erschienen seit 1971/72 in rascher Folge Publikationen sowjetischer Autoren, die die Dringlichkeit eines weitergehenden wirtschaftlichen Zusammenschlusses hervorheben. Typisch hierfür sind etwa die Äußerungen von W. Parfinow, Mitglied der Redaktion der „Prawda" und Kandidat der Technischen Wissenschaften, die im „Neuen Deutschland" nachgedruckt wurden: „Der komplexe Charakter des Integrationsprogramms zeigt sich erstens darin, daß es sämtliche Seiten des Wirtschaftslebens der Bruderländer erfaßt; zweitens besondere Aufmerksamkeit der Koordinierung der Bemühungen auf allen Etappen der materiellen Produktion widmet; drittens schließlich vereinigt das Komplexprogramm alle wichtigen Formen und Methoden der Zusammenarbeit der RGW-Länder."[11]

In dieser Arbeit ebenso wie in einem 1973 erschienenen Aufsatz von N. W. Faddejew, Sekretär des RGW, wurde unverhohlen auf die sowjetischen Interessen hingewiesen. Im Vordergrund stand die Forderung nach gemeinsamen Investitionen der Ostblockländer, um die Sowjetunion nicht allein mit den hohen Investitions- und Entwicklungskosten bei der Erschließung und Hebung neuer Bodenschätze sowie dem Aufbau neuer Industriekombinate zu belasten.[12] Die DDR hat dieser Forderung inzwischen entsprochen, indem sie in der UdSSR 8 Milliarden Mark zwischen 1975 und 1980 investieren wird.

Sowjetische Autoren wie Butenko und Senin gehen noch weiter als Parfinow und Faddejew. Für sie ist die „sozialistische Integration" ein „allgemeiner Prozeß", der keineswegs auf die Kooperation verschiedener wirtschaftlicher Teilsysteme beschränkt ist. Vielmehr streben sie eine die *Gesamtsysteme* von Wirtschaft und Gesellschaft anzielende Integration der Ostblockstaaten an. Vorbild ist offenbar die UdSSR als Vielvölkerstaat, in dem die zwischenstaatliche Integration, nämlich der einzelnen Sowjetrepubliken, beispielhaft gelungen sei.[13] Butenko bezog in seiner Arbeit die *politischen* Strukturen der Ostblockländer explizit in den Integrationsprozeß ein. Er nannte als Ziel die Herausbildung eines „einheitlichen sozialökonomischen Organismus",[14] der die politischen Systeme mitumfaßt. Gunther Kohlmey, Professor und Forschungsgruppenleiter am Zentralinstitut für Wirtschaftswissenschaften der Akademie der Wissenschaften der DDR, hob in diesem Zusammenhang die zunehmende internationale Mobilität der Arbeitskräfte[15] ebenso hervor wie die Bildung von bilateral/multilateral zu schaffenden Betrieben und den zunehmenden internationalen Einsatz von Investitionsmitteln im Ostblock. In anderen Verlautbarungen wurde noch stärker auf die multilaterale Koordinierung zwischen den RGW-Ländern „bis hin zur Herausbildung internationaler Industriekomplexe" hingewiesen.[16] Solche weitreichenden Kooperationsvorstellungen für den Ostblock sind naturgemäß nicht ohne eine „entsprechende Kooperation im Überbau" möglich.[17] Planungen für eine ideologisch-strategische Zusammenarbeit in den Warschauer Paktstaaten sind bereits 1969/70 angelaufen. Hier sind vor allem die 1972/73 abgehaltenen Konferenzen der ZK-Institute für Gesellschaftswissenschaften der KPdSU und der SED zu erwähnen.[18]

In Anbetracht solcher Vorstellungen verwundert es nicht, wenn in den Jahren seit 1971 immer häufiger der *soziale,* der Klassencharakter der sozialistischen Integration mit der Problematik von Nation und Nationalität in Verbindung gebracht wird. Die einzelnen Nationalstaaten des Ostblocks werden gelegentlich bereits als „einzelne nationale Abteilungen der Arbeiterklasse" bezeichnet. Für die Zukunft wird die „Annäherung der Nationen" und die „Herausbildung einer qualitativ neuen, höheren Einheit in der Form der Weltgenossenschaft der Werktätigen" prognostiziert.[19] Nach dem Vorbild, das durch die „Lösung" des Nationalitätenproblems in der UdSSR nach 1917 gegeben ist, sollen die „sozialistischen Nationen" in einem lang angelegten Prozeß allmählich miteinander verschmolzen werden. „Es entstehen sozialistische Nationen, deren Bestand und Entwicklung zusammenfällt mit der Entfaltung des proletarischen Internationalismus. Die klassische Gestalt der Vereinigung befreiter Nationen zur sozialistischen Völkerfamilie ist mit der Gründung der Sowjetunion geschaffen worden."[20]

Von einer „Weltgenossenschaft der Werktätigen", deren gleichsam erste Stufe sinngemäß die „Genossenschaft der Werktätigen in den sozialistischen Ländern" wäre, hatte zwar schon Lenin geträumt; ideologisch-politisch konkretisiert werden diese umfassenden Integrationen jedoch erst seit Anfang der siebziger Jahre.

Die politischen Implikationen solcher Zielsetzungen sind für Ost und West bedeutsam, handelt es sich doch einmal um eine *langfristig* geplante Politik, die, zweitens, unter der absoluten Führung der KPdSU vor sich gehen soll: „Die Hauptkraft dieses Zusammenschlusses der sozialistischen Staaten ist die UdSSR mit der KPdSU an der Spitze."[21]

Vor allem in der DDR ist der Hegemonialanspruch der KPdSU in diesem langfristigen Prozeß immer wieder wortreich bestätigt worden. So hatte Politbüromitglied Hermann Axen bereits im Januar 1972 hervorgehoben, daß die Annäherung der „sozialistischen Nationen unter Führung der Arbeiterklasse" sich „primär als ein Prozeß des Zusammenschlusses um die Sowjetunion" vollzieht.[22] Damit gewinnt der Begriff der sozialistischen Integration zusätzlich insofern an politischer Bedeutung, als zur Verwirklichung der Integration die Souveränität der einzelnen Staaten des Ostblocks künftig weiter zugunsten der Führungsrolle der KPdSU bzw. der Sowjetunion eingeschränkt werden müßte.

Um diese Politik in Einklang mit der RGW-Satzung, in der

ausdrücklich die Souveränität und Gleichheit aller Mitgliedsländer hervorgehoben wird (vgl. Art. 1, Abs. 2), zu halten, wird in der Literatur neuerlich häufiger die Auffassung vertreten, daß durch die „sozialistische ökonomische Integration" sowie die Ausdehnung des „Netzes der internationalen Beziehungen" unter Führung der UdSSR die „Verantwortung jedes einzelnen Staates" nicht abnähme, sondern wüchse. Darüber hinaus wird die durch die sozialistische Integration bedingte „Annäherung" der einzelnen Nationen/ Staaten des Ostblocks sowohl als „allseitig" wie einer „Gesetzmäßigkeit" entsprechend („Gesetzmäßigkeit der sozialistischen Integration") bestimmt.[23]

Die seit 1964 wieder betonte Integration der DDR in das „sozialistische Weltsystem" besitzt nach wie vor politische Priorität für die SED-Führung. „SED und Regierung der DDR" verstehen „die allseitige Verantwortung der DDR in der sozialistischen Staatengemeinschaft stets als eine klassenbedingte, grundsätzliche politische Frage".[24] Wieweit diese Integration tatsächlich vorangekommen ist, darüber gehen die Meinungen in Ost und West auseinander. Westliche Experten äußern sich hierzu häufig eher kritisch.[25] Ferner bleibt die Frage offen, inwieweit der Bevölkerung in der DDR diese weit über den Wirtschaftsbereich hinausgreifenden Integrationspläne der SED schon zugemutet werden können; ob sich hier nicht – gerade in Anbetracht eines, wenn auch indifferenten Zusammengehörigkeitsgefühl mit den Deutschen in der Bundesrepublik – neuer politischer Zündstoff anhäuft, der die Herausbildung des von der SED angestrebten eigenen „Staats"- oder „Nationalbewußtseins" in der DDR gerade behindert.

Die SED dürfte der Integration *politisch-ideologisch* (damit aber nur bedingt realpolitisch) eine „klassenmäßige, grundsätzliche" Bedeutung zumessen, weil der auch *gesellschaftspolitisch,* nicht nur wirtschaftspolitisch zu interpretierende Begriff der „sozialistischen Integration" im übergreifenden Bezugsfeld des auf der *Parteiebene* verwandten Begriffs des „proletarischen Internationalismus" steht. Eine Hauptnorm des „sozialistischen" oder „proletarischen Internationalismus" ist die „entwickelte sozialistische Gesellschaft", wie sie bisher allein in der Sowjetunion existieren soll: „Die Sowjet-

union ist bis heute das einzige Land, in dem die entwickelte sozialistische Gesellschaft errichtet ist und erfolgreich funktioniert." Otto
Reinhold, der dieses Thema verschiedentlich aufgegriffen hat, zog
aus seiner Feststellung folgende Schlußfolgerung: ,,Es entspricht
daher voll und ganz der historischen Rolle der KPdSU, daß sie am
besten in der Lage ist, die Erfahrungen des sozialistischen Aufbaus
zu verallgemeinern und – wie besonders auf dem XXIV. Parteitag
geschehen – die Kriterien der entwickelten sozialistischen Gesellschaft zu formulieren."[26] Im Anschluß an den bekannten sowjetischen Ideologietheoretiker G. J. Gleserman behauptete Reinhold
weiterhin, daß die sowjetische Gesellschaft derzeit bereits einen
,,einheitlichen sozialen Organismus" darstelle, in dem ,,alle wesentlichen Bereiche in harmonische Übereinstimmung gebracht
sind und sich optimal-proportional und dynamisch entwickeln".[27]
In der sowjetischen Gesellschaft bestünde dieser Gleichklang der
Entwicklung besonders in den Bereichen: ,,materiell-technische
Basis", ,,Produktionsverhältnisse", ,,soziale Beziehungen" und
,,politisch-ideologischer Überbau".

Im vorliegenden Zusammenhang kann es nicht darauf ankommen, Behauptungen über den Entwicklungsstand der sowjetischen
Gesellschaft und den Grad der tatsächlich erreichten Integration im
einzelnen empirisch zu überprüfen. Eine – auch aufgrund von
DDR-Quellen – vorgenommene Gesamteinschätzung veranlaßt
eher zur Skepsis. Allzu viele ,,ungelöste Probleme in Theorie und
Praxis" sind noch zu überwinden. An erster Stelle werden dabei
häufig Währungsfragen, Preisprobleme sowie die angemessene
Aufteilung von Kosten und Nutzen bei gemeinsam vorgenommenen Investitionen genannt.[28]

Vielmehr ist nach dem politischen Gewicht der erwähnten Aussagen Reinholds, ihrem politischen Stellenwert, ihren politisch-ideologischen Funktionen und dem Grad ihrer gegenwärtig oder zukünftig verbindlichen Setzung als Norm für die gesellschaftspolitische Entwicklung der DDR zu fragen. Dabei ist zu berücksichtigen,
daß Honecker nach seinem Machtantritt, wie seinerzeit Ulbricht,
bemüht ist, bestimmte soziale Normen und Wertvorstellungen der
Bevölkerung in der DDR stärker an das ideologische Vorbild der

Sowjetunion anzupassen. Ulbrichts Bemühungen kontrastierten damals allerdings mit seinem Anspruch auf die Führungsrolle der DDR in der Gestaltung der Industriegesellschaften sozialistischen Typs.

Die DDR befindet sich – so wiederholen es Politiker und Ideologen der SED vorsichtig – gegenüber der UdSSR erst am Anfang der Entwicklung zur sozialistischen Gesellschaft. Während die ,,entwickelte sozialistische Gesellschaft", bisweilen auch ,,reifer" Sozialismus genannt, die sozialistische Entwicklungsphase abschließen und gleichermaßen den Übergang zum Kommunismus vorbereiten soll, ist andererseits die DDR-Gesellschaft auch 1976 weiterhin durch spezifische Konflikte, Klassenkonflikte, die für eine erheblich ,,unreifere" historische Entwicklungsstufe typisch sind, gekennzeichnet. So sind, nach dieser Lehre (wie auch in der Realität der DDR-Gesellschaft), in der DDR die Klassengegensätze keineswegs aufgehoben. Im Gegenteil. Daneben wirkten und wirken Konflikte und Traditionen aus der deutschen Gesellschaft vor 1945 sowie, unvergleichlich stärker als in der Sowjetunion, Einflüsse aus dem Westen, d. h. der Bundesrepublik, auf die DDR ein. Schließlich spielen die Konflikte zwischen den tatsächlichen Bedürfnissen der Menschen im Alltagsleben und den wirtschaftlich-organisatorischen Möglichkeiten ihrer Erfüllung in der DDR eine sicherlich größere Rolle als in der Sowjetunion, in der ein niedrigeres Anspruchsniveau der Bevölkerung bestehen dürfte.

Diese deutschlandpolitische, d. h. nationale Sondersituation der DDR muß berücksichtigt werden, wenn bei der Analyse der östlichen Integrationsfortschritte geprüft wird, ob die Zeitplanung sowjetischer Ideologen realistisch ist und ob die für die Integration bisher beschlossenen Programme einen ausreichenden Verbindlichkeitsgrad besitzen.

Wie auch immer: im Inneren ist die DDR-Gesellschaft von der als Norm programmatisch verkündeten ,,entwickelten sozialistischen Gesellschaft" ähnlich weit entfernt wie in der Außen- und Blockpolitik von dem Ziel der ,,sozialistischen Integration". Wir konnten zwar bereits feststellen, daß in der ,,Dialektik von Nationalem und Internationalem" die Ziele und Prinzipien des sozialistischen Internationalismus, vertreten durch die KPdSU-Führung, eine klare ideologische Verbindlichkeit auch für die SED besitzen. Wieweit jedoch geht die *real*politische Verbindlichkeit? Der SED dürfte grundsätzlich aus sicherheitspolitischen Gründen an einer intensiven Einbindung in das östliche Bündnissystem gelegen sein.[29] Weiterhin mag es in ihrem Interesse liegen, auf wissenschaftlich-technischem Gebiet die Zusammenarbeit vor allem mit der Sowjetunion zu verstärken; denn dadurch könnte sie ihr eigenes wirtschaftliches Gewicht verbessern.

Solche realpolitischen Interpretationen der „sozialistischen Integration" bleiben jedenfalls weit hinter den ideologischen Forderungen, die mit dem Integrationskonzept verbunden sind, zurück. Hinzu kommt, daß die SED-Führung unter Honecker – abzulesen nicht zuletzt an der relativ nüchternen Fixierung der gegenwärtigen innen- und außenpolitischen Konflikte und Probleme – den ihr nach 1972/73 zugewachsenen außenpolitischen Handlungsspielraum auf der westeuropäischen und internationalen Bühne nicht einfach preisgeben zu wollen scheint. Unter der Voraussetzung der Gleichberechtigung und des Gewaltverzichts im europäischen Rahmen dürfte der DDR an einer sich intensivierenden Zusammenarbeit mit der Bundesrepublik wie mit anderen Staaten der westlichen Bündnissysteme, jedenfalls auf zahlreichen Teilgebieten, ebenfalls gelegen sein; denn es kann schwerlich im Interesse der SED-Führung liegen, den auf das Fortbestehen wenigstens der Grundzüge der weltweiten Entspannung gesetzten Hoffnungen als Störenfried im Wege zu stehen. Gleichfalls muß Honecker bestrebt sein, den Prestigevorsprung, den die Bundesregierung auf der internationalen Szene wesentlich durch die neue Ostpolitik seit 1969/70 errungen hat, durch eine Politik der allzu rigiden Abgrenzung, die auch einer interessierten Weltöffentlichkeit mehr und mehr bewußt wird, nicht weiter zu vergrößern. Es ist schließlich kaum vorstellbar, daß die DDR, zumal wenn ihre innerwirtschaftlichen Schwierigkeiten in Betracht gezogen werden, die außenhandelspolitischen und außenwirtschaftlichen Vorteile, die sowohl im Innerdeutschen Handel wie damit im praktisch zollfreien Zugang zum EG-Markt bestehen, nicht weiter zu nutzen suchen wird.

Mit diesen Überlegungen erreichen wir den anderen Pol des Spannungsfeldes, in das die nationale bzw. deutsche Frage für die DDR eingespannt ist. Dieser Pol kann mit ,,Koexistenz" – sowohl im Sinne der Abgrenzug wie im Sinne der Kooperation – umschrieben werden. Sicherlich, der Begriff der Koexistenz, insbesondere der der ,,friedlichen Koexistenz", ruft seit Lenins Verwendung dieser Formel für das westliche Verständnis negative Assoziationen hervor.[30] Die Politik von bis zur Feindseligkeit gesteigerter Abgrenzung und Bereitschaft zu partieller und zeitlich begrenzter Zusammenarbeit ist in ihrer jeweiligen Gewichtung und Nuancierung nicht leicht zu entschlüsseln. Deshalb sind die deutschlandpolitischen Verlautbarungen der SED-Führung, in denen – wenn auch in der Sprache des Marxismus-Leninismus – stets politische Signale enthalten sind, von den politischen Kräften in der Bundesrepublik um so genauer zu studieren.

Wenn entsprechende Verlautbarungen analysiert werden, ist zu erkennen, daß bei Honecker das Abgrenzungsmotiv in den ersten Monaten des Jahres 1973 eher zurücktrat. Bei Beharren auf der Unterschiedlichkeit der politischen und der Gesellschaftssysteme und Festhalten an der Zwei-Nationen-Theorie erwähnte Honecker vor dem 9. Plenum Gemeinsamkeiten von Sprache, Kultur und Geschichte der beiden deutschen Staaten. Freilich wurden diese Gemeinsamkeiten im wesentlichen auf die Vergangenheit begrenzt. Honecker bot an – und dies kann als Signal angesehen werden –, mit der Bundesrepublik ,,vernünftig zusammenzuarbeiten". Das ,,Nebeneinander" mit einer Tendenz zum partiellen ,,Miteinander" war in jenen ersten Monaten des Jahres 1973 Trumpf. Die Aspekte der Abgrenzung traten demgegenüber zunächst zurück. Dieser politische Kurs wurde, rückschauend interpretiert, aus ziemlich eindeutigen Motiven gespeist: Die SED-Führung wollte die DDR 1973 – im Jahr des UN-Beitritts – als einen ,,weltoffenen", einen, auch nach westlichen Spielregeln, akzeptierbaren (,,normalen") Staat zur Geltung bringen. Die Konferenz von Helsinki im Januar 1973 und die dort zu beobachtende Haltung der DDR-Delegation ebenso wie die

Art und Weise, in der das „Weltfestival der Jugend" in Ost-Berlin inszeniert wurde, können als Beleg für diese These herangezogen werden.[31]

Es ist jedoch nicht verwunderlich, daß sich die Situation nach Aufnahme in die Vereinten Nationen und in Anbetracht der bereits erwähnten, im Koexistenzbegriff angelegten Dialektik schnell zu ändern begonnen hatte. Seit 1974 ist von Honecker, in Abstimmung mit der sowjetischen Führung, der Abgrenzungsaspekt wieder stärker betont worden, da die SED-Führung zu spüren bekam, wie sehr die Menschen in der DDR engere Kommunikationen mit ihren Verwandten und Freunden in der Bundesrepublik wünschten und als Forderungen an das eigene Herrschaftssystem herantrugen.

Im Licht dieser Erfahrungen scheint es für die westliche Politik realistisch, den Willen der DDR nach Abgrenzung von der Bundesrepublik als das nach wie vor wichtigste politische Motiv zu betrachten. Dies erfordert eine jeweils angemessene Beurteilung der komplizierten immer wieder neu hergestellten Balance der DDR-Außenpolitik zwischen begrenzter Kooperationsbereitschaft, Integrationszwängen, Sicherheitsbedürfnissen und Abgrenzungshysterie durch die politisch Verantwortlichen in der Bundesrepublik.

Zweifellos, die Politik der DDR besitzt nur allzu oft ambivalente, ja verwirrende Züge. Sie wird für den westlichen politischen Beobachter schwer kalkulierbar, weil, wie wir gesehen haben, das außenpolitische „Interesse" der DDR nicht eindeutig definierbar ist. Es entsteht als Resultante aus einem Kräfteparallelogramm unterschiedlicher, z. T. entgegengesetzt wirkender Bestimmungsfaktoren, deren Gewicht sich im Zeitverlauf unablässig ändert. Als Konstanten können dabei allein die sich ständig erweiternde „sozialistische Partnerschaft" mit der UdSSR sowie das Sicherheitsbedürfnis der SED-Führung angesehen werden.

Das Bild wird eher noch komplizierter, wenn beispielsweise das Mißtrauen vor allem des polnischen und tschechoslowakischen Nachbarn über möglicherweise künftig zu weitgehende deutsch-deutsche Kooperationen und die politischen und wirtschaftlichen Sonderwünsche Polens als Faktoren der DDR-Außenpolitik in die Analyse einbezogen werden.

6. Zum Legitimationsproblem in der DDR

Folgt man der hier vorgelegten Deutung der außenpolitischen Situation der DDR im Jahre 1973, so ist die nationale Frage für die DDR damals (wie heute) vor allem ein *innen*politisches und *inner*gesellschaftliches Problem. Sie steht vorrangig im Dienste der Suche nach einer eigenen, der Bevölkerung anbietbaren Identität. Dennoch kann diese Identitätssuche nicht unabhängig von der Außenpolitik gesehen werden; denn sie kann nur unter Berücksichtigung der beiden außenpolitischen Maximen: Integration in den Ostblock und Koexistenz mit dem Westen, vorgenommen werden. Ferner ist darauf hinzuweisen, daß – falls der SED eine innere Konsolidierung und Stabilisierung von Staat und Gesellschaft in der DDR und damit ihre eigene Legitimierung über ein wie auch immer im einzelnen zu fixierendes Nationkonzept gelänge – sich dies ohne Zweifel auf ihre Deutschlandpolitik wie auf ihre Außenpolitik im allgemeinen auswirken würde.

In diesem Zusammenhang sei noch auf eine gerade für das Schicksal der deutschen Frage bemerkenswerte Tatsache hingewiesen: Die letzten 25 Jahre haben gezeigt, daß der ,,proletarische" oder ,,sozialistische" Internationalismus nicht in der Lage war, die Sehnsucht nach der nationalen – oder überhaupt einer – Identifizierungsmöglichkeit vieler Menschen in der DDR zu befriedigen; daß dagegen die Auseinandersetzung mit dem Geschehen in der Bundesrepublik für die Suche nach der eigenen Identität von nicht nachlassender Bedeutung gewesen ist. Insofern gab und gibt es ,,Sonderbeziehungen" zwischen beiden deutschen Staaten – Beziehungen, die auf seiten der DDR durch eine Öffnung der Grenzen nach Polen oder der ČSSR bzw. die Bestrebungen nach ,,sozialistischer" und ,,proletarischer" Internationalität nicht ausgeglichen werden können.

Die Bundesrepublik befindet sich in einer ungleich anderen Situation – schon deshalb, weil ein Legitimationsdefizit für ihre politische Führung nicht besteht, und weil sich die Prinzipien des demokratischen und sozialen Rechtsstaats gerade unter dem Druck der gesellschafts- und sozialpolitischen Probleme als tragfähig erwiesen haben.

Die SED muß, möglicherweise weit stärker als die Bundesrepublik, angesichts der innenpolitischen Situation der DDR die „nationale Frage" in einem enger verstandenen Sinne lösen. Deshalb ist es bezeichnend, daß Honecker in seiner Rede vor dem Festivalkomitee der DDR die Vorbereitungen zu den X. Weltfestspielen der Jugend wiederholt als Bejahung des Willens junger Menschen „zur Stärkung unserer Republik" und als „tatkräftige Liebe zum sozialistischen Vaterland" wertete.[32] In der gleichen Rede sprach er auch von den „Bürgern unseres sozialistischen Staates", von „Hunderttausenden junger sozialistischer Internationalisten und Patrioten".

Solche Formulierungen, die den Begriff „Nation" zwar vermeiden, aber mit den Formulierungen „sozialistisches Vaterland", „Heimat", „unsere Republik" die Realität ansprechen, lassen das Legitimationsdefizit der SED erst recht deutlich werden. Was im Westen als fehlende Legitimation bezeichnet wird, ist offenbar auch der SED der Sache nach als *das* zentrale Problem des DDR-Staates bewußt. Wenn dieser Staat seinen Bürgern eine freiere Inanspruchnahme von verfahrensmäßig kontrollierten Mitwirkungsrechten einräumen würde, könnten – im Zeichen europäischer Entspannungspolitik – Hektik und Hysterie um die „sozialistische Nation" und das „sozialistische Vaterland" langfristig abgebaut werden. Aus machtpolitischer Schwäche ist dies der SED-Führung nach wie vor nicht möglich. Andererseits wird die SED allmählich auch von einer internationalen Öffentlichkeit, vor allem von der Jugend, mehr und mehr auf ihre Legitimationsgrundlage befragt werden.

7. Zusammenfassung

In der Zusammenfassung der wichtigsten Ergebnisse dieser Überlegungen sind die folgenden Aspekte noch einmal hervorzuheben:
– Die Partei- und Staatsführung der DDR mußte 1973 versuchen, ihren Ort in einer weltpolitischen Übergangssituation neu zu bestimmen. Die Einschätzungen der Lage durch maßgebliche Vertreter aus Partei, Staat und Wissenschaft fielen dabei nicht einheitlich aus.

– Ein wesentlicher Hintergrund für die außenpolitische Position der DDR-Führung waren die Diskussionen über den gegenwärtigen und künftigen Charakter der sozialistischen Gesellschaften, die seit Anfang der siebziger Jahre nicht nur in der DDR, sondern auch in der Sowjetunion und den übrigen osteuropäischen Ländern geführt werden.

– Die nationale Frage als selbständigen politischen Faktor, Deutschlandpolitik als isoliertes Phänomen konnte es für die SED-Führung damals (wie heute) kaum geben, da die deutsche Frage im europäischen Spannungsfeld zwischen ,,Integration" und ,,Koexistenz" fest eingebunden ist.

– Die nationale Frage ist für die DDR – jedenfalls seit Anfang der siebziger Jahre – ein eher innen-, denn außenpolitisches Problem. Mit Hilfe von Bezeichnungen wie ,,sozialistische Nation" und ,,sozialistisches Vaterland" mußte und muß die SED-Führung immer erneut versuchen, ihr Legitimationsdefizit nach innen abzubauen.

– Die fast unübersehbare Breite der Konfliktfront gegenüber der Bundesrepublik, wie sie sich in den vergangenen zwei Jahrzehnten entwickelt hat, wurde eingegrenzt auf drei strukturelle – und damit langfristig wirksame – Konflikte: Berlin, die Zukunft der deutschen Nation sowie die adäquate Lösung des Abgrenzungsproblems (Schießbefehl, Mauer, Stacheldraht).

– Die weitere ,,Integration" der DDR in das Wirtschaftssystem des Ostblocks ist sowohl aktuelles wie langfristiges Ziel der SED-Führung. Am programmatischen Entwurf der Integration für den Ostblock arbeitete die DDR ebenso führend mit, wie ihre Repräsentanten nicht müde werden, die Grundsätzlichkeit dieser Zielrichtung immer wieder erneut zu bekräftigen. Ob dieses Programm realisiert werden und welchen Einfluß seine Verwirklichung auf das Schicksal der deutschen Nation künftig haben wird, läßt sich gegenwärtig nicht übersehen.

– Die SED-Führung wollte (und will) sich trotz starker Propagierung und praktischer Unterstützung der Integration in den Ostblock ihren tatsächlichen wie potentiellen Handlungsspielraum in Europa nicht zu sehr einschränken lassen, sondern ihn vielmehr dazu nutzen, um ihre in vieler Beziehung vorteilhafte Position gegenüber anderen Ostblockstaaten wie auch gegenüber der Sowjetunion vorsichtig weiter auszubauen.

IV. Die SED und das europäische kommunistische Gipfeltreffen (1976)*

Das Gipfeltreffen der europäischen kommunistischen Parteien im Sommer 1976 machte unter anderem die besonders engen Beziehungen zwischen der UdSSR und der DDR für alle Welt sichtbar. Die Kommunistische Partei der Sowjetunion (KPdSU) und die Sozialistische Einheitspartei Deutschlands (SED) präsentierten sich als die beiden kommunistischen Parteien im Ostblock, deren Verbindung besonders intensiv und vielfältig ist.[1] Diese Verbundenheit erklärt sich aus einer Reihe von Gründen. Die SED (DDR) ist stärker als jede andere kommunistische Partei, jeder andere Staat im Ostblock auf den Schutz der KPdSU (UdSSR) angewiesen. Deshalb ist auch die Loyalität führender SED-Funktionäre gegenüber der ,,Bruderpartei'' in der Sowjetunion ungebrochen. Neben der Tatsache, daß sich der Zusammenhalt beider Parteien seitens der SED aus der Notwendigkeit zum politischen Überleben speist, ist das Interesse der KPdSU entscheidend, die SED als Ordnungskraft im Ostblock wirksam einsetzen zu können. Bisweilen mag es für die KPdSU-Spitze opportun erscheinen, die eigenen Hegemonialansprüche nicht allzu deutlich werden zu lassen. In solchen Situationen kann die SED-Führung einspringen – und diese Rolle übernimmt sie, wie das Ost-Berliner Treffen gezeigt hat, ohne Zögern. Schließlich ist für das Verhältnis der beiden Parteien bestimmend, daß die SED, als straff organisierte Massenpartei mit über zwei Millionen Mitgliedern, die politisch bestimmende Kraft in einem hochindustrialisierten Gesellschaftssystem darstellt. Eine Reihe von Problemen, die die Industrialisierung für kommunistisch verfaßte Gesellschaftssysteme mit sich bringt, werden in der DDR sichtbarer als in anderen Staaten des Ostblocks. Nicht ohne Hintersinn mögen deshalb die zahlreichen Belobigungen, die die DDR als sozialistischer Musterstaat auch seitens der KPdSU-Führung in jüngerer Zeit immer wieder zu hören bekommt, ausgesprochen werden.

Das Spektrum der Beziehungen zwischen beiden Parteien ist damit breit; die SED lediglich als Erfüllungsgehilfen der KPdSU anzusehen, wäre nicht zutreffend. Neben der Abhängigkeit von der größeren Partei besteht auch Partnerschaft[2] – nicht zuletzt auf dem weiten Feld von Ideologie, Agitation und Propaganda.

1. Vorbereitungen und Ablauf der Konferenz

Am 29. und 30. Juni 1976 hat die Konferenz der kommunistischen und Arbeiterparteien Europas nach rund zwanzig Monate währender Vorbereitung in Ost-Berlin stattgefunden. Bis kurz vor dem IX. Parteitag der SED im Mai 1976 war noch alles offen; auf dem Parteitag selbst strahlte Honecker dann Zuversicht aus. Die zwanzig Monate davor (seit Oktober bzw. Dezember 1974) waren jedoch von ständiger Unsicherheit gekennzeichnet gewesen. Dies traf zu, obwohl der DKP-Vorsitzende Herbert Mies, sicherlich nicht ohne Anregungen von berufener Seite, bereits im November 1973 gemahnt hatte, daß es hohe Zeit sei, nach der ersten gesamteuropäischen Konferenz der kommunistischen Parteien in Karlsbad (1967) und den Weltkonferenzen von 1957, 1960 und 1969 in Moskau einen neuen, die aktuellen weltpolitischen Probleme *verbindlich bewertenden* ,,Gipfel" einzuberufen.[3]

Solche ,,Mahnungen" aufzunehmen, war im Interesse der KPdSU-Führung. Den Sowjets mußte daran gelegen sein, die Ergebnisse und den Wandel der Entspannung seit 1970, ihre veränderten Beziehungen zu den Vereinigten Staaten von Amerika und zur Bundesrepublik Deutschland, die neue politische Rolle der DDR, die weltweiten politischen und wirtschaftspolitischen Verpflichtungen der UdSSR, schließlich die formalen und inhaltlichen Präzisierungen der leitenden Konzepte der ,,friedlichen Koexistenz" und des ,,proletarischen Internationalismus" auf einer Gipfelkonferenz durch die Vertreter wenigstens der europäischen kommunistischen Parteien anerkennen und absichern zu lassen – und dies um so mehr, als an eine Weltkonferenz der kommunistischen Parteien in den Jahren 1973 bis 1976 nicht mehr zu denken war. Seit 1967 hatte sich nicht nur die internationale Lage grundlegend geändert; die kommunistischen Massenparteien in Westeuropa, in erster Linie die KPI und die KPF, waren auch mächtiger und selbstbewußter geworden. Für die KPdSU-Führung mußte es somit in erster Linie darauf ankommen, die nach Helsinki mit zusätzlichem Nachdruck – auch innerhalb des Weltkommunismus – erhobenen Forderungen nach mehr Kommunikation, mehr Information, mehr Öffentlichkeit, ja mehr „Demokratie" unter Kontrolle zu halten.

Deshalb plante die KPdSU, mit tatkräftiger Unterstützung der SED, das Gipfeltreffen unmittelbar nach Abschluß der KSZE-Beratungen in Helsinki (Juli 1975), auf jeden Fall jedoch vor dem eigenen XXV. Parteitag (Februar 1976) abzuhalten. Wesentlich am Widerstand der jugoslawischen, italienischen und spanischen, teilweise auch der rumänischen sowie seit 1975 der französischen KP-Führer scheiterte dieser Plan. Nach dem ersten Vorbereitungstreffen in Budapest kamen bis zum Mai 1976 Vertreter der 29 dann auch auf der Konferenz erschienenen europäischen kommunistischen Parteien (meist die in Budapest eingesetzte „Redaktionskommission") insgesamt 16mal in Ost-Berlin zusammen, um das Treffen vorzubereiten. In der gleichen Zeit fanden zahlreiche bilaterale Verhandlungen auf höchster Ebene statt, an denen sich die SED-Führung intensiv beteiligte. So trafen die Politbüromitglieder Hermann Axen und Kurt Hager u. a. im Juli 1975 mit jugoslawischen Spitzenfunktionären, im September 1975 mit Vertretern der KPI-Führung (auch mit Berlinguer persönlich) zusammen.

Daß die Konferenz dennoch – nicht nur einmal – zu scheitern drohte, lag nicht zuletzt an den von der SED vorbereiteten Planungen für den Ablauf und den Entwürfen für das in Aussicht genommene „Dokument". In den insgesamt fünf Versionen dieses „Dokuments", die – dem Vernehmen nach – zwischen Oktober 1975 und Mai 1976 von der SED vorgelegt worden waren, waren immer wieder Aussagen enthalten, zu denen die Vertreter der autonomistischen westeuropäischen Parteien und der jugoslawischen Kommunisten ihre Zustimmung verweigerten. So sollte allein der UdSSR der Verdienst an der „Entspannung" in Europa zugesprochen werden; so sollte u. a. die sowjetische Europapolitik seit 1968 (also einschließlich der Invasion der Truppen des Warschauer Paktes in die ČSSR) gerechtfertigt werden. So war beabsichtigt, dem „Dokument" verbindlichen Charakter zu verleihen, eine einheitliche „ideologische Basis" und „Aktionsplattform" für alle europäischen Kommunisten im Geiste des „proletarischen Internationalismus" zu verkünden. Antisowjetismus und Antikommunismus sollten gleichgesetzt und alle Bestrebungen der westeuropäischen kommunistischen Parteien, eigene Wege zu gehen, als „revisionistische Abweichungen" gebrandmarkt werden.[4]

Solche und andere Versuche, die außenpolitische Linie der KPdSU sowie ihren Hegemonialanspruch in der kommunistischen Welt verbindlich abzusichern, mußten – angesichts des gestärkten Selbstbewußtseins der westeuropäischen kommunistischen Massenparteien, angesichts ihrer gänzlich anderen innenpolitischen Probleme, angesichts jedoch auch des Mißtrauens einer Reihe von kommunistischen Parteiführungen, insbesondere der Jugoslawen – von vornherein scheitern.

Trotzdem hat die Konferenz stattgefunden. Alle kommunistischen Parteien Europas, außer denen Islands und Albaniens, nahmen teil. Die Zusammenkunft lief in bemerkenswerter, bisher nicht gekannter Öffentlichkeit ab; ihr lag – erstmals in der Geschichte kommunistischer Gipfeltreffen – eine „Geschäftsordnung" zugrunde. Vertreter auch westlicher Massenmedien konnten an der Eröffnungs- und der Abschlußsitzung teilnehmen; zudem erhielten sie vom Pressezentrum die wesentlichen Grundsatzerklärungen und sonstigen Materialien. Im (vorher ausgearbeiteten) „Dokument" der Konferenz, das mehrfach an die „Zehn Prinzipien" der KSZE-Schlußakte anknüpfte, wurden allerdings alle „heißen Eisen" ausgeklammert. Es stellte eine Art kleinster gemeinsamer Nenner dar. In Anbetracht seiner leerformelhaften Postulate hätte es eigentlich ohne weiteres von allen Teilnehmern auch unterzeichnet werden können. Die Frage der Unterzeichnung/Nichtunterzeichnung war jedoch in der Vorbereitungsphase zur Konferenz dermaßen hochgespielt worden, daß sie offensichtlich zu einem nicht mehr reparablen Prestige-Konflikt geworden war. Das „Dokument" wurde deshalb verabschiedet, jedoch nicht förmlich unterzeichnet.

Daß die SED den Konferenzablauf wo irgend möglich auf die Reden Breshnews und Honeckers ausgerichtet hatte, verdeutlicht das Konferenzprotokoll. An den konferenzstrategisch wichtigen Punkten waren Honecker (1. Tag) und Breshnew (1. Redner auf der 2. Sitzung der Konferenz) sowie wiederum Honecker (auf der 6. Sitzung nach den Reden Titos und Lars Werners, des Vorsitzenden der Linkspartei-Kommunisten Schwedens) placiert.

2. Die Rolle der SED

Für die SED-Führung war die Konferenz ein willkommener Anlaß, in erster Linie der eigenen Parteibasis, jedoch auch der Bevölkerung in der DDR und, *last but not least,* der Weltöffentlichkeit einmal mehr zu zeigen, daß sich der zweite deutsche Staat jedenfalls in den Augen der regierenden und der nichtregierenden kommunistischen Parteien Europas einen beachtlichen Platz erobert hat.

Allerdings ergeben sich, bei der Frage nach der Rolle der SED auf dieser Konferenz, einige Probleme: Warum hat die KPdSU die SED mit der Vorbereitung der Konferenz betraut? – Die KPdSU-Führung hatte offenbar ursprünglich gehofft, das politische Ansehen der SED zu stärken, indem sie Ost-Berlin als Konferenzort vorschlug. Möglicherweise sollte bei dieser Gelegenheit die DDR gerade den Kommunisten aus Westeuropa als leistungsstarker Industriestaat sozialistischen Typs mit großer Ausstrahlungskraft vorgestellt werden. Für eine solche Deutung spricht, daß sowohl Breshnew wie Honecker in ihren Konferenzbeiträgen auf die „Erfolge des sozialistischen Aufbaus" in der DDR, auf den „dynamischen Aufstieg in der Wirtschaft und in allen gesellschaftlichen Bereichen unserer Republik"[5] ausführlich hingewiesen haben. Honecker zeichnete dabei im wesentlichen das Bild von der DDR, das er bereits auf dem IX. Parteitag der SED präsentiert hatte.

Auch die These, daß die KPdSU-Führung der SED eine „Brücken- und Mittlerfunktion" zwischen der eigenen Position und der

der westeuropäischen kommunistischen Parteien zugedacht hatte, ist im Westen vertreten worden.[6] Wahrscheinlicher scheint eine taktische Absprache zwischen den Vorbereitungskommissionen beider Parteien: Einige politisch bedeutsame Vorschläge (z. B. der „Führungsanspruch der KPdSU") konnten eher von seiten der SED als von der KPdSU vorgetragen werden. In der politischen Kalkulation der KPdSU-Führung mag schließlich auch die Überlegung eine Rolle gespielt haben, daß sie ihr eigenes Risiko minderte, wenn sie der SED mit der Organisation auch die Verantwortung für das Gelingen oder Nichtgelingen der Veranstaltung zuschob.

Ferner ist zu fragen, warum so erfahrene Funktionäre wie Hermann Axen, Mitglied des Politbüros des ZK der SED und ZK-Sekretär, sowie Paul Markowski, der langjährige Leiter der Abteilung Internationale Verbindungen im zentralen ZK-Apparat, zwanzig Monate lang Entwürfe vorgelegt haben, die von vornherein keine Chance hatten, in der „Redaktionskommission" akzeptiert zu werden; warum die Verantwortlichen in der SED derart lange gezögert haben, bis sie schließlich doch auf einen Kompromiß eingehen mußten. Diese Frage kann wahrscheinlich nur dann angemessen beantwortet werden, wenn die Geschichte des Taktierens der KPdSU gegenüber den „Bruderparteien" seit Lenin einbezogen wird. Denn sicherlich hat die KPdSU auch diesmal (mit Hilfe der SED) versucht, ihre Hegemonialansprüche nicht direkt zu formulieren, sondern erst einmal zu testen, wieweit sie gehen kann, um so den Kompromißspielraum auszuloten.

Daß die SED bis zuletzt an ihren, angesichts der tatsächlichen Haltung der autonomistischen kommunistischen Parteien unrealistischen und dogmatischen, in der Formelsprache eines erstarrten Marxismus-Leninismus, ja dem „antiquierten Russisch der Komintern-Ära"[7] gefaßten Vorstellungen festgehalten hat, mag auf eine Reihe von Gründen zurückzuführen sein: Erstens weisen die (veröffentlichten) Einschätzungen der internationalen kommunistischen Bewegung durch die SED in den Jahren 1971 bis 1974 darauf hin, daß die SED-Führung wenigstens zu dieser Zeit von der „Festigung der Einheit und Geschlossenheit der kommunistischen

Weltbewegung auf der Grundlage des Marxismus-Leninismus und des proletarischen Internationalismus"[8] ausging, daß sie möglicherweise wegen der eigenen ideologischen Isolierung gegenläufige Entwicklungen vor allem im westeuropäischen Kommunismus (Frankreich, Italien, Spanien) nicht angemessen einzuschätzen wußte. Zweitens bietet sich als Erklärungsgrund an, daß die SED bewußt die ,,harte" Version der sowjetischen Linie mit unerbittlicher Gründlichkeit vertreten hat, um sich in den Augen der KPdSU als der loyale und zuverlässige Verbündete zu profilieren, der auch vor undankbaren Aufgaben nicht zurückschreckt. Schließlich kann der orthodoxen Haltung der SED eine sowohl innerparteiliche wie innergesellschaftliche Funktion zugemessen werden: Keine Partei im Ostblock ist so anfällig gegen ,,revisionistische" und ,,reformistische" Interpretationsversuche von Herrschaft und Gesellschaft wie die SED. Falls also der, im Selbstverständnis, ,,humane" Sozialismus/Kommunismus vor allem Berlinguers und Carillos bereits kurzfristig eine Wirkung im Ostblock zeitigen sollte, dann wohl am ehesten innerhalb der SED.

Für eine solche Interpretation kann Honeckers Konferenzbeitrag direkt herangezogen werden. Er griff die Bundesrepublik Deutschland als ,,imperialistische Macht" scharf an und sprach gleichermaßen von den ,,neuen Möglichkeiten" für ,,demokratische Umgestaltungen" auch in den ,,kapitalistischen Industrieländern".[9] Eine Stoßrichtung solcher Aussagen ist eindeutig: Honecker lenkte damit von der Situation in der DDR und im Ostblock ab.

3. Die Positionen der KPdSU und der SED

Die erkennbaren Ausgangspositionen der KPdSU und der SED waren im Stadium der Vorbereitung der Konferenz kaum zu unterscheiden. Dies galt lange Monate sowohl für die Formulierungen der sogenannten prozeduralen wie der politisch-inhaltlichen Fragen. Erst im Frühjahr 1976, vor allem nach dem XXV. Parteitag, zeigten die KPdSU und – mit zeitlicher Verzögerung – dann auch die SED Ansätze zu einer flexibleren Haltung, indem den Ansprüchen der jugoslawischen, italienischen und spanischen Kommunisten stärker Rechnung getragen wurde.

Hinsichtlich der prozeduralen Fragen hatte die SED bis in das Frühjahr 1976 hinein ein „Schlußdokument" gefordert, in dem eine politisch-ideologische Grundlinie für künftige Aktionen aller europäischen kommunistischen Parteien verbindlich festgeschrieben werden sollte. Diese Ausarbeitung sollte den historischen Legitimationsanspruch und die Führungsrolle der KPdSU bestätigen; sie sollte die sowjetische Auslegung des Prinzips des „proletarischen Internationalismus" durchsetzen.

Obwohl die SED mit solchen Vorschlägen scheiterte und das schließlich gedruckte „Dokument" lediglich als Ausdruck eines „Meinungsaustausches" der 29 Teilnehmerdelegationen vorgestellt wurde,[10] sprach Honecker auf der Konferenz von einem „kollektiv ausgearbeiteten Dokument" und Breshnew von der „Aktualität" des „proletarischen Internationalismus".[11] Durch solche Akzentsetzungen wurden unterschiedliche Bewertungen der KPdSU und der SED schon auf der Konferenz deutlich. Während es der SED besonders darauf ankam, das Schriftstück als Aktionsplattform im Stile vergangener kommunistischer Gipfeltreffen zu deuten und damit im Interesse der Stabilisierung der eigenen Herrschaft die Risse in der kommunistischen Weltbewegung zu überdecken, war der KPdSU mehr daran gelegen, durch die Betonung des „proletarischen Internationalismus" von der eigenen Grundposition nicht abrücken zu müssen, um vor einer aufmerksamen Weltöffentlichkeit das Gesicht nicht zu verlieren.

Politisch-inhaltlich wurde von den beiden Parteien zunächst eine Reihe von Extrempositionen aufgebaut. Dazu gehörten: Anerkennung des Führungszentrums des Weltkommunismus in Moskau; Übernahme des sowjetischen Modells der Vertrags- und Bündnispolitik sowohl mit den westeuropäischen Staaten wie mit gesellschaftlichen Gruppen in diesen Staaten; Anerkennung der sowjetischen Ausdeutung der Begriffe „Sozialismus" und „Demokratie"; Empfehlung des Sozialismus/Kommunismus in Osteuropa als Modell für die Entwicklung des westeuropäischen Kommunismus; positive Würdigung der Kommunisten in Portugal; Ächtung des

,,Maoismus" bzw. Verdammung der Politik der Volksrepublik China.

Diese und andere Maximalpositionen konnten KPdSU und SED sowie die anderen hinter ihnen stehenden Vertreter der kommunistischen Parteien, vor allem Bulgariens und der ČSSR, sämtlich nicht durchsetzen. Schon die mehr oder weniger nichtssagende Formel: ,,Der Kampf für Frieden, Sicherheit, Zusammenarbeit und sozialen Fortschritt in Europa", die der Konferenz als Leitmotiv vorangestellt wurde, ließ das Scheitern dieser Ausgangsforderungen erkennen. Ähnlich nichtssagend wie dieses Leitmotiv waren auch jene ,,Grundsätze" beschaffen, auf die man sich schließlich auf der Konferenz einigen konnte: Bekenntnis zum ,,Prinzip der friedlichen Koexistenz"; gemeinsame Einschätzung der ,,Krise des Kapitalismus"; gemeinsame Verdammung des ,,Kolonialismus" und ,,Neokolonialismus"; gemeinsames Streben nach Abrüstung in Europa; gemeinsamer Kampf gegen den Antikommunismus, gegen die ,,internationalen Monopole" usw.[12] Insofern kann das Konferenzergebnis als Erfolg der autonomistischen Parteien und als eine Teilniederlage von SED und KPdSU gewertet werden.

4. Zur Ex-post-Interpretation der Konferenz durch die SED

Das Berliner Konferenzergebnis ist von verantwortlichen Mitarbeitern des ZK-Apparates der SED im nachhinein ausführlich analysiert und vor den eigenen Parteikadern zu rechtfertigen gesucht worden.[13] Neben der immer wieder betonten *Übereinstimmung* in ,,grundlegenden politischen Fragen" zwischen allen kommunistischen Parteien Europas (u. a. gemeinsame Einschätzung der Konferenzergebnisse von Helsinki, gemeinsame Einschätzung der ,,Krise des imperialistischen Systems") wurde die (nur in den Augen der SED unlösbare) Verbindung des Kampfes gegen ,,Antikommunismus und Antisowjetismus" mehrfach herausgestellt. Darüber hinaus wurden die abweichenden und öffentlich auf der Konferenz geäußerten Auffassungen Berlinguers, Carillos und Marchais' heruntergespielt. Weiterhin sollte die offensichtlich bei manchen Konferenzteilnehmern (wie in der SED) vorhandene Unsicherheit über das Verhältnis von „Entspannung" und „Klassenkampf" beseitigt werden. Nach der Interpretation von Bruno Mahlow, Stellvertreter des Leiters der Abteilung Internationale Verbindungen des ZK der SED, soll die gegenwärtig akzeptierte Entspannung nur „die besten Voraussetzungen schaffen für die Entwicklung des Kampfes der Arbeiterklasse . . .". Damit rangiert der „Klassenkampf" eindeutig – jedenfalls in der für die Parteimitglieder bestimmten Ausdeutung der Konferenz – *vor* dem Ausbau der Kooperation mit dem Westen.

Dem schließt sich die Interpretation des „Dokuments" an. In ausgesprochenem Gegensatz zu den häufig abgegebenen Erklärungen maßgeblicher Vertreter der KPI, der KPF sowie der spanischen und jugoslawischen Kommunisten wird der Meinungsaustausch zu einer dokumentarisch-verbindlichen Form hochstilisiert. Das „Dokument" sei „Aktionsplattform", zudem auch das bisher „detaillierteste Aktionsprogramm" des internationalen Kommunismus überhaupt. Es formuliere nicht nur „reale Ziele", sondern liefere auch die Beschreibung der „Wege". Es enthielte sozusagen den Kern für den Kampf der „Kommunisten und aller progressiven Kräfte überall in der Welt". Damit stellt diese Deutung einen Zusammenhang zwischen dem europäischen und einem künftigen Welt-Gipfeltreffen der kommunistischen Parteien her.

Als ausgesprochener Erfolg für die Organisatoren wird die Tatsache herausgestellt, daß gegenüber der Karlsbader Konferenz von 1967 sechs weitere kommunistische Parteien nach Ost-Berlin gekommen sind (der Bund der Kommunisten Jugoslawiens, die Parteien der Niederlande, Belgiens, Rumäniens, der Türkei sowie die Linkspartei-Kommunisten Schwedens). Nicht zuletzt dadurch seien die Voraussetzungen für eine „Festigung des Zusammenwirkens" und für eine künftige Aktionseinheit überhaupt erst geschaffen worden. In diesem Zusammenhang seien die unterschiedlichen Auffassungen als gleichsam natürlicher Ausdruck der unterschiedlichen Problemlagen in den einzelnen europäischen Staaten zu werten. Allerdings wirkt der Satz: „Keine andere politische Bewegung war und ist in der Lage, *solche* Formen der Zusammenarbeit zu entwickeln wie die kommunistische",[14] durchaus doppelsinnig.

5. Bewertung

Trotz des Scheiterns wesentlicher Forderungen der KPdSU und der SED kann mit guten Gründen behauptet werden, daß die KPdSU nicht nur als Verlierer aus der Konferenz hervorgegangen ist. Denn Breshnew konnte nicht gezwungen werden, von seinen gegenwärtigen parteipolitischen wie außenpolitischen Zielen abzugehen. Seine auf der Konferenz an den Tag gelegte Haltung, die Formel vom „proletarischen Internationalismus" im Sinne einer alle Kommunisten zusammenhaltenden „Solidarität" zu interpretieren, hat dazu beigetragen, eine Balance zwischen großzügiger Anerkennung einer gewissen Pluralität der Wege zum Sozialismus/Kommunismus einerseits und der Bekräftigung der Grundübereinstimmung aller Kommunisten andererseits aufrechtzuerhalten.

Im übrigen hat die „Prawda" vom 30. Juni und 1. Juli 1976 in ihren Kommentaren zur Konferenz das „Prinzip des proletarischen Internationalismus", das im Abschlußdokument nicht erwähnt wird, als die nach wie vor gültige Grundlage der Beziehungen zwischen den kommunistischen Parteien herausgestellt.

Der auf der Konferenz gezeigten Geschmeidigkeit Breshnews kontrastierte die starre, auf die traditionelle kommunistische Interpretation des „proletarischen Internationalismus" gerichtete Haltung Honeckers. Es schien bisweilen ein Spiel mit verschiedenen Rollen zu sein. Dieses „Spiel" war jedoch nicht ganz ungefährlich, kostete es doch der SED einige Sympathien.

Besonders die persönliche Teilnahme Titos an der Konferenz war ein Erfolg der KPdSU-Führung. Der jugoslawische Parteiführer, der allen „Einigungsbestrebungen" unter Moskaus Führung seit fast dreißig Jahren widerstanden hat, ist damit stärker in das Lager der europäischen Kommunisten integriert worden. Wenngleich der jugoslawische Parteichef sich gegen jede „Einmischung" von außen wandte und den jugoslawischen Weg energisch betonte, könnte doch die Anwesenheit der Jugoslawen in Ost-Berlin deren Rolle im europäischen Kommunismus verändern und Jugoslawien einen weiteren Abbau seiner Außenseiterrolle erleichtern. In diesem Zusammenhang ist auch zu erwähnen, daß Rumänien, das an dem ersten europäischen Gipfel in Karlsbad nicht teilgenommen hatte, diesmal von Anfang an an den Vorbereitungen zur Konferenz beteiligt war. Wahrscheinlich geht dies auf den Einfluß der jugoslawischen Kommunisten in der Vorbereitungsphase zurück.

Schließlich hat Breshnew Positionen auf Parteiebene, wie bereits erwähnt, nicht preisgeben müssen. In diesem Zusammenhang ist daran zu erinnern, daß die Sowjetunion nicht erst 1976, sondern bereits 1956 den absoluten Führungsanspruch gegenüber anderen kommunistischen Parteien jedenfalls verbal mehr oder minder fallen gelassen hatte. Schon damals gab es keine reale Chance für die Wiedereinrichtung eines Kominform- oder Kominternbüros. Auf der III. Moskauer Weltkonferenz (1969) hatte die KPdSU auf die Schaffung einer neuen Leitungszentrale verzichtet und einzelnen kommunistischen Parteien bereits eine gewisse Unabhängigkeit, das Beschreiten eines ,,eigenen Weges'' zugebilligt. Angesichts der konsequenten Durchsetzung der Breshnew-Doktrin in Osteuropa sind allerdings solche verbalen Konzessionen der KPdSU in ihrem politischen Gewicht als minimal anzusehen.

Fast automatisch stellt sich damit die Frage nach der politischen Bedeutung solcher Konferenzen überhaupt. Ihrer Anlage nach dienten sie bisher stets der Durchsetzung und Bekräftigung des Führungsanspruchs der KPdSU. Die Konferenz in Ost-Berlin macht da im Grunde keine Ausnahme. Sie hat allerdings, erstmals in der Geschichte kommunistischer Gipfeltreffen, demonstriert, daß Führungsansprüche nicht mehr unbedingt im Kominternstil durchgesetzt werden müssen. Sie hat darüber hinaus gezeigt, daß Konferenzen kommunistischer Parteien in der Welt von heute neue Vorzüge mit sich bringen, beispielsweise der Supermacht UdSSR die Möglichkeit geben, ihr ,,image'' in der internationalen Politik aufzupolieren.

Eine rückschauende Bewertung des sowjetischen Taktierens auf der Konferenz in Ost-Berlin läßt ferner erkennen, daß kommunistische Dissidenten wie z. B. Robert Havemann irren,[15] wenn sie behaupten, die Breshnew-Doktrin sei auf dieser Konferenz ,,zu Grabe getragen'' worden. Das Gegenteil ist eher der Fall. Auf der Konferenz blieben die Probleme der sozialistischen Staaten und der

Handlungsspielraum ihrer kommunistischen Parteien praktisch ausgeklammert. Abgesehen davon: Der Kurs auf die ,,sozialistische ökonomische Integration" wird nach wie vor propagiert und weiterverfolgt. Die wirtschaftliche Abhängigkeit der sozialistischen Länder von der Sowjetunion wächst ebenso wie die politische.[16]

Aufgrund solcher Einsichten kann behauptet werden, daß die Konferenz der europäischen kommunistischen und Arbeiterparteien für die KPdSU neue Möglichkeiten in Aussicht stellte, die kommunistischen Parteien *innerhalb* des Ostblocks zu kontrollieren und zu disziplinieren. Eine solche Entwicklung war – für die SED – bereits im Jahre 1971, anläßlich der Ablösung Walter Ulbrichts durch Erich Honecker, eingeleitet worden.

Heute ist die SED neben der bulgarischen und der tschechoslowakischen kommunistischen Partei zwar der zuverlässigste Partner der KPdSU. Dennoch scheint die Annahme berechtigt, daß das Verhältnis der SED zur KPdSU nicht ohne Probleme ist. Einerseits braucht die SED die KPdSU, da sie allein als ,,Integrations"- und Ordnungspartei politisch zu schwach ist, um – besonders nach Helsinki – im Angesicht der übermächtigen Bundesrepublik ihre Macht in der DDR zu sichern. Die SED ist ohne die Hilfestellung der KPdSU nicht in der Lage, die mannigfachen Einflüsse sozialistischen/sozialdemokratischen Denkens, die heute in die DDR einströmen bzw. seit langem dort kursieren, abzufangen.

Andererseits ist die SED als besonders enger Verbündeter der KPdSU nicht zuletzt durch ihr Verhalten bei den Konferenzvorbereitungen in eine isolierte Position im Rahmen des Weltkommunismus getrieben worden. Alle ,,Solidaritäts"- und Verbrüderungskundgebungen können schließlich über das Unbehagen und Mißtrauen zahlreicher führender Mitglieder der autonomistischen westeuropäischen wie der Ostblockparteien nicht hinwegtäuschen – ein Mißtrauen, das aus dem engen Zusammenspiel zwischen SED und KPdSU immer wieder neue Nahrung ziehen kann.

D. Deutschlandpolitik als Außenpolitik

I. Perspektiven der innerdeutschen Beziehungen in ihren politischen und ideologischen Dimensionen

1. Die Ausgangslage

Jede Analyse der politisch-ideologischen Dimensionen der künftigen Entwicklung der innerdeutschen Beziehungen hat eine Reihe von Faktoren als „konstant" zu setzen. Im folgenden seien fünf solcher Faktoren genannt:

a) In der näheren Zukunft wird keine durchschlagende Verschlechterung der Ost-West-Beziehungen eintreten; denn die USA und die UdSSR brauchen – ebenso wie Bundesrepublik und DDR – eine stabile Lage in Europa. Damit ist zwar eine Abschwächung, jedoch das Fortbestehen der Détente anzunehmen. Eine solche Feststellung gilt wohl auch dann, wenn man Henry Kissingers Détente-Konzept bezweifelt oder bekämpft.

b) Gleichzeitig ist festzuhalten, daß die Bundesrepublik Deutschland und die DDR nach wie vor die Kernzone der West-Ost-Konfrontation und -Rivalität in Europa bilden.

c) Die politischen und ideologischen Beziehungen der beiden deutschen Staaten zueinander sind zusätzlich dadurch komplex, daß heute in Westeuropa ein Meinungsspektrum hinsichtlich der „deutschen Frage" gegeben ist. Dieses Spektrum reicht in mannigfachen Nuancierungen von eher aktualitätsbezogenen, pragmatischen bis zu Verhaltensweisen, die auf einer Freund-Feind-Polarisierung aufbauen.

d) Aufgrund der Ergebnisse zahlreicher Meinungsumfragen ist u. E. von einem langfristig eher abnehmenden Interesse der Bevölkerung der Bundesrepublik, insbesondere von großen Teilen der Jugend, an deutschlandpolitischen Fragen und den Problemen der deutschen Wiedervereinigung auszugehen – sowie, andererseits, von einem mittel- und längerfristig anhaltenden Interesse der Bevölkerung der DDR an diesen Fragen.

e) Die Bundesrepublik Deutschland steht heute in weltweiten Verpflichtungen. Sie hat international verstärkt Verantwortung zu übernehmen. Nicht zuletzt durch diese Tatsache bedingt, hat sich der Stellenwert des Deutschlandproblems im Aufgabenkatalog der Bundesregierung verändert. Ähnliches gilt, wenn auch in vermindertem Maße, für die DDR.

2. Zur gegenwärtigen Situation der innerdeutschen Beziehungen

Die innerdeutschen Beziehungen haben sich trotz veränderter Konstellationen nach Abschluß des Grundlagenvertrages auf zahlreichen Gebieten zweifellos intensiviert. So sind nach dem Inkrafttreten des Vertrages (am 21. 6. 1973) eine Reihe von Abkommen, Vereinbarungen, Protokollen und Regelungen unterzeichnet worden. Dazu gehören u. a.:

- Regelungen im Zusammenhang mit dem Grundlagenvertrag über Einzelfragen der Akkreditierung von Journalisten in Ost-Berlin und Bonn;
- Vereinbarungen über Grundsätze zur Schadensbekämpfung an der Grenze sowie zur Instandhaltung und zum Ausbau der Grenzgewässer (beide: 20. 9. 1973);
- Protokoll über die Errichtung der Ständigen Vertretungen (14. 3. 1974), das am 20. 6. 1974 zur Aufnahme der Tätigkeit der Vertretungen in Ost-Berlin und Bonn führte;
- Vereinbarungen über den Transfer aus Guthaben in bestimmten Fällen und über den Transfer von Unterhaltszahlungen (beide: 25. 4. 1974);
- Gesundheitsabkommen (25. 4. 1974);
- Vereinbarung über den Fischfang in einem Teil der Lübecker Bucht und Protokollvermerk über den Verlauf der Grenze zwischen dem Küstenmeer der Bundesrepublik und dem Küstenmeer der DDR (29. 6. 1974);

– Vereinbarungen über den Ausbau der Verkehrswege nach Berlin-West sowie über die Transitpauschale (19. 12. 1975);
– Abkommen auf dem Gebiet des Post- und Fernmeldewesens (30. 3. 1976);
– Vereinbarung über den Abbau des grenzüberschreitenden Braunkohlevorkommens (19. 5. 1976);

Außerdem haben die drei Ständigen Kommissionen (Grenzkommission, Transitkommission, Verkehrskommission), die unerledigte Vertragsprobleme lösen und Streitfragen schlichten sollen, ihre Arbeit fortgesetzt.

In einigen anderen, im Grundlagenvertrag vorgesehenen, ideologisch besonders sensiblen Bereichen konnten dagegen bisher zwischen der Bundesrepublik und der DDR keine Vereinbarungen erzielt werden. Allerdings ist der Verhandlungsstand unterschiedlich:

– Der Abschluß eines Rechtshilfeabkommens ist trotz mehr oder minder regelmäßig stattfindender Verhandlungen nicht in Sicht. Die DDR verlangt u. a. von der Bundesrepublik die Anerkennung einer eigenen Staatsbürgerschaft – eine Forderung, die diese – schon wegen des Urteils des Bundesverfassungsgerichts von 1973 – nicht erfüllen kann.

– Der Abschluß des Kulturabkommens scheiterte bisher vor allem an der Forderung der DDR nach Rückgabe von Kulturgütern aus der Stiftung Preußischer Kulturbesitz. Hinter dieser Forderung stehen massive ideologische Monopolansprüche; die DDR, als der „sozialistische deutsche Nationalstaat", sieht sich als rechtmäßige Wahrerin des deutschen Kulturerbes. Außerdem lehnte sie bisher die Einbeziehung West-Berlins in dieses Abkommen ab.

– Ein Ende der – dem Vernehmen nach – weit fortgeschrittenen Verhandlungen zur wissenschaftlich-technischen Zusammenarbeit ist ebenfalls nicht abzusehen. Beide Staaten konnten sich bisher nicht über den dem geplanten Abkommen zugrundeliegenden Wissenschaftsbegriff einigen. Trotz der in der Schlußakte von Helsinki gemeinsam gebilligten Grundsätze und der Einigung über einzelne Wissenschaftsgebiete, in denen eine Zusammenarbeit sinnvoll erscheint, ist man sich in der SED-Führung offenbar noch immer nicht im klaren darüber, wie eine „rasche Durchführung und organisatorische Verbesserung internationaler Besuche von Wissenschaftlern und Spezialisten", wie „Austausch und Verbreitung von wissenschaftlichen und technischen Informationen zwischen den an wissenschaftlicher und technischer Forschung und Zusammenarbeit interessierten Parteien"[1] für die DDR optimal zu bewerkstelligen sind. Außerdem versuchte die DDR bisher immer wieder, allgemeine politische Prinzipien im Wissenschaftsabkommen zu verankern. Schließlich bereitet auch hier die Einbeziehung West-Berlins – nach dem Muster des bisher nicht zustandegekommenen Kulturabkommens zwischen der Bundesrepublik Deutschland und der UdSSR – Schwierigkeiten, die bisher nicht überwunden werden konnten.

Bei einem weiteren Entgegenkommen der Bundesrepublik auf wirtschaftlichem Gebiet wäre die DDR wahrscheinlich am ehesten bereit, einen Vertrag über wissenschaftlich-technische Zusammenarbeit mit der Bundesrepublik abzuschließen.

– Die Verhandlungen über den Umweltschutz können wahrscheinlich auf absehbare Zeit ebenfalls nicht abgeschlossen werden. Die DDR lehnt nicht nur auch hier die Einbeziehung West-Berlins ab; sie widersetzt sich ferner u. a. aus Kostengründen den von der Bundesregierung für notwendig gehaltenen Umweltschutzmaßnahmen.

Die im vorstehenden gewählte Reihenfolge für die bisher im Zuge der Folgeverhandlungen zum Grundlagenvertrag nicht bewältigten Fragen gibt eine Einschätzungsmöglichkeit des Schwierigkeitsgrades ihrer Lösung unter politischen Aspekten wider. Damit ist ausgesagt, daß im Falle des Abschlusses eines Rechtshilfeabkommens auch für die übrigen noch ausstehenden Verhandlungen Aussicht auf einen befriedigenden Erfolg bestehen dürfte.

Neben den in den Rahmen des Vier-Mächte-Abkommens über Berlin und des Grundlagenvertrages gehörenden innerdeutschen Aktivitäten ist der Innerdeutsche Handel (IDH) besonders hervorzuheben. Der IDH erreichte im Jahre 1975 ein Gesamtvolumen von 7,4 Milliarden DM (Bezüge aus der DDR: 3,4 Milliarden DM; Lieferungen in die DDR: 4,0 Milliarden DM). Nach den neuesten

Ergebnissen wird in der Bundesrepublik für das Jahr 1976 mit einem Gesamtvolumen von wenigstens 8 Milliarden DM gerechnet. Es ist kein Geheimnis, daß die DDR auf wirtschaftlichem Gebiet ihre Beziehungen zur Bundesrepublik weiter intensivieren möchte. Dies könnte z. B. durch eine Erweiterung des Bundesbürgschaftsrahmens für Lieferungen aus der DDR in die Bundesrepublik (Oktober 1976: 2,25 Milliarden DM) geschehen. Darüber hinaus versucht die DDR auf unterschiedlichen Wegen, die für sie lebensnotwendigen westlichen Devisen bzw. Kredite (Eurodollarmarkt) zu erhalten.

Die gegenwärtigen innerdeutschen Beziehungen spielen sich damit auf verschiedenen Ebenen ab. Ressortverhandlungen von Regierungsstellen (Nachfolgeverträge) und der Innerdeutsche Handel wurden bereits erwähnt. Hinzu kommen die Beziehungen auf der Ebene von Verbänden (DGB : FDGB; DSB : DTSB).

Ferner sind die Auseinandersetzungen auf Parteiebene ein wesentliches Faktum der innerdeutschen Beziehungen. Die gegenwärtig an vielen Stellen aufleuchtende Rivalität von SPD und SED im Rahmen der europäischen kommunistischen und sozialistischen Bewegungen,[2] die Rolle der SPD in der Bundesrepublik sowie in der ,,Sozialistischen Internationale", die Aktivitäten der von der SED gesteuerten DKP sowie die ideologisch-politische Haltung aller im Bundestag vertretenen Parteien zu Fragen des Sozialismus/ Kommunismus sind in ihrer Bedeutung für das innerdeutsche Verhältnis sicherlich hoch zu veranschlagen.

Schließlich sind als der vielleicht bedeutsamste Aspekt der gegenwärtigen innerdeutschen Szenerie die persönlichen Begegnungen der Menschen aus beiden deutschen Staaten, die durch die im Rahmen der neuen Ostpolitik erreichten Reiseerleichterungen ermöglicht wurden, zu nennen. Die in die Millionen gehenden Begegnungen wirken auf die ideologisch-politische Dimension der innerdeutschen Beziehungen zurück, ohne daß ihr Einfluß heute schon genau bestimmbar ist. Einflüsse sind natürlich auch dann gegeben, wenn die Menschen in Deutschland die Unterschiede zwischen ihren Staaten und Gesellschaften erkennen.

Diese vielfältigen innerdeutschen Beziehungen existieren trotz starker ideologischer Vorbehalte auf westlicher Seite und einer prinzipiellen ideologisch-politischen Gegnerschaft auf der Seite der DDR. In diesem Zusammenhang ist zu betonen, daß die Bundesrepublik Deutschland in den konkreten Verhandlungen eher zu wenig ideologische Vorbehalte zum Ausdruck bringt, während das Verhandlungsverhalten der DDR-Delegationen von dieser Gegnerschaft vorläufig geprägt ist.

3. Ideologische Spannungen zwischen den beiden deutschen Staaten

Ideologische Spannungen sind eng verwoben mit politischen Beziehungen. Eine analytische Trennung ist kaum möglich; sie scheint im vorliegenden Zusammenhang auch nicht sinnvoll.

Ideologisch-politische Beziehungen besitzen heute ,,globale", ,,regionale" und ,,lokale" Dimensionen. Die politische und wirtschaftliche Eingliederung der Bundesrepublik in das westliche Bündnis beruht auf gemeinsamen politisch-militärischen, wirtschaftspolitischen wie, schließlich, politisch-ideologischen Grundüberzeugungen. Die Einbettung der DDR in den Ostblock beruht, darüber hinaus, auf gemeinsamen gesellschaftspolitischen Vorstellungen. Diese *grundsätzlichen,* aus der globalen Auseinandersetzung zwischen West und Ost resultierenden ideologischen Spannungen sollen hier weitgehend ausgeklammert werden. Festzuhalten ist lediglich eine Grundtatsache, nämlich: daß sich die politischen Eliten der Bundesrepublik und der DDR in allen nur denkbaren Argumentationsreihen, nämlich der militärisch-strategischen, der politisch-psychologischen, der politisch-ethischen usw., gegenseitig jeweils als ,,negative Bezugsgruppe" betrachten. Diese Tatsache schließt ein, alle eigenen Verhaltensweisen und Aktionen positiv, die der jeweils anderen Seite negativ zu antizipieren.[3] Die Bundesrepublik ist nicht zuletzt wegen dieses negativen Bezugsfeldes innenpolitisch stabil geblieben; die SED-Führung braucht zur eigenen Legitimierung dringend die Bundesrepublik als ,,Klassenfeind".

Im vorliegenden Zusammenhang geht es um Einzelaspekte ideologisch-politischer Beziehungen und Bindungen, sozusagen um ,,regionale" Aspekte, wie sie besonders im innerdeutschen Verhältnis seit 1973 zum Tragen kommen. Dabei ist einzuräumen, daß etwa im Begriff der Nation globale und regionale Dimensionen zusammenfallen. Ferner ist darauf hinzuweisen, daß bereits die Bezeichnung „innerdeutsche Beziehungen" ideologische Implikationen aufweist. Im Zusammenhang mit der von 1949 bis 1969 allein vertretenen Identitätstheorie (die die völkerrechtliche Identität der Bundesrepublik und des Deutschen Reiches in den Grenzen von 1937 unterstellt) wird die DDR von der Bundesrepublik als Nicht-Ausland und – seit Abschluß des Grundlagenvertrages – gleichzeitig als Ausland behandelt: als Ausland insofern, als die Bundesrepublik die DDR als gleichberechtigten, souveränen zweiten deutschen Staat auf deutschem Boden anerkennt.[4] Die DDR vertritt erst seit Anfang der siebziger Jahre die These, daß die Bundesrepublik „Ausland" sei; vorher hat sie diese These bestritten.[5]

Der Grundlagenvertrag hat die grundsätzlichen ideologischen Vorbehalte, insbesondere hinsichtlich der Einheit Deutschlands bzw. der Frage einer einheitlichen deutschen Nation ausgeklammert; lediglich von seiten der Bundesrepublik sind sie im „Brief zur deutschen Einheit", der von der DDR als eine auf den Vertrag bezogene Urkunde entgegengenommen wurde, festgehalten worden. Die Folge ist u. a., daß ideologische Fragen nunmehr in eher *spezifischer* Form auftreten. Zu den gegenwärtig besonders akuten, von ideologischer Gegnerschaft belasteten und damit wohl unlösbaren Fragen gehören:

– das Problem der Staatsbürgerschaft,[6]
– der jeweilige Anspruch auf die legitime Repräsentanz des geistig-kulturellen Erbes in Deutschland,
– die jeweilige Interpretation einer dem modernen Erziehungs- und Wohlfahrtsstaat angemessenen Gesellschafts- und Sozialpolitik,
– die unterschiedlichen Auffassungen über das, was „Wissenschaft" ist.

Die drei erstgenannten Probleme dienen als Ausgangspunkt für die folgenden Überlegungen. Die hinsichtlich der künftigen innerdeutschen Beziehungen ebenfalls bedeutsame Auseinandersetzung um Wissenschaft und Wissenschaftspolitik soll dagegen hier ausgeklammert werden, da sie nicht zusätzlich erkenntnisaufschließend ist.

4. Methodologische Zwischenbemerkung

Gegenstand dieser Überlegungen ist somit ein kleiner und relativ genau bestimmbarer Ausschnitt der deutsch-deutschen politisch-ideologischen Wirklichkeit der Gegenwart und der näheren Zukunft.

Der Begriff „innerdeutsche Beziehungen" wird absichtlich relativ eng gefaßt, indem wir ihn mehr oder minder auf Regierungskontakte und den ideologischen Widerhall, den solche Kontakte in den entsprechenden Interpretationen auf beiden Seiten finden, reduzieren. Damit werden bedeutsame Aspekte der innerdeutschen Beziehungen, so die Kontakte auf Verbandsebene, die parteipolitischen Auseinandersetzungen und die persönlichen Begegnungen der Menschen von hüben und drüben, ausgeklammert.

Der Begriff „Ideologie" wird im folgenden einigermaßen lax, dafür aber eher praxisbezogen verwandt. Ohne hier eine genaue und – notgedrungen – umständliche Definition eines operationalisierbaren Begriffs von Ideologie geben zu wollen, sei doch auf einige Merkmale hingewiesen, die in der gegenwärtigen sozialwissenschaftlichen Diskussion (soweit sie dem kritischen Rationalismus verpflichtet ist) üblicherweise dem Realphänomen „Ideologie" zugeschrieben werden.[7] Es handelt sich um fünf Merkmale, die naturgemäß in der politischen Realität nicht immer in idealtypischer Reinheit auftreten:

– dichotomische Deutungsschemata (z. B. Totalitarismuskonzept einerseits; Klassenkampflehre andererseits),

– verabsolutierte Wahrheitsbehauptungen (z. B. „Der Sozialismus siegt"),

– Erkenntnismonopol (wie im Dialektischen und Historischen Materialismus gegeben),

– häufiger Gebrauch von Leerformeln (z. B. „Freiheit", „Fortschritt"),

– Freund-Feind-Stereotype (z. B. ,,demokratische'' vs. ,,kommunistische'' Staaten einerseits; ,,Brudervölker'' vs. ,,imperialistisch-monopolkapitalistische'' Staaten andererseits).

Weitere Einzelheiten der ausgedehnten Ideologie-Diskussion in West und Ost können hier dagegen nicht interessieren. Es sei vielmehr von zwei u. E. realitätsnahen Hypothesen ausgegangen: a) Beide deutschen Regierungen sind in ihrem politischen Verhalten – jenseits des Faktischen – an bestimmte, auf Dichotomie angelegte und häufig leerformelhafte Grundwerte gebunden. b) In beiden deutschen Staaten, vor allem jedoch in der DDR, ist ein Zerfallsprozeß der Ideologie festzustellen. Eine Sammlung von leerformelhaften Sätzen, die in der Sprache des Marxismus-Leninismus abgefaßt sind, ersetzt die verblassende Kraft der Ideologie nicht. Gegenwärtig scheinen in der DDR fehlendes Kapital, die Beschaffung von Überziehungskrediten, die Hebung des Lebensstandards sowie das Selbstbewußtsein der Bürger, die zu Zehntausenden Ausreiseanträge stellen, eine erheblich größere Rolle für das Selbstverständnis des Systems zu spielen als ideologische Postulate und Programme der SED.

Trotz dieser komplexen Sachlage sind aufgrund der Tatsache, daß in beiden deutschen Staaten ideologisch zu bezeichnende Bindungen bestehen, die *politisch wirksam* werden, Vergleiche möglich. Somit wird dem vorliegenden Text – in der Sprache der methodologischen sozialwissenschaftlichen Diskussion – eine ,,funktionale'' Betrachtung von ideologischen Phänomenen zugrundegelegt.

Ein charakteristisches Merkmal der politisch-ideologischen *Praxis* in Ost und West sollte im vorliegenden Zusammenhang nicht übergangen werden. Während die politische Verhandlungspraxis der Bundesrepublik durch ein Absehen von ideologischen Faktoren und demzufolge von einer grundsätzlichen Kompromißbereitschaft gekennzeichnet ist, müßte die Durchdringung aller Verhandlungsgegenstände durch die Ideologie des Marxismus-Leninismus zu einer grundsätzlichen Kompromißunfähigkeit des ostdeutschen Verhandlungspartners führen. Dies ist in der Verhandlungspraxis jedoch nicht immer der Fall. Vielmehr wirken sich die ideologischen Gegensätze auf DDR-Seite dahingehend aus, daß jeder auszuhandelnde Kompromiß auf seine Vereinbarkeit mit dem ideologischen Dogma sowie mit den sowjetischen Interessen geprüft werden muß.

5. Die ideologisch-politische Haltung der SED-Führung: Generelle Aspekte

In Abstimmung mit der ideologischen Strategie der KPdSU richtet die SED-Führung ihr Verhältnis zur Bundesrepublik prinzipiell an der Konzeption der „friedlichen Koexistenz" aus.

Kurz- und mittelfristig[8] wird die Bereitschaft zum „friedlichen Nebeneinander" durchaus, wenn auch nicht politisch konsistent, sowohl immer wieder signalisiert wie auch praktiziert. Dies gilt besonders dann, wenn aus Gründen der politischen „raison d'être" (Bundestagswahl vom Oktober 1976) oder aus aktuellen wirtschaftspolitischen Motiven eine solche Haltung angebracht erscheint. Im Verständnis von KPdSU und SED bringt eine solche Haltung den Aspekt der „Kooperation" des Prinzips der friedlichen Koexistenz zum Ausdruck.

Sowohl kurz- wie mittel-, besonders jedoch langfristig, d. h. in der eigentlichen politisch-strategischen Dimension, besitzt die von der KPdSU- wie von der SED-Führung immer wieder propagierte Devise von der wachsenden Bedeutung der ideologisch-politischen Auseinandersetzung mit dem Westen – insbesondere mit der Bundesrepublik Deutschland als der wirtschaftlich stärksten und politisch stabilsten Mittelmacht in Westeuropa – einen bedeutenden Rang. Damit wird dem Prinzip der friedlichen Koexistenz unter dem Gesichtspunkt des „ideologisch-politischen Klassenkampfes" Rechnung getragen.

Die Lehre von der „friedlichen Koexistenz" ist derart angelegt, daß Akzentsetzungen, Argumentationsprofile und Schwerpunkte, den jeweils unterschiedlichen politischen Situationen entsprechend, durchaus wechseln und in ihrem „Mischungsverhältnis" immer wieder neu festgelegt werden. Allerdings ist die ideologische

Grundsubstanz des Prinzips der friedlichen Koexistenz weitgehend unverändert geblieben.[9]

Zur ideologischen Grundlegung gehört das „Feindbild". Das in der DDR vorherrschende Feindbild von der Bundesrepublik ist von der jeweils vorgenommenen Einschätzung der politischen Lage im anderen Deutschland zu trennen. Während das Feindbild in seinen Grundzügen unverändert fortbesteht, hat die konkrete Einschätzung der politischen Situation in der Bundesrepublik durch die SED seit 1969 naturgemäß häufig gewechselt. Deshalb ist zwar nicht das Konzept der „friedlichen Koexistenz", wohl aber die SED-offizielle Einschätzung des Westens im allgemeinen und der Bundesrepublik im besonderen ambivalent. Hinsichtlich der Beurteilung der Lage demonstrieren sowohl das neue Programm der SED von 1976 wie auch die Reden der SED-Führer auf dem IX. Parteitag (Mai 1976), daß eine realistische Sicht der – trotz aller Krisenerscheinungen – militärisch und wirtschaftlich vitalen westlichen Welt und insbesondere der Bundesrepublik mit einer den Krisencharakter („ständige Verschärfung der Widersprüche in den kapitalistischen Ländern") betonenden Deutung konkurriert.

Nicht die ideologische Grundkonzeption, aus der heraus Kooperation mit dem Westen überhaupt erst möglich wird, sondern die schnell wechselnden und auch von Unsicherheit geprägten operativen ideologischen Einschätzungen der Bundesrepublik geben der SED prinzipiell und jederzeit die Möglichkeit, eine weite Spanne innen- und außenpolitischer Verhaltensweisen vor sich selbst und nach außen, vor allem auch gegenüber der Sowjetunion, zu rechtfertigen.

Eine solche Differenzierung von „Kerndogma" und „operativer Ideologie" empfiehlt sich, weil damit zwei Sachverhalte geklärt werden können: einmal die ideologische Flexibilität führender SED-Politiker; zum anderen die wachsende Leerformelhaftigkeit einzelner Sätze des Kerndogmas. Dessen ritualhafte Verwendung und der sich ständig vergrößernde Kreis von politisch-sozialen Tatbeständen, die mit seinen Axiomen abgedeckt werden müssen, vermindern die Erklärungskraft der Ideologie auch für die SED-Führung selbst mehr und mehr.

Die grundsätzlich vorhandene operative Beweglichkeit wird in der Praxis der Außenpolitik der DDR häufig nicht wirksam. Warum nicht? Zu stark ist die politische Abhängigkeit der DDR von der UdSSR, zu ausgeprägt sind Hierarchisierung und Bürokratisierung der internen Entscheidungsprozesse, als daß sich die prinzipiell gegebene ideologische Flexibilität durchsetzen könnte. Trotz aller Leerformelhaftigkeit des Kerndogmas, die neben der wechselnden operativen Einschätzung eine gewisse *ideologische* Beweglichkeit ebenfalls gestattet, ist der Marxismus-Leninismus in seinen *politischen* Bezügen nach wie vor schwerfällig. Dies wirkt sich auch auf die Kompromißfähigkeit in konkreten Verhandlungssituationen immer wieder aus.

6. Die ideologisch-politische Haltung der SED-Führung: Spezielle Aspekte

a) Abgrenzungsversuche

Schon kurz nach dem Beginn der neuen Ostpolitik der Bundesregierung, d. h. seit Herbst 1970, hat die SED-Führung in immer neuen Ansätzen und unter Einsatz der Machtmittel von Partei- und Staatsapparat versucht, eine möglichst umfassende politisch-ideologische „Abgrenzung" der DDR von der Bundesrepublik Deutschland in dem Sinne, daß diese Ausland und zwar feindliches Ausland sei, durchzusetzen. Nur im wirtschaftlichen Bereich wird, auch von seiten der DDR, gelegentlich der „besondere" Charakter der innerdeutschen Beziehungen zugestanden.[10]

Der Wille zur möglichst dichten Abgrenzung von der Bundesrepublik kann sich auf die bereits in den fünfziger Jahren zur herrschenden Auffassung gewordene „Zwei-Staaten-Theorie" stützen. In der Regierungserklärung vom September 1955 hatte Otto Grotewohl vor der Volkskammer der DDR nach dem Abschluß des Souveränitätsvertrages zwischen der DDR und der Sowjetunion zum ersten Mal ausdrücklich von „zwei deutschen Staaten" gesprochen. Ihre politische Ausdeutung erhielt diese These in der Botschaft Ulbrichts zur Jahreswende 1956/57, als dieser das Konzept der Konföderation zweier deutschen Staaten aufbrachte. Im Programm der SED vom Januar 1963 ist schließlich die *Verbindung* der auf der Zwei-Staaten-Theorie beruhenden Konföderationsthese mit dem Konzept der „friedlichen Koexistenz" erstmals enthalten.

Im vorliegenden Zusammenhang ist, als Resultat der Zwei-Staaten-Theorie, auf das Postulat einer „Staatsbürgerschaft der DDR" hinzuweisen. Dieses wurde von der DDR mit dem Gesetz über die Staatsbürgerschaft der DDR vom 20. Februar 1967 erstmals juristisch fixiert.

Besonders im Laufe der letzten Jahre wurden zusätzlich u. a. folgende Strategien ausgebaut:

– Das Kontaktverbot für bestimmte politisch und soziologisch besonders exponierte Personen und Gruppen.
– Die intensivierte ideologische Schulung der eigenen Kader. Grundlage bildet u. a. das weiter differenzierte Studium der Werke der „Klassiker" (Marx, Engels, Lenin) sowie die umfassende ideologische, agitatorische und propagandistische Auswertung der Beschlüsse der SED-Führung.
– Der Ausbau der – mit Hilfe der Lehre von den Klassen und vom Klassenkampf abgestützten – These von der „sozialistischen Nation" („Arbeiterklasse") in der DDR – im Gegensatz zur „kapitalistischen Nation" („Bourgeoisie") in der Bundesrepublik.

Die Lehre von der sich herausbildenden sozialistischen Nation in der DDR, deren erste vage Ansätze bereits auf die späten vierziger Jahre zurückgehen, ist immer wieder neu formuliert worden. Während Ulbricht bis in das Jahr 1970 hinein am Gedanken der Einheit der deutschen Nation festhielt, hatte etwa Politbüromitglied Albert Norden bereits Ende 1967 erklärt, daß die Bundesrepublik mit ihrem Beitritt zur NATO „den deutschen Nationalverband endgültig" gesprengt habe. Es standen sich damit zu jener Zeit verschiedene Konzepte der deutschen Nation in der SED-Führung gegenüber. Honeckers Leistung bestand darin, auf und nach dem VIII. Parteitag der SED (Juni 1971) diese unterschiedlichen, in der SED selbst Verwirrung stiftenden Vorstellungen von der deutschen Nation in ein formal und vordergründig geschlossenes Konzept zusammengeführt zu haben, das jedoch im ganzen – sogar im Selbstverständnis des Marxismus-Leninismus – nicht konsistent ist. Dieses Konzept wurde dann den Parteimitgliedern der SED praktisch aufgezwungen.

Warum ist dieses Nationkonzept selbst für die SED in seiner internen Überzeugungskraft nicht tragfähig? Einmal, weil es sich zu stark an Stalin anlehnt,[11] zum anderen weil es nicht in der Lage ist, die Arbeitermassen in der DDR wie in der Bundesrepublik überzeugend anzusprechen. Vor allem jedoch ist dieses Konzept für große Teile der Bevölkerung nach wie vor unannehmbar, weil es dem fortbestehenden nationalen Zusammengehörigkeits*gefühl* widerspricht und die deutsche Teilung zu besiegeln scheint.

Honecker hatte 1971 konsequent die ,,Einheit der deutschen Nation" als ,,Gerede" abgelehnt, die Herausbildung eines neuen ,,Typus" der Nation (,,die sozialistische Nation") betont und die sich künftig weiter verstärkende und vertiefende ,,Gegensätzlichkeit" zwischen beiden deutschen Staaten hervorgehoben.[12] Während diese Gegensätzlichkeit 1971 ganz allgemein für ,,alle Bereiche des gesellschaftlichen Lebens" prognostiziert wurde, gab Honecker – nicht erst in seiner Rede auf dem IX. Parteitag der SED, aber besonders dort – *spezifische* Aspekte dieser Gegensätzlichkeit, sozusagen ihre aktuellen Schwerpunkte, an. Diese liegen vor allem auf ,,geistig-kulturellem" Gebiet. Das ,,reiche geistig-kulturelle Leben von hoher ideologischer Wirkungskraft" wird für die DDR, in Abgrenzung von der Bundesrepublik, immer wieder betont.[13]

Trotz einer damit erkennbaren ideologisch-strategischen Tendenz ist die Lehre von der sozialistischen Nation, wie schon erwähnt, bis in die jüngste Zeit hinein, immer wieder neuen Interpretationen unterworfen worden. Sie war selbst für die SED-Führung offenbar nicht überzeugend genug ausgearbeitet und formuliert worden. So wurde z. B. vor allem in den Jahren 1972 bis 1974 das Wort ,,deutsch" wo immer möglich gestrichen (Beispiel: Umbenennung der ,,Deutschen Akademie der Wissenschaften" in ,,Akademie der Wissenschaften der DDR" im Oktober 1972). Seit 1975/76 wird in offiziellen Verlautbarungen stärker als in früheren Jahren zwischen ,,Nation", ,,Nationalität", ,,Nationalstaat" usw.

differenziert. Der „sozialistischen Nation in der DDR" wird die „kapitalistische Nation" in der Bundesrepublik gegenübergestellt; beide sind ihrer „Nationalität" nach „deutsch". Es handele sich um „zwei historisch verschiedene Typen der deutschen Nation". Auch der Nation der Bundesrepublik wird damit das Attribut „deutsch" zuerkannt. Freilich gewinnt in den Augen der SED „der Begriff ‚deutsch' in der Realität der sich entwickelnden sozialistischen Nation (der DDR) einen reicheren und modifizierten Inhalt".[14]

Der in solchen Vorstellungen enthaltene, über die Klassenkampfdoktrin des Marxismus-Leninismus entwickelte Anspruch ermöglicht es der DDR, sich kulturpolitisch – trotz Abgrenzung von der Bundesrepublik – als *Erbe* eines bestimmten und zwar des zukunftsweisenden Teils der deutschen Nationalgeschichte zu fühlen, d. h. bestimmte kulturelle Traditionen als *allein* Erbberechtigter verwalten zu wollen und – politisch-konkret: bestimmte deutsche Kulturgüter für sich zu beanspruchen.

In der Bundesrepublik wird dieser Anspruch bisweilen in seiner durchaus gegebenen politischen Vitalität nicht angemessen eingeschätzt – u. a. wohl deshalb nicht, weil man im Westen Deutschlands nach wie vor – auch in Fragen der Kultur („Stiftung Preußischer Kulturbesitz") – wesentlich juristisch argumentiert.

b) Stabilisierungsversuche

Die soeben durch Hinweis auf das Nationkonzept gekennzeichnete Abgrenzungspolitik der SED ist in ihrer Substanz als Immunisierungs- wie als Legitimationsversuch eines politisch-ideologisch auch heute keineswegs stabilen Herrschaftssystems anzusehen. Darauf verweisen u. a. die drakonischen Maßnahmen der Partei gegen mißliebige Künstler (Reiner Kunze, Wolf Biermann).

7. Die ideologisch-politische Haltung der Bundesregierung: Generelle Aspekte

Die Bundesrepublik scheint hinsichtlich der hier anstehenden Fragen an zwei politische Fixpunkte gebunden:

(a) Die Fortsetzung der mit der Ostpolitik unter den Zeichen der Détente eingeleiteten Entwicklung. – Dabei kann hinsichtlich des Konzepts der Détente von einer Art Grundkonsens der politisch führenden Kräfte in der westlichen Welt ausgegangen werden: Es gibt, wie etwa Henry A. Kissinger es sinngemäß immer wieder formuliert hat, gegenwärtig keine Alternative zur Entspannungspolitik. Auf der Basis dieses Grundkonsens existieren, auch in der Bundesrepublik, die unterschiedlichsten Nuancierungen: von der Negativkonzeptualisierung der Détente (Vermeidung der Politik der Stärke) bis hin zur positiven Bewertung (Détente als Mittel zur Einbindung sowjetischer Macht).

Für die innerdeutschen Beziehungen sind mit Détente folgende Stichworte verknüpft:

– Verhandlungen, Verträge und Abkommen mit der DDR über gemeinsam zu regelnde und gemeinsam interessierende Fragen, wie sie im Grundlagenvertrag angesprochen wurden;

– humanitäre Erleichterungen, bei denen man sich seit Helsinki vor allem auf die KSZE-Schlußakte beruft;

– Ausdeutung des Vier-Mächte-Abkommens über Berlin im Sinne einer Erhaltung des *status quo.*

(b) Der Wiedervereinigungsauftrag des Grundgesetzes, wie er zuletzt im Urteil des Bundesverfassungsgerichts zur Verfassungsmäßigkeit des Grundlagenvertrages (vom 31. 7. 1973) betont und im Licht der innerdeutschen Beziehungen erläutert worden ist. – Obwohl das Urteil des Bundesverfassungsgerichts den politischen Kräften in der Bundesrepublik nach wie vor zur prinzipiellen Auflage macht, die „nationale und staatliche Einheit Deutschlands" zu wahren, gibt es doch die Entscheidung darüber frei, welche politischen Wege zur Erfüllung dieses Auftrages eingeschlagen werden sollen. Die Wege differieren in der Tat stark – vor allem deshalb, weil sich am Problem der „Lösung" der deutschen Frage die Geister politisch und ideologisch scheiden.

Auch und besonders in der Bundesrepublik stehen sich unterschiedliche ideologische Deutungen der DDR wie der deutschlandpolitischen Situation („Einheit der deutschen Nation") gegenüber. Wie eine jüngst veröffentlichte Studie aus dem Bundeskanzleramt demonstriert,[15] ist offenbar auch in Teilen der Bundesregierung die Ausdeutung der konkreten innen- und außenpolitischen Situation in der DDR ambivalent. Einerseits werden die fehlende politische Legitimation der SED-Führung, die Abhängigkeit von der UdSSR, die nach wie vor problematische wirtschaftliche Lage durchaus erkannt; andererseits werden die möglichen Verhaltensweisen der Bevölkerung in der DDR, der Grad einer künftigen Bindung an das Herrschaftssystem der DDR überschätzt.

Schließlich wird der Aktualitätsgehalt des Wiedervereinigungsgebots des Grundgesetzes von den herrschenden politischen Kräften in der Bundesrepublik unterschiedlich beurteilt.

Die fehlende Einbettung der Interpretationen in ein ideologisches Kerndogma lassen das Spektrum der Einschätzung der DDR durch offizielle und offiziöse Stellen in der Bundesrepublik – weit weniger jedoch im Alltagsverständnis der Bürger – als diffus erscheinen.

Diesem diffusen Zustand der ideologischen Interpretationsmuster eignet eine gewisse Starrheit: Position steht gegen Position. Die Interpretationsfronten ändern sich nur langsam. Andererseits kann das politische Verhalten der Bundesregierung der DDR gegenüber offenbar gerade wegen der schwächeren Verzahnung von Ideologie und Politik prinzipiell beweglicher und elastischer sein. Die Bundesregierung besitzt in ihren Beziehungen zur DDR – trotz Wiedervereinigungsauftrag – einen breiten politisch-ideologisch nicht besetzten Spielraum, der ihr eine pragmatische Verhandlungsführung und Entscheidung erleichtert.

8. Die ideologisch-politische Haltung der Bundesregierung: Spezielle Aspekte

a) Humanitäre Erleichterungen

Die Bundesregierungen seit 1969 haben sich für ihre Deutschlandpolitik die ,,humanitären Erleichterungen" als Maßstab selbst gesetzt (vgl. die 20 Kasseler Punkte von 1970).

Als ,,humanitäre Erleichterungen" werden angesehen und angestrebt:

- Verbesserungen im innerdeutschen Reiseverkehr (Bundesrepublik : DDR; Bundesrepublik : West-Berlin; West-Berlin : DDR), u. a. Herabsetzung der Altersgrenze für Bürger der DDR, die in die Bundesrepublik Deutschland reisen wollen,
- Familienzusammenführung,
- Regelung bestimmter familiärer Angelegenheiten (Erbschaft, Unterhaltszahlungen, Vermögensfragen),
- Kommunikationserleichterungen im Post- und Fernmeldewesen,
- Austausch von Literatur, Informationsaustausch im weitest möglichen Sinne,
- Kontakte im Bereich der Kultur sowie auf den Gebieten von Wissenschaft und Technik.

Bei den „humanitären Erleichterungen" kommen ideologische Bindungen insofern zum Tragen, als das Postulat „humanitäre Erleichterungen" aus der westlichen Auffassung von der ständigen Verletzung der Menschenrechte in der DDR entspringt.

Hier ist die von der Opposition immer wieder in der *Öffentlichkeit* geforderte Aufhebung des Schießbefehls hervorzuheben. Die Sommermonate des Jahres 1976, in denen eine zusätzliche Sensibilität der westdeutschen Öffentlichkeit durch die bevorstehenden Bundestagswahlen gegeben war, standen unter dem Zeichen einer rücksichtslosen Anwendung des Schießbefehls durch die Grenztruppen der DDR. Dadurch ist die Atmosphäre in den innerdeutschen Verhandlungen belastet worden. Nicht zuletzt deshalb hat sich das Negativ-„image" der DDR als eines im Kern unveränderten Polizeistaates in weiten Teilen der Bevölkerung der Bundesrepublik weiter festgesetzt.

b) Abgrenzung

In der Bundesrepublik existiert, trotz verschiedener Versuche von Repräsentanten aller im Bundestag vertretenen politischen Parteien (Gerstenmaier, 1965; Brandt, 1969, 1970; Scheel, 1969, 1970; Schmidt, 1974) sowie zahlreicher akademischer Interpreten,[16] kein allgemein verbindliches Konzept der Nation, und schon gar nicht der deutschen Nation. Dies ist eine Tatsache, die sich auch historisch zurückverfolgen läßt. Einig war man sich bei den Vätern des Grundgesetzes in der Ablehnung eines kruden Nationalismus. Deshalb hat man auch bei der Gründung der Bundesrepublik Deutschland auf nationale Symbole weitgehend verzichtet.

Der Begriff der Nation selbst wurde seit 1970 immer stärker in Einzelelemente, nämlich: ,,Kulturnation", ,,Staatsnation", sogar ,,Bewußtseinsnation" aufgesplittert.[17] Die in den westlichen Nachbarländern übliche Identifizierung von ,,Staats"- und ,,Kulturnation" ist in Deutschland aus historischen Gründen nicht mitvollzogen worden. Stattdessen nahm der Begriff der ,,Kulturnation" eine dominierende Stellung ein. In der jüngsten politischen Diskussion wurde ,,Nation" mehr und mehr auf ihre voluntativ-emotionale Komponente reduziert: ,,Zusammengehörigkeitsgefühl" und damit der Rekurs auf den zumindest latent vorhandenen Willen, die Einheit der Nation nicht preiszugeben, standen und stehen, ebenso wie das proklamierte Schlagwort: ,,Vom Nebeneinander zum Miteinander", seit dem Anschwellen des Besucherstroms in die DDR nicht unbegründet im Vordergrund offizieller, offiziöser und akademischer Auslassungen zum Thema.

Die Diskussionen über den Begriff der Nation, wie sie in den letzten zehn Jahren in der Bundesrepublik geführt wurden, stehen nach wie vor unter dem grundsätzlichen Vorzeichen, den Begriff der Nation als Leitvorstellung für die Einheit Deutschlands, ,,Nation" damit gleichsam in geläuterter Form beizubehalten. Die voluntativ-emotionale Betonung des Begriffs der Nation (Nation als Willens- und Bewußtseinsgemeinschaft) ist – wie besonders die Reflexionen Willy Brandts demonstrieren – von romantisierenden Elementen nicht frei. Wie solche Elemente sich mit neuen demokratischen Inhalten, mit einem neuen Verantwortungsbewußtsein für den demokratischen Rechts- und Sozialstaat verbinden sollen – all dies ist in den in der Bundesrepublik geführten Diskussionen bisher keineswegs klar geworden.[18]

Trotz der nicht abgeschlossenen Diskussionen um die Begriffe ,,Nation" und ,,deutsche Nation" sucht auch die Bundesrepublik, unabhängig von den politischen Kräften, die die Regierung bilden, die „Abgrenzung" von der DDR. Dabei ergeben sich drei Schwerpunkte:

– Die Zurückweisung der von der DDR aufgrund ihrer Zwei-Staaten- (oder Drei-Staaten-)Theorie und der Theorie der sozialistischen/bürgerlichen Nation formulierten politisch-ideologischen Ansprüche.

– Die politisch aktivierte Überzeugung von zwei sich gegenseitig ausschließenden Gesellschaftssystemen in Deutschland.

– Die ständige Verbesserung der Lebens- und Arbeitsbedingungen in der Bundesrepublik, nicht nur um im Wettbewerb der Systeme auf sozial- und gesellschaftspolitischem Gebiet auch in Zukunft eindeutig besser und erfolgreicher bestehen zu können und damit das Identitätsangebot an die Menschen in der Bundesrepublik zu erhöhen, sondern auch um eine Magnetwirkung auf die Menschen in der DDR auszuüben.

In der Auseinandersetzung mit der DDR wird die Situation der Bundesrepublik durch das Fehlen allgemein verbindlicher Vorstellungen über die deutsche Nation sowohl erleichtert wie erschwert: erleichtert, weil eine sich aus aktuellen politischen Fragestellungen ergebende und somit immer wieder neu vorzunehmende ideologische Rückversicherung, den politischen Verhältnissen in der Bundesrepublik entsprechend, entfällt; erschwert insofern, als das Fehlen verbindlicher nationaler Vorstellungen zur Folge hat, daß jenseits des verfassungsmäßig verankerten Wiedervereinigungsauftrages ein politisch-strategisch einsetzbarer Konsens aller politischen Kräfte gegenwärtig kaum herstellbar scheint.

9. Kürzer- und längerfristige Perspektiven der ideologischen Entwicklung

a) Aus der Sicht der DDR

Die ideologisch-politische Auseinandersetzung mit der Bundesrepublik wird von seiten der SED wahrscheinlich erstens auf dem Gebiet der Kulturpolitik auszutragen versucht werden und sich, zweitens, auf den gesellschafts- und sozialpolitischen Wettbewerb mit der Bundesrepublik erstrecken. Die SED wird immer erneut zu demonstrieren suchen, daß sie das sicherere, das gerechtere, das freiere und das stärker mit der deutschen Tradition verknüpfte Gesellschaftssystem anzubieten hat. So wurde schon 1970, als der Begriff „Sozialpolitik" in der politischen Semantik der DDR noch relativ selten war, auf den Einfluß, den das „vorbildliche Sozialwesen in der DDR" auf die Bundesrepublik ausübt, hingewiesen. In der DDR-Presse ist z. B. die Mitbestimmung, wie sie in der Bundesrepublik im Montangesetz (1951) und im Betriebsverfassungsgesetz (1952) eingeführt worden ist, als Reaktion auf Einflüsse aus der DDR zurückgeführt worden.[19]

Dies weist einmal auf DDR-interne Gründe und Konsequenzen hin; sie müssen in diesem Zusammenhang ausgeklammert werden.[20]

Jedoch auch auf das Verhältnis zur Bundesrepublik wird sich diese politische Linie auswirken. Kultur- und Gesellschafts- bzw. Sozialpolitik tragen sicherlich seit 1970 eine, in ihrer Intensität allerdings schwankende, aggressive Grundorientierung gegenüber der Bundesrepublik. Dabei erweist sich die ideologisch-historische Verankerung des DDR-offiziellen Begriffs von „Kultur" für die Bundesrepublik als besondere Herausforderung – als Aufforderung zur Aufarbeitung der neueren deutschen Geschichte. Denn in der Bundesrepublik Deutschland ist allzu lange ein aus politischer Verantwortung gewachsenes Bewußtsein, das über deutsche Geschichte und Kultur nachsinnt und eine Bewertung vor allem der neueren deutschen Geschichte im demokratischen Geist vornimmt, nicht wirkungsvoll gefördert worden. So konnte die entstandene Interpretationslücke vielfach durch Obskuranten und Ideologen ausgefüllt werden.

Obwohl die Lehre von der „sozialistischen Nation" in der DDR gegenwärtig eher defensiv vertreten wird, ist ihr latent aggressiver Kern nach wie vor vorhanden. Gerade mit dieser Bestimmung von Nation kann die Bundesrepublik aus der Sicht der DDR als „Ausland" und als „Klassenfeind" behandelt werden; letztlich sind auch heute und morgen nur die „Arbeiterklasse und ihre Partei", die SED, dazu berufen, die deutsche Nation von ihrem Kernbestand in der DDR her zu erneuern. Dabei kann der Appell an die „Solidarität" der „Klassenbrüder" in der Bundesrepublik jederzeit verstärkt werden.

Allerdings dürfte eine solche politische Verschärfung der Klassenkampfdoktrin nur dann spürbar werden, wenn die internationale politische Lage sich abkühlen sollte und die DDR wirtschaftspolitisch weniger auf die Bundesrepublik angewiesen sein würde. Ihre wirtschaftliche Schwäche und die allgemeinen Rahmenbedingungen der Détente hindern die DDR gegenwärtig daran, über ein bestimmtes Maß an ideologisch-propagandistischer Aggression hinauszugehen.

b) Aus der Sicht der Bundesrepublik Deutschland

Die eigentlich ideologisch-politische Auseinandersetzung mit der DDR wird, gegenwärtig und in naher Zunkunft, aus den aktuellen innerdeutschen Beziehungen eher ausgeklammert bleiben. Insofern nimmt die Bundesrepublik die Herausforderung durch die SED nicht auf. Die von Helmut Schmidt geführte Bundesregierung ist in erster Linie pragmatisch daran interessiert, in ihrem Verhältnis zur DDR die im Grundlagenvertrag sowie in der Schlußakte von Helsinki festgehaltenen Punkte so gut es geht abzuhaken. Sie erstrebt, nach wie vor, Kooperation auf jenen Gebieten, von denen sie annimmt, daß ein gemeinsames Interesse gegeben sein könnte, und macht es sich zur Aufgabe, soviel „humanitäre Erleichterungen" wie nur möglich durchzusetzen. Damit soll der Spielraum, der durch einen vagen Begriff der Nation und die „offen gehaltene" deutsche Frage gegeben ist, offensichtlich pragmatisch mit Verträgen, Abkommen und Verhaltensregeln langsam ausgefüllt werden. Im übrigen ist die Bundesrepublik durch die Übernahme weltweiter politischer Verpflichtungen, durch die Mitbeteiligung an der Bewältigung international drängender Probleme gegenwärtig weniger auf Fortschritte in der deutschen Frage – und damit auch im Verhältnis zur DDR – angewiesen als in den Jahren 1969 bis 1973.

Die gelegentlich, besonders aus Kreisen unserer europäischen Nachbarn, zu hörende Auffassung,[21] daß die Bundesregierung in naher Zukunft nicht darum herumkommen würde, zwei deutsche Staatsbürgerschaften zu akzeptieren, und daß sie deshalb gut beraten sei, hier die Initiative zu ergreifen (mit der spekulativen Nebenbehauptung, daß sich die DDR dadurch ideologisch-politisch schneller konsolidieren könnte), ist allerdings angesichts der politischen Konstellation in der Bundesrepublik nach dem 3. Oktober 1976 nicht aktuell.

Kurz-, mittel- und längerfristig kommt es für jede Bundesregierung darauf an, den demokratischen und sozialen Rechtsstaat weiter auszubauen – einmal, um die Bevölkerung der Bundesrepublik politisch-ideologisch gegen Appelle aus der DDR immun zu machen; zum anderen, um die Magnetwirkung dieses Staates und dieser Gesellschaft auf die Menschen in der DDR zu verstärken.

Längerfristig bleibt das Ziel der Wiedervereinigung der deutschen Nation im Rahmen einer europäischen Friedensordnung – da von allen im Bundestag vertretenen Parteien nicht aufgegeben und gemäß dem Auftrag des Grundgesetzes auch nicht aufgebbar – weiterhin eine häufig betonte Perspektive. Es stellt sich allerdings die Frage nach der politischen Substanz des Willens zur Wiedervereinigung Deutschlands in der Bevölkerung der Bundesrepublik. Die Menschen in der Bundesrepublik erheben gegenwärtig kaum noch konkrete Forderungen und Ansprüche, die aus diesem Ziel abgeleitet sind; lediglich bestimmte politisch-soziale Gruppen, die für die Bevölkerung der Bundesrepublik jedoch nicht repräsentativ sind, treten mit solchen Forderungen hervor. Eine sichere Prognose kann hier allerdings nicht gegeben werden, da zu viele und zu unterschiedliche Faktoren das Meinungsbild der verschiedenen Generationen, der politisch verschieden Orientierten und der unterschiedlich Informierten in der Bundesrepublik bestimmen und weiterhin bestimmen dürften.[22]

Ein genereller Trend zum Wiederaufleben eines genuinen Nationalbewußtseins (das mehr ist als ein Bekenntnis der Menschen zum demokratischen und sozialen Rechtsstaat), dessen Stärke die Beziehungen zur DDR ernsthaft beeinflussen könnte, ist in der Bundesrepublik empirisch gegenwärtig weder festzustellen noch abzuleugnen.[23]

II. Die KSZE-Schlußakte
und der neue Vertrag der DDR mit der UdSSR in ihrer Bedeutung
für die Deutschlandpolitik der SED*

1. Aktuelle Tendenzen der Deutschlandpolitik der SED

Die gegenwärtige Deutschlandpolitik der SED-Führung ist mehr-
dimensional angelegt. Sie besitzt zudem kurz-, mittel- wie auch
längerfristige Aspekte. Die Mehrdimensionalität ist aus einer Reihe
von programmatischen Reden und sonstigen Äußerungen maßgeblicher SED-Politiker in den Jahren 1975/76 ebenso abzulesen wie
aus verschiedenen praktisch-politischen Maßnahmen der Parteiführung. Unter anderem ist in diesem Zusammenhang auf die Rede
von Politbüromitglied Hermann Axen auf der 15. Tagung des ZK
Anfang Oktober 1975 hinzuweisen, ferner auf Honeckers bereits
mehrfach erwähnte Rede auf dem IX. Parteitag der SED im Mai
1976, schließlich auf einige (auf den ersten Blick widersprüchliche)
Passagen in den Ausführungen des wiederernannten Vorsitzenden
des Ministerrates der DDR, Willi Stoph, sowie des ZK-Sekretärs
für Sicherheit, Paul Verner, vor der Volkskammer am 1. November 1976.

Diesen Auslassungen sowie verschiedenen Entscheidungen der
SED-Führung aus der jüngsten Zeit ist gemeinsam, daß die DDR
der Bundesrepublik gegenüber künftig noch eindeutiger als bisher
eine doppelbödige Politik praktizieren wird. Verschärfung des
,,Klassenkampfes'' nach innen wie nach außen einerseits, Verstärkung der Kooperation andererseits sind die beiden Pole solcher
Politik. Eine Politik der ,,Abgrenzung'' vom ,,Kapitalismus'' und
,,Imperialismus'' kann sich ebenso auf Lenin wie auf Chruschtschow und Breshnew berufen; der Kooperationsaspekt rechtfertigt
die dringender denn je benötigten Handels-, Kredit- und Wirtschaftsbeziehungen mit der Bundesrepublik. Die gleichzeitigen
ideologischen Kampagnen richten sich zunächst gegen – in der
Auffassung der SED – zu weit gehende Erwartungen der Bevölkerung. Mit Appellen etwa an die ,,Solidarität der Arbeiterklasse''
sollen jedoch auch (wenn noch so kleine) Erfolge im Westen

Deutschlands erzielt werden. Der „Klassenkampf"-Aspekt wird damit gegenwärtig primär im ideologisch-agitatorischen und -propagandistischen Bereich wirksam. Er wird jedoch auch durchaus „konkret", u. a. durch die Fülle von (in der DDR entstandenen oder in ihrem Sinn produzierten) Publikationen, die in der Bundesrepublik vertrieben werden. Der „Klassenkampf"-Aspekt besitzt schließlich nicht zu verharmlosende, unmittelbar wirksame praktisch-politische Funktionen (z. B. die der Rechtfertigung von erneuten und verschärften Grenzbefestigungen).

Zur Deutung dieser immer klarer hervortretenden Politik der SED-Führung bieten sich verschiedene Möglichkeiten an. Grundsätzlich ist darauf zu verweisen, daß diese Strategie der Abgrenzung ein Ausfluß des in kommunistischen Systemen traditionell gegebenen und nie aufgelösten „Widerspruchs" zwischen ideologischem Anspruch und politischer Realität ist. In einer eher als realpolitisch zu bezeichnenden Dimension mögen folgende Gründe entscheidend sein: Erstens könnte es sich um das Ausbalancieren dieses „Widerspruchs" durch Honecker handeln. Zweitens könnte die SED-Führung mit einer solchen Politik die – stärker denn je gegebene – Anziehungskraft des Westens abwehren wollen. Diese Interpretation erlangt insofern ein erhebliches Gewicht, als das stärkere Interesse der westdeutschen Massenmedien an den Vorgängen in der DDR – eine Erscheinung, die zumal nach der Schlußkonferenz von Helsinki im Juli 1975 vom westlichen Standpunkt aus als voll und ganz dem Geist des Prinzipienkatalogs entsprechend angesehen werden muß – der SED-Führung offensichtlich mehr und mehr Sorgen bereitet. Anders kann bereits das Interview, das Erich Honecker unmittelbar nach Abschluß der Konferenz von Helsinki am 6. August 1975 dem „Neuen Deutschland" gegeben hat, kaum bewertet werden. Honecker erwähnte u. a. die „fortgesetzten Einmischungen der Massenmedien der Bundesrepublik Deutschland in die inneren Angelegenheiten der Deutschen Demokratischen Republik"; er sprach weiterhin von „feindseligen Kampagnen".

Es wäre, drittens, denkbar, daß die Parteiideologen der SED die innere politische Schwäche des Herrschaftssystems der DDR mit neuen Begründungen überdecken wollen. Eine vierte mögliche

Interpretation könnte darauf hinauslaufen, daß die SED den auto-nomistischen kommunistischen Parteien in Westeuropa, besonders in ihren linken Flügeln, nicht die Kritik an der Bundesrepublik als „kapitalistischem" und „imperialistischem" Staat allein zu überlassen wünscht. Schließlich könnte es sich fünftens darum handeln, daß Kooperation für die SED überhaupt erst möglich wird, daß sich die SED vor allem mit Rücksicht auf die KPdSU die Kooperation überhaupt erst leisten kann, wenn sie sich durch Betonung des „Klassenkampfes" abgrenzt.

Die zuletzt erwähnte Deutung leitet zu einer weiteren These über: Deutschlandpolitik (im Verständnis der SED: auf die Bundesrepublik Deutschland gerichtete *Außenpolitik*) kann Ende des Jahres 1976 nicht mehr lediglich, wie so lange Jahre, als Funktion der Innenpolitik, als Instrument der SED, sich eine Ersatzlegitimation zu verschaffen, angesehen werden.[1] Denn seit der weltweiten völkerrechtlichen Anerkennung und nach der gleichberechtigten Teilnahme der DDR in Helsinki hat sich der Stellenwert der Deutschlandpolitik der SED im Rahmen der Gesamtaußenpolitik der DDR verschoben. Neben ihrer Aufgabe, der Stabilisierung von Wirtschaft und Gesellschaft in der DDR zu dienen, hat die Deutschlandpolitik der SED im außenpolitischen Gesamtkonzept die Aufgabe, das politische Gewicht der DDR im gesamteuropäischen Raum (und darüber hinaus) zu verstärken. Gleichermaßen ist die DDR in ihrem Verhalten in der internationalen Politik jedoch weiter an die Bundesrepublik fixiert – und dies nicht zuletzt deshalb, weil der demokratische und soziale Rechtsstaat in der Bundesrepublik für Hunderttausende von Bürgern in der DDR, vor allem nach der Veröffentlichung der KSZE-Schlußakte im „Neuen Deutschland", seine Attraktivität keineswegs verloren hat.

Die DDR ist zwar in den Jahren nach Inkrafttreten des Grundlagenvertrages mit der Bundesrepublik Deutschland (1973) – ihrem eigenen Anspruch nach – im Begriff, zu einer europäischen Mittelmacht heranzuwachsen, die heute sicherlich an vielen Plätzen der Welt beachtet wird. Insofern nimmt es nicht wunder, daß auch die Politik der DDR gegenüber der Bundesrepublik wesentlich differenzierter, vielschichtiger, jedoch auch widersprüchlicher geworden ist. (Auch darin ist die Deutschlandpolitik der SED übrigens ein Abbild der sowjetischen politischen Strategie gegenüber der Bundesrepublik.)

Andererseits ist die DDR, vor allem wegen der wachsenden wirtschaftlichen Schwierigkeiten und der daraus resultierenden psychologisch-politischen Spannungen, mehr denn je auf die Unterstützung der Bundesrepublik angewiesen. Kurzfristig wird deshalb, trotz der Ende 1976 zu hörenden schrillen Töne, der Kooperationsaspekt gegenüber der Bundesrepublik jedenfalls auf Regierungsebene eher im Vordergrund stehen. Gleichzeitig wird die propagandistische Kampagne gegen die Bundesrepublik – kurz-wie mittelfristig gesehen – weitergehen.

2. Die Auslegung der KSZE-Schlußakte durch die SED

Die künftigen Perspektiven der Deutschlandpolitik der SED, der Doppelcharakter dieser Politik zeigen sich u. a. in der offiziellen Ausdeutung der Schlußakte von Helsinki, wie sie SED-Chef Honecker unmittelbar nach Abschluß der Konferenz in einem Interview mit dem ,,Neuen Deutschland'' am 6. August 1975 vorgenommen hat und die dann besonders Politbüromitglied Hermann Axen im Oktober 1975 und nach ihm andere Funktionäre der SED verdeutlicht haben.[2]

Die Repräsentanten der SED- bzw. Staatsführung gingen in ihren Analysen der deutschlandpolitischen Bilanz der Konferenz über Sicherheit und Zusammenarbeit in Europa (KSZE) davon aus, daß diese Konferenz mehrere Aufgaben ,,gelöst'' habe: sie habe, erstens, die endgültige ,,politische und territoriale Bilanz'' des Zweiten Weltkrieges und der Nachkriegsentwicklung gezogen und die ,,souveräne Existenz und territoriale Integrität'' der Teilnehmerstaaten garantiert. Sie habe, zweitens, diese Bilanz multilateral wie völkerrechtlich fixiert. Sie habe damit, drittens, in den ,,Zehn Prinzipien'' der Schlußakte den ,,Kodex für die konkrete Anwendung der Prinzipien der friedlichen Koexistenz allgemein anerkannt''. Schließlich ist von DDR-Seite besonders die ,,Einheit'' der Schlußakte, d. h. die Gleichwertigkeit der drei sogenannten Körbe und die Notwendigkeit der „Realisierung" des vereinbarten Prinzipienkatalogs betont worden.

In ausgesprochenem Dissens zur in der Bundesrepublik offiziös vertretenen Auffassung[3] wurde von Axen ausdrücklich auf die völkerrechtliche Verbindlichkeit der KSZE-Schlußakte hingewiesen. Ein politisch bedeutsamer Aspekt dieser Interpretation für die Deutschlandpolitik der SED liegt darin, daß man in der UdSSR wie in der DDR offenbar hofft, nach Helsinki eine länger dauernde Periode der Sicherheit – Axen sprach von einem Zeitraum, der mehrere Fünfjahrpläne umfaßt – ins Auge fassen zu können. Dieser Zeitabschnitt, der durch die, aus östlicher Sicht völkerrechtlich bekräftigten, Prinzipien des Dekalogs besonderen Schutz vor „imperialistischen Aggressionen" und Sicherheit für die „friedliebende" DDR verheiße, soll zur weiteren Stärkung der wirtschaftlichen und technologischen Basis des „Sozialismus" und zum „Aufbau des Kommunismus" in der DDR genutzt werden. Damit wird erkennbar, daß der in Helsinki von 35 Teilnehmerstaaten garantierten „Festigung der Sicherheit" (Axen) in der Sicht der SED-Führung absolute Priorität zukommt.[4]

Ein weiterer politisch aufschlußreicher Aspekt in Axens Interpretation der KSZE-Schlußakte ist in der Forderung nach Kooperation, nach verstärkter wirtschaftlicher und wissenschaftlich-technischer Zusammenarbeit mit dem Westen zu sehen. Allerdings kann „Kooperation" der „Sicherheit" nur folgen, ihr nicht vorausgehen. Im Klartext heißt das, daß die SED erst dann alle Möglichkeiten der Kooperation nutzen kann und wird, wenn der Westen ihre sicherheitspolitischen Erwartungen erfüllt hat. Diese Interpretation der „Schlußakte", insbesondere des Prinzipienkataloges, setzt die SED daher auch in die Lage, die Kooperation stets dann zu sabotieren, wenn sie Verstöße des Westens gegen Korb I glaubt anprangern zu müssen.

Mit der wissenschaftlich-technischen und wirtschaftlichen Hilfe aus dem Westen, vor allem aus der Bundesrepublik, sollen mehrere politische und wirtschaftspolitische Ziele erreicht werden: einmal die Stärkung der wirtschaftlichen Basis der DDR selbst; weiterhin die Verbesserung der jahrzehntelang vernachlässigten Infrastruktur; schließlich der Anschluß an die technologische Modernisierung. Die Zunahme der wirtschaftlichen und technologischen Kooperation mit der Bundesrepublik bedeutet für die DDR jedoch auch die Aufrechterhaltung sowohl ihrer Produktionspalette wie ihres technologischen Niveaus gegenüber den RGW-Partnern; denn nur aus der Position ihrer relativen wirtschaftspolitischen Stärke heraus kann die DDR ihren politischen Einfluß im Ostblock weiter aufrechterhalten.

Ein dritter politisch bemerkenswerter Aspekt in der für die DDR maßgeblichen Interpretation der KSZE-Schlußakte ist darin zu sehen, daß sowohl SED wie KPdSU die feierlich beschworenen Absichtserklärungen offenbar keineswegs als in Widerspruch zu ihrer feindseligen Abgrenzungspolitik stehend betrachten. Sie bringen sogar das Kunststück fertig, die Fortsetzung dieser Politik unter Berufung auf die Schlußakte von Helsinki zu rechtfertigen. Dies wurde in Breshnews Erklärung vom 1. August 1975 gegen Ende der Konferenz ebenso deutlich wie im Interview Honeckers und der ausführlichen Interpretation Axens. Honecker äußerte sich zu den Fragen von Korb III nur recht allgemein. Allerdings erwähnte er die „jährlich sieben bis acht Millionen Bürger aus der Bundesrepublik . . . und Berlin-West", die die DDR besuchten. Axen verknüpfte die Frage der Zusammenarbeit im humanitären Bereich mit der „vollen Achtung der in der Schlußakte vereinbarten Zehn Prinzipien". Damit machte er humanitäre und kommunikative Erleichterungen von der Erfüllung politischer Vorbedingungen abhängig. Die Zehn Prinzipien von Helsinki wurden in seiner Ausdeutung zu „Voraussetzungen" für die Zusammenarbeit in humanitären und anderen Bereichen.

Die Auslegungspraxis der SED hat jedoch bereits jetzt gezeigt, daß diese „Voraussetzungen" offensichtlich recht beliebig ausgedeutet werden können. So hat etwa SED-Chef Honecker in dem bereits erwähnten Interview das Prinzip der Nichteinmischung in bestimmter Weise gedeutet. Die Bundesregierung habe, so forderte er, die westdeutschen Medien von ihrer „Einmischung" in die inneren Angelegenheiten der DDR abzuhalten. Die Zehn Prinzipien werden somit, was die Fragen von Korb III betrifft, von der SED (wie von der KPdSU) im Sinne der Abgrenzung, d.h. *im Gegensatz* zu den westlichen Intentionen der KSZE ausgelegt.

Ein vierter politischer Aspekt wurde in Axens Analyse der KSZE-Schlußakte wieder und wieder betont. Die DDR fühlt sich seit Helsinki international gleichberechtigt und als politisch allseits anerkannter Staat bestätigt. Sie sieht sich als eine wichtige Stimme im Konzert der Völker. Sie suggeriert damit, ihre deutschlandpolitische Konzeption auf einem Fundament stärkeren Selbstbewußtseins gegebenenfalls neu strukturieren zu können.

Ein Niederschlag dieser spezifischen Auslegung der Konferenz von Helsinki durch die SED-Führung ist in dem Bemühen Ost-Berlins zu sehen, zu *bilateralen* Abkommen mit einer Reihe von west- und nordeuropäischen Staaten zu kommen. Es handelt sich dabei um Verträge und Vereinbarungen, die seit August 1975 u.a. mit Dänemark und Schweden, Holland, England und Portugal abgeschlossen wurden – und zwar über Zollfragen (Finnland), über technisch-wissenschaftliche Zusammenarbeit (Schweden), über den Luftverkehr (Dänemark, Holland, Portugal), über Verkehr (England) und über den Rundfunk (Dänemark). In diesem Zusammenhang ist auch das Bemühen der DDR zu erwähnen, die Mitarbeit in der ECE zu intensivieren.

Solche Abkommen und Verhandlungen sind für die DDR zunächst von direktem politischen und wirtschaftlichen Nutzen; sie sollen, weiterhin, die DDR als friedlichen Handelsstaat erscheinen lassen, der für niemanden eine Bedrohung darstellt. Auf diese Weise soll die Abrüstungsbereitschaft des Westens gefördert und einer „militärischen Entspannung" nach östlichen Vorstellungen der Weg bereitet werden.[5]

Schließlich ist noch auf einen fünften politischen Aspekt hinzuweisen. Ebenso wie die meisten anderen Vertreter der 29 kommunistischen Parteien Europas, die sich Ende Juni 1976 in Ost-Berlin zum zweiten europäischen Gipfeltreffen (seit der Karlsbader Konferenz im April 1967) zusammengefunden hatten, ist auch die SED-Führung entschlossen, die in der KSZE-Schlußakte formulierte Politik der friedlichen Koexistenz zum Instrument innen- und gesellschaftspolitischer Veränderungen in Westeuropa zu machen.[6] Sicherlich würden dabei ,,Kompromisse im Leninschen Sinne'', wie Axen es formulierte, notwendig sein; aber dennoch müsse der ,,Imperialismus'' zielstrebig weiter bekämpft werden.[7] Die vom Westen mit Helsinki verbundenen Hoffnungen und Erwartungen, nämlich eine Verringerung der europäischen Spaltung zu erreichen, werden damit durch die Auslegung der SED unterlaufen und zum Teil in ihr Gegenteil verkehrt.

3. Zur Interpretation des Vertrages zwischen der DDR und der UdSSR vom 7. Oktober 1975

Grundlegende Perspektiven der Deutschlandpolitik der SED werden, vor allem im ,,Vertrag über Freundschaft, Zusammenarbeit und gegenseitigen Beistand'', der am 7. Oktober 1975 zwischen der DDR und der UdSSR abgeschlossen worden ist, sichtbar.

Im vorliegenden Zusammenhang stellt sich die Frage, was die deutschlandpolitischen Konsequenzen dieses Vertrages aus der Sicht sowohl der DDR wie der Bundesrepublik Deutschland sind. Zunächst fällt auf, daß der neue Vertrag Anfang Oktober 1975, also erst wenige Wochen nach der Unterzeichnung der KSZE-Schluß-akte, abgeschlossen worden ist. Dadurch ergibt sich ein direkter zeitlicher und sachlicher Zusammenhang zwischen beiden Dokumenten. Folgende Aspekte, die z. T. auch auf dem 15. Plenum des ZK der SED (Ende November 1975) angesprochen worden sind, sollen hier hervorgehoben werden:

– Übereinstimmung der DDR und der UdSSR in Sicherheitsfragen, insbesondere hinsichtlich aller Maßnahmen an der Grenze zur Bundesrepublik;
– erneute Bestätigung der sowjetischen Garantie für den Fortbestand der DDR als sozialistischer Staat;[8]
– Übereinstimmung in der Bewertung der KSZE-Schlußakte, der Beurteilung der im Korb III vorgesehenen Maßnahmen und der für beide Staaten vorrangigen Prinzipien aus dem Dekalog (I, II, III, IV, VI, VIII);[9]

– die gemeinsame Auffassung, daß die in der Präambel des Vertrages erwähnte Absicht, ,,die kollektiv ausgearbeiteten Prinzipien der Beziehungen zwischen Staaten . . . zu verwirklichen'', lediglich für das Ost-West-Verhältnis (,,Staaten mit unterschiedlicher Gesellschaftsordnung''), nicht jedoch für die Beziehungen der sozialistischen Staaten untereinander gelte.[10]

Bei sorgfältiger Lektüre des Vertrages und dem Vergleich mit seinen Vorläufern aus den Jahren 1955 und 1964 fallen einige weitere deutschlandpolitische Konsequenzen besonders ins Auge:

In dem Vertrag vom Oktober 1975 sind fast alle Bezüge auf ,,Deutschland als Ganzes'' (so die Aussage: ,,. . . friedliche Regelung für ganz Deutschland herbeiführen'', Art. 5 im Vertrag von 1955) sowie auf die ,,Verwirklichung der Einheit Deutschlands'' (Präambel, 1964) gestrichen worden. Es gibt nur noch wenige und zum Teil nur indirekte Hinweise auf ein Fortbestehen der deutschen Frage: Das Potsdamer Abkommen (Präambel), die Staatsgrenze zwischen Bundesrepublik und DDR (Artikel 6) und das Vier-Mächte-Abkommen über Berlin vom 3. September 1971 (Artikel 7) werden erwähnt. Indirekt ist ferner die Vier-Mächte-Verantwortung für Deutschland als Ganzes erhalten geblieben (Artikel 10).

Naturgemäß erhebt sich aufgrund dieser Feststellungen die Frage, ob dieser Vertrag die früheren Abkommen zwischen der DDR und der UdSSR von 1955 und 1964 in ihren deutschlandpolitischen Passagen überlagert oder gar aufhebt. Von einer völkerrechtlich wirksamen Aufhebung kann, jedenfalls nach maßgeblicher westlicher Auffassung,[11] wohl keine Rede sein. Die in den früheren Verträgen festgelegten ,,Vertragsbeendigungsgründe'' sind nicht eingetreten. Auch die Absicht einer Beendigung der früher abgeschlossenen Verträge ist nicht erkennbar. Deshalb ist davon auszugehen, daß der Vertrag vom Oktober 1975 die deutschlandpolitischen Aspekte der beiden älteren Verträge für die Gegenwart *suspendiert,* jedoch nicht aufhebt.[12] Insofern kann der neue Vertrag als Ergänzung zu den Verträgen von 1955 und 1964 angesehen werden.

Für den Fall, daß die Situation in der Bundesrepublik Deutschland bzw. in den westeuropäischen Kernstaaten künftig einmal politisch wesentlich instabiler werden würde, könnten gegenwärtig *ad acta* gelegte politische Strategien, die auf eine Wiedervereinigung Deutschlands im kommunistischen Sinne abzielen, durchaus wieder aktuell werden.

Im Artikel 7 des Vertrages werden z. T. Formulierungen des Vier-Mächte-Abkommens über Berlin verwandt. Entsprechend der sowjetischen Auffassung wird hier erneut (wie auch schon in früheren Interpretationen) von ,,Verbindungen" statt von ,,Bindungen" West-Berlins an den Bund gesprochen. Mit der Wiederholung solcher Formulierung soll sich offenbar der Eindruck vertiefen, daß die Beziehungen West-Berlins zur Bundesrepublik Deutschland von der gleichen Art sind wie seine Kontakte zu anderen Staaten, u. a. auch zur DDR. Die Bezugnahme auf das Vier-Mächte-Abkommen erweist sich damit als gezielt ungenau. Der Text des Artikels 7 des Vertrages läßt den Eindruck entstehen, daß Berlin eine separate völkerrechtliche Einheit ist.[13] Schließlich wird über West-Berlin gesagt, daß es ,,kein Bestandteil der Bundesrepublik Deutschland" ist. Damit ist jedoch nur eine negative Beschreibung des Status der Stadt gegeben. Die Möglichkeit, auf gegenwärtig nicht verwandte Formeln von der ,,selbständigen politischen Einheit" West-Berlins (Artikel 6, 1964) zurückzukommen, wird damit für die Zukunft offengehalten.[14]

Das ,,Kernstück" des Vertrages ist die Einbindung der DDR in die ,,sozialistische Staatengemeinschaft". Wesentlich ist hier zunächst die bereits in der Präambel des Vertrages verwandte Formel von der weiteren ,,Annäherung der sozialistischen Nationen". Es fällt auf, daß hier zusätzlich der Begriff ,,Nation" statt des bisher – in ähnlichen Verträgen, die die Sowjetunion mit ihren Partnerländern geschlossen hat – ausschließlich gebrauchten ,,Völker" verwandt wird. Damit ist in den Vertrag offenbar ganz bewußt eine Vokabel aus der leninschen Nationalitätentheorie und -politik aufgenommen worden.[15] Lenin zielte bekanntlich durchaus auf eine künftig einmal eintretende Verschmelzung aller vom Kapitalismus ,,befreiten" Nationen. Mit der Akzeptierung des Begriffs der Nation nimmt die DDR eine Vorreiterrolle im sowjetischen Konzept der ,,Integration" ein. Langfristig mag hier – jedenfalls sowjetischerseits – an eine Vereinigung der DDR mit der UdSSR gedacht werden. Die Verwendung des Nation-Begriffs schließlich stützt die intensiven Versuche der SED, die Formel von der „sozialistischen deutschen Nation" als Legitimationshilfe zu benutzen,[16] ebenso wie sie den sowjetischen Auslassungen von der „brüderlichen Gemeinsamkeit" der sozialistischen Nationen entsprechen mag.

Von dem – langfristig betrachtet, politisch wohl wichtigsten – Aspekt des neuen Vertrages, dem Integrationsaspekt, abgesehen, kommen in den Artikeln 2, 3 und 9 die in der Praxis teilweise schon verwirklichten Absichten über Konsultation, Koordination und Kooperation zwischen den vertragschließenden Parteien zum Ausdruck. Dabei ist aus dem Vertragstext abzulesen, daß die Beziehungen zwischen beiden Staaten jetzt den Status *qualifizierter* Konsultationen und damit den gleichen Stand wie in allen anderen Verträgen, die die Sowjetunion mit den Staaten des Warschauer Paktes (mit Ausnahme Rumäniens) geschlossen hat, erreicht haben. Insofern ist die DDR jetzt erst den anderen Staaten des Warschauer Paktes voll gleichgestellt.

In diesem Zusammenhang sollte nicht unerwähnt bleiben, daß die Beistandsklausel des Artikels 8 des Vertrages geographisch, wie schon im Vertrag zwischen der Sowjetunion und der ČSSR vom Mai 1970, *unbegrenzt* gilt. Theoretisch könnte also die NVA der DDR von der UdSSR bei einem militärischen Konflikt mit der Volksrepublik China in Anspruch genommen werden. Damit ist die sogenannte Breshnew-Doktrin, die Doktrin der eingeschränkten Souveränität der sozialistischen Staaten, auf die DDR erneut voll angewandt worden.[17]

Wenn nach den Interessen der DDR wie der UdSSR gefragt wird, so kann der Vertrag, der am 4. Dezember vom Präsidium des Obersten Sowjets der UdSSR und am 5. Dezember 1975 von der Volkskammer der DDR ratifiziert wurde, wie folgt interpretiert werden. Das *Interesse* der *DDR* kann vor allem aus den nachfolgend skizzierten Überlegungen abgeleitet werden:

Mit dem Vertrag hat die Sowjetunion ihre Vorbehalte als Siegermacht des Zweiten Weltkrieges gegenüber der DDR weiter abgebaut. Jedenfalls kann es sich die UdSSR nun, nach dem Vertrag, kaum noch leisten, den staatlichen *Bestand* der DDR durch ihre Vorbehaltsrechte zu gefährden. Da in der SED-Führung die Sorge um die eigene Existenzsicherung nach wie vor im Vordergrund steht, ist diese erneute und verstärkte Sicherheitsgarantie seitens der Sowjetunion für sie von erheblicher Bedeutung.

Die DDR ist durch diesen Vertrag endgültig in den Status eines sozialistischen Partnerlandes eingerückt. Es könnte sogar behauptet werden: Das Selbstverständnis der UdSSR als revolutionärer sozialistischer Staat ist durch den Vertrag mit Hilfe der DDR wieder zu neuem Leben erweckt worden; denn im Vertrag und seinen Auslegungen durch SED-Politiker werden die ,,revolutionären" Aspekte des proletarischen Internationalismus besonders betont. Die ,,revolutionären" Merkmale des proletarischen Internationalismus sind jedoch nur auf dem Boden einer gefestigten nationalen Basis denkbar. Eine solche ,,feste Basis" wird sich – nach der Auffassung führender SED-Politiker – gerade im sozialistischen Teil Deutschlands herausbilden. So sprach beispielsweise Hermann Axen im Zusammenhang mit der Ausprägung einer ,,sozialistischen Nation" in der DDR davon, daß ,,der Hauptinhalt unserer Epoche, der Übergang vom Kapitalismus zum Sozialismus, auf *deutschem* Boden erfolgreich verwirklicht wird".[18]

Die DDR kann durch diesen Vertrag und seine Interpretationen von der sowjetischen Hegemonie über Osteuropa mit stärkerem Selbstbewußtsein als bisher profitieren. Sie nimmt, noch mehr als bisher, eine ,,Sonderrolle, herausgehoben aus dem Ensemble" der übrigen Ostblockstaaten ein.[19]

Die DDR hat im Westen nach ihrem Einzug in die Vereinten Nationen und nach der Aufnahme diplomatischer Beziehungen zu den großen westlichen Industriestaaten bisher trotz einiger politischer und wirtschaftspolitischer Erfolge nicht die erwartete psychologisch-politische Würdigung erfahren. Die gelegentlich nicht verhehlte Enttäuschung über diese Entwicklung trug womöglich mit zu einer noch stärkeren Anlehnung an die Sowjetunion und die östliche Staatengemeinschaft bei.

Auch die UdSSR besitzt ein großes Interesse an dem neuen Vertrag. Diesem Interesse liegen die folgenden Absichten zugrunde:

- die deutsch-deutschen Beziehungen möglichst kontrollierbar zu halten;
- mit dem Vertrag zur Beruhigung der übrigen Staaten des Ostblocks über ein in Zukunft möglicherweise enger werdendes Verhältnis zwischen den beiden deutschen Staaten beizutragen;
- die DDR als nun vollwertiges Mitglied des Ostblocks für die eigenen außenpolitischen Zwecke noch kalkulierbarer als bisher einsetzen zu können;
- mit Hilfe der wirtschaftlichen und technologisch-wissenschaftlichen Leistungsfähigkeit der DDR das eigene Hauptproblem, den technologisch-zivilisatorischen Rückstand gegenüber dem Westen, schneller abzubauen.

Die DDR ist damit, nun noch stärker als früher, gehalten, das Legitimationsdefizit der UdSSR selbst verringern zu helfen.

4. Zusammenfassung

Die Ausdeutung der KSZE-Schlußakte durch die SED-Führung und der Vertrag der DDR mit der UdSSR vom Oktober 1975 stehen offenbar in engem Zusammenhang miteinander. Beide Ereignisse demonstrieren das unverminderte Sicherheitsbedürfnis der Staatspartei sowie die im Rahmen dieser Grundbedingung – gleichsam geschützte – weitere internationale Aufwertung der DDR. Entsprechend werden sich die Abgrenzungsversuche in der Deutschlandpolitik der SED verschärfen. So notwendig für die DDR eine vor allem wirtschaftlich-technologische Kooperation mit der Bundesrepublik ist, wird sie diese nur in dem Maße nutzen, als ihre sicherheitspolitischen Erwartungen befriedigt werden. Kooperation ist also, auf eine zugespitzte Formel gebracht, der Abgrenzung und dem „Klassenkampf" im allgemeinen nachgeordnet.

III. Politische Probleme des Innerdeutschen Handels*

Wohl nirgends in der politischen Landschaft Europas – und besonders der beiden deutschen Staaten – wird der komplexe Zusammenhang zwischen politischen und wirtschaftlichen Interessen, zwischen ideologischen Rechtfertigungen und der Notwendigkeit des tatsächlichen wirtschaftspolitischen Geschäfts derart sichtbar wie im Innerdeutschen Handel. Wohl nirgends sonst zeigt sich so klar, daß weder ideologisch-programmatische Erklärungen noch juristische Konstruktionen und Auslegungen oder gar die Forderung nach logischer Klarheit die Dynamik von Politik und Wirtschaft jemals einholen können – falls der vitale politische Wille zweier starker Vertragspartner konvergiert. Dies gilt offensichtlich auch dann, wenn erhebliche politische Einflußfaktoren den Willen zur Kooperation beeinträchtigen: So ist das Interesse an Kooperationen im Falle der Bundesrepublik und der DDR aus gänzlich unterschiedlichen Quellen gespeist; so spielt sich der Gegenstand dieser Kooperation, der Innerdeutsche Handel, zwischen zwei politisch gegensätzlich orientierten Wirtschafts- und Gesellschaftssystemen ab; so haben die Vertragspartner, die ihrerseits Mitglieder übergreifender regionaler Wirtschaftszusammenschlüsse sind (Europäische Gemeinschaft, Rat für Gegenseitige Wirtschaftshilfe) Rücksichten auf ihre – jeweils neidischen und mißtrauischen – Bündnispartner zu nehmen. Für Neid, Mißtrauen und fehlendes Verständnis bei den jeweiligen Alliierten der beiden deutschen Staaten sind in der langen Geschichte des Innerdeutschen Handels genügend Beispiele bekannt geworden.

Unter diesen Umständen stellt die Tatsache eines sich seit nunmehr 25 Jahren beträchtlich entwickelnden Handels zwischen der DDR und der Bundesrepublik Deutschland ein Politikum ersten Ranges dar. In der Tat hat sich der Innerdeutsche Handel seit dem Abschluß des Berliner Abkommens von 1951 erheblich schneller entwickelt als der Handel der DDR mit anderen westlichen Industriestaaten.

1. Ambivalente Grundeinschätzung

So verschieden die Motivationen der seinerzeit verantwortlichen deutschen Politiker in Ost und West auch gewesen sein mögen: nichts kennzeichnet die im Kern seit 1951 unverändert hervortretende Ambivalenz in der Einschätzung des Innerdeutschen Handels (und damit bis zu einem gewissen Grade auch der deutschen Frage) durch die Politiker aus der Bundesrepublik und der DDR stärker als die zu unterschiedlichen Zeiten immer wieder abgegebenen Stellungnahmen zu diesem Thema. Für die Bundesrepublik sollte der Innerdeutsche Handel einerseits als stets wirksames Druckmittel gegen die DDR eingesetzt werden können und den freien Zugang nach Berlin sichern helfen. Andererseits sollte der Innerdeutsche Handel wirtschaftliche Bindungen nicht nur erhalten, sondern verstärken, um damit die deutsche Frage ,,offenzuhalten".[1]

Auch die DDR nahm und nimmt eine ambivalente Haltung zum Innerdeutschen Handel, wenn auch vielleicht weniger ausgeprägt, ein. Einerseits hat sie die Bundesrepublik schon lange vor dem Grundlagenvertrag nicht nur politisch, sondern auch handelspolitisch und zollrechtlich als ,,Ausland" angesehen und den Sonderstatus des Innerdeutschen Handels stets geleugnet. Dies kam in den seit 1972/73 verstärkt vorgetragenen Thesen über eine ,,sozialistische" und eine ,,kapitalistische" Nation in Deutschland ebenso zum Ausdruck wie in den polemischen Kommentaren gegen die Auslegung des Grundlagenvertrages durch das Bundesverfassungsgericht aus dem Jahre 1973. Andererseits hat die DDR mit dem Abschluß des Grundlagenvertrages diesen Sonderstatus faktisch anerkannt.[2] Erich Honecker gab darüber hinaus in einem Interview den ,,besonderen" Status des Innerdeutschen Handels mehr oder minder offen zu.[3] Diese hier geäußerte Auffassung, die sich auf den Text des Interviews mit Honecker stützt, ist allerdings – wie die meisten Fragen des Innerdeutschen Handels – in der westlichen Fachwelt in ihrem politischen Gewicht umstritten.[4]

Neben der Ambivalenz steht eine bemerkenswerte *Konstanz* der einmal gesetzten Ziele. In diesem Zusammenhang sollte betont werden, daß zwei historische Tatsachen Anfang und Mitte der fünfziger Jahre nicht mit der gleichen Deutlichkeit gesehen wurden wie heute: einmal, daß Bundesrepublik und DDR an ihren jeweils unmittelbar nach Kriegsende gesetzten Zielprioritäten, unabhängig von europa- und weltpolitischen Wandlungen großen Ausmaßes, festhalten würden. In der Tat, *alle* Bundesregierungen seit dem Berliner Abkommen waren und sind aus *politischen,* besser: aus gesamtdeutschen Motiven daran interessiert, den Innerdeutschen Handel auszubauen. Auf der anderen Seite zeigten sowohl Ulbricht wie Honecker stets eine ins Auge fallende Bereitschaft, den Innerdeutschen Handel aus *wirtschaftlichen* Gründen fortzusetzen. Zum anderen dürfte, wenigstens im Westen, der Umfang der in den Verträgen (EGKS, EWG) angelegten Gemeinschaftsbefugnisse, d.h. das Ausmaß der potentiellen Beschränkung des autonomen Handels der ,,Mitgliedsstaaten", bei Vertragsschluß kaum erkannt worden sein.[5]

2. Vorteile und Nachteile für die DDR

Die Vorteile, die die DDR aus dem Sonderstatus des Innerdeutschen Handels zieht, sind oft hervorgehoben worden.[6] Allerdings wurde von maßgeblicher Seite immer wieder betont, daß diese Vorteile der DDR kaum zu quantifizieren seien.[7]

Für die behandelten Fragen läßt sich zusammenfassend festhalten: Die Bundesrepublik ist für die DDR sicherlich seit 1960 sowohl der zweitgrößte – wie der wichtigste westliche – Handelspartner. Aus politischen Gründen akzeptierte die Bundesrepublik stets die geringe Differenzierung der Warenstruktur auf der DDR-Seite. Wenn sich in den letzten zwei Jahren hier auch Wandlungen angebahnt haben, machten doch noch im Jahre 1973 Textilien und Ernährungsgüter rd. 40 Prozent aller Erzeugnisse aus.[8] Dagegen bezog die DDR aus der Bundesrepublik neben zahlreichen Produktionsgütern, vor allem aus der Chemie, weit mehr Investitionsgüter (Maschinenbau), als sie selbst in die Bundesrepublik lieferte. Schließlich ist in diesem Zusammenhang hervorzuheben, daß der zinslose Kredit der Bundesrepublik an die DDR seit 1974 auf

850 Millionen DM jährlich festgesetzt worden ist. Ursprünglich war bei diesem kreditpolitischen Instrument daran gedacht worden, daß *beide* Seiten es in Anspruch nehmen können. Dies ist in der Praxis allerdings niemals der Fall gewesen. Der ,,Swing" wurde nur von der DDR genutzt, weil sie in der Regel mehr Waren aus der Bundesrepublik bezieht, als sie selbst liefern kann.

Neben solchen *direkten* Vorteilen gewährt das ,,Protokoll über den Innerdeutschen Handel und die damit zusammenhängenden Fragen", das von den Gründerstaaten der EWG 1957 unterzeichnet worden ist, eine Reihe von weiteren Vergünstigungen, die jüngst wieder stärker in das Bewußtsein der deutschen Öffentlichkeit gerückt worden sind. Allerdings fällt die politische und/oder wirtschaftspolitische *Bewertung* dieser Vorteile für die DDR unter westlichen Experten unterschiedlich aus. Die Liste der Vorteile für die DDR wird meist angeführt von der Befreiung der Lieferungen der DDR an die Bundesrepublik von Zöllen und Abschöpfungen bei landwirtschaftlichen Gütern. In diesem Zusammenhang wird gelegentlich der kubanische Zucker aufgeführt, den die DDR, sozusagen mit einer Preis- und Mengengarantie versehen, mit hohem Gewinn in die Bundesrepublik absetzen konnte.[9] Weiterhin zweckentfremdet die DDR bestimmte Sonderregelungen, die für den Innerdeutschen Handel bestehen, so z.B. die Gewährung des Umsatzsteuerkürzungsanspruchs, um Preise für ihre Lieferungen zu erhöhen. Nach auf Berechnungen beruhenden Schätzungen hebt etwa Reinhold Biskup hervor, daß ,,allein die Befreiung der DDR-Lieferungen in die Bundesrepublik von den Zöllen des Gemeinsamen Zolltarifs der Gemeinschaft für Importe aus dritten Ländern ... für ... 1970 mit etwa 230 Millionen DM zugunsten der DDR zu Buche schlägt".[10] Weiterhin verweist der gleiche Autor auf die Begünstigungen der Lieferungen in die Bundesrepublik durch die Mehrwertsteuersonderregelung sowie auf die für die DDR günstigen Auswirkungen konstanter Verrechnungseinheiten.[11] Preissteigerungen in der Bundesrepublik haben für die DDR praktisch keine Auswirkungen.

Solchen unter Experten in der Bundesrepublik unterschiedlich bewerteten Vorteilen, deren finanzielle Dimension Biskup allein für das Jahr 1970 auf 500 Millionen DM für die DDR (sozusagen als „stilles Mitglied" der EG) beziffert, stehen einige gravierende Nachteile gegenüber, die für die DDR-Wirtschaft im Laufe der Jahre immer spürbarer geworden sind. Zunächst: Die Nettoschuldenlast der DDR wird für Ende 1975 in der Bundesrepublik wie in den USA auf 3,7 Milliarden US-Dollar bzw. auf 11 bis 12 Milliarden DM geschätzt.[12] Selbst der Ausbau des „Swing" würde also nur einen Teil der Probleme für die DDR lösen. Darüber hinaus ist noch einmal auf die (bereits angedeutete) ungünstige Lieferstruktur der DDR hinzuweisen. Auch wenn hier im ersten Halbjahr 1976 seit langer Zeit zum ersten Mal nicht nur fast ein Ausgleich zwischen Lieferungen und Bezügen, sondern auch (erneut) eine Verbreiterung des Sortiments der DDR festzustellen war, wird die immer noch recht einseitig auf bestimmte Konsum- und Ernährungsgüter festgelegte Lieferstruktur für die DDR in dem Augenblick problematisch werden, in dem noch billiger produzierende Entwicklungsländer ihre Produkte auf den Märkten der Bundesrepublik anbieten. Jedenfalls ist allein aus den skizzierten Tatbeständen abzulesen, wie abhängig die DDR wirtschaftspolitisch heute vom Westen im allgemeinen und von der Bundesrepublik im besonderen ist.

Für die Bundesrepublik betrug der Innerdeutsche Handel, gemessen am Handel mit den EG-Staaten, im Jahre 1972 4 Prozent;[13] für die DDR ist der Innerdeutsche Handel mit einem Anteil von rd. 10 Prozent an ihrem Gesamtaußenhandel oder einem Drittel an ihrem Außenhandel mit westlichen Industrie- und Entwicklungsländern überhaupt – vor allem wenn die Qualität der Lieferungen in die Betrachtung einbezogen wird – ein aus den Wirtschaftsplänen kaum noch fortzudenkender Faktor.

Unter Berücksichtigung dieser realen wirtschaftspolitischen Situation wird verständlicher, warum sich die SED-Führung einen derart hohen ideologisch-politischen Aufwand leisten muß: „Abgrenzung", „Nation", „friedliche Koexistenz" – all diese Formeln erhalten im Licht der Wirtschaftszahlen und der wirtschaftlichen Probleme, vor denen die DDR steht, einen gänzlich anderen Stellenwert.[14]

3. „Inland“, „Nicht-Ausland“, „Ausland“

Die im vorangegangenen erwähnten wirtschaftlichen Probleme besitzen eine ausgesprochen politische Dimension. Für die Bundesrepublik ist es immer wieder wichtig gewesen, gegenüber West und Ost festzuhalten, daß die innerdeutschen Wirtschaftsbeziehungen nicht von Inland zu Ausland, sondern von Inland zu Inland gehen. Grundlage dafür ist das Protokoll über den Innerdeutschen Handel, das ein Bestandteil des EWG-Vertrages von 1957 ist. Rechtlich abgesichert ist auch die Politik der Bundesregierung seit dem Grundlagenvertrag. Im Zusatzprotokoll zu Artikel 7 des Grundlagenvertrages ist festgehalten, daß der Innerdeutsche Handel „auf der Grundlage der bestehenden Abkommen entwickelt“ wird. Das Urteil des Bundesverfassungsgerichts vom 31. Juli 1973 bezieht sich u. a. auf dieses Zusatzprotokoll. Danach darf der Innerdeutsche Handel „im Zuge der Fortentwicklung kein Außenhandel“ werden. In allen Fällen wird damit ein einheitliches Wirtschaftsgebiet in Deutschland angenommen.

Seit dem Grundlagenvertrag ist noch plausibler geworden, was auch vorher schon evident war: Für die politische Rhetorik und die politische Praxis beider deutscher Staaten bedeuten „innerdeutsche Beziehungen“ Unterschiedliches. Die Bundesrepublik verweigert der DDR die völkerrechtliche Anerkennung, schließt aber gleichwohl völkerrechtlich verbindliche Verträge mit ihr und behandelt sie als souveränen Staat. Für die Bundesrepublik ist die DDR, vor allem handelspolitisch, Inland, jedenfalls „kein Ausland“. Für die DDR ist die Bundesrepublik dagegen „kapitalistisches“ und/oder „imperialistisches Ausland“. Allerdings macht man auch in der DDR, wie das Sulzberger-Interview veranschaulicht, Ausnahmen.

In beiden Staaten ist somit eine begriffliche (und politische) Grauzone geschaffen worden, die den Nachkriegsgegebenheiten entspricht. Solange die Verbündeten der beiden deutschen Staaten in der EG und im RGW die Breite der Auslegung von „innerdeutschen Beziehungen“ als „besondere“ / nicht-besondere Beziehungen akzeptieren, wird der Innerdeutsche Handel wahrscheinlich nicht stagnieren, sondern eher weiter wachsen. Die begriffliche (und politische) Grauzone zeigt jedoch die Abhängigkeit beider deutscher Staaten von ihren Verbündeten. Die Tatsache, daß die Verbündeten der Bundesrepublik und der DDR – trotz aller Querelen – in den letzten 25 Jahren gestattet haben, den Innerdeutschen Handel auf- und auszubauen, ist vielleicht als der stillschweigend gezahlte ,,Preis" dafür anzusehen, daß man in Ost und West darüber einig ist, die Wiedervereinigung Deutschlands auch künftig zu verhindern.

Insofern stehen beide deutsche Staaten ,,zwischen Ost und West". Das Grundsätzlich-Trennende kann dabei nicht oft genug betont werden. Das Gemeinsame wird seltener und im wesentlichen nur von einer Seite, nämlich der der Bundesrepublik, ausgesprochen. Allerdings gibt es, wenn auch kein gemeinsames, so doch wenigstens im handelspolitischen Bereich ein konvergierendes Interesse, nach dem praktisch-politisch gehandelt wird.

Anmerkungen

Zur Orientierung

Die Anmerkungen wurden, soweit es sich um früher schon einmal veröffentlichte Abhandlungen handelt, sämtlich überprüft, vereinheitlicht und z. T. ergänzt.

Die Anmerkungen jedes mit einer römischen Nummer versehenen Kapitels dieses Bandes bilden eine Einheit. Bezüge (z. B. „a. a. O.") werden jeweils, wenn nicht ausdrücklich anders vermerkt, nur innerhalb dieses Kapitels hergestellt.

Einige Titel werden durchweg abgekürzt zitiert:

– *DDR Handbuch,* für: DDR Handbuch, hrsgg. vom Bundesministerium für innerdeutsche Beziehungen (Wissenschaftliche Leitung: Peter Christian Ludz unter Mitwirkung von Johannes Kuppe), Köln 1975.

– *Materialien zum Bericht zur Lage der Nation 1971,* für: Materialien zum Bericht zur Lage der Nation 1971, im Auftrage des Bundesministers für innerdeutsche Beziehungen von einer wissenschaftlichen Kommission unter der Leitung von Peter C. Ludz bearbeitet (Deutscher Bundestag, Drucksache VI/1690), Bonn 15. 1. 1971. Verlagsausgabe: Deutschland 1971. Bericht und Materialien zur Lage der Nation, Opladen 1971 (ab 1972: BRD – DDR. Systemvergleich 1: Politik – Wirtschaft – Gesellschaft).

– *Materialien zum Bericht zur Lage der Nation 1972,* für: Materialien zum Bericht zur Lage der Nation 1972, im Auftrage des Bundesministers für innerdeutsche Beziehungen von einer wissenschaftlichen Kommission unter der Leitung von Peter C. Ludz bearbeitet (Deutscher Bundestag, Drucksache VI/3080), Bonn 8. 2. 1972. Verlagsausgabe: BRD – DDR. Systemvergleich 2: Recht, Opladen 1972.

– *Materialien zum Bericht zur Lage der Nation 1974,* für: Materialien zum Bericht zur Lage der Nation 1974, im Auftrage des Bundesministers für innerdeutsche Beziehungen von einer wissenschaftlichen Kommission unter der Leitung von Peter C. Ludz bearbeitet (Deutscher Bundestag, Drucksache VII/2423), Bonn 29. 7. 1974. Verlagsausgabe: Bundesrepublik Deutschland – Deutsche Demokratische Republik. Systemvergleich 3: Nation

– Staatliche und gesellschaftliche Ordnung – Wirtschaft – Sozialpolitik, Opladen 1975.

– *Statistisches Jahrbuch* . . . *der DDR,* für: Statistisches Jahrbuch . . . der Deutschen Demokratischen Republik, . . . Jg., hrsgg. von der Staatlichen Zentralverwaltung für Statistik, Berlin . . . (Das ,,Statistische Jahrbuch" erscheint jährlich, im Jahr 1976 im 21. Jahrgang.)

Um dem Leser die Orientierung zu erleichtern, seien hier ferner die Daten der Parteitage der SED genannt:

I. Parteitag: 21.–24. 4. 1946
II. Parteitag: 20.–24. 9. 1947
III. Parteitag: 20.–24. 7. 1950
IV. Parteitag: 30. 3.–6. 4. 1954
V. Parteitag: 10.–16. 7. 1958
VI. Parteitag: 15.–21. 1. 1963
VII. Parteitag: 17.–22. 4. 1967
VIII. Parteitag: 15.–19. 6. 1971
IX. Parteitag: 18.–22. 5. 1976

Zwischen den Parteitagen finden die Plenarsitzungen (-tagungen, auch ,,Plenen" oder ,,Tagungen") des Zentralkomitees der SED statt; ihre Zählung beginnt jeweils neu mit dem Parteitag, so daß es etwa ein 5. Plenum zwischen dem III. und IV. Parteitag ebenso gibt wie zwischen dem VIII. und IX. Parteitag.

Zur Einführung: Die politische Situation in der DDR und die DDR-Forschung

[1] Vgl. u. a. *Peter C. Ludz,* Parteielite im Wandel. Funktionsaufbau, Sozialstruktur und Ideologie der SED-Führung. Eine empirisch-systematische Untersuchung (Schriften des Instituts für politische Wissenschaft, 21), 3., durchges. Aufl., Köln-Opladen 1970, S. 15ff.; *Peter C. Ludz,* ,,Ideologie und Ideologiebegriff", Einleitung zu *ders.,* Ideologiebegriff und marxistische Theorie. Ansätze zu einer immanenten Kritik, Opladen 1976, S. 15ff.; *Peter C. Ludz,* ,,Die soziologische Analyse der DDR-Gesellschaft", Einleitung zu *Rüdiger Thomas,* Hrsg., Wissenschaft und Gesellschaft in der DDR, München 1971, S. 11ff.; *Peter C. Ludz* und *Johannes Kuppe,* ,,Das ,DDR-Handbuch': Eine Antikritik", in: Deutschland Archiv, 9. Jg., Heft 9 (September 1976), S. 969f. Vgl. ferner die Einleitungen zu den ,,Materialien zum Bericht zur Lage der Nation" aus den Jahren 1971 und 1974.

A: Politische Zielsetzungen und soziale Entwicklungen in der DDR seit 1961: Ein Rückblick

* Bisher unveröffentlicht. In dieses Kapitel sind Teile aus zwei bereits vorliegenden Arbeiten des Verfassers eingegangen: ,,Die Entwicklung der DDR'', in: *Claus Großner* et al., Das 198. Jahrzehnt. Eine Team-Prognose für 1970 bis 1980, Hamburg 1969, S. 213 ff.; sowie ,,Politische Ziele der SED und gesellschaftlicher Wandel in der DDR'', in: *Bruno Gleitze* et al., Die DDR nach 25 Jahren (Wirtschaft und Gesellschaft in Mitteldeutschland, 10), Berlin 1975, S. 65 ff.

[1] Außenpolitik der DDR – für Sozialismus und Frieden, hrsgg. vom Institut für Internationale Beziehungen an der Akademie für Staats- und Rechtswissenschaft der DDR, Berlin 1974, S. 56.

[2] Genaue Bezeichnung: Komplexprogramm für die weitere Vertiefung und Vervollkommnung der Zusammenarbeit und Entwicklung der sozialistischen ökonomischen Integration der Mitglieder des RGW, vgl. Neues Deutschland vom 7. August 1971.

[3] Vgl. dazu in diesem Band, S. 213 ff.

[4] Vgl. Materialien zum Bericht zur Lage der Nation 1974, Tz. 123.

[5] Außenpolitik der DDR . . ., a. a. O. (Anm. 1), S. 41.

[6] Vgl. in diesem Band, S. 299 ff.

[7] Die hier gewählte Reihenfolge stellt keine Rangordnung der Schwerpunkte dar.

[8] Vgl. dazu im einzelnen ausführlich *Hans Siegfried Lamm* und *Siegfried Kupper,* DDR und Dritte Welt (Schriften des Forschungsinstituts der Deutschen Gesellschaft für Auswärtige Politik, Reihe: Internationale Politik und Wirtschaft, 39), München-Wien 1976.

[9] Damit folgt die SED-Führung der sowjetischen Berlin-Politik oder versucht sie, wenn möglich, noch zu übertreffen. Vgl. zur sowjetischen Berlin-Politik *Günther van Well,* ,,Die Teilnahme Berlins am internationalen Geschehen: ein dringender Punkt auf der Ost-West-Tagesordnung'', in: Europa-Archiv, 21. Jg., Heft 20 (21. Oktober 1976), S. 647 ff.

[10] Der ,,Swing'' wurde auf 850 Millionen DM jährlich bis 1981 erhöht.

[11] Westliche Beobachter haben aus New York berichtet, daß die DDR-Delegation z. B. auf den bisher fünf Sessionen der III. Seerechtskonferenz selbstsicher und fachlich kompetent aufgetreten ist.

[12] Diesen Tatbestand hat *Hermann Rudolph* nachdrücklich betont, vgl. seine Arbeit: Die Gesellschaft der DDR – eine deutsche Möglichkeit? An-

merkungen zum Leben im anderen Deutschland (Serie Piper, 30), München 1972.

[13] Ausführlich werden diese Prozesse in meinem Buch: Parteielite im Wandel. Funktionsaufbau, Sozialstruktur und Ideologie der SED-Führung. Eine empirisch-systematische Untersuchung (Schriften des Instituts für politische Wissenschaft, 21), 3., durchges. Aufl., Köln-Opladen 1970, beschrieben und analysiert. – Vgl. zur Geschichte der SED außerdem jetzt den Artikel „SED", in: DDR Handbuch, S. 743 ff.

[14] Vgl. *Ludz,* Parteielite, a. a. O., S. 147. Genaue Vergleichszahlen für 1976 liegen nicht vor. Änläßlich des IX. Parteitages wurde lediglich bekanntgegeben, daß 43,4 Prozent aller Mitglieder und Kandidaten der SED jünger sind als 40 Jahre, nach: Einheit, 31. Jg., Heft 7 (Juli 1976), S. 816. Vgl. in diesem Band, S. 193 ff.

[15] Einheit, 31. Jg., Heft 7 (Juli 1976), S. 816.

[16]
Arbeiteranteile	1961:	33,8%
	1966:	45,6%
	1976:	56,1%
Intelligenzanteile	1961:	8,7%
	1966:	12,3%
	1976:	20,0%

Vgl. *Ludz,* Parteielite, a. a. O., S. 146 f., sowie Einheit, a. a. O.

[17] Ausführlich dazu *Ludz,* Parteielite, a. a. O., besonders Kapitel III. Vgl. für die jüngste Entwicklung in diesem Band, S. 186 ff.

[18] Vgl. in diesem Band, S. 84 ff., S. 106 ff.

[19] Heute: Akademie für Staats- und Rechtswissenschaft der DDR.

[20] Vgl. den Beschluß über die Kaderarbeit vom 17. Februar 1967: „Grundsätze über die planmäßige Entwicklung, Ausbildung, Erziehung und Verteilung der Kader in den Partei-, Staats- und Wirtschaftsorganen sowie den Massenorganisationen auf dem Gebiet der Kultur und Volksbildung", in: Dokumente der Sozialistischen Einheitspartei Deutschlands, Bd. X, Berlin 1967, S. 300 ff.

[21] Vgl. zur Rentenpolitik der DDR seit 1971 (im Vergleich mit der Bundesrepublik): Materialien zum Bericht zur Lage der Nation 1974, Tz. 853 ff. Vgl. ferner für die frühen Jahre: *Hans Richter* et al., Die Sozialfürsorge in der Deutschen Demokratischen Republik. Erläuterungen der gesetzlichen Bestimmungen der Sozialfürsorge, Berlin 1963. – Die neuesten sozialpolitischen Verbesserungen wurden der Bevölkerung der DDR eine Woche nach Beendigung des IX. Parteitages der SED angekündigt, vgl. Neues Deutschland vom 29./30. Mai 1976 sowie in diesem Band, S. 174.

[22] Hierzu *Maria Haendcke-Hoppe*, ,,Die Vergesellschaftungsaktion im Frühjahr 1972", in: Deutschland Archiv, 6. Jg., Heft 1 (Januar 1973), S. 37ff., S. 41.

[23] Vgl. Statistisches Jahrbuch 1976 der DDR, S. 392. Neueste Berechnungen des Deutschen Instituts für Wirtschaftsforschung (DIW) in West-Berlin sagen eine weitere Verbesserung der Relation arbeitsfähige: nichtarbeitsfähige Bevölkerung voraus: 100 : 56 für 1980; 100 : 50 für 1985; 100 : 49 für 1990. Vgl. ,,Voraussichtliche Bevölkerungs- und Beschäftigtenentwicklung in der DDR bis 1990", in: DIW-Wochenbericht, 43. Jg., Nr. 23 (10. Juni 1976), S. 228.

[24] Statistisches Jahrbuch 1976 der DDR, S. 1. Im Jahre 1975 gehörten zur Wohnbevölkerung der DDR von 16,8 Millionen rd. 7,8 Mill. Männer und 9,0 Mill. Frauen.

[25] Vgl. Materialien zum Bericht zur Lage der Nation 1971, Tabelle A 26; ferner ,,Voraussichtliche Bevölkerungs- und Beschäftigtenentwicklung in der DDR bis 1990", a.a.O. (Anm. 23), S. 228.

[26] Neuere Vergleichszahlen liegen, soweit wir sehen, nicht vor. Auch die ausführliche statistische Dokumentation zur Situation der Frau in der DDR (im Vergleich mit der Bundesrepublik) von *Gisela Helwig*, Frau '75. Bundesrepublik Deutschland – DDR, Köln 1975, enthält keine direkt vergleichbaren Daten.

[27] Vgl. *Friedrich W. Busch*, Familienerziehung in der sozialistischen Pädagogik der DDR, Düsseldorf 1972.

[28] Seit 1975 beginnt in der Bundesrepublik die Volljährigkeit ebenfalls mit 18 Jahren.

[29] Statistisches Jahrbuch 1976 der Deutschen Demokratischen Republik, S. 399.

[30] Zur Diskussion der aufgeworfenen Fragen vgl. *Dietrich Storbeck*, ,,Die Familienpolitik der SED und die Familienwirklichkeit in der DDR", in: *Peter C. Ludz*, Hrsg., Studien und Materialien zur Soziologie der DDR (Kölner Zeitschrift für Soziologie und Sozialpsychologie, Sonderheft 8), 2. Aufl., Köln-Opladen 1971, S. 101ff.

[31] Vgl. hierzu das dem Vergleich der Situation der Jugend in der Bundesrepublik und der DDR gewidmete Heft der ,,Kölner Zeitschrift für Soziologie und Sozialpsychologie" (27. Jg., Heft 3, September 1975) mit den Beiträgen von *Walter Jaide* zur Konsumentenhaltung (S. 454ff.), zur Arbeitszufriedenheit (S. 435ff.) sowie von *Arnold Freiburg* zur Jugendkriminalität (S. 489ff.). Zur Jugendkriminalität ferner: *Herbert Aue*, Die Jugendkriminalität in der DDR, Berlin 1976. Zum Freizeitverhalten der Jugendlichen:

Jürgen Micksch, Jugend und Freizeit in der DDR (Beiträge zur soziologischen Forschung, 8), Opladen 1972.

[32] Dies wird besonders deutlich beim Vergleich der Bestimmungen für die Zulassung zum Studium im Jugendgesetz von 1964 und 1974. Im Jugendgesetz von 1964 heißt es (§ 18, Abs. 1): ,,Jeder junge Bürger der Deutschen Demokratischen Republik kann sich zum Studium an einer Universität, Hoch- oder Fachschule bewerben. Die Zulassung zum Studium erfolgt nach dem Leistungsprinzip. Vor allem sind solche Jugendliche zu berücksichtigen und zu fördern, die für bestimmte Fachgebiete besonders begabt und zu außergewöhnlichen Leistungen fähig sind . . ..'' – Im Jugendgesetz von 1974 lautet die entsprechende Passage dagegen (§ 22, Abs. 2): ,,Die Zulassung zum Studium erfolgt nach den erforderlichen fachlichen und gesellschaftlichen Leistungen in Übereinstimmung mit den Bedürfnissen der sozialistischen Gesellschaft und unter Berücksichtigung der sozialen Struktur der Bevölkerung . . .''.

[33] Vgl. dazu die Angaben in der Zeile ,,Mitglieder von Produktionsgenossenschaften'', Spalte ,,Direktstudium'', in den Tabellen 2 und 3.

[34] Anordnung über die Bewerbung, die Auswahl und Zulassung zum Direktstudium an den Universitäten und Hochschulen vom 1. Juli 1971, in: Gesetzblatt der DDR II, S. 486.

[35] Hierzu *Christa Mahrad,* ,,Jugendpolitik in der DDR'', in: Kölner Zeitschrift für Soziologie und Sozialpsychologie, 27. Jg., Heft 3 (September 1975), S. 557 ff.

[36] Solche empirisch nicht abgesicherten Behauptungen über ein eigenes Nationalbewußtsein in der DDR finden sich etwa bei *Gebhard Schweigler,* Nationalbewußtsein in der BRD und der DDR (Studien zur Sozialwissenschaft, 8), Düsseldorf 1973, S. 66 ff.

[37] Nach offiziellen Angaben der DDR vom Juli bzw. Dezember 1972 waren im Laufe des Jahres 1972 (im Zuge der Verstaatlichung) rd. 11 000 neue VEB gegründet worden, vgl. die Ausführungen von *Günter Mittag,* in: Neues Deutschland vom 7. Dezember 1972.

[38] Einige Stationen dieser Eigentumsveränderungen in der DDR gibt die folgende Tabelle aus dem ,,Statistischen Jahrbuch 1976 der DDR'' (S. 35) wieder:

Anteil der Eigentumsformen am Nettoprodukt der Wirtschaft (in Prozent)

	1950	1970	1974	1975
Sozialistische (volks- eigene und genossen- schaftliche) Betriebe	56,8	85,5	95,5	95,8
Betriebe mit staatlicher Beteiligung oder Kommissionsvertrag	–,–	8,9	0,8	0,8
Private Betriebe	43,2	5,6	3,6	3,4

[39] Nach westlichen Schätzungen arbeiteten Ende 1974 noch etwa 93.500 Handwerksbetriebe in der DDR mit rd. 285.000 Beschäftigten, vgl. *Maria Haendcke-Hoppe*, ,,Neue Tendenzen in der Handwerkspolitik der SED", in: FS-Analysen (Analysen der Forschungsstelle für gesamtdeutsche wirtschaftliche und soziale Fragen, Berlin), Nr. 5/1976, S. 15.

[40] Vgl. hierzu *Peter C. Ludz*, ,,Revisionistische Konzeptionen von 1956/57 in der DDR", in: Moderne Welt, 2. Jg. (1961), Heft 4, S. 353 ff.

[41] Darauf ist immer wieder, so etwa vom Vorsitzenden der Staatlichen Plankommission *Gerhard Schürer*, hingewiesen worden, vgl. Einheit, 23. Jg., Heft 12 (Dezember 1968), S. 1483 ff. – Allerdings wurden viele Maßnahmen, die auf eine Auflockerung des planwirtschaftlichen Systems im Sinne marktwirtschaftlicher Prinzipien hinausliefen, Schritt für Schritt wieder entkräftet. Vgl. z. B. für die Entwicklung des ,,Gewinns" als betriebswirtschaftlicher Größe im DDR-System den Artikel ,,Gewinn", in: DDR Handbuch, S. 384 ff.

[42] Vgl. Artikel ,,Phasen der Wirtschaftspolitik seit 1963", in: DDR Handbuch, S. 634.

[43] Die Zahlen und Bewertungen sind aus den DIW-Wochenberichten vom 5. 2. 1976, 26. 12. 1975 und 19. 8. 1976 (Bearbeiter: *Doris Cornelsen*) übernommen worden.

[44] *Peter Mitzscherling* et al., DDR-Wirtschaft. Eine Bestandsaufnahme, hrsgg. vom Deutschen Institut für Wirtschaftsforschung (Fischer Taschenbuch, 6259), Frankfurt am Main 1974, S. 62, S. 116.

[45] Vgl. *Gert Leptin*, ,,Das ,Neue Ökonomische System' Mitteldeutschlands", in: *Karl C. Thalheim* und *H.-H. Höhmann*, Hrsg., Wirtschaftsreformen in Osteuropa, Köln 1968, S. 100 ff.

[46] So *Ulbricht* in einer Rede am 18. März 1968, in: *Walter Ulbricht*, Zum

ökonomischen System des Sozialismus in der DDR, Bd. II, Berlin 1968, S. 681 ff.

[47] Vgl. *Kurt Hager,* Wissenschaft und Technologie im Sozialismus, Berlin 1974, S. 72.

[48] Vgl. dazu in diesem Band, S. 211 ff.

[49] Vgl. dazu die Verhandlungen auf der 16. Tagung des Staatsrates der DDR am 3. April 1969 sowie den auf dieser Tagung gefaßten „Beschluß über die Weiterführung der 3. Hochschulreform und die Entwicklung des Hochschulwesens bis 1975", in: Neues Deutschland vom 5. April 1969.

[50] Dazu *Günter Mittag,* „Demokratischer Zentralismus, sozialistische Planwirtschaft und wissenschaftlich-technische Revolution", in: Einheit, 23. Jg., Heft 12 (Dezember 1968), S. 1481.

[51] Vgl. *Hager,* Wissenschaft und Technologie im Sozialismus, a.a.O. (Anm. 47), passim.

[52] Der gegenwärtige Präsident der Akademie der Wissenschaften der DDR, *Hermann Klare,* argumentiert in die gleiche Richtung. Nach seiner Auffassung soll die Grundlagenforschung auch 1976 noch erweitert werden, vgl. seinen Artikel „Grundlagenforschung – Basis des wissenschaftlich-technischen Fortschritts", in: Einheit, 31. Jg., Heft 10 (Oktober 1976), S. 1096 ff. In dem gleichen Heft der „Einheit" wird in den Beiträgen von *Gerhard Müller, Hannes Hörnig* sowie *Werner Bahmann* et al. der offenbar in der DDR unlösbare Widerspruch zwischen Ausdehnung der Grundlagenforschung und möglichst schneller Umsetzung ihrer Ergebnisse in die Produktionspraxis erneut sichtbar.

[53] Es handelt sich um die folgenden sieben Bereiche: 1. Mathematik, Mechanik, Kybernetik und Informationsverarbeitung; 2. Physik einschließlich Werkstoff- und Kernforschung; 3. Grundlagen der Stoffe und Stoffwanderung; 4. Biowissenschaften einschließlich der naturwissenschaftlichen Grundlagen der Medizin; 5. Geo-und Kosmoswissenschaften; 6. Grundlagen der Energiewirtschaft; 7. Grundlagen der Konstruktion und Technologie. Nach *Hager,* Wissenschaft und Technologie im Sozialismus, a.a.O. (Anm. 47), S. 21.

[54] *Kurt Hager,* Die entwickelte sozialistische Gesellschaft (Referat auf der Tagung der Gesellschaftswissenschaftler am 14. Oktober 1971 in Berlin), Berlin 1971, S. 19.

[55] *Hager,* a.a.O., S. 20.

* Im Jahre 1976 überarbeitete Fassung eines Beitrages in: Hinter dem Eisernen Vorhang, 11. Jg., Heft 4 (April 1963), S. 9–16.

[1] *Walter Ulbricht*, „Der Kampf um den Frieden und die Regierungskrise in Westdeutschland", in: Neues Deutschland vom 5. Dezember 1962.

[2] *N. S. Chruschtschow*, Begrüßungsansprache auf dem VI. Parteitag der SED, in: Protokoll der Verhandlungen des VI. Parteitages der Sozialistischen Einheitspartei Deutschlands, 15. bis 21. Januar 1963, 4 Bde., Berlin 1963, Bd. I, S. 305.

[3] Dies läßt sich aus Flüchtlingsbefragungen und indirekten Hinweisen der SED-Presse belegen.

[4] Die hier skizzierten Veränderungen im SED-Apparat sind ausführlich dargestellt in meiner Arbeit: Parteielite im Wandel. Funktionsaufbau, Sozialstruktur und Ideologie der SED-Führung. Eine empirisch-systematische Untersuchung (Schriften des Instituts für politische Wissenschaft, 21), 3., durchges. Aufl., Köln-Opladen 1970. Vgl. ferner in diesem Band, S. 106 ff.

[5] Dr. Günter Mittag wurde 1966 Vollmitglied des Politbüros und bekleidet, nachdem er mehrere Jahre als Erster Stellvertreter des Vorsitzenden des Ministerrates amtierte, seit Oktober 1976 wieder den Posten des ZK-Sekretärs für Wirtschaft. Mittags zusammen mit Erich Apel (vgl. zu Apel in diesem Band, S. 88, S. 141) verfaßte Schriften fassen die leitenden Gesichtspunkte des „neuen ökonomischen Systems" zusammen: *Erich Apel* und *Günter Mittag*, Ökonomische Gesetze und neues ökonomisches System, Berlin 1964; *dies.*, Wissenschaftliche Führungstätigkeit – Neue Rolle der VVB, Berlin 1964; *dies.*, Fragen der Anwendung des neuen ökonomischen Systems der Planung und Leitung der Volkswirtschaft bei der Durchführung der Investitionen, Berlin 1965.

[6] Mitteilung des Politbüros des Zentralkomitees „Über die Leitung der Parteiarbeit nach dem Produktionsprinzip", in: Dokumente der Sozialistischen Einheitspartei Deutschlands, Bd. IX, Berlin 1965, S. 332.

[7] Alfred Kurella (1895–1974), von 1957 bis 1963 Leiter der Kommission für kulturelle Fragen beim Politbüro und 1958 bis 1963 Kandidat des Politbüros, gleichzeitig seit 1958 Abgeordneter der Volkskammer (1958–1967 Mitglied des Ausschusses für Kultur der Volkskammer), wurde im Jahre 1963 Sekretär der Sektion Dichtung und Sprachpflege der Deutschen Akademie der Künste. Vgl. auch in diesem Band, S. 142 f.

[8] Georg Ewald verunglückte am 14. September 1973 tödlich.

[9] Paul Verner, der in früheren Jahren bereits ZK-Sekretär gewesen war, wurde von Honecker 1971 als sein unmittelbarer Nachfolger auf den Posten des ZK-Sekretärs für Sicherheitsfragen berufen. Die Bezirksleitung Ost-Berlin gab er an Konrad Naumann ab. Verner besitzt auch das Vertrauen Honeckers, vgl. in diesem Band, S. 164.

[10] Zu Apel weiter unten in diesem Band, S. 141.

[11] *Walter Ulbricht*, ,,Das Programm des Sozialismus und die geschichtliche Aufgabe der Sozialistischen Einheitspartei Deutschlands", in: Protokoll der Verhandlungen des VI. Parteitages der SED . . ., a. a. O. (Anm. 2), S. 232ff. Vgl. auch die folgende Formulierung im (4.) Statut der SED von 1963: ,,Die Sozialistische Einheitspartei Deutschlands ist . . . die Partei der Arbeiterklasse *und des ganzen werktätigen Volkes* (Hervorhebung P.C.L.)." Ferner in diesem Band, S. 100f.

[12] Der Perspektivplan war 1963 an die Stelle des im Jahre 1961 abgebrochenen Siebenjahrplanes 1959–1965 getreten; er wurde jedoch erst 1967 Gesetz.

[13] Vgl. für die Erhöhung bzw. Stagnation des Abbaus von Braunkohle die Tabellen A 74 und A 76 in: Materialien zum Bericht zur Lage der Nation 1971.

[14] Vgl. den Artikel ,,Energiewirtschaft", in: DDR Handbuch, S. 256ff.

[15] In: Neues Deutschland vom 21. Februar 1963.

[16] Der sowjetische Wirtschaftswissenschaftler J. Liberman hatte in seinem Artikel ,,Plan, Gewinn, Prämie" (Prawda vom 9. September 1962) eine Diskussion über die Reform des Planungssystems eingeleitet. Sein Artikel wurde in der DDR nachgedruckt und breit kommentiert, vgl. besonders: Die Wirtschaft, 17. Jg. (1962), Nr. 51–52.

[17] *Ulbricht,* ,,Das Programm des Sozialismus . . .", a. a. O. (Anm. 11), S. 113. Zur weiteren Entwicklung im Bereich der VVB s. unten, S. 108f., S. 115f., S. 137f.

[18] *Ulbricht,* a. a. O., S. 94.

[19] Vgl. in diesem Band, S. 18ff., 99ff.

B/II: Die DDR im Jahre 1964

* Im Jahre 1976 überarbeitete Fassung eines Beitrages in: Hinter dem Eisernen Vorhang, 11. Jg., Heft 1 (Januar 1965), S. 11–18.

[1] Neues Deutschland vom 25. September 1964.

[2] *Walter Ulbricht,* Festrede zum 15. Jahrestag der DDR, in: Neues

Deutschland vom 7. Oktober 1964, S. 6. Das Konzept vom ,,Volksstaat" und der ,,Volkspartei" bahnte sich bei Ulbricht bereits auf dem VI. Parteitag der SED an. Vgl. in diesem Band, S. 88.

[3] So etwa *Wolfgang Weichelt,* der die Volksstaat-Thesen Chruschtschows, wenn auch in abgeschwächter Form, für die DDR akzeptiert; vgl. seinen Aufsatz: ,,Die sozialistische Staatsmacht in der Periode des umfassenden Aufbaus des Sozialismus in der Deutschen Demokratischen Republik", in: Staat und Recht, 11. Jg., Heft 12 (Dezember 1962), S. 2117. In der gleichen Zeitschrift hatte *Rolf Schüsseler* einige Monate vor Weichelt Chruschtschows Thesen noch – verklausuliert – abgelehnt; *Schüsseler,* ,,Probleme der marxistisch-leninistischen Staatstheorie im Lichte des neuen Programms der KPdSU", in: Staat und Recht, 11. Jg., Heft 1 (Januar 1962), S. 79f.

[4] Vgl. zu einer ausführlichen Darstellung des damaligen Verhältnisses der DDR zu Rotchina vor allem *Ilse Spittmann,* ,,Die SED und Peking", in: SBZ-Archiv, 15. Jg., Heft 16 (August 1964), S. 248ff.

[5] Die Frage, ob eine solche ,,chinesische Fraktion" innerhalb der SED existiert hat, ist schwer zu entscheiden. Sicherlich hat es unter den führenden SED-Politikern erkennbare Sympathisanten für den ,,großen Sprung" gegeben. Dies mag einmal für Otto Grotewohl und einige seiner Mitarbeiter, stärker für Paul Wandel, der von 1953 bis 1957 ZK-Sekretär für Kultur und Erziehung und später, von 1958 bis 1961, Botschafter der DDR in der Volksrepublik China gewesen ist, gelten. Außerdem wären in diesem Zusammenhang noch der ehemalige, 1958 abgesetzte ZK-Sekretär Karl Schirdewan sowie der inzwischen verstorbene Heinrich Rau, der seit 1965 dem Ministerium für Außenhandel und innerdeutschen Handel vorstand, ferner der langjährige Leiter der Zentralen Parteikontrollkommission Hermann Matern (gestorben am 24. 1. 1971) und Lothar Bolz, von 1953 bis 1965 Minister für Auswärtige Angelegenheiten, sowie weitere Altkommunisten zu nennen.

[6] Diese Veränderungen habe ich an anderer Stelle ausführlich abgehandelt. Vgl. *Peter C. Ludz,* Parteielite im Wandel. Funktionsaufbau, Sozialstruktur und Ideologie der SED-Führung. Eine empirisch-systematische Untersuchung (Schriften des Instituts für politische Wissenschaft, 21), 3., durchges. Aufl., Köln-Opladen 1970, besonders S. 128ff. Vgl. ferner in diesem Band, S. 84ff., S. 130ff.

[7] *Walter Ulbricht,* in: Neues Deutschland vom 5. Februar 1964. – Vgl. zur seinerzeit aktuellen Diskussion *Peter C. Ludz,* ,,Widersprüche im Neuen Ökonomischen System. Organisatorische Probleme der Erzeugnisgruppen", in: SBZ-Archiv, 15. Jg., Heft 7 (April 1964), S. 101ff. Für die Gegen-

wart vgl. den Artikel „Betriebsformen und Kooperation", in: DDR Handbuch, besonders S. 139. – Erzeugnisgruppen wurden auch im Bereich der örtlichen Industrie gebildet, vgl. in diesem Band, S. 136.

[8] Dazu *Peter C. Ludz*, „Soziologie und empirische Sozialforschung in der DDR", in: *ders.*, Hrsg., Studien und Materialien zur Soziologie der DDR (Kölner Zeitschrift für Soziologie und Sozialpsychologie, Sonderheft 8), 2. Aufl., Köln-Opladen 1971, S. 327ff.; ferner *Peter C. Ludz*, „Soziologie als Instrument der Politik. Zum Aufbau der Soziologie in der ‚DDR'", in: Moderne Welt, 6. Jg. (1965), Heft 1, S. 43ff.

[9] *Milovan Djilas*, Die Neue Klasse. Eine Analyse des kommunistischen Systems, aus dem Englischen übertragen von R. Federmann, München 1958.

[10] *Kurt Hager*, Bericht des Politbüros an die 7. Tagung des Zentralkomitees der SED, in: Neues Deutschland vom 4. Dezember 1964.

[11] *Erich Apel*, „Ein optimaler Perspektivplan erfordert die Schöpferkraft aller", in: Neues Deutschland vom 28. November 1964.

[12] Die Rechte der Generaldirektoren wurden jedoch schon bald wieder eingeschränkt. Vgl. in diesem Band, S. 137f.

[13] Schon der Titel des am 8. Mai 1964 in Kraft getretenen (2.) Jugendgesetzes verdeutlicht diese Tendenzen der SED: „Gesetz über die Teilnahme der Jugend der Deutschen Demokratischen Republik am Kampf um den umfassenden Aufbau des Sozialismus und die allseitige Förderung ihrer Initiative bei der Leitung der Volkswirtschaft und des Staates, in Beruf und Schule, bei Kultur und Sport". Indessen ist dieses Jugendgesetz am 1. Februar 1974 durch ein neues (3.) Jugendgesetz abgelöst worden. Das Gesetz von 1974 (unter dem Titel: „Gesetz über die Teilnahme der Jugend an der entwickelten sozialistischen Gesellschaft und über ihre allseitige Förderung in der Deutschen Demokratischen Republik") setzt die Tendenz des Gesetzes von 1964, die In-Zucht-Nahme der Jugendlichen für wirtschaftliche und gesellschaftliche Aufgaben, fort. Vgl. *Christa Mahrad*, „Jugendpolitik in der DDR", in: Kölner Zeitschrift für Soziologie und Sozialpsychologie, 27. Jg., Heft 3 (September 1975), S. 557ff.; vgl. ferner in diesem Band, S. 60ff.

[14] Vgl. die Artikel „Industriepreisreform" und „Preissystem und Preispolitik", in: DDR Handbuch, S. 412f. bzw. S. 670f.

[15] Art. „Preissystem und Preispolitik", a.a.O., S. 671.

[16] Vgl. *Kurt Hager*, „Probleme und Aufgaben der Gesellschaftswissenschaften nach dem 5. Plenum des Zentralkomitees", in: Einheit, 19. Jg., Heft 4 (April 1964), S. 43ff. Zur Interpretation *Peter C. Ludz*, „Soziologie und empirische Sozialforschung in der DDR", a.a.O. (Anm. 8), S. 336ff.

[17] Einen neueren Überblick über wichtige Teilgebiete der Soziologie in der DDR vermittelt *Dieter Voigt* mit seiner Studie: Soziologie in der DDR. Eine exemplarische Untersuchung, Köln 1975, sowie die Textsammlung: Soziologie und Marxismus in der Deutschen Demokratischen Republik, hrsgg. und eingel. von *Peter C. Ludz,* 2 Bde. (Soziologische Texte, 70, 71), Neuwied-Berlin 1972.

B/III: Konsolidierung und Spannung in der DDR. Ergebnisse des 11. Plenums des Zentralkomitees der SED (Dezember 1965)

* Im Jahre 1976 überarbeitete Fassung eines Beitrages in: Osteuropäische Rundschau, 12. Jg., Heft 2 (Februar 1966), S. 3–10.

[1] Vgl. dazu *Wolfgang Spröte,* ,,15 Jahre DDR im Rat für Gegenseitige Wirtschaftshilfe", in: Deutsche Außenpolitik, 10. Jg., Heft 9 (September 1965), S. 1099 ff.

[2] Tatsächlich wurden, lt. Statistisches Jahrbuch 1974 der DDR (S. 284–285), folgende Umsätze erzielt: ca. 11,01 Milliarden Mark mit Polen; ca. 15,32 mit der ČSSR; ca. 5,7 Milliarden mit Bulgarien. – Westliche Experten beurteilen die Außenhandelsumsatzangaben in den ,,Statistischen Jahrbüchern der DDR" mit Skepsis. Aufgrund eigener Berechnungen geben sie überwiegend niedrigere Schätzwerte an. Vgl. dazu weiter unten in diesem Band, S. 157.

[3] Tatsächlich betrugen sie 55,1 Millionen Valutamark. Vgl. Statistisches Jahrbuch 1967 der DDR, S. 384–385. Vgl. hierzu auch die vorangehende Anmerkung.

[4] Neues Deutschland vom 28. Dezember 1965, S. 3.

[5] *Walter Ulbricht,* ,,Heute Aktionen gegen USA-Krieg erforderlich. 10 Jahre Vertrag über Freundschaft und Zusammenarbeit DDR – China", in: Neues Deutschland vom 25. Dezember 1965, S. 7.

[6] Vgl. dazu im einzelnen *Hans Siegfried Lamm* und *Siegfried Kupper,* DDR und Dritte Welt (Schriften des Forschungsinstituts der Deutschen Gesellschaft für Auswärtige Politik, Reihe: Internationale Politik und Wirtschaft, 39), München-Wien 1976, S. 213 ff.

[7] Vgl. den Artikel: ,,Auf 24 Messen in fünf Kontinenten. Langfristige Handelsabkommen mit vielen Ländern", in: Neues Deutschland vom 29. Dezember 1965, S. 1.

[8] Vgl. dazu *Walter Ulbrichts* Rede auf der 11. Tagung des Zentralkomitees

der SED: ,,Probleme des Perspektivplans bis 1970", in: Neues Deutschland vom 18. Dezember 1965, S. 3 ff.

[9] Vgl.: Völkerrechtliche Vereinbarungen der Deutschen Demokratischen Republik. Loseblattsammlung, hrsgg. vom Gesamtdeutschen Institut, Bonn o. J., S. 21 ff.

[10] Gegenwärtig (1976) liegen die Schwerpunkte der afrikanischen außenpolitischen (einschließlich handels-und militärpolitischen) Aktivitäten der DDR in Guinea, Tansania, Angola, Somalia, der Volksrepublik Kongo, Guinea-Bissau und Mozambique. Mit ,,militärpolitischer" Aktivität ist in erster Linie die Lieferung von militärischen Ausrüstungen gemeint.

[11] Im einzelnen dazu *Lamm/Kupper,* DDR und Dritte Welt, a.a.O. (Anm. 6), S. 213 ff., 220 ff. und passim.

[12] Die Angabe beruht auf Informationen, die der Verfasser anläßlich eines Besuches in Chile sammeln konnte.

[13] Neues Deutschland vom 22. Dezember 1965, S. 2.

[14] Das Staatssekretariat wurde 1967 umbenannt in ,,Staatssekretariat für westdeutsche Fragen" und am 1. Juli 1971, also schon in der Amtszeit Honeckers, aufgelöst. J. Herrmann übernahm den Posten des Chefredakteurs von ,,Neues Deutschland" und stieg in den folgenden Jahren weiter auf: 1973 zum Kandidaten des Politbüros und 1976 zusätzlich zum ZK-Sekretär. Vgl. in diesem Band, S. 182, S. 185 f.

[15] Vgl. *Gerhard Krenz,* ,,Architektur und Städtebau vor neuen Aufgaben", in: Einheit, 20. Jg., Heft 11 (November 1965), S. 48 ff.

[16] *Ulbricht,* ,,Probleme des Perspektivplans bis 1970", a.a. O. (Anm. 8), S. 3. – Das ,,neue ökonomische System der Planung und Leitung der Volkswirtschaft" wurde 1967 zunächst in das ,,Ökonomische System des Sozialismus" überführt. Erst 1970 wurden beide durch das Konzept der ,,entwickelten sozialistischen Gesellschaft" abgelöst.

[17] Finanzminister *Willy Rumpf* sprach in seinem Referat sogar von 30 Prozent aller VVB, die ihren Jahresplan nicht erfüllt hätten, vgl. Neues Deutschland vom 17. Dezember 1965, S. 5.

[18] Vgl. dazu das Interview mit *Gerhard Scholl,* in: Neues Deutschland vom 12. Januar 1966, S. 3. Ferner *Ulbricht,* ,,Probleme des Perspektivplans bis 1970", a.a.O. (Anm. 8), S. 3.

[19] Vgl. das Referat von *Rumpf,* a.a.O. (Anm. 17).

[20] Zu den Erzeugnisgruppen vgl. in diesem Band, S. 108.

[21] Vgl. in diesem Band, S. 108 f., S. 115 f.

[22] *Ulbricht,* ,,Probleme des Perspektivplans bis 1970", a.a.O. (Anm. 8), S. 6.

[23] Aberkennung der DDR-Staatsbürgerschaft im Falle Wolf Biermann, November 1976.

[24] Vgl. in diesem Band, S. 106ff.

[25] An anderer Stelle hat der Verfasser Erich Apel und ihm verwandte Exponenten des „neuen ökonomischen Systems" innerhalb der SED als „institutionalisierte Gegenelite" gekennzeichnet. Vgl. *Peter C. Ludz*, Parteielite im Wandel. Funktionsaufbau, Sozialstruktur und Ideologie der SED-Führung. Eine empirisch-systematische Untersuchung (Schriften des Instituts für politische Wissenschaft, 21), 3., durchges. Aufl., Köln-Opladen 1970, S. 43.

[26] Vgl. die „Direktive zur Vorbereitung und Einführung der 5-Tage-Arbeitswoche für jede zweite Woche und zur Verkürzung der Arbeitszeit in der Volkswirtschaft der Deutschen Demokratischen Republik", in: Neues Deutschland vom 23. Dezember 1965, S. 3. – Vgl. zu den Arbeitszeitregelungen den Artikel „Arbeitsrecht", in: DDR Handbuch, S. 49.

[27] *Hanna Wolf*, „Das wichtigste bleibt der Klassenstandpunkt", in: Neues Deutschland vom 19. Dezember 1965, S. 12.

[28] *Alfred Kurella* vor dem 11. Plenum des ZK der SED, in: Neues Deutschland vom 19. Dezember 1965, S. 9. Vgl. zu Kurella in diesem Band, S. 86.

B/IV: Die Ablösung Ulbrichts und Honeckers Übernahme der Macht: 1971 bis 1976

* Im Jahre 1976 überarbeitete Fassung eines ursprünglich in der „Osteuropäischen Rundschau" (17. Jg., Heft 9, September 1971, S. 1–7) unter dem Titel „Von Ulbricht zu Honecker" erschienenen Beitrages.

[1] Vgl. in diesem Band, S. 80ff., S. 99ff.

[2] Neues Deutschland vom 17. Juli 1970.

[3] Vgl. zu diesem und anderen Aspekten in diesem Abschnitt die ausgewogene Analyse von *Ilse Spittmann*, „Warum Ulbricht stürzte", in: Deutschland Archiv, 4. Jg., Heft 6 (Juni 1971), S. 568f.

[4] Vgl. Neues Deutschland vom 5. Mai 1971.

[5] Dazu *Heinz Matthes*, „Zuverlässige Volkskontrolle – Prinzip sozialistischer Staats- und Wirtschaftsführung", in: Einheit, 26. Jg., Heft 6 (Juni 1971), S. 715f. Vgl. ferner in diesem Band, S. 110f.

[6] Vgl. Materialien zum Bericht zur Lage der Nation 1971, besonders Kapitel V.

[7] Der Plan wurde mit der Fertigstellung von rd. 400000 Neubauwohnungen untererfüllt, d. h. es wurden ca. 20 Prozent weniger Wohnungen gebaut als ursprünglich geplant. Angaben nach: Statistisches Taschenbuch der Deutschen Demokratischen Republik, hrsgg. von der Staatlichen Zentralverwaltung für Statistik, Berlin 1976, S. 65.

[8] Vgl. „Direktive des VIII. Parteitages der SED zum Fünfjahrplan für die Entwicklung der Volkswirtschaft der DDR 1971 bis 1975", in: Neues Deutschland vom 23. Juli 1971, Sonderbeilage.

[9] Vgl. in diesem Band, S. 64.

[10] *I. Alexandrow,* in: Prawda vom 24. Juli 1971; M. A., in: Neues Deutschland vom 29. Juli 1971.

[11] Vgl. *Peter Florin,* „Die Außenpolitik der Arbeiterklasse ist die Außenpolitik der DDR", in: Horizont, 4. Jg. (1971), Nr. 24, S. 3 ff.

[12] Nach neuesten westlichen Berechnungen war der Anteil des RGW-Handels am gesamten Außenhandel der DDR im Jahre 1974 auf 61,0 Prozent gesunken, während die westlichen Industrieländer nunmehr einen Anteil von 21,5 Prozent besaßen und der Innerdeutsche Handel 9,4 Prozent ausmachte. Nach *Maria Haendcke-Hoppe,* „Außenhandel – Integration – Planung 1971 – 1975", in: Deutschland Archiv, 9. Jg., Heft 3 (März 1976), S. 299.

[13] Vgl. hierzu „Drosselt die DDR den West-Handel?", in: Frankfurter Allgemeine Zeitung vom 24. Juli 1971, S. 15.

[14] Vgl. Statistisches Jahrbuch 1976 der DDR, S. 264. Zu einem prinzipiell ähnlichen Ergebnis kommt auch *Haendcke-Hoppe* (a. a. O., Anm. 12) aufgrund eigener Berechnungen.

[15] Vgl. *Edelgard Göhler* u. a., „Sozialistische ökonomische Integration – eine Gesetzmäßigkeit des sozialistischen Aufbaus", in: Wirtschaftswissenschaft, 19. Jg., Heft 7 (Juli 1971), S. 949.

[16] Die westdeutsche Sozialdemokratie in der gegenwärtigen Etappe der Auseinandersetzung zwischen Sozialismus und Imperialismus, Berlin 1970, S. 1.

[17] Nach: Der Tagesspiegel vom 21. Juli 1971, S. 5. Allerdings hat die DDR ihr Interesse an gemeinsamen Maßnahmen auf diesem Gebiet seit 1973 kaum noch zu erkennen gegeben. Vgl. in diesem Band, S. 277 ff.

[18] Vgl.: „Bonn strebt Verträge mit Ost-Berlin an", in: Frankfurter Allgemeine Zeitung vom 22. Juli 1971, S. 3.

[19] Dazu das Interview der Wochenzeitung „Horizont" mit *Klaus Sorgenicht,* Mitglied des Staatsrates der DDR, in: Horizont, 4. Jg. (1971), Nr. 25, S. 6.

[20] Vgl. dazu Interview mit *Kurt Hager,* Mitglied des Politbüros und Sekretär des ZK der SED, in: Horizont, 3. Jg. (1970), Nr. 46, S. 3.

[21] Vgl. hierzu und zum Folgenden in diesem Band, S. 263 ff.

[22] So *Harald Ludwig,* ,,Die SED vor dem VIII. Parteitag", in: Deutschland Archiv, 4. Jg., Heft 6 (Juni 1971), S. 596; sowie *Heinz Lippmann,* Honecker. Porträt eines Nachfolgers, Köln 1971, besonders S. 233 ff.

B/V: Der IX. Parteitag der SED (1976)

* Durchgesehene Fassung eines Beitrages in: Deutschland Archiv, 9. Jg. (1976), Sonderheft, S. 1–16.

[1] So auch *Karl Wilhelm Fricke,* ,,Der IX. Parteitag der SED", in: Deutschland Archiv, 9. Jg., Heft 6 (Juni 1976), S. 561.

[2] Statistisches Jahrbuch 1976 der Deutschen Demokratischen Republik, S. 264. Die westlichen Schätzungen liegen niedriger. Für 1975 lagen jedoch bisher nur die Zahlen aus dem ,,Statistischen Jahrbuch der DDR" vor.

[3] *Erich Honecker* (Berichterstatter), Bericht des Zentralkomitees der Sozialistischen Einheitspartei Deutschlands an den IX. Parteitag der SED, Berlin 1976, S. 99.

[4] Diskussionsbeitrag auf dem IX. Parteitag, in: Neues Deutschland vom 21. Mai 1976, S. 3.

[5] Vgl. dazu den Artikel ,,Agrarpolitik", in: DDR Handbuch, S. 16.

[6] Zitate im folgenden entstammen, wenn nicht anders ausgewiesen, der Rede des Generalsekretärs der SED auf dem IX. Parteitag (vgl. oben Anm. 3).

[7] Vgl. dazu in diesem Band, S. 156 ff.

[8] *Honecker,* Bericht . . ., a. a. O. (Anm. 3), S. 17 und 19.

[9] Vgl. *Honecker,* Bericht . . ., a. a. O., S. 17. Zur Analyse der sowjetischen Haltung *Gerhard Wettig,* ,,Die praktische Anwendung des Berlin-Abkommens durch die UdSSR und DDR (1972–1976)", in: Berichte des Bundesinstituts für ostwissenschaftliche und internationale Studien, Nr. 31/1976, S. 47.

[10] Zu einer ähnlichen Einschätzung kommt auch *Hans-Dieter Schulz,* ,,Warum eine Woche nach Parteitagsschluß?", in: Deutschland Archiv, 9. Jg., Heft 7 (Juli 1976), S. 679.

[11] Dazu im einzelnen *Honecker,* Bericht . . ., a. a. O. (Anm. 3), S. 28 ff. Zur Interpretation *Hans-Dieter Schulz,* ,,Es gab mehrere Überraschungen. Wirt-

schaftspolitische Aspekte des SED-Parteitages", in: Deutschland Archiv, 9. Jg., Heft 6 (Juni 1976), S. 565 ff.; ferner *Kurt Erdmann,* ,,Vorsichtige Fortsetzung der Reform des Wirtschaftsmechanismus", in: FS-Analysen (Analysen der Forschungsstelle für gesamtdeutsche wirtschaftliche und soziale Fragen, Berlin), Nr. 5/1976, S. 2 ff.

[12] Vgl. z. B. *Schulz,* ,,Warum eine Woche nach Parteitagsschluß?", a. a. O. (Anm. 10).

[13] ,,Gemeinsamer Beschluß der Zentralkomitees der SED, des Bundesvorstandes des FDGB und des Ministerrates der DDR über die weitere planmäßige Verbesserung der Arbeits-und Lebensbedingungen der Werktätigen im Zeitraum 1976 bis 1980", in: Neues Deutschland vom 29./30. Mai 1976.

[14] Zur Einzeldarstellung und Interpretation vgl. u. a. *Dieter Heibel,* ,,Zu den neuen sozialpolitischen Maßnahmen der DDR", in: Deutschland Archiv, 9. Jg., Heft 7 (Juli 1976), S. 680 ff.; ferner *Gisela Helwig,* ,,Verstärkte Förderung berufstätiger Mütter", in: Deutschland Archiv, 9. Jg., Heft 7 (Juli 1976), S. 683 ff.; sowie *Wilhelm Homann,* ,,Zum sozialpolitischen Programm des IX. Parteitages der SED" und *Maria Haendcke-Hoppe,* ,,Neue Tendenzen in der Handwerkspolitik der SED", beide in: FS-Analysen (Analysen der Forschungsstelle für gesamtdeutsche wirtschaftliche und soziale Fragen, Berlin), Nr. 5/1976, S. 9 ff. bzw. S. 15 ff.

[15] *Honecker,* Bericht . . ., a. a. O. (Anm. 3), S. 92 ff.

[16] *Honecker,* Bericht . . ., a. a. O., S. 99 f.

[17] *Walter Jaide,* ,,Keine arbeitslosen Jugendlichen in der DDR?", in: Frankfurter Allgemeine Zeitung vom 18. Oktober 1976, S. 12. *Jaide,* der wohl anerkannteste Forscher für DDR-Jugendfragen in der Bundesrepublik, wertet für seine Angaben laufend jugendsoziologische und -psychologische Analysen aus, die in der DDR selbst durchgeführt werden. Vgl. zur vertiefenden Lektüre vor allem das von ihm und seinen Mitarbeitern betreute Heft 3/1975 der ,,Kölner Zeitschrift für Soziologie und Sozialpsychologie" unter dem Titel ,,Jugendforschung in der Bundesrepublik und in der DDR".

[18] *Honecker,* Bericht . . ., a. a. O., (Anm. 3), S. 103.

[19] *Honecker,* Bericht . . ., a. a. O., S. 129.

[20] *Honecker,* Bericht . . ., a. a. O., S. 125.

[21] Im folgenden wird das neue Parteiprogramm nicht ausführlich referiert, sondern lediglich unter spezifischen Fragestellungen untersucht. Eine Analyse des neuen Parteistatuts muß aus Platzgründen unterbleiben.

[22] Neues Deutschland vom 14. Januar 1976.

[23] In der Fassung, die auf dem IX. Parteitag angenommen wurde, Neues Deutschland vom 21. Mai 1976.

[24] Eine solche Wirkung der SED-Propaganda sollte nicht von vornherein ausgeschlossen werden – auch wenn die westliche Publizistik und die vergleichende Deutschlandforschung seit Jahren in deutlicher Sprache klarzumachen versuchen, daß „Demokratie" und „Menschenrechte" unter den Vorzeichen der SED etwas qualitativ vom westlichen Verständnis Unterschiedenes meinen. Vgl. Materialien zum Bericht zur Lage der Nation 1972, besonders Kapitel I, Abschnitt 6.

[25] Namen und wesentliche Daten der jeweiligen Mitglieder und Kandidaten des Politbüros sowie der Mitglieder und Kandidaten des Zentralkomitees werden seit längerem jeweils nach der 1. Tagung des neu gewählten Zentralkomitees im „Neuen Deutschland" veröffentlicht. Sie sind auch in den Protokollen der SED-Parteitage aufgeführt. Ferner wird der jeweils aktuelle Stand in hektographierten Veröffentlichungen des Bundesministeriums für innerdeutsche Beziehungen festgehalten. Biographische Angaben für die Mitglieder und Kandidaten des Zentralkomitees sind außerdem zu finden in dem Nachschlagewerk „SBZ-Biographie" (hrsgg. vom Bundesministerium für innerdeutsche Beziehungen, Bonn-Berlin, letzte Ausgabe 1967) sowie in: Namen und Daten. Biographien wichtiger Personen der DDR, bearbeitet von *Günther Buch*, Berlin-Bonn 1973; schließlich – soweit es sich gleichzeitig um Mitglieder der Volkskammer der DDR handelt – in den einschlägigen Ausgaben des „Handbuchs der Volkskammer der DDR".

[26] So ist etwa Gerhard Grüneberg seit 1958 ZK-Sekretär; Kurt Hager leitet seit 1955 das ZK-Sekretariat für Wissenschaft und Kultur; Ingeburg Lange ist bereits seit 1961 im ZK-Apparat tätig.

[27] Auf dem 3. Plenum des ZK der SED am 28. Oktober 1976 wurde bekanntgegeben, daß Günter Mittag künftig wieder die Position des ZK-Sekretärs für Wirtschaft einnehmen wird. Krolikowski tauschte dafür Mittags Position im Ministerrat – nunmehr unter dem Vorsitzenden Willi Stoph – ein. Diese Umbesetzungen bestärken unsere Vermutung, daß Honecker angesichts der prekären Wirtschaftslage vor allem wirtschaftspolitisch erfahrene Partei*fach*leute benötigt. Vgl. hierzu ausführlicher *Ilse Spittmann,* „Die NÖS-Mannschaft kehrt zurück", in: Deutschland Archiv, 9. Jg., Heft 11 (November 1976), S. 1121 ff.

[28] Seine Wiederberufung in das Amt des Vorsitzenden des Ministerrates der DDR auf der konstituierenden Sitzung der Volkskammer Ende Oktober 1976 weist allerdings darauf hin, daß seine organisatorischen Erfahrungen,

besonders im wirtschaftspolitischen Bereich, angesichts der schwierigen Wirtschaftslage der DDR offenbar dringend gebraucht werden.

[29] SED-offizielle Quellen geben die Zuständigkeitsbereiche der ZK-Sekretäre in der Regel nicht an. Die hier wiedergegebenen Ressortbezeichnungen entsprechen den in der westlichen DDR-Forschung gängigen Annahmen.

[30] ,,Vom . . . Parteitag gewählt" ist die SED-offizielle Formulierung. In Wirklichkeit bestätigen die Delegierten der jeweiligen Parteitage ,,einstimmig" eine vom Politbüro vorgelegte Liste der Mitglieder und Kandidaten des Zentralkomitees.

[31] Zur genauen Bestimmung der ,,Hauptfunktionsbereiche" und zur Problematik ihrer empirischen Erfassung vgl. *Peter C. Ludz,* Parteielite im Wandel. Funktionsaufbau, Sozialstruktur und Ideologie der SED-Führung. Eine empirisch-systematische Untersuchung (Schriften des Instituts für politische Wissenschaft, 21), 3., durchges. Aufl., Köln-Opladen 1970, S. 157f., S. 186ff., S. 199ff., S. 223ff., S. 343ff. Der interessierte Leser kann anhand dieses Buches auch die unten wiedergegebenen tabellarischen Angaben (s. Tabellen 1 und 2) zurückverfolgen, vgl. besonders a.a.O., S. 190 (Tabelle 13), S. 344 (Tabelle A 7).

[32] Einschließlich des Ministers für Außenwirtschaft, ausschließlich des Ministers für Landwirtschaft sowie des Ministers für Wissenschaft und Technik.

[33] *Honecker,* Bericht . . . , a.a.O. (Anm. 3), S. 123f. Vgl. ferner die – vollständigere – Veröffentlichung in: Einheit, 31. Jg., Heft 7 (Juli 1976), S. 816f. Für den VIII. Parteitag s. Protokoll der Verhandlungen des VIII. Parteitages der Sozialistischen Einheitspartei Deutschlands, 15. bis 19. Juni 1971, 2 Bde., Berlin 1971, Bd. I, S. 100f. Vergleichszahlen für die Jahre 1946 bis 1973/74 wurden zusammengestellt im Artikel ,,SED", in: DDR Handbuch, S. 762f.

[34] Protokoll der Verhandlungen des VIII. Parteitages . . . , a.a.O., Bd. I, S. 101.

[35] Vgl. in diesem Band, S. 55.

[36] Vgl. die Angaben über die Berufstätigen mit Hoch- und Fachschulabschluß in: Statistisches Jahrbuch 1975 der Deutschen Demokratischen Republik, S. 62.

[37] Die Zahlen für 1976 lagen bei Redaktionsschluß (30. November 1976) noch nicht vor.

C/I: Maximen und Möglichkeiten der Außenpolitik der DDR zu Beginn der siebziger Jahre

* Im Jahre 1976 überarbeitete Fassung eines Beitrages in: Deutschland Archiv, 4. Jg., Sonderheft (November 1971), S. 2–12.

[1] *Peter Florin,* Zur Außenpolitik der souveränen sozialistischen Deutschen Demokratischen Republik, Berlin 1967, S. 29.

[2] Seit 7. Oktober 1974 lautet Satz 1 von Artikel 1 der DDR-Verfassung: ,,Die Deutsche Demokratische Republik ist ein sozialistischer Staat der Arbeiter und Bauern.''

[3] Die Nachweise für die folgenden Zitate lauten: Protokoll der Verhandlungen des V. Parteitages der SED, 10. bis 16. Juli 1958, Bd. I, Berlin 1959, S. 36; Protokoll der Verhandlungen des VI. Parteitages der SED, 15. bis 21. Januar 1963, Bd. I, Berlin 1963, S. 53; *Walter Ulbricht,* Zum neuen ökonomischen System der Planung und Leitung, Berlin 1966, S. 398.

[4] Vgl. Neues Deutschland vom 16. Juni 1971, S. 5.

[5] Dies hat *Peter Bender,* Sechsmal Sicherheit. Befürchtungen in Osteuropa, 2. Aufl., Köln–Berlin 1971, S. 31 ff., als einer der ersten westlichen Beobachter, gut gesehen. Vgl. außerdem *Peter C. Ludz,* Deutschlands doppelte Zukunft. Bundesrepublik und DDR in der Welt von morgen. Ein politischer Essay (Reihe Hanser, 148), 3. Aufl., München 1974, S. 66 ff.

[6] Ähnlich *Gerhard Wettig,* Die Sowjetunion, die DDR und die Deutschland-Frage 1965–1976. Einvernehmen und Konflikt im sozialistischen Lager (Bonn Aktuell, 28), Stuttgart 1976, S. 156 ff.

[7] Vgl. z. B. *Harald Lange,* ,,Friedliche Koexistenz setzt sich durch'', in: IPW Berichte (Berichte des Instituts für Internationale Politik und Wirtschaft, Ost-Berlin), 1. Jg., Heft 4 (Juli 1972), S. 2 ff.; sowie *Wolfram Neubert,* ,,Ideologischer Kampf bei internationaler Entspannung'', in: IPW Berichte, 4. Jg., Heft 12 (Dezember 1975), S. 18 ff.

[8] *Florin,* Zur Außenpolitik . . ., a. a. O. (Anm. 1), S. 116.

[9] *Klaus Gäbler* und *Arnold Schön,* ,,Klassenkampf heute'', in: Einheit, 26. Jg., Heft 2 (Februar 1971), S. 223. Vgl. dazu auch: Die westdeutsche Sozialdemokratie in der gegenwärtigen Etappe der Auseinandersetzung zwischen Sozialismus und Imperialismus, Berlin 1970, besonders S. 30 ff.

[10] Der Imperialismus der BRD, hrsgg. vom Institut für Gesellschaftswissenschaften beim ZK der SED, 2. Aufl., Berlin 1972, S. 503.

[11] Vgl. *Florin,* Zur Außenpolitik . . ., a. a. O. (Anm. 1), S. 31.

[12] Für klärende Hinweise zum Verhältnis von Interzession, Intervention

und friedlicher Koexistenz bin ich Herrn Dr. Alexander Uschakow, Universität Köln, sowie Herrn Dr. Theodor Schweisfurth, Heidelberg, verpflichtet.

[13] Zur westlichen Auffassung vgl. etwa *Alfred Verdross,* Völkerrecht. Zweiter Teil, Wien 1964, S. 277 ff. – Zur sowjetischen Auffassung s. *Ekkehard Winnen,* Die Praxis der sowjetrussischen Völkerrechtstheorie zur Intervention und Aggression, jur. Diss., Münster 1970, S. 62 ff., besonders S. 75. Vgl. ferner *Wilhelm Oppermann,* ,,Nichteinmischung in die inneren Angelegenheiten", in: Archiv des Völkerrechts, 14. Jg. (1969–1970), S. 321 ff.

[14] In der DDR wird die Intervention prinzipiell abgelehnt, vgl. Wörterbuch der Außenpolitik, Berlin 1965, S. 333 f., sowie Kleines Politisches Wörterbuch, 2. Aufl., Berlin 1973, S. 379.

[15] Kleines Politisches Wörterbuch, a. a. O., S. 243.

[16] Dazu etwa die Stichworte ,,Kooperation, internationale", ,,Arbeitsteilung, internationale", in: Ökonomisches Lexikon, 2 Bde., Berlin 1967, Bd. I, S. 1136 f., S. 168 f.

[17] Nach einer Mitteilung in ,,Der Spiegel" (Nr. 36/1976, S. 60 ff.) investiert die DDR gegenwärtig jährlich rund 200 Millionen Mark in die militärische Entwicklungshilfe für arabische und afrikanische Staaten.

[18] Vgl. in diesem Band, S. 276 ff.

[19] Vgl. etwa die DDR-Berichterstattung über die Olympiade in Montreal, 1976.

[20] Neues Deutschland vom 10. Juli 1971, S. 4.

[21] *Otto Winzer,* in: Horizont, 4. Jg. (1971), Nr. 5, S. 3.

[22] Den Ausdruck übernehmen wir von *Stanley Hoffmann,* Gulliver's Troubles, Or the Setting of American Foreign Policy, New York etc. 1968, S. 21 ff., S. 396 ff.

[23] Vgl. auch *Zbigniew Brzezinski,* ,,Entspannungspolitik im Schatten Prags", in: *Claus Großner* et al., Das 198. Jahrzehnt. Eine Team-Prognose für 1970 bis 1980, Hamburg 1969, S. 46 ff.

[24] Dazu: Cooperation Between Eastern und Western Europe: Interests – Obstacles – Possibilities: Summary Report of the Third European-American Conference, hrsgg. von der Deutschen Gesellschaft für Auswärtige Politik, Bonn 1971, besonders die Beiträge von *Marshall Shulman* und *Richard Löwenthal.* Ferner: German Ostpolitik, Detente, and Perspectives for Europe: Summary Report of the Fourth European-American Conference, Bonn 1971, besonders die Beiträge von *William E. Griffith, Pierre Hassner* und *Richard Löwenthal.*

[25] „Quasi-Détente" hier nach *Marshall Shulman* im Protokoll: Cooperation Between Eastern und Western Europe ..., a. a. O., S. 48.

[26] *Henry A. Kissinger,* „Central Issues of American Foreign Policy"(1968), nachgedruckt in: *Henry A. Kissinger,* American Foreign Policy, erw. Aufl., New York 1974, S. 51 ff.

[27] *Zbigniew Brzezinski,* Between Two Ages: America's Role in the Technotronic Era, New York 1970, S. 284.

[28] Vgl. „Die Computerproduktion in Osteuropa", in: Neue Zürcher Zeitung Fernausgabe vom 2. Juni 1971, S. 5. Vgl. auch die nur geringfügig differierenden Schätzungen von *R. Richta* u. a., mitgeteilt bei *Richard V. Burks,* „Technology and Political Change in Eastern Europe", in: *Chalmers Johnson,* Hrsg., Change in Communist Systems, Stanford, Cal., 1970, S. 270 f. – Die für das Jahr 1970 berichtete Relation hatte sich auch im Jahre 1975 noch nicht geändert. Der Vorsprung der USA auf dem Gebiet der Konstruktion und Produktion von Hochleistungscomputern ist derart groß, daß seit Herbst 1976 Verhandlungen über den Verkauf solcher Geräte an die UdSSR im Gange sind, vgl. Die Zeit vom 5. November 1976, S. 7.

[29] Diese und die folgenden Angaben sind, wenn nicht anders vermerkt, der informativen Dokumentation von *Klaus Krakat* entnommen: *Klaus Krakat,* Der Weg zur dritten Generation. Die EDV-Entwicklung in der DDR bis zum Beginn der siebziger Jahre, in: FS-Analysen (Analysen der Forschungsstelle für gesamtdeutsche wirtschaftliche und soziale Fragen, Berlin), Nr. 7/1976, besonders S. 19 ff.

[30] Das Gerät ROBOTRON 300 wurde im VEB Kombinat ROBOTRON in Radeburg bei Dresden produziert. Weitere Angaben in dem Artikel „Die Computerproduktion in Osteuropa", a. a. O. (Anm. 28).

[31] Vgl. *Erhard Schulz,* „Sozialistische Rationalisierung mit Hilfe elektronischer Datenverarbeitung", in: Die Wirtschaft, 26. Jg. (1971), Nr. 32, S. 3 f. – Der vom VEB Zentronik hergestellte Kleinrechner C 8205 hat sich allem Anschein nach gut bewährt.

[32] Nach mündlichen Informationen.

[33] Vgl. dazu *Harry Trend,* in: Radio Free Europe, RAD Background Report, Nr. 214 vom 12. Oktober 1976.

[34] Vgl. zum Folgenden *Jochen Bethkenhagen* und *Heinrich Machowski,* Integration im Rat für gegenseitige Wirtschaftshilfe. Entwicklung, Organisation, Erfolg und Grenzen (Politologische Studien, 5), 2., erw. Aufl., Berlin 1976, S. 13 ff.; vgl. ferner Materialien zum Bericht zur Lage der Nation 1974, Kapitel I, Abschnitte 4 und 5.

[35] Neues Deutschland vom 30. Juli 1970, S. 1.

[36] *Bethkenhagen* und *Machowski,* Integration im Rat für gegenseitige Wirtschaftshilfe . . ., a. a. O. (Anm. 34), S. 25–28.

[37] Neues Deutschland vom 30. Juli 1970, S. 1.

[38] Vgl. hierzu und zum Folgenden das ,,Komplexprogramm für die weitere Vertiefung und Vervollkommnung der Zusammenarbeit und Entwicklung der sozialistischen ökonomischen Integration der Mitgliedsländer des RGW", das ausführlicher in diesem Band, S. 41 f., behandelt wird.

[39] Dennoch ist 1971 die Entscheidung über die Einführung einheitlicher Wechselkurse bis auf das Jahr 1980 verschoben worden. Vgl. *Bethkenhagen* und *Machowski,* Integration im Rat für gegenseitige Wirtschaftshilfe . . ., a. a. O. (Anm. 34), S. 17. Auch auf der 30. Tagung des RGW in Ost-Berlin (Juli 1976) wurde deutlich, daß es einen ,,über die eigenen Grenzen hinauswirkenden, gemeinsamen Preismechanismus" nicht gibt, vgl. dazu *Siegfried Kupper,* ,,Integration stockt auch im Osten. Zur 30. Tagung des Rates für Gegenseitige Wirtschaftshilfe", in: Deutschland Archiv, 9. Jg., Heft 8 (August 1976), S. 787.

[40] Vgl. in diesem Band, S. 157.

[41] Vgl. *Wettig,* Die Sowjetunion . . ., a. a. O. (Anm. 6), S. 141 ff., S. 155 ff.

C/II: Der Begriff der Nation in der Sicht der SED: Wandlungen und politische Bedeutung

* Im Jahre 1976 überarbeitete Fassung eines Beitrages in: Deutschland Archiv, 5. Jg., Heft 1 (Januar 1972), S. 17–27.

[1] Vgl. in diesem Band, S. 200 ff.

[2] Vgl. dazu *Alfred Kosing,* Nation in Geschichte und Gegenwart. Studie zur historisch-materialistischen Theorie der Nation, Berlin 1976; *Hermann Axen,* ,,Die Herausbildung der sozialistischen Nation in der Deutschen Demokratischen Republik", in: Probleme des Friedens und des Sozialismus, 19. Jg. (1976), Heft 3, S. 291 ff.; sowie *Carl Christoph Schweitzer,* Hrsg., Die deutsche Nation. Aussagen von Bismarck bis Honecker (Bibliothek Wissenschaft und Politik, 15), Köln 1976.

[3] *Erich Honecker* (Berichterstatter), Bericht des Zentralkomitees an den VIII. Parteitag der Sozialistischen Einheitspartei Deutschlands, in: Protokoll der Verhandlungen des VIII. Parteitages der Sozialistischen Einheitspartei Deutschlands, 15. bis 19. Juni 1971, 2 Bde., Berlin 1971, Bd. I, S. 45.

Honecker verwendet in diesem Zusammenhang die Attribute „unterschiedlich" wie „gegensätzlich". In seiner Rede vor Angehörigen der Nationalen
Volksarmee auf Rügen am 6. Januar 1972 hat er die „Gegensätzlichkeit" der
Bundesrepublik und der DDR dahingehend erweitert, daß er die Bundesrepublik als „Ausland", als „imperialistisches Ausland" bezeichnete, vgl.
Erich Honecker, „Der Sozialismus gewann an Stärke – der Frieden ist sicherer
geworden", in: Neues Deutschland vom 7. Januar 1972.

[4] *Honecker,* Bericht ... an den VIII. Parteitag, a. a. O., S. 56.

[5] Der Artikel 1 der DDR-Verfassung lautet seit 7. 10. 1974: „Die DDR ist
ein sozialistischer Staat der Arbeiter und Bauern." Begründet wurde die
Verfassungsrevision von Honecker auf der Volkskammer-Sitzung am 27.
Dezember 1974, vgl. Neues Deutschland vom 28. September 1974.

[6] *Erich Honecker* (Berichterstatter), Bericht des Zentralkomitees der Sozialistischen Einheitspartei Deutschlands an den IX. Parteitag der SED, Berlin
1976, S. 18.

[7] Nach privaten Informationen des Verfassers aus Bonn.

[8] Hier zitiert nach Ost-Probleme, 19. Jg. (1967), Heft 2, S. 45. Die Über-
setzer weisen darauf hin, daß Stalin beim Wiederabdruck der Schrift von
1913 in der russischen Ausgabe der „Gesammelten Werke" von 1946 diese
Definition leicht verändert hat.

[9] *Axen,* „Die Herausbildung der sozialistischen Nation ...", a. a. O.
(Anm. 2), S. 296.

[10] *Kosing,* Nation in Geschichte und Gegenwart ..., a. a. O. (Anm. 2),
S. 36.

[11] *Kosing,* a. a. O., S. 37–39.

[12] Zitate im folgenden stammen, soweit nicht anders vermerkt, aus dieser
Rede Honeckers: *Honecker,* Bericht ... an den VIII. Parteitag, a. a. O.
(Anm. 3), S. 55 f.

[13] Vgl. etwa: Der Imperialismus der BRD, hrsgg. vom Institut für Gesellschaftswissenschaften beim ZK der SED, Berlin 1971, S. 513. Zur seit Mitte
1971 festzustellenden Verwendung des Freund-Feind-Bildes vgl. *Horst
Adam,* „Philosophisch-theoretische Probleme des ideologischen Freund-
Feind-Bildes", in: Deutsche Zeitschrift für Philosophie, 19. Jg., Heft 6 (Juni
1971), S. 720–737.

[14] *Kosing,* Nation in Geschichte und Gegenwart ..., a. a. O. (Anm. 2),
S. 202.

[15] Vgl. z. B. *Honecker* auf dem 13. Plenum des ZK der SED am 12.
Dezember 1974: „Im übrigen sind wir nach wie vor der Ansicht, daß beim
Fortschreiten des revolutionären Weltprozesses der Sozialismus auch um die

Bundesrepublik Deutschland keinen Bogen machen wird. Dies ist jedoch eine Sache der Zukunft." (Neues Deutschland vom 13. Dezember 1974.)

[16] Die revidierte Fassung der Verfassung der DDR im Oktober 1974 hat demgegenüber auf alle Aussagen dieses Typs verzichtet.

[17] Vgl. in diesem Band, S. 273.

[18] Nachweise bei *Dietmar Kreusel*, Nation und Vaterland in der Militärpresse der DDR, Stuttgart-Degerloch 1971, S. 52ff.

[19] Hier zitiert nach *Kreusel*, a. a. O., S. 60.

[20] Vgl. die Nachweise bei *Kreusel*, a. a. O., S. 61.

[21] Vgl. *Kosing*, Nation in Geschichte und Gegenwart ..., a. a. O. (Anm. 2), S. 137ff., S. 133, S. 51ff.

[22] Neues Deutschland vom 10. August 1968.

[23] Stichwort „Nation", in: Kleines Politisches Wörterbuch, Berlin 1967, S. 427.

[24] Vgl. z. B. *Walter Ulbricht*, Fernseherklärung: „Unsere Republik handelt stets im Interesse der deutschen Nation", in: Neues Deutschland vom 14. März 1968, S. 3f.; abgedruckt in: Deutschland Archiv, 1. Jg., Heft 1 (April 1968), S. 60ff.

[25] *Walter Ulbricht*, Schlußwort auf der 10. Tagung des Zentralkomitees: „Zu einigen aktuellen Problemen", in: Neues Deutschland vom 8. Mai 1969; Auszüge in: Deutschland Archiv, 2. Jg., Heft 6 (Juni 1969), S. 629ff.

[26] *Walter Ulbricht*, Rede auf der internationalen Pressekonferenz am 19. Januar 1970: „Für friedliche völkerrechtliche Beziehungen zwischen beiden souveränen deutschen Staaten", in: Neues Deutschland vom 20. Januar 1970; abgedruckt in: Deutschland Archiv, 3. Jg., Heft 2 (Februar 1970), S. 179ff.

[27] Artikel „Nation", in: *Wolfgang Eichhorn* I et al., Hrsg., Wörterbuch der marxistisch-leninistischen Soziologie, Berlin 1969, S. 305ff.

[28] *Kosing*, Nation in Geschichte und Gegenwart ..., a. a. O. (Anm. 2), S. 136.

[29] *Kosing* setzt sich in diesem Zusammenhang über lange Passagen seiner Arbeit mit den „Materialien zum Bericht zur Lage der Nation 1974" auseinander. Vgl. etwa: Nation in Geschichte und Gegenwart ..., a. a. O., S. 16f., S. 53f., S. 146ff., S. 150ff.

[30] Vgl. Ostprobleme, 19. Jg. (1967), Heft 2, S. 51; ferner *Erwin Oberländer*, „Der sowjetische Nationbegriff. Zur Diskussion in ‚Voprosy istorii'", in: Bericht Nr. 40/1967 des Bundesinstituts für ostwissenschaftliche und internationale Studien. Auch *Kosing* (a. a. O., S. 37f.) wendet sich gegen die von Stalin vorgetragene Definition des Begriffs der Nation.

[31] Ostprobleme, 19. Jg. (1967), Heft 2, S. 49.

[32] Vgl. dazu *Kosing,* Nation in Geschichte und Gegenwart ..., a.a.O. (Anm. 2), S. 40f.

[33] *Kosing,* a.a.O., S. 36f.

[34] Artikel ,,Nation", in: Sachwörterbuch der Geschichte Deutschlands und der deutschen Arbeiterbewegung, 2 Bde., Berlin 1970, Bd. II, S. 126.

[35] Kleines Politisches Wörterbuch, a.a.O. (Anm. 23), S. 427.

[36] *Alfred Kosing* und *Walter Schmidt,* ,,Nation und Nationalität in der DDR", in: Neues Deutschland vom 15. Februar 1975; abgedruckt in: Deutschland Archiv, 8. Jg., Heft 11 (November 1975), S. 1221ff.

[37] *Kosing,* Nation in Geschichte und Gegenwart ..., a.a.O. (Anm. 2), S. 96f.

[38] Die von zahlreichen in- und ausländischen Besuchern der DDR übermittelten Berichte bis hin zu den in Interviews und Briefdokumentationen enthaltenen Äußerungen können naturgemäß nur ein subjektives Bild geben. Sie spiegeln die Wirklichkeit in der DDR immer nur in recht kleinen Ausschnitten, unter sehr verschiedenen Gesichtspunkten und zu sehr verschiedenen Zeiten wider. Vgl. etwa aus den sechziger Jahren: *Marion Gräfin Dönhoff* et al., Reise in ein fernes Land. Bericht über Kultur, Wirtschaft und Politik in der DDR, 2. Aufl., Hamburg 1964; *Horst Mönnich,* Einreisegenehmigung. Ein Deutscher fährt nach Deutschland, Hamburg 1967; *Wolfgang Plat,* Begegnung mit den anderen Deutschen. Gespräche in der Deutschen Demokratischen Republik, Reinbek bei Hamburg 1969; *Hans Apel,* Ohne Begleiter. 287 Gespräche jenseits der Zonengrenze, Köln 1965; *ders.,* Spaltung. Deutschland zwischen Vernunft und Vernichtung, Berlin 1966; *Amos Elon,* In einem heimgesuchten Land. Reise eines israelischen Journalisten in beide deutsche Staaten, München 1966; *Jean Edward Smith,* Germany Beyond the Wall: People, Politics ... and Prosperity, Boston-Toronto 1969; *John Dornberg,* The Other Germany, Garden City, N.Y., 1968 (dt.: Deutschlands andere Hälfte. Profil und Charakter der DDR, Wien etc. 1969); *David Childs,* East Germany, New York-Washington 1969. – Vgl. aus der jüngeren Vergangenheit: *Hans Axel Holm,* Bericht aus einer Stadt in der DDR, aus dem Schwedischen, München 1970; *Barbara Grunert-Bronnen,* Hrsg., Ich bin Bürger der DDR und lebe in der Bundesrepublik. 12 Interviews, München 1970; *Hildegard Baumgart,* Hrsg., Briefe aus einem anderen Land – Briefe aus der DDR, 2. Aufl., Hamburg 1971; *Gudrun Tempel,* Verwandtenbesuch. Heimkehr in ein fremdes Land, München etc. 1973; *J. Albrecht Cropp,* DDR Impressionen. Zwischen Thüringer Wald und Rügen, Eschborn etc. 1973.

C/III: Die nationale Frage im Spannungsfeld von Integration und Koexistenz

* Im Jahre 1976 überarbeitete Fassung eines Beitrages in: Deutschland Archiv, 6. Jg., Sonderheft (Oktober 1973), S. 76–87.

[1] *Siegfried Bock,* ,,Die Sicherheitskonferenz – ein historisches Ereignis", in: Horizont, 6. Jg. (1973), Nr. 27, S. 4 f.

[2] *Herbert Häber,* ,,Die Politik der friedlichen Koexistenz und der ideologische Kampf", in: IPW-Forschungshefte, 8. Jg. (1973), Heft 2, S. 18 f.

[3] Vgl. den Bericht von *Christa Braumann* über die Tagung des Rates für Imperialismusforschung unter dem Titel ,,Zum Problem der Aggressivität des Imperialismus", in: IPW-Berichte, 2. Jg. (1973), Heft 5, S. 39. Vgl. grundsätzlich zum Konzept der friedlichen Koexistenz in diesem Band, S. 200 ff.

[4] Ausführlich dazu *Peter C. Ludz,* ,,Widerspruchstheorie und entwickelte sozialistische Gesellschaft", in: Deutschland Archiv, 6. Jg., Heft 5 (Mai 1973), S. 506 ff.; wiederabgedruckt in *ders.,* Ideologiebegriff und marxistische Theorie. Ansätze zu einer immanenten Kritik, Opladen 1976, S. 248 ff. Vgl. auch in dem gleichen Band die Aufsätze ,,Konflikttheoretische Ansätze im historischen Materialismus" (S. 213 ff.) und ,,Widerspruchsprinzip und Soziologie" (S. 234 ff.).

[5] Dazu *Peter C. Ludz,* Deutschlands doppelte Zukunft. Bundesrepublik und DDR in der Welt von morgen. Ein politischer Essay (Reihe Hanser, 148), 3. Aufl., München 1974, S. 76 ff., sowie in diesem Band, S. 206 ff.

[6] Dies ist zu verschiedenen Zeitpunkten von Vertretern der SED-Führung immer wieder betont worden. So formulierte *Hermann Axen* in einem Rückblick auf das Jahr 1971: ,,Die Bedeutung des nationalen Faktors in der Politik der kommunistischen Parteien, zumal wenn sie an der Macht sind, nimmt keineswegs ab, sondern muß stets sorgfältig berücksichtigt werden, wobei jedoch immer die allgemeinen Gesetzmäßigkeiten das Primäre, das Ausschlaggebende bleiben" (*Hermann Axen,* ,,Ein neuer Typ der internationalen Beziehungen", in: Probleme des Friedens und des Sozialismus, 15. Jg., 1972, Heft 1, S. 36). *Honecker* hatte auf dem 9. Plenum im Mai 1973 ebenfalls hervorgehoben, daß die SED an die nationalen und internationalen Probleme ,,stets . . . von der Position des proletarischen Internationalismus" aus herangegangen sei (in: Neues Deutschland vom 30. Mai 1973). Diese Position impliziert eine grundsätzlich rückhaltlose Unterordnung der Politik der SED unter die der KPdSU. So hatte *Honecker* wenige Monate vor dem 9. Plenum erklärt, daß die Sowjetunion ,,internationale Beziehungen

von neuem Wesen hervorgebracht" habe, „die sich im Zusammenhalt, in der wachsenden Einheit und Geschlossenheit der gesamten sozialistischen Staatengemeinschaft ausdrücken" (in: Einheit, 27. Jg., Heft 11, November 1972, S. 1397). Diese Auffassung gilt auch noch für das Jahr 1976, wie *Honeckers* Rede auf der Gipfelkonferenz der europäischen kommunistischen Parteien im Juni 1976 in Ost-Berlin demonstriert.

[7] So zuletzt auf dem IX. Parteitag, vgl. *Erich Honecker* (Berichterstatter), Bericht des Zentralkomitees der Sozialistischen Einheitspartei Deutschlands an den IX. Parteitag der SED, Berlin 1976, S. 18.

[8] Vgl. dazu in diesem Band, S. 308.

[9] Anklänge an eine auch von der DDR wahrzunehmende nüchterne Interessenpolitik im gesamteuropäischen Bereich finden sich in der ausgewogenen Darstellung des Leiters der Abteilung Grundsatzfragen im Ministerium für Auswärtige Angelegenheiten der DDR, Botschafter Dr. *Siegfried Bock,* anläßlich der Konferenz in Helsinki (vgl. Anm. 1).

[10] Vgl. zu diesen Fragen im einzelnen *Ludz,* Deutschlands doppelte Zukunft . . ., a.a.O. (Anm. 5), S. 95 ff., S. 138 ff.

[11] *Wassili Parfinow,* „Integration heute und morgen", in: Neues Deutschland vom 8. Juli 1973, S. 3.

[12] *N. W. Faddejew,* „Integration fördert dynamische Entwicklung der RGW-Länder", in: Horizont, 6. Jg. (1973), Nr. 31, S. 3 f.

[13] *M. W. Senin,* Sozialistische Integration, Berlin 1972, S. 38 und passim.

[14] *A. P. Butenko,* Sozialistische Integration – Wesen und Perspektiven, Berlin 1972, S. 29.

[15] Wie westliche Untersuchungen nachgewiesen haben, ist die Intrablockmobilität von Arbeitskräften jedoch in den Jahren 1973/74 immer noch vergleichsweise gering gewesen. *Friedrich Levcik* schätzt, daß zu diesem Zeitpunkt maximal 200 000 Arbeitskräfte nicht in ihren Heimatländern tätig gewesen sind, vgl. seine Studie „Migration und Ausländerbeschäftigung in den RGW-Ländern und ihre Probleme", erschienen als Nr. 32 (Dezember 1975) der Forschungsberichte des Wiener Instituts für Internationale Wirtschaftsvergleiche beim Österreichischen Institut für Wirtschaftsforschung.

[16] Vgl. *Heinrich Swoboda,* „Produktionsverhältnisse und ökonomisches Grundgesetz des Sozialismus im Integrationsprozeß", in: Einheit, 28. Jg., Heft 7 (Juli 1973), S. 842.

[17] Dazu *Gunther Kohlmey,* „Vergesellschaftung, Internationalisierung, sozialistische Integration. Zur Entfaltung des internationalen Charakters der sozialistischen Produktionsweise", in: Deutsche Zeitschrift für Philosophie, 20. Jg., Heft 7 (Juli 1972), S. 861, S. 865.

[18] Vgl. etwa das Protokoll: Die entwickelte sozialistische Gesellschaft. Wesen und Kriterien – Kritik revisionistischer Konzeptionen, hrsgg. von der Akademie für Gesellschaftswissenschaften beim ZK der KPdSU und vom Institut für Gesellschaftswissenschaften beim ZK der SED, Berlin 1975.

[19] *Norbert Gustmann* und *Kurt Schneider*, ,,Sozialistische Integration – ein politisch geführter Prozeß", in: Deutsche Zeitschrift für Philosophie, 21. Jg., Heft 6 (Juni 1973), S. 710. – Dieser Gedanke ist auch in das neue Programm der SED von 1976 aufgenommen worden. Dort heißt es am Beginn des dritten Absatzes der Einleitung: ,,Die Sozialistische Einheitspartei ist eine Abteilung der internationalen kommunistischen Bewegung."

[20] *Otto Finger*, ,,Die Einheit der wissenschaftlichen Weltanschauung und der ideologische Klassenkampf der Gegenwart", in: Deutsche Zeitschrift für Philosophie, 21. Jg., Heft 2 (Februar 1973), S. 172.

[21] *Gustmann* und *Schneider*, a.a.O. (Anm. 19), S. 710.

[22] *Axen*, ,,Ein neuer Typ der internationalen Beziehungen", a.a.O. (Anm. 6), S. 41.

[23] Zur Ausdehnung des ,,Netzes der internationalen Beziehungen" *Günter Steltner*, ,,Zusammenarbeit der sozialistischen Staatengemeinschaft auf neuer Stufe", in: Einheit, 28. Jg., Heft 5 (Mai 1973), S. 527. – Von der ,,Gesetzmäßigkeit der sozialistischen Integration" sprechen *Gustmann* und *Schneider*, a.a.O. (Anm. 19), S. 715.

[24] *Gustmann* und *Schneider*, a.a.O., S. 717.

[25] Vgl. dazu u. a. *Rolf Steffens,* Integrationsprobleme im Rat für Gegenseitige Wirtschaftshilfe (RGW). Lösungsansätze bis zum Komplexprogramm des RGW, Hamburg 1974, S. 113 ff., S. 159 ff., S. 192 ff.

[26] *Otto Reinhold*, ,,Der historische Platz der entwickelten sozialistischen Gesellschaft", in: Einheit, 27. Jg., Heft 11 (November 1972), S. 1465.

[27] *Otto Reinhold*, ,,Die entwickelte sozialistische Gesellschaft – historischer Platz und Kriterien", in: Horizont, 6. Jg. (1973), Nr. 9, S. 8. Vgl. dazu auch *G. J. Gleserman,* Der historische Materialismus und die Entwicklung der sozialistischen Gesellschaft, Berlin 1973, S. 349 ff. und passim.

[28] Dazu *Swoboda,* a.a.O. (Anm. 16), S. 843.

[29] Vgl. *Werner Hänisch* und *Joachim Krüger,* Europa auf dem Weg zu Frieden, Sicherheit und Zusammenarbeit, Frankfurt am Main 1973, besonders S. 77 ff.; weiterhin *Ernst-Otto Schwabe*, ,,Sicherheitskonferenz. Gedanken am Rande eines großen Ereignisses", in: Horizont, 6. Jg. (1973), Nr. 29, S. 3.

[30] Vgl. dazu in diesem Band, S. 200 ff.

[31] Vgl. *Erich Honeckers* Rede ,,Bedeutsamer Höhepunkt im Kampf der Jugend aller Kontinente", in: Neues Deutschland vom 21. Juli 1973, S. 3.
[32] *Honecker*, ebda.

C/IV: Die SED und das europäische kommunistische Gipfeltreffen (1976)

★ Bisher unveröffentlicht.

[1] Vgl. *Ernst-Otto Schwabe*, ,,Die starke Waffe in unserer Hand", in: Horizont, 9. Jg. (1976), Nr. 21, S. 2.

[2] *Bruno Mahlow*, ,,Zum XXV. Parteitag der KPdSU: In brüderlicher Kampfgemeinschaft", in: Horizont, 9. Jg. (1976), Nr. 9, S. 3.

[3] Vgl. *Peter C. Ludz*, ,,Das aufgeschobene Gipfeltreffen der europäischen kommunistischen Parteien. Eine Zwischenbilanz", in: Aus Politik und Zeitgeschichte. Beilage zur Zeitung ,,Das Parlament", Nr. 5 (31. Januar 1976), S. 3 ff.

[4] Dazu *Viktor Meier*, in: Frankfurter Allgemeine Zeitung vom 17. Dezember 1975.

[5] *Erich Honecker*, in: Konferenz der kommunistischen und Arbeiterparteien Europas, Berlin, 29. und 30. Juni 1976. Dokumente und Reden, Berlin 1976, S. 221.

[6] *Heinz Timmermann*, ,,Eurokommunismus – eine Herausforderung für Ost und West", in: Deutschland Archiv, 9. Jg., Heft 12 (Dezember 1976), S. 1276 ff.

[7] Nach einer Formulierung von Gian Carlo Pajetta, hier zitiert nach *Heinz Timmermann*, ,,Das Tauziehen um eine Konferenz der europäischen Kommunisten", in: Europa-Archiv, 31. Jg., Heft 2 (25. Januar 1976), S. 35.

[8] Aus dem Bericht des Politbüros an die 9. Tagung des Zentralkomitees der SED am 28. und 29. Mai 1973, in: Dokumente und Materialien der Zusammenarbeit zwischen der Sozialistischen Einheitspartei Deutschlands und der Kommunistischen Partei der Sowjetunion 1971 bis 1974, zusammengestellt von *Willi Münzner* et al., Berlin 1975, S. 132.

[9] *Honecker*, a.a.O. (Anm. 5), S. 217.

[10] Dokument der Konferenz der kommunistischen und Arbeiterparteien Europas ,,Für Frieden, Sicherheit, Zusammenarbeit und sozialen Fortschritt in Europa", in: Konferenz der kommunistischen und Arbeiterparteien Europas ..., a.a.O. (Anm. 5), S. 17.

[11] Konferenz der kommunistischen und Arbeiterparteien Europas ...,
a.a.O., S. 219 *(Honecker)*, S. 86 *(Breshnew)*.

[12] Vgl. dazu auch die wenig aussagekräftige Stellungnahme des Politbüros
des ZK der SED zu den Ergebnissen der Konferenz, in: Einheit, 31. Jg.,
Heft 8 (August 1976), S. 858f. Dort heißt es u.a.: „Das Politbüro der SED
bekräftigt, daß entsprechend dem im Dokument der Konferenz enthaltenen
Programm des Kampfes für Frieden, Sicherheit, Zusammenarbeit und sozialen Fortschritt in Europa die Sozialistische Einheitspartei auch künftig
alles tun wird, um einen aktiven Beitrag zur Verwirklichung der Ziele der
kommunistischen und Arbeiterparteien zu leisten."

[13] *Bruno Mahlow,* „Das gewichtige Wort der Kommunisten Europas", in:
Einheit, 31. Jg., Heft 9 (September 1976), S. 993ff.

[14] *Mahlow,* a.a.O., S. 1001. Hervorhebung von P.C.L.

[15] Vgl. *Karl Wilhelm Fricke,* „Die SED und die europäische KP-Konferenz", in: Deutschland Archiv, 9. Jg., Heft 7 (Juli 1976), S. 675f.

[16] Vgl. in diesem Band, S. 208ff..

D/I: Perspektiven der innerdeutschen Beziehungen in ihren politischen und ideologischen Dimensionen

* Bisher unveröffentlicht. Der Abschnitt ist aus einem Vortrag hervorgegangen, den der Verfasser auf der Konferenz „Perspektiven der deutschen
Frage in der Außenpolitik der Bundesrepublik Deutschland" des Forschungsinstituts der Deutschen Gesellschaft für Auswärtige Politik am
3. November 1976 in Bonn gehalten hat.

[1] Schlußakte der Konferenz über Sicherheit und Zusammenarbeit in Europa vom 1. August 1975, in: KSZE-Konferenz über Sicherheit und Zusammenarbeit in Europa in Beiträgen und Dokumenten aus dem Europa-Archiv, hrsgg. von *Hermann Volle* und *Wolfgang Wagner,* Bonn 1976, S. 256.

[2] Vgl. in diesem Band, S. 280ff.

[3] Vgl. zu diesem Ansatz, mit Hilfe einer vom kritischen Rationalismus
ausgehenden Ideologiekritik und einer ideologiekritisch orientierten Sozialpsychologie ideologische Großgruppen zu charakterisieren, neuerlich
Kurt Salamun, Ideologie, Wissenschaft, Politik. Sozialphilosophische Studien, Graz etc. 1975. Vgl. ferner *Peter C. Ludz,* „Entwurf einer Typologie
des Ideologiebegriffs", in: *ders.,* Ideologiebegriff und marxistische Theorie.
Ansätze zu einer immanenten Kritik, Opladen 1976, S. 82ff.

[4] Staatsrechtlich kann deshalb die DDR nicht mehr als Inland angesehen werden. Andererseits darf die Bundesregierung, nach dem Urteil des Bundesverfassungsgerichts von 1973, die DDR nicht als Ausland behandeln. Vor allem handelspolitisch und zollrechtlich wird die Fiktion, daß die DDR Inland sei, aufrechterhalten. Dazu *Reinhold Biskup,* Deutschlands offene Handelsgrenze. Die DDR als Nutznießer des EWG-Protokolls über den innerdeutschen Handel, Berlin etc. 1976, S. 22f.; sowie in diesem Band, S. 317f.

[5] Vgl. *Jens Hacker,* Der Rechtsstatus Deutschlands aus der Sicht der DDR (Abhandlungen zum Ostrecht, 13), Köln 1974, S. 401.

[6] Vgl. *Ulrich Scheuner,* „Die staatsrechtliche Stellung der Bundesrepublik. Zum Karlsruher Urteil über den Grundlagenvertrag", in: Die Öffentliche Verwaltung, 26. Jg., Heft 17 (September 1973), S. 581ff.

[7] *Salamun,* Ideologie, Wissenschaft, Politik . . ., a.a.O. (Anm. 3), S. 16ff.

[8] Vgl. dazu *Hermann Axens* Bewertung der Ergebnisse der KSZE-Schlußakte, in: Neues Deutschland vom 3. Oktober 1975; abgedruckt in: Deutschland Archiv, 8. Jg., Heft 11 (November 1975), S. 1207ff.

[9] Systematisch hierzu: *Wilhelm Bruns,* Friedliche Koexistenz. Ideologie und Außenpolitik kommunistischer Staaten, hrsgg. von der Landeszentrale für politische Bildung, Hamburg 1976.

[10] *Honecker* in einem Interview mit dem Kolumnisten der „New York Times" C. L. Sulzberger in Ost-Berlin, abgedruckt in: Neues Deutschland vom 25. November 1972.

[11] Vgl. in diesem Band, S. 224ff.

[12] *Erich Honecker* (Berichterstatter), Bericht des Zentralkomitees der SED an den VIII. Parteitag der SED, in: Protokoll der Verhandlungen des VIII. Parteitages der Sozialistischen Einheitspartei Deutschlands, 15. bis 19. Juni 1971, 2 Bde., Berlin 1971, Bd. I, S. 55f. Vgl. auch in diesem Band, S. 227ff.

[13] *Erich Honecker* (Berichterstatter), Bericht des Zentralkomitees der Sozialistischen Einheitspartei Deutschlands an den IX. Parteitag der SED, Berlin 1976, S. 103.

[14] *Alfred Kosing,* Nation in Geschichte und Gegenwart. Studien zur historisch-materialistischen Theorie der Nation, Berlin 1976, S. 180.

[15] S. Der Stern, Nr. 38/1976, S. 30.

[16] Vgl. etwa *Waldemar Besson,* Die Außenpolitik der Bundesrepublik. Erfahrungen und Maßstäbe, München 1970; ferner *Lutz Niethammer,* unter Mitarbeit von *Ulrich Borsdorf,* „Traditionen und Perspektiven der Nationalstaatlichkeit", in: Außenpolitische Perspektiven des westdeutschen Staates (Schriften des Forschungsinstituts der Deutschen Gesellschaft für Auswärti-

ge Politik e. V., 30/2), München–Wien 1972, S. 13 ff.; sowie *Karl W. Deutsch*, Nationalism and Social Communication. An Inquiry into the Foundations of Nationality, Cambridge, Mass., 1966.

[17] Vgl. *Gebhard Schweigler*, Nationalbewußtsein in der BRD und der DDR (Studien zur Sozialwissenschaft, 8), Düsseldorf 1973, S. 44 ff.

[18] Dazu *Jörg Gabbe*, Parteien und Nation. Zur Rolle des Nationalbewußtseins für die politischen Grundorientierungen der Parteien in der Anfangsphase der Bundesrepublik (Studien zum politischen System der Bundesrepublik Deutschland, 15), Meisenheim am Glan 1976.

[19] Artikel „Sozialpolitik", in: Sachwörterbuch der Geschichte Deutschlands und der deutschen Arbeiterbewegung, 2 Bde., Berlin 1970, Bd. II, S. 584.

[20] Vgl. dazu die Teile A und B in diesem Band.

[21] Vgl. beispielsweise *Curt Gasteyger*, Die beiden deutschen Staaten in der Weltpolitik (Piper Sozialwissenschaft, 37), München 1976, S. 168 ff.

[22] In diesem Zusammenhang ist auch an den Wahlkampf 1976 zu erinnern. Eine – allerdings meist latent bleibende – Polarisierung in der deutschen Frage scheint nach wie vor vorhanden zu sein. Der Wahlkampf 1976, vor allem die von der CDU/CSU geprägte Parole „Freiheit statt/oder Sozialismus" hat – wie bei zahlreichen Gelegenheiten zu beobachten war – Tiefenschichten der westdeutschen Mentalitätslage berührt, die u. E. nur deshalb nicht stärker sichtbar wurden, weil sonst die keineswegs abgeschlossene Auseinandersetzung mit dem Nationalsozialismus hätte aufgerollt werden müssen.

[23] Dies ist im Gegensatz zu *Schweiglers* (a.a.O., Anm. 17) Untersuchung des Nationbegriffs und des Nationalbewußtseins in beiden deutschen Staaten ausdrücklich hervorzuheben.

D/II: Die KSZE-Schlußakte und der neue Vertrag der DDR mit der UdSSR in ihrer Bedeutung für die Deutschlandpolitik der SED

⋆ Bisher unveröffentlicht.

[1] Vgl. in diesem Band, S. 206 f.

[2] *Hermann Axen*, in: Neues Deutschland vom 3. Oktober 1975; abgedruckt in: Deutschland Archiv, 8. Jg., Heft 11 (November 1975), S. 1207 ff.

[3] Vgl. dazu *Klaus Blech*, „Die Prinzipienerklärung der KSZE-Schlußakte", in: Europa-Archiv, 31. Jg., Heft 8 (25. April 1976), S. 257 ff.

[4] Den Sicherheitsaspekt hebt u. a. auch *Ilse Spittmann* vor dem der Zusammenarbeit hervor, vgl. ihre Analyse ,,Das 15. ZK-Plenum und der neue Vertrag mit Moskau", in: Deutschland Archiv, 8. Jg., Heft 11 (November 1975), S. 1122.

[5] Vgl. dazu etwa die Ausführungen des Leiters der Delegation der DDR in Helsinki, Prof. Dr. *Siegfried Bock,* in: Horizont, 9. Jg. (1976), Nr. 11, S. 12f.

[6] Dazu auch die Interpretation von *Karl Wilhelm Fricke,* ,,Die SED und die europäische KP-Konferenz", in: Deutschland Archiv, 9. Jg., Heft 7 (Juli 1976), S. 676.

[7] *Axen,* a.a.O. (Anm. 2), S. 1211.

[8] Vgl. dazu auch die Interpretation von *Fred Oldenburg,* ,,Zu Problemen des November-Plenums 1975 des ZK der SED", in: Berichte des Bundesinstituts für ostwissenschaftliche und internationale Studien, Nr. 5/1976, S. 11.

[9] Es handelt sich um die folgenden Prinzipien: I. Souveräne Gleichheit, Achtung der der Souveränität innewohnenden Rechte; II. Enthaltung von der Androhung oder Anwendung von Gewalt; III. Unverletzlichkeit der Grenzen; IV. Territoriale Integrität der Staaten; VI. Nichteinmischung in innere Angelegenheiten; VIII. Gleichberechtigung und Selbstbestimmungsrecht der Völker.

[10] Im gleichen Kontext muß festgestellt werden, daß die KSZE-Prinzipiendeklaration weder mit den ,,Prinzipien der friedlichen Koexistenz" (Artikel 5 des Vertrages) noch mit den Grundsätzen des ,,Marxismus-Leninismus und des sozialistischen Internationalismus" (Präambel) übereinstimmt.

[11] Vgl. *Theodor Schweisfurth,* ,,Die neue vertragliche Bindung der DDR an die Sowjetunion", in: Europa-Archiv, 30. Jg., Heft 24 (25. Dezember 1975), S. 754f.

[12] *Schweisfurth,* a.a.O., S. 756.

[13] Vgl. dazu im einzelnen *Hans Heinrich Mahnke,* ,,Der neue Freundschafts- und Beistandspakt zwischen Sowjetunion und DDR", in: Deutschland Archiv, 8. Jg., Heft 11 (November 1975), S. 1166ff.

[14] Dazu *Schweisfurth,* a.a.O. (Anm. 11), S. 759.

[15] In diesem Sinne interpretiert auch *Hermann Axen* den Vertrag. Hier sei ,,erstmalig" in einem Vertrag zwischen sozialistischen Staaten der ,,objektive Prozeß" der Annäherung sozialistischer Nationen vertraglich fixiert worden; gleichermaßen sei die Herausbildung der ,,sozialistischen Nation in der DDR" nun auch vertraglich abgesichert worden. *Hermann Axen,* ,,Die Herausbildung der sozialistischen Nation in der Deutschen Demokratischen

Republik", in: Probleme des Friedens und des Sozialismus, 19. Jg. (1976), Heft 3, S. 291. Vgl. ferner *Schweisfurth*, a.a.O., S. 757f.

[16] Vgl. in diesem Band, S. 216f.

[17] Dieser Auffassung neigt offenbar auch *Mahnke,* a.a.O. (Anm. 13), S. 1162, zu.

[18] *Axen,* ,,Die Herausbildung der sozialistischen Nation ...", a.a.O. (Anm. 15), S. 295. Hervorhebung von P.C.L.

[19] *Mahnke,* a.a.O. (Anm. 13), S. 1123 und passim.

D/III: Politische Probleme des Innerdeutschen Handels

* Bisher unveröffentlicht.

[1] Ähnlich *Siegfried Kupper,* ,,Politische Aspekte des Innerdeutschen Handels", in: *Claus-Dieter Ehlermann* et al., Handelspartner DDR – Innerdeutsche Wirtschaftsbeziehungen (Schriftenreihe Europäische Wirtschaft, 76), Baden-Baden 1975, S. 39.

[2] Hier im Anschluß an *Kupper,* a.a.O., S. 71.

[3] Interview mit *C.L. Sulzberger* von der ,,New York Times", in: Neues Deutschland vom 25. November 1972.

[4] Während *Reinhold Biskup* das Honecker-Interview nicht als politisch gewichtige Äußerung anerkennt, mißt *Kupper* ihm eine solche Bedeutung zu. Vgl. *Reinhold Biskup,* Deutschlands offene Handelsgrenze. Die DDR als Nutznießer des EWG-Protokolls über den innerdeutschen Handel, Berlin etc. 1976, S. 41; *Kupper,* a.a.O. (Anm. 1), S. 41.

[5] Dazu *Claus-Dieter Ehlermann,* ,,Innerdeutsche Wirtschaftsbeziehungen und Europäische Gemeinschaft", in: *ders.* et al., Handelspartner DDR ..., a.a.O. (Anm. 1), S. 210.

[6] Vgl. u.a. *Peter Mitzscherling* et al., DDR-Wirtschaft. Eine Bestandsaufnahme, hrsgg. vom Deutschen Institut für Wirtschaftsforschung (Fischer Taschenbuch, 6259), Frankfurt am Main 1974, S. 294; *Biskup,* Deutschlands offene Handelsgrenze ..., a.a.O. (Anm. 4), passim; *Gerhard Ollig,* ,,Rechtliche Grundlagen des innerdeutschen Handels", in: *Ehlermann* et al., Handelspartner DDR ..., a.a.O. (Anm. 1), S. 180.

[7] So die Autoren des Bandes ,,DDR-Wirtschaft" (a.a.O.); dagegen *Biskup,* Deutschlands offene Handelsgrenze ..., a.a.O., S. 16ff., S. 125ff.

[8] Vgl. *Mitzscherling* et al., DDR-Wirtschaft ..., a.a.O., S. 295.

[9] Vgl. hierzu und zum Folgenden *Biskup,* Deutschlands offene Handelsgrenze ..., a.a.O. (Anm. 4), S. 202ff., S. 205.

[10] *Biskup,* S. 203.

[11] *Biskup,* S. 206.

[12] East West Markets. Chase World Information vom 4. Oktober 1976, S. 8; vgl. auch Frankfurter Allgemeine Zeitung vom 7. September 1976.

[13] *Mitzscherling* et al., DDR-Wirtschaft . . ., a.a.O. (Anm. 6), S. 293.

[14] Deshalb sollten die Aussagen in diesem Kapitel etwa mit denen in dem Kapitel über den Begriff der Nation (S. 221 ff.) konfrontiert werden.

Weiterführende Literatur

Eine Auswahl neuerer Arbeiten zu den in diesem Band behandelten Themen

1. Nachschlagewerke und Übersichten

Bericht der Bundesregierung und Materialien zur Lage der Nation s. unter: *Materialien* zum Bericht zur Lage der Nation . . .

DDR Handbuch, hrsgg. vom Bundesministerium für innerdeutsche Beziehungen (Wissenschaftliche Leitung: Peter Christian Ludz unter Mitwirkung von Johannes Kuppe), Köln: Verlag Wissenschaft und Politik, 1975, XVI-992 Seiten.

Beschreibung und Analyse fast aller für die DDR-Wirklichkeit von heute wesentlichen Sachgebiete in mehr als 2000 Stichworten und Artikeln.

Materialien zum Bericht zur Lage der Nation 1971, im Auftrage des Bundesministers für innerdeutsche Beziehungen von einer wissenschaftlichen Kommission unter der Leitung von Peter C. Ludz bearbeitet (Deutscher Bundestag, Drucksache VI/1690), Bonn 15. 1. 1971. Verlagsausgabe: Deutschland 1971. Bericht und Materialien zur Lage der Nation, Opladen: Westdeutscher Verlag, 1971 (ab 1972 unter dem Titel: BRD – DDR. Systemvergleich 1: Politik – Wirtschaft – Gesellschaft), 416 Seiten.

Ausführliche und detaillierte Gegenüberstellung der Bundesrepublik Deutschland und der DDR auf folgenden Gebieten: Außenpolitik, Bevölkerungs- und Erwerbsstruktur, Produktionsstruktur, Infrastruktur, Einkommens- und Verbrauchsstruktur, soziale Sicherung, sowie ausgewählte Aspekte von Bildung und Ausbildung und der Situation der Jugend in beiden deutschen Staaten.

Materialien zum Bericht zur Lage der Nation 1972, im Auftrage des Bundesministers für innerdeutsche Beziehungen von einer wissenschaftlichen Kommission unter der Leitung von Peter C. Ludz bearbeitet (Deutscher Bundestag, Drucksache VI/3080), Bonn 8. 2. 1972. Verlagsausgabe: BRD – DDR. Systemvergleich 2: Recht, Opladen: Westdeutscher Verlag, 1972, 361 Seiten.

Ausführliche Gegenüberstellung der Entwicklung der wichtigsten Rechtsgebiete in beiden deutschen Staaten: Verfassung und Staatsrecht, Zivil- und Familienrecht, Wirtschaftsrecht, Arbeitsrecht, Strafrecht und Kriminalität, Rechtspflege, EDV, Kybernetik und Recht.

Materialien zum Bericht zur Lage der Nation 1974, im Auftrage des Bundesministers für innerdeutsche Beziehungen von einer wissenschaftlichen Kommission unter der Leitung von Peter C. Ludz bearbeitet (Deutscher Bundestag, Drucksache VII/2423), Bonn 29. 7. 1974. Verlagsausgabe: Bundesrepublik Deutschland – Deutsche Demokratische Republik. Systemvergleich 3: Nation – Staatliche und gesellschaftliche Ordnung – Wirtschaft – Sozialpolitik, Opladen: Westdeutscher Verlag, 1975, XXVII–594 Seiten.

Chronologie und Analyse der deutschen Frage seit 1969; vergleichende Untersuchungen über die Außenpolitik der beiden deutschen Staaten sowie über Konzepte der deutschen Nation; ferner Vergleich der staatlichen und gesellschaftlichen Ordnung, der Wirtschaft, der Sozialpolitik und der öffentlichen Verwaltung in der Bundesrepublik und der DDR.

Namen und Daten. Biographien wichtiger Personen der DDR, bearbeitet von Günther Buch, Berlin und Bonn-Bad Godesberg: Verlag J. H. W. Dietz Nachf., 1973, XV–332 Seiten.

Das bisher vollständigste im Westen erschienene biographische Nachschlagewerk, das fast 2300 Biographien von zur Zeit der Bearbeitung lebenden Persönlichkeiten des öffentlichen Lebens der DDR enthält (Redaktionsschluß: Oktober 1973).

Synopse zur Deutschlandpolitik 1941 bis 1973, bearbeitet von Werner Weber und Werner Jahn, Göttingen: Otto Schwartz & Co., 1973, XV–1070 Seiten.

Die bisher ausführlichste chronologische Zusammenstellung von Materialien (mit genauen Quellenangaben) aus Ost und West zur deutschen Frage seit 1941 mit Personenregister.

2. Geschichte der DDR und Gesamtdarstellungen

Krisch, Henry, German Politics Under Soviet Occupation, New York-London: Columbia University Press, 1974, XII–312 Seiten.

Die Arbeit bietet eine sorgfältige Analyse der politischen Ereignisse in der SBZ in den Jahren 1945/46; sie untersucht die Aktivitäten von KPD und SPD bis zum Vereinigungsparteitag.

Rudolph, Hermann, Die Gesellschaft der DDR – eine deutsche Möglichkeit? Anmerkungen zum Leben im anderen Deutschland (Serie Piper, 30), München: R. Piper & Co. Verlag, 1972, 138 Seiten.

Ein auch heute noch zum Nachdenken anregender Versuch einer Analyse der Bedingungen der Alltagswelt in der DDR.

Thomas, Rüdiger, Modell DDR. Die kalkulierte Emanzipation (Reihe Hanser, 108), München: Carl Hanser Verlag, 3., überarb. und erg. Aufl., 1973, 291 Seiten.

Ausführlicher Versuch einer kurzen Gesamtanalyse von Politik, Staat, Wirtschaft und Gesellschaft in der DDR. Abdruck von ausgewählten Dokumenten, Schemata (z. B. über den Parteiaufbau der SED) und Tabellen sowie Kurzbiographien. Zeittafel und Literaturverzeichnis.

Weber, Hermann, DDR. Grundriß der Geschichte 1945–1976, Hannover: Fackelträger-Verlag, 1976, 211 Seiten.

Eine systematisierte, zeitgeschichtliche Darstellung, bei der in jedem der vier unterschiedenen Zeitabschnitte das politische System und die gesellschaftliche Ordnung der DDR untersucht werden. Kurzbiographien, Zeittafel, Literaturhinweise.

3. Sozialistische Einheitspartei Deutschlands (SED)

Lippmann, Heinz, Honecker. Porträt eines Nachfolgers, Köln: Verlag Wissenschaft und Politik, 1971, 271 Seiten.

In dieser Biographie wird Material insbesondere über die Frühzeit Erich Honeckers aufbereitet, das bis dahin unbekannt war. Die Biographie verfolgt Honeckers Lebensweg bis zum VIII. Parteitag der SED (1971).

Programm und Statut der SED vom 22. Mai 1976, mit einem einleitenden Kommentar von Karl Wilhelm Fricke, Köln: Verlag Wissenschaft und Politik, 1976, 144 Seiten.

Abdruck des Programms und des Statuts der SED von 1976 (IX. Parteitag) mit ausführlichem Kommentar.

Weber, Hermann, und *Fred Oldenburg,* 25 Jahre SED. Chronik einer Partei, Köln: Verlag Wissenschaft und Politik, 1971, 204 Seiten.

Einer kurzen Einleitung zur Geschichte der SED folgt eine umfassende Chronik vom April 1946 bis zum Februar 1971.

4. SED, KPdSU und andere kommunistische Parteien

Dokumente und Materialien der Zusammenarbeit zwischen der Sozialistischen Einheitspartei Deutschlands und der Kommunistischen Partei der Sowjetunion 1971 bis 1974, zusammengestellt von Willi Münzner et al., hrsgg. vom Institut für Marxismus-Leninismus beim ZK der SED, Berlin: Dietz Verlag, 1975, 256 Seiten.

Für das Verhältnis von SED und KPdSU aufschlußreiche Materialsammlung, die durch eine Chronik (März 1971 bis Dezember 1974) abgerundet wird.

Konferenz der kommunistischen und Arbeiterparteien Europas, Berlin, 29. und 30. Juni 1976. Dokumente und Reden, Berlin: Dietz Verlag, 1976, 277 Seiten.

Abdruck des ,,Dokuments" der Konferenz, der Reden der kommunistischen Parteiführer sowie der Geschäftsordnung und der Pressemitteilung.

5. Außenwirtschaftspolitik der DDR und RGW-Integration

Bethkenhagen, Jochen, und *Heinrich Machowski,* Integration im Rat für gegenseitige Wirtschaftshilfe. Entwicklung, Organisation, Erfolge und Grenzen (Politologische Studien, 5), Berlin: Berlin Verlag, 2., erw. Aufl., 1976, 135 Seiten.

Neueste Kurzdarstellung der Entstehung und Entwicklung des RGW, der Grundlagen und Spezialbereiche der RGW-Integration, ergänzt durch Dokumente und Tabellen.

Dietsch, Ulrich, Außenwirtschaftliche Aktivitäten der DDR (Veröffentlichungen des HWWA-Institut für Wirtschaftsforschung – Hamburg), Hamburg: Verlag Weltarchiv, 1976, 267 Seiten.

Detaillierte Analyse der außenwirtschaftspolitischen Aktivitäten der DDR im RGW, gegenüber den westlichen Industrieländern sowie gegenüber internationalen Organisationen (ECE, UNCTAD, GATT und IWF).

Der Ostmarkt im Comecon. Eine Dokumentation, zusammengestellt und mit einer Einführung versehen von Alexander Uschakow (Schriftenreihe Europäische Wirtschaft, 54), Baden-Baden: Nomos Verlagsgesellschaft, 1972, 486 Seiten.

Der Band ist unentbehrlich, weil bestimmte, sonst selten zu findende Dokumente in ihm abgedruckt sind, u. a. die Vertragstexte des Internationalen Schiedsgerichts für See- und Binnenschiffahrt in Gdynia, Texte zur Assoziierung Jugoslawiens mit dem RGW, das Kommuniqué über die Gründung einer internationalen Eisenbahnorganisation, das Statut des Vereinigten Instituts für Kernforschung.

Sinanian, Sylva, et al., Hrsg., Eastern Europe in the 1970s (Praeger Special Studies in International Politics and Government), New York etc.: Praeger Publishers, 1972, IX-260 Seiten.

Konferenzprotokoll, in dem u. a. Legitimationsprobleme in Osteuropa, die nationale Frage, die ,,sozialistische Integration" und die politische Rolle der DDR behandelt werden.

Steffens, Rolf, Integrationsprobleme im Rat für Gegenseitige Wirtschaftshilfe (RGW). Lösungsansätze bis zum Komplexprogramm des RGW (Veröffentlichungen des HWWA-Institut für Wirtschaftsforschung – Hamburg), Hamburg: Verlag Weltarchiv, 1974, 295 Seiten.

Detaillierte historische und systematische Untersuchung der Integrationsversuche und -möglichkeiten im Rahmen des RGW.

6. DDR und Dritte Welt

Lamm, Hans Siegfried, und *Siegfried Kupper,* DDR und Dritte Welt (Schriften des Forschungsinstituts der Deutschen Gesellschaft für Auswärtige Politik, Reihe: Internationale Politik und Wirtschaft, 39), München-Wien: R. Oldenbourg Verlag, 1976, 328 Seiten.

Bisher ausführlichste Analyse der Zusammenarbeit der DDR mit Entwicklungsländern, Darstellung der unterschiedlichen Instrumente und Methoden der politischen Einflußnahme. Im Anhang werden Einzelprojekte der DDR für Entwicklungsländer aus allen Bereichen (vom Pressewesen bis zur Berufsbildung und zum Schulwesen, von der Ernährung bis zur Textilindustrie und Stromversorgung) minutiös zusammengestellt.

7. Ostpolitik und Deutschlandpolitik

End, Heinrich, Zweimal deutsche Außenpolitik. Internationale Dimensionen des innerdeutschen Konflikts 1949–1972, Köln: Verlag Wissenschaft und Politik, 1973, 215 Seiten.

Noch immer lesenswerte sowohl zeitgeschichtliche wie politologisch-systematische Analyse der Entscheidungsprozesse in beiden deutschen Staaten und der Konkurrenzsituation der Bundesrepublik und der DDR; Aufweis von Einflußindikatoren auf die Außenpolitik beider deutscher Staaten.

Gasteyger, Curt, Die beiden deutschen Staaten in der Weltpolitik (Piper Sozialwissenschaft, 37), München: R. Piper & Co. Verlag, 1976, 193 Seiten.

In gewisser Weise eine Fortsetzung meines Essays „Deutschlands doppelte Zukunft" (1974), behandelt die Arbeit in essayhafter Form den Stand der innerdeutschen Beziehungen und die Position der beiden deutschen Staaten in Europa und der Welt aufgrund der Situation, wie sie im Frühsommer 1976 gegeben war.

Griffith, William E., „The World and the Great-Power Triangles", in: *ders.,* Hrsg., The World and the Great-Power Triangles, Cambridge, Mass.,-London: The MIT Press, 1975, S. 1–33.

Synoptische Darstellung der weltpolitischen Situation in den Jahren 1974/75 unter Einordnung der neuen Ostpolitik der Bundesregierungen seit 1969.

Hacker, Jens, Der Rechtsstatus Deutschlands aus der Sicht der DDR (Abhandlungen zum Ostrecht, 13), Köln: Verlag Wissenschaft und Politik, 1974, 508 Seiten.

Detaillierte systematische Analyse der Entwicklung Deutschlands von 1945 bis zur Gegenwart unter staats- und völkerrechtlichen Gesichtspunkten.

Lindemann, Hans, und *Kurt Müller,* Auswärtige Kulturpolitik der DDR. Die kulturelle Abgrenzung der DDR von der Bundesrepublik Deutschland, Bonn – Bad Godesberg: Verlag Neue Gesellschaft, 1976, 212 Seiten.

Darstellung der kulturellen Abgrenzungspolitik der DDR im innerdeutschen Bereich sowie in Drittländern; Analyse der Einschätzung der Kulturpolitik der Bundesrepublik durch die DDR.

Schenk, Rainer, Die Viermächteverantwortung für Deutschland als Ganzes, insbesondere deren Entwicklung seit 1969 (Augsburger Schriften zum Staats- und Völkerrecht, 6), Bern: Herbert Lang; Frankfurt am Main und München: Peter Lang, 1976, 199 Seiten.

Materialreiche Monographie über die Entstehung, die Struktur und die Umgestaltung der Viermächteverantwortung für Deutschland als Ganzes von 1945 bis 1972 unter völkerrechtlichem Aspekt.

Schulz, Eberhard, „Die sowjetische Deutschlandpolitik", in: Osteuropa-Handbuch, Bd.: Sowjetunion, Teil: Außenpolitik 1955–1973, hrsgg. von Dietrich Geyer, Köln–Wien: Böhlau Verlag, 1976, S. 229–293.

Historisch-detaillierte und systematisch orientierte Darstellung der sowjetischen Deutschlandpolitik von 1955 bis 1973.

Tilford, Roger, Hrsg., The Ostpolitik and Political Change in Germany, Westmead, Farnborough, Hants.: Saxon House; Lexington, Mass.: Lexington Books, 1975, VI-111 Seiten.

Konferenzbeiträge, die die deutsche Frage, vor allem den Einfluß der Innenpolitik auf die Deutschlandpolitik in beiden deutschen Staaten, aus englischer Sicht behandeln.

Wettig, Gerhard, Die Sowjetunion, die DDR und die Deutschland-Frage 1965–1976. Einvernehmen und Konflikt im sozialistischen Lager (Bonn Aktuell, 28), Stuttgart: Verlag Bonn Aktuell, 1976, 232 Seiten.

Analyse des Verhältnisses UdSSR : DDR an Hand von neun Fallstudien, von denen drei der Berlin-Frage gewidmet sind.

Wilke, Kay-Michael, Bundesrepublik Deutschland und Deutsche Demokratische Republik. Grundlagen und ausgewählte Probleme des gegenseitigen Verhältnisses der beiden deutschen Staaten (Tübinger Schriften zum internationalen und europäischen Recht, 4), Berlin: Duncker & Humblot, 1976, 351 Seiten.

Detaillierte Analyse der Rechtslage Deutschlands unter Berücksichtigung der Deutschlandtheorien von 1945 bis zur Gegenwart, der neuen Ostpolitik seit 1969 und ihrer Folgewirkungen.

Windsor, Philip, Germany and the Management of Détente (Studies in International Security, 15), New York – Washington: Praeger Publishers for The Institute for Strategic Studies, 1971, 207 Seiten.

Auch heute noch lesenswerte Einordnung der neuen Ostpolitik in die übergreifende Perspektive der Détente aus englischer Sicht.

8. Nation

Gabbe, Jörg, Parteien und Nation. Zur Rolle des Nationalbewußtseins für die politischen Grundorientierungen der Parteien in der Anfangsphase der Bundesrepublik (Studien zum politischen System der Bundesrepublik Deutschland, 15), Meisenheim am Glan: Verlag Anton Hain, 1976, 347 Seiten.

Analyse der Nationkonzepte der drei im Bundestag vertretenen Parteien unter Benutzung vor allem der Protokolle der Bundestagsdebatten aus den Jahren 1949 bis 1955.

Kosing, Alfred, Nation in Geschichte und Gegenwart. Studien zur historisch-materialistischen Theorie der Nation (Grundfragen der marxistisch-leninistischen Philosophie), Berlin: Dietz Verlag, 1976, 310 Seiten.

Die erste offiziöse Darstellung von Geschichte und Theorie der deutschen Nation aus der Sicht der SED.

Schweigler, Gebhard, Nationalbewußtsein in der BRD und der DDR (Studien zur Sozialwissenschaft, 8), Düsseldorf: Bertelsmann Universitätsverlag, 1973, 235 Seiten.

Analyse von Nation und Nationalbewußtsein in beiden deutschen Staaten im wesentlichen aufgrund von Umfrageergebnissen.

Schweitzer, Carl Christoph, Hrsg., Die deutsche Nation. Aussagen von Bismarck bis Honecker (Bibliothek Wissenschaft und Politik, 15), Köln: Verlag Wissenschaft und Politik, 1976, 623 Seiten.

In dieser Form bisher umfassendste Dokumentensammlung mit kurzen historischen Einleitungen für die unterschiedenen Epochen, mit Erläuterungen und biographischen Angaben zu den einzelnen Dokumenten.

9. Innerdeutscher Handel und Europäische Gemeinschaften

Biskup, Reinhold, Deutschlands offene Handelsgrenze. Die DDR als Nutznießer des EWG-Protokolls über den innerdeutschen Handel, Berlin etc.: Verlag Ullstein, 1976, 266–69 Seiten.

Detaillierte wirtschafts- und rechtspolitische Analyse der Vorteile, die die DDR aufgrund ihrer Position im Innerdeutschen Handel im EG-Raum genießt mit statistischem Anhang (Zahlenmaterial überwiegend aus dem Jahre 1970).

Ehlermann, Claus-Dieter, et al., Handelspartner DDR – Innerdeutsche Wirtschaftsbeziehungen (Schriftenreihe Europäische Wirtschaft, 76), Baden-Baden: Nomos Verlagsgesellschaft, 1975, 336 Seiten.

Historische, politische, wirtschaftliche und juristische Grundlagen des IDH werden ebenso untersucht wie die innerdeutschen Wirtschaftsbeziehungen im Rahmen der EG.

Scharpf, Peter, Europäische Wirtschaftsgemeinschaft und Deutsche Demokratische Republik. Die Entwicklung ihrer Rechtsbeziehungen seit 1958 unter besonderer Berücksichtigung des innerdeutschen Handels (Juristische Studien, 50), Tübingen: J. C. B. Mohr (Paul Siebeck), 1973, 194 Seiten.

Detaillierte rechtswissenschaftliche Arbeit über die Bedeutung des Innerdeutschen Handels für die EG bis Anfang 1973.

10. Berlin

Hennig, Ottfried, Die Bundespräsenz in West-Berlin. Entwicklung und Rechtscharakter (Bibliothek Wissenschaft und Politik, 16), Köln: Verlag Wissenschaft und Politik, 1976, 367 Seiten.

Historische Darstellung der Entwicklung der Bundespräsenz in West-Berlin und des Vier-Mächte-Status der Stadt, Analyse der verschiedenen Berlin-Krisen sowie, besonders wertvoll, detaillierte Beschreibung der unterschiedlichen Rechtsauffassungen zur Bundespräsenz in Berlin (SPD, FDP, CDU/CSU, Bundesverfassungsgericht, Westmächte, Sowjetunion, DDR, osteuropäische Staaten, Vereinte Nationen, Vatikan).

Schiedermair, Hartmut, Der völkerrechtliche Status Berlins nach dem Viermächte-Abkommen vom 3. September 1971 (Beiträge zum ausländischen öffentlichen Recht und Völkerrecht, 64), Berlin etc.: Springer Verlag, 1975, VI-223 Seiten.

Analyse des völkerrechtlichen Status von Berlin von 1971 bis Ende 1973.

Zivier, Ernst R., Der Rechtsstatus des Landes Berlin. Eine Untersuchung nach dem Viermächte-Abkommen vom 3. September 1971 (Völkerrecht und Politik, 8), Berlin: Berlin Verlag, 1973, 263 Seiten.

Darstellung der Entwicklung des Status von West-Berlin vor und nach dem Vier-Mächte-Abkommen.

11. Verfassung und Staatsordnung der DDR

Die DDR-Verfassungen, eingeleitet und bearbeitet von Herwig Roggemann (Quellen zur Rechtsvergleichung aus dem Osteuropa-Institut an der Freien Universität Berlin. Die Gesetzgebung der sozialistischen Staaten, Einzelausgabe 7), Berlin: Berlin Verlag, 2., bearb. und erw. Aufl., 1976, 230 Seiten.

Juristische Darstellung des Herrschaftssystems der DDR sowie der Verfassungen von 1968 und 1974, Anhang mit Schaubildern und Übersichten sowie dem Text der Verfassung vom 6. 4. 1968 in der Fassung vom 7. 10. 1974 und dem Text der Verfassung von 1949, ferner dem Text des Verfassungsentwurfs aus dem Jahre 1946.

Lapp, Peter Joachim, Der Staatsrat im politischen System der DDR (1960–1971), Opladen: Westdeutscher Verlag, 1972, 163 Seiten.
Systematische und historische Darstellung.

Lapp, Peter Joachim, Die Volkskammer der DDR (Studien zur Sozialwissenschaft, 33), Opladen: Westdeutscher Verlag, 1975, 318 Seiten.
Systematische und historische Darstellung, wesentlich aufgrund des Selbstverständnisses des DDR-Verfassungssystems.

Die Staatsordnung der DDR, 2., erneuerte und erw. Aufl., eingeleitet und bearbeitet von Herwig Roggemann (Quellen zur Rechtsvergleichung. Die Gesetzgebung der sozialistischen Staaten, Einzelausgabe 5), Berlin: Berlin Verlag, 1974, 430 Seiten.
Kommentierte Dokumentensammlung, befaßt sich u. a. mit dem Statut der SED von 1963, der Verfassung der DDR von 1968, den Regelungen über die Staatsangehörigkeit, mit dem Rechtsetzungsverfahren, der zentralen und lokalen Staatsverwaltung, den Wahlen und dem Rechtsschutz.

12. Wirtschaft der DDR

Hegelheimer, Armin, Berufsausbildung in Deutschland. Ein Struktur-, System- und Reformvergleich der Berufsausbildung in der Bundesrepublik und der DDR, 2., unv. Aufl., Frankfurt am Main: Europäische Verlagsanstalt, 1973, 101 Seiten.
Die Arbeit ist aus dem Kapitel ,,Schulische und betriebliche Berufsausbildung" hervorgegangen, das der Verfasser für die ,,Materialien zum Bericht zur Lage der Nation 1971" (s. oben) erstellt hatte.

Mitzscherling, Peter, et al., DDR-Wirtschaft. Eine Bestandsaufnahme, hrsgg. vom Deutschen Institut für Wirtschaftsforschung (Fischer Taschenbuch, 6259), Frankfurt am Main: Fischer Taschenbuch Verlag, 1974, 462 Seiten.
Umfassende Darstellung der Grundlagen des DDR-Wirtschaftssystems, des Sozialprodukts, der verschiedenen Zweige der Produktion wie schließlich der Verwendung und Verteilung; kurze Schilderung der DDR-Außenwirtschaft und der Stellung der DDR im RGW.

Mitzscherling, Peter, et al., System und Entwicklung der DDR-Wirtschaft (Deutsches Institut für Wirtschaftsforschung, Sonderheft 98/1974), Berlin: Duncker & Humblot, 1974, 298 Seiten.

Darstellung des Wirtschaftssystems und der wirtschaftlichen Entwicklung der DDR, teilweise identisch mit dem Kapitel „Wirtschaft" in den „Materialien zum Bericht zur Lage der Nation 1974" (s. oben).

13. Sozialstruktur der DDR

Gast, Gabriele, Die politische Rolle der Frau in der DDR (Studien zur Sozialwissenschaft, 17), Düsseldorf: Bertelsmann Universitätsverlag, 1973, 306 Seiten.

Detaillierte Darstellung der (politischen) Tätigkeit der Frauen in den parteilichen und staatlichen Organen der DDR auf der zentralen und lokalen Ebene.

Helwig, Gisela, Zwischen Familie und Beruf. Die Stellung der Frau in beiden deutschen Staaten (Bibliothek Wissenschaft und Politik, 10), Köln: Verlag Wissenschaft und Politik, 1974, 149 Seiten.

Analyse der Rolle der Frau in Familie und Beruf sowie Darstellung des Verhaltens weiblicher Jugendlicher in der Schul- und Berufsausbildung in beiden deutschen Staaten.

Radde, Jürgen, Die außenpolitische Führungselite der DDR. Veränderungen der sozialen Struktur außenpolitischer Führungsgruppen (Bibliothek Wissenschaft und Politik, 13), Köln: Verlag Wissenschaft und Politik, 1976, 239 Seiten.

Methodologisch reflektierte und auf breiter Materialbasis aufgebaute Analyse des außenpolitischen Personals der DDR in den Jahren 1949 bis 1971.

Kölner Zeitschrift für Soziologie und Sozialpsychologie, 27. Jg., Heft 3 (September 1975), S. 393–662.

Das Heft wurde von Walter Jaide und seinen Mitarbeitern betreut und befaßt sich ausschließlich mit Einzelgebieten des interkulturellen Vergleichs der Situation der Jugendlichen in der Bundesrepublik und der DDR, u. a. Berufswahl und Berufslenkung, Arbeitszufriedenheit, Konsumverhalten, Jugendkriminalität.

14. Ideologie, Kulturpolitik und Wissenschaftsentwicklung in der DDR

Beyer, Achim, et al., Wissenschaft in der DDR. Beiträge zur Wissenschaftspolitik und Wissenschaftsentwicklung nach dem VIII. Parteitag, hrsgg. vom Institut für Gesellschaft und Wissenschaft, Erlangen (Bibliothek Wissenschaft und Politik, 8), Köln: Verlag Wissenschaft und Politik, 1973, 214 Seiten.

Aspekte der Wissenschaftspolitik und Wissenschaftsentwicklung in der DDR u. a. unter Berücksichtigung der Wirtschaftswissenschaften, der Soziologie, des Informations- und Dokumentationswesen (auf dem Stand vom Sommer 1973).

Dokumente zur Kunst-, Literatur- und Kulturpolitik der SED, hrsgg. von Elimar Schubbe, Stuttgart: Seewald Verlag, 1813 Seiten.

Repräsentative Auswahl von Dokumenten zur Kulturpolitik der SED von 1946 bis 1970 mit Personenregister.

Dokumente zur Kunst-, Literatur- und Kulturpolitik der SED 1971–1974, hrsgg. von Gisela Rüß, Stuttgart: Seewald Verlag, 1976, 1145 Seiten.

Fortsetzung der von E. Schubbe herausgegebenen gleichnamigen Dokumentensammlung. Insgesamt sind in beiden Bänden mehr als 600 zum Teil vergessene Dokumente der SED-Kulturpolitik abgedruckt worden.

Lübbe, Peter, Der staatlich etablierte Sozialismus. Zur Kritik des staatsmonopolistischen Sozialismus (Kritische Wissenschaft), Hamburg: Hoffmann und Campe Verlag, 1975, 185 Seiten.

Marxistische Systemkritik aus der Perspektive eines 1973 in den Westen abgewanderten Intellektuellen.

15. Für die laufende Information:

Deutschland Archiv, Redaktion: Ilse Spittmann (verantwortlich) und Gisela Helwig, Köln: Verlag Wissenschaft und Politik, erscheint monatlich.

DIW Wochenbericht, Herausgeber: Deutsches Institut für Wirtschaftsforschung, Berlin-West, Berlin: Duncker & Humblot, erscheint wöchentlich.

Beck'sche Schwarze Reihe

Die zuletzt erschienenen Bände

Verlag C. H. Beck München